东南学术文库
SOUTHEAST UNIVERSITY ACADEMIC LIBRARY

思想政治教育人性化研究

Study on Humanization in Ideological and Political Education

宇业力·著

东南大学出版社
·南京·

图书在版编目(CIP)数据

思想政治教育人性化研究/宇业力著. —南京：东南大学出版社,2024.12. ISBN 978-7-5766-1962-1

Ⅰ.D64

中国国家版本馆 CIP 数据核字第 20259ZF102 号

思想政治教育人性化研究
Sixiang Zhengzhi Jiaoyu Renxinghua Yanjiu

| 著　　者：宇业力
| 出版发行：东南大学出版社
| 社　　址：南京市四牌楼 2 号　邮编：210096　电话：025-83793330
| 网　　址：http://www.seupress.com
| 出 版 人：白云飞
| 经　　销：全国各地新华书店
| 排　　版：南京星光测绘科技有限公司
| 印　　刷：广东虎彩云印刷有限公司
| 开　　本：700 mm×1000 mm　1/16
| 印　　张：24
| 字　　数：470 千字
| 版　　次：2024 年 12 月第 1 版
| 印　　次：2024 年 12 月第 1 次印刷
| 书　　号：ISBN 978-7-5766-1962-1
| 定　　价：108.00 元

本社图书若有印装质量问题,请直接与营销部联系。电话：025-83791830
责任编辑：刘庆楚　责任校对：张万莹　责任印制：周荣虎　封面设计：企图书装

编委会名单

主 任 委 员：郭广银
副主任委员：周佑勇　樊和平
委　　　员：（以姓氏笔画为序）

　　　　　　王廷信　王　珏　王禄生　龙迪勇
　　　　　　白云飞　仲伟俊　刘艳红　刘　魁
　　　　　　李霄翔　邱　斌　汪小洋　陈志斌
　　　　　　陈美华　欧阳本祺　徐子方　徐康宁
　　　　　　徐　嘉　董　群
秘　书　长：白云飞
编务人员：甘　锋　刘庆楚

身处南雍　心接学衡
——《东南学术文库》序

每到三月梧桐萌芽，东南大学四牌楼校区都会雾起一层新绿。若是有停放在路边的车辆，不消多久就和路面一起着上了颜色。从校园穿行而过，鬓后鬓前也免不了会沾上这些细密嫩屑。掸下细看，是五瓣的青芽。一直走出南门，植物的清香才淡下来。回首望去，质朴白石门内掩映的大礼堂，正衬着初春的朦胧图景。

细数其史，张之洞初建三江师范学堂，始启教习传统。后定名中央，蔚为亚洲之冠，一时英杰荟萃。可惜书生处所，终难避时运。待旧邦新造，工学院声名鹊起，恢复旧称东南，终成就今日学府。但凡游人来宁，此处都是值得一赏的好风景。短短数百米，却是大学魅力的极致诠释。治学处环境静谧，草木楼阁无言，但又似轻缓倾吐方寸之地上的往事。驻足回味，南雍余韵未散，学衡旧音绕梁。大学之道，大师之道矣。高等学府的底蕴，不在对楼堂物件继受，更要仰赖学养文脉传承。昔日柳诒徵、梅光迪、吴宓、胡先骕、韩忠谟、钱端升、梅仲协、史尚宽诸先贤大儒的所思所虑、求真求是的人文社科精气神，时至今日依然是东南大学的宝贵财富，给予后人滋养，勉励吾辈精进。

由于历史原因，东南大学一度以工科见长。但人文之脉未断，问道之志不泯。时值国家大力建设世界一流高校的宝贵契机，东南大学作为国内顶尖学府之一，自然不会缺席。学校现已建成人文学院、马克思主义学院、艺术学院、经济管理学院、法学院、外国语学院、体育系等成建制人文社科院系，共涉及6大学科门类、5个一级博士点学科、19个一级硕士点学科。人文社科专任教师800余人，其中教授近百位，"长江学者"、国家"高级人才计划"哲学社会科学领军人才、全国文化名家、"马克思主义理论研究和建设工程"首席专家等人文社科领域内顶尖人才济济一堂。院系建设、人才储备以及研究平台等方面多年来的铢积锱累,为东南大学人文社科的进一步发展奠定了坚实基础。

在深厚人文社科历史积淀传承基础上,立足国际一流科研型综合性大学之定位,东南大学力筹"强精优"、蕴含"东大气质"的一流精品文科,鼎力推动人文社科科研工作,成果喜人。近年来,承担了近三百项国家级、省部级人文社科项目课题研究工作,涌现出一大批高质量的优秀成果,获得省部级以上科研奖励近百项。人文社科科研发展之迅猛,不仅在理工科优势高校中名列前茅,更大有赶超传统人文社科优势院校之势。

东南学人深知治学路艰,人文社科建设需戒骄戒躁,忌好大喜功,宜勤勉耕耘。"不积跬步,无以至千里;不积小流,无以成江海。"唯有以辞藻文章的点滴推敲,方可成就百世流芳的绝句。适时出版东南大学人文社科研究成果,既是积极服务社会公众之举,也是提升东南大学的知名度和影响力,为东南大学建设国际知名高水平一流大学贡献心力的表现。而通观当今图书出版之态势,全国每年出版新书逾四十万种,零散单册发行极易淹埋于茫茫书海中,因此更需积聚力量、整体策划、持之以恒,通过出版系列学术丛书之形式,集中向社会展示、宣传东南大学和东南大学人文社科的形象与实力。秉持记录、分享、反思、共进的人文社科学科建设理念,我们郑重推出这套《东南学术文库》,将近年来东南大学人文社科诸君的研究和思考,付之梨枣,以飨读者。

是为序。

《东南学术文库》编委会
2016 年 1 月

序

"思想政治工作从根本上说是做人的工作,必须围绕学生、关照学生、服务学生,不断提高学生思想水平、政治觉悟、道德品质、文化素养,让学生成为德才兼备、全面发展的人才。"人是思想政治教育的出发点和落脚点,人的自由全面发展是思想政治教育的最终目的和价值旨归。以马克思主义人性理论和人学思想为指导,根植中华优秀传统文化,将思想政治教育聚焦到人本身,走思想政治教育人性化道路,对于丰富思想政治教育理论研究,提升思想政治教育有效性和亲和力,具有极其重要的意义。正因为此,思想政治教育人性化研究成为思想政治教育理论研究和实践探索的领域。宇业力同志的《思想政治教育人性化研究》一书,正是充分展现这样一个领域的研究成果。

要做好思想政治教育工作,必须按规律办事,因事而化、因时而进、因势而新。思想政治教育是一个历史范畴,随着人类社会历史的发展和人类实践活动的深化而不断发展。当今社会,世界全球化发展不可逆转,社会转型不断加剧,风险社会不断生成,和谐社会深化发展,我国社会主要矛盾发生深刻变化,人民对日益增长的美好生活需要更加期待。对此,人的生活方式、思维方式、生存境遇发生了深刻变革,人们对自我的价值、尊严、利益、需要、自由等方面的诉求日益增强,这就要求现代思想政治教育必须从现实的、历史的、具体的人出发,观照人的现实生存境遇,满足人的正当合理需要,促进人的自由全面发展,使思想政治教育更加贴近实际、贴近对象、贴近生活,体现教育的人文关怀、人性关爱,以人性的视角研究思想政治教育有其合理性、必要性和重要性。

该书知识体系结构科学、合理、完整,论证充分规范,逻辑严谨清晰,说服力较强,对创新思想政治教育理论基础研究和实践探索,开拓思想政治教育新空间,完善创新思想政治教育方法,提高教育的有效性和针对性,具有重要的学术价值、理论意义和实践指导作用。书中研究坚持做到：一是理论与实践的紧密结合。实践是理论的源泉，理论是实践的先导，该书坚持以马克思主义人学思想为指导，在科学界定思想政治教育人性化基本概念的基础上，综合运用哲学、政治学、教育学、社会学、心理学等相关基本理论知识，论证了人的现实存在是思想政治教育人性化的出发点，阐释了人的生成是思想政治教育人性化的内在根据，提出了问题意识是思想政治教育人性化的基本环节，论述了人的发展是思想政治教育人性化的最终目的。而且，本书还阐述了基于问题意识之于思想政治教育理论守正创新所具有的作用意义，体现了该书鲜明的理论性和创新性。思想政治教育人性化既不是坐而论道，也不是曲意逢迎，而是立足当今社会现实和人的生存境遇中真问题、实问题的社会实践活动。以问题意识为切入点，在切实关注、解决人的贫困问题、就业问题、心理问题、情感问题等诸多问题，进而解决人的思想问题的同时，探索思想政治教育人性化的实践路径、科学原则和有效方法。彰显思想政治教育对人尊重、关爱的人性光辉，体现该书对思想政治教育人性化实施的实践指导价值。二是坚持历史与现实的有机统一。历史在回望过去中迎接未来，现实在守正创新中赓续历史。该书全面、系统地梳理古今中外人性思想形成、发展历程和人性论理论假说。从古希腊时期、文艺复兴时期、启蒙运动时期思想政治教育的人性视角的述论，到对我国思想政治教育继承和创新的回顾与思考，以及对其存在的针对性不够、有效性不足的审视与反思，体现了本书鲜明的历史的研究视角和研究方法。同时，研究始终立足当代社会发展现实，深刻剖析全球化、转型社会、风险社会、和谐社会的发展特征及其给人的思想行为带来的影响，并提出问题的解决之道，做到历史与现实的统一。

  本书作者宇业力同志长期从事高校学生教育管理工作和思政课教学工作，对思想政治教育工作理论与实践有自己的多维思考和独到见解，对学生思想行为特征有深度的观察了解和思考研究，对学生工作做到真实真诚真心真挚，对马克思主义理论可谓真学真懂真信真用。坚持凭理论说服学生，用服务赢得学生，靠品格感染学生。

  本书是在他的博士论文基础上修改、补充后出版的一部学术专著。在书稿即将出版之际，他邀请我为本书作序，作为他硕士生、博士生导师，我欣然应允，并期待他日后取得新的成就。

张祥浩
2023 年 11 月 22 日

目 录

导 论 …………………………………………………………… (1)

  一、问题的缘起 ………………………………………………… (1)

  二、思想政治教育人性化研究现状综述 ………………………… (5)

  三、研究思路、主要内容及创新 ……………………………… (13)

  四、研究方法和意义 …………………………………………… (15)

第一章 思想政治教育人性化的基本阐释 …………………… (19)

  第一节 思想政治教育人性化的基本含义 …………………… (19)

    一、"人性"的含义及其结构 ………………………………… (19)

    二、人性的特征与人性化含义 ……………………………… (33)

    三、思想政治教育人性化基本内涵 ………………………… (39)

  第二节 思想政治教育人性化的时代课题 …………………… (43)

    一、全球化：思想政治教育人性化的国际视界 …………… (43)

    二、社会转型：思想政治教育人性化的时代课题 ………… (51)

    三、风险社会：思想政治教育人性化的当下追问 ………… (56)

    四、和谐社会：思想政治教育人性化的价值诉求 ………… (66)

  第三节 对思想政治教育人性化的诘难的回答 ……………… (75)

一、人性化是否意味着对思想政治教育意识形态性的淡化 ……… (75)
二、人性化是否导致对思想政治教育政治性的消解 …………… (77)
三、人性化是否会造成思想政治教育对人性的消极适应 ……… (79)

第二章 人的生成：思想政治教育人性化的内在根据 …………… (81)

第一节 人的现实存在：思想政治教育人性化的出发点 ………… (81)
一、人的不同存在方式及其规定性 ……………………………… (81)
二、人的现实存在：思想政治教育人性化的出发点 …………… (88)

第二节 人的生成：思想政治教育人性化的内在根据 …………… (93)
一、人的自然生成：思想政治教育人性化的基本根据 ………… (93)
二、人的社会生成：思想政治教育人性化的社会现实根据 …… (96)
三、人的精神文化生成：思想政治教育人性化的思想现实根据
………………………………………………………………… (98)

第三节 现代人的生存境遇与时代诉求 ………………………… (100)
一、现代性造成人的个体性存在与社会性存在的对立统一 …… (100)
二、风险性造成人的焦虑性存在与自我性存在的对立统一 …… (103)
三、市场性造成人的层次性存在与平等性存在的对立统一 …… (106)
四、信息化造成人的独立性存在与依赖性存在的对立统一 …… (109)
五、网络化造成人的虚拟性存在与现实性存在的对立统一 …… (112)

第四节 人性化：思想政治教育的时代呼求与路径选择 ………… (115)
一、人性化缺失：传统思想政治教育的现代反思 ……………… (115)
二、人性化呼求：思想政治教育发展的时代必然 ……………… (123)
三、思想政治教育人性化的路径选择 …………………………… (132)

第三章 问题意识：思想政治教育人性化的基本环节 ……………… (137)

第一节 问题意识：思想政治教育人性化之思想理论提升的环节
………………………………………………………………… (138)
一、问题意识及其本质特征 ……………………………………… (138)
二、问题意识缺失：思想政治教育现状分析与原因探究 ……… (143)

三、问题意识：思想政治教育人性化基本环节……………………(149)

　　四、问题意识培育：思想政治教育人性化之思想理论提升的环节
　　　　………………………………………………………………(163)

第二节　问题索解：思想政治教育人性化之生活实际问题的情怀
　　　　………………………………………………………………(168)

　　一、贫困问题：思想政治教育人性化的生活关心……………(170)

　　二、心理问题：思想政治教育人性化的精神关怀……………(178)

　　三、就业问题：思想政治教育人性化的尊严关切……………(186)

　　四、情感问题：思想政治教育人性化的生命关爱……………(197)

第四章　人的全面发展：思想政治教育人性化的最终目的与价值旨归
　　………………………………………………………………………(235)

第一节　人性、人性和谐与人的全面发展………………………(235)

　　一、人性与人性和谐……………………………………………(235)

　　二、人性和谐与人的全面发展…………………………………(246)

第二节　人的全面发展：思想政治教育人性化的最终目的与价值旨归
　　………………………………………………………………………(250)

　　一、思想政治教育人性化为促进人的和谐发展提供思想保障
　　　　………………………………………………………………(251)

　　二、人的全面发展：思想政治教育人性化最终目的和价值旨归
　　　　………………………………………………………………(272)

第五章　思想政治教育人性化的原则与方法…………………(290)

第一节　思想政治教育人性化的原则……………………………(290)

　　一、主导性与主体性相统一的原则……………………………(290)

　　二、平等与对话相结合的原则…………………………………(293)

　　三、关爱与尊重相促进的原则…………………………………(298)

　　四、显性教育与隐性教育相统一的原则………………………(303)

　　五、宽容与信任相一致的原则…………………………………(312)

第二节 思想政治教育人性化的方法 …………………………（322）
一、现实关怀法：思想政治教育人性化的生活向度…………（323）
二、理论教育法：思想政治教育人性化的精神向度…………（329）
三、情理交融法：思想政治教育人性化的情感向度…………（334）
四、问题导向法：思想政治教育人性化的实践向度…………（344）
五、自我教育法：思想政治教育人性化的主体向度…………（348）
六、心理咨询法：思想政治教育人性化的人文向度…………（351）

参考文献 ………………………………………………………（357）

后　记 …………………………………………………………（368）

导 论

思想政治教育是为特定阶级、一定政党的阶级利益、政治统治服务的。为达此目的,需要通过教育活动,使社会成员形成符合一定社会或一定阶级需要的思想品德。因此,思想政治教育就是一项"树人"的工程,人既是思想政治教育的出发点,又是其归宿。正是在这个意义上,我们说人是思想政治教育的核心范畴和重要"话语"。如何正确地认识和对待人,也就成为现代思想政治教育的重要特征和主要标志。

人既是现实的存在,又是历史的生成,同时还是追求应然性发展的存在。凡是人都有思想,有诉求,有尊严,人的思想是对现实存在、社会生活的反映。如果现代思想政治教育脱离时代背景,疏离人的生存境遇,剥离人的生活现实,缺乏了人文关怀、人性关爱、尊严关切,也就缺乏了其应有的内在根据和逻辑起点,也就很难保证思想政治教育的科学与实效。思想政治教育是与人性有着深刻内在关联的社会实践活动。因此,对思想政治教育人性化的考察和研究,既是现代思想政治教育学科发展的重要理论问题,又是现代思想政治教育实施的重大实践问题,还是解决现代思想政治教育实效性的关键。

一、问题的缘起

思想政治教育历来是我党的优良传统和政治优势,是人类社会实践活动的一个重要方面,也是社会主义精神文明建设的一项基础工程。无论是在革命、建设、改革还是全面推进中华民族伟大复兴的征程中,思想政治教育都发挥着巨大作用。由于任何形式的思想政治教育的产生和存在都依赖于它所处历史时代的政治经济社会的客观基础,同时又依赖于思想政治教育对象的主体基础,思想政治教育作为一种以人的存在、人的活动为前提,以丰富和发展人性、提升人的价值、实现人的全面发展为目的的特殊社会实践活动,有着深厚的人性基础。因此,为了适应时代发展要求,服务人的全面发展,提高教育实效,思想政治教育人性化已成为时代的必然选择。

(一)应对当今时代社会的发展变化

(1)社会的转型。改革开放以来,社会体制在较短时间内急剧转变,中国进入转型社会,已从传统社会向现代社会、从农业社会向工业社会、从封闭性社会向开放性社会变迁和发展。经济体制深刻变革,社会结构深刻变动,利益格局深刻调整,思想观念深刻变化。社会经济成分、组织形式、就业方式、利益关系和分配方式日益多样化,人们的生活方式、价值观念等方面发生了深刻的革命性变革。思想政治教育必须积极应对社会的这种变革与发展。

(2)全球化、网络化的发展。当今世界,政治多极化、经济全球化、文化多样化、价值多元化发展趋势增强。世界经济的竞争与合作、政治的分化与重组、文明的冲突与融合,使得国际形势风云变化。世界范围内各种思想文化相互激荡,人的思想活动的独立性、选择性、创造性、多变性、差异性明显增强。网络化已在世界范围内普及,将人的生活世界变成联系紧密的地球村,极大地改变了人们交往方式、生活方式,增强了人们的自主性、选择性。人们更多地通过对网络信息的选择和接受,作出个人的自主判断,传统的教育权威正被打破,思想政治教育必须积极直面人的这种变化与发展。

(3)风险社会的生成。科技的巨大进步、市场经济的深化发展、工业化和全球化的不断推进,在推动社会进步、发展的同时,也带来了社会发展的副产品——社会风险,如政治风险、贫富分化加剧风险、生态风险、失业风险、文化价值观冲突等。社会风险造成人生存环境的恶化、人性的异化,进而对人类赖以生存的生态家园和寻求精神依归的文化家园构成全面威胁,造成人性片面、畸形发展,而不是和谐、全面发展的社会现实,忽视人的心性的内在提升。在风险笼罩的生存环境中,人们寻求生存需要、安全需要的满足,思想政治教育必须承认人的这种正当需要。

总之,现代性、市场性、风险性、网络化、信息化的发展,增强了人的自主性、平等性、独立性、利益性诉求,深刻地改变了现代人的生存环境。任何时代的人的生存和发展及其思想行为都不可能脱离对其所处的物质环境、文化环境的依赖和制约。从事人的工作的思想政治教育活动更不可能完全脱离社会现实和人的生存境遇而孤立地进行。因此,现代思想政治教育必须从人的生存实际出发,满足人的合理需求,实施人性化思想政治教育。

(二)面对传统思想政治教育的现代反思

思想政治教育人性化的立论既建立在现代社会发展变化的客观现实基础上,又建立在对传统思想政治教育反思的认识基础上。长期以来,思想政治教育面临诸多困境,工作实效不强,已成为不争的事实。造成这种局面的原因是多方面的,但人性化缺失、生活化不足、"问题意识"淡漠应是其重要原因。具体表现为:

(1)传统思想政治教育人性化缺失。教育过于强调人的政治性、阶级性、意识形态性,忽视对人的思想现实性的关注和基本需要的满足,机械地把人培养成满足社会需要的工具,使人沦为社会的附属物。人的主体性得不到肯定,个性得不到发展,教育对象被简单地看作道德知识的接收器、可以训练乃至驯服的工具。这导致教育方法上"灌输论"的泛滥和"强制论"的滋长,最终使受教育者失去自我教育的热情,产生逆反心理和对立情绪。

(2)传统思想政治教育生活化不足。教育目标上过于强调通体为善、毫无瑕疵的人格培养,而不顾及这种人格的实现是否可能以及是否必要,使思想政治教育有时脱离现实的生活基础、脱离受教育者个人的实际生活经验,不是把思想政治教育视为一种内含生命情怀和情感体验的生活实践过程,而是把思想政治教育从生活中剥离出来,导致教育的生硬、僵化、抽象。

(3)传统思想政治教育中"问题意识"淡漠。过于强调教育者的权威和受教育者的服从,禁锢受教育者的思考和质疑,导致受教育者失去自主思考问题、探究问题的机会,对知识的尊重蜕变为对教材和教师权威的崇拜,漠视教育对象的"问题意识",缺少解决教育对象实际问题的情怀。因此,思想政治教育研究范式的人学转换、人性化实践的路径转向在对传统思想政治教育反思的基础上,在对问题的有力回应中,已成为时代的选择,实现现代思想政治教育的科学建构成为现实的必然。

(三)适应和谐社会建设的现实要求

中国共产党成立以来,从来没有停止过对美好生活的向往和对理想社会的追求。党的十六届四中全会首次提出"构建社会主义和谐社会"的执政理念、奋斗目标,社会主义社会应该是一个民主法治、公平正义、诚信友爱、充满活力、安定有序、人与自然和谐相处的社会。这不仅指明了社会发展方向,也给思想政治教育理论建设和实践发展提供了思想指导。思想政治教育应该通过发挥人的能动性、调动人的积极性、激发人的创造性实现其在和谐社会建设中的价值和作用。和谐社会追求的是人与社会、人与自然以及人与自身的和谐。首先是人自身的和谐发展，人和谐发展的前提条件和基本要求是人性和心灵的和谐发展，人性的自然属性、社会属性、精神属性的和谐统一。心灵和谐既是衡量社会和谐及其和谐程度的重要标准，又是社会和谐的重要成果。作为塑造、培育人的心灵的思想政治教育应该在完善人性，提升人性，促使人性的和谐发展中，适应和谐社会对人的发展要求。

（四）践行以人民为中心发展教育思想的时代呼求

党的十九大报告明确提出我国社会主要矛盾已经转化为人民日益增长的美好生活需要和不平衡不充分的发展之间的矛盾。这表明党坚持以人民为中心的发展思想，坚守人民立场，致力于人民至上的价值追求，把增进人民福祉、促进人的自由而全面发展作为发展的出发点和落脚点。习近平在党的二十大报告中提出的、关于坚持以人民为中心发展教育的思想是新时代思想政治教育的根本价值遵循，反映了马克思主义主体性思想，体现了人民主体地位的马克思主义群众史观。马克思主义人学思想和主体性理论在思想政治教育实践中的运用和拓展，就是要求教育者充分认识教育对象的自主、自为、自由、能动、受动的主体性特征，坚持以人民为中心的思想政治教育思想，尊重教育对象的需要、情感、人格、尊严和主体地位，坚持教育贴近实际、贴近生活、贴近对象的基本要求，立足中国教育发展的客观实际，努力实现人民对物质生活、精神生活等美好生活的向往，促进人的全面发展，克服人的被动、片面发展的局限。"人，本质上就是文化的人，而不是'物化'的人；是能动、全面的人，而不是僵化的、'单向度'的人。"[1]

（五）顺应思想政治教育的视界转换

传统思想政治教育在学科性质的认识上，过于放大其政治性、阶级性，认为它是"官学"、是"政治"，缺少对其"人学性"、"科学性"和"艺术性"的认识和研究；在与其他相关学科关系的认识上，强调自身的"纯洁性""严肃性""权威性"，缺少对相关学科研究成果的借鉴。在对时代特征、国际关系的认识上，缺少对时代脉搏的准确把握，缺乏理论与现实的结合，思想政治教育视域狭窄，思维僵化，故步自封。人都是生活在一定社会关系中的人，是有思想活动、心理活动、真善美追求的人，有自己独特的心理变化机理。因此，思想政

---

[1] 习近平.之江新语[M].杭州：浙江人民出版社,2007：150.

治教育研究可以借鉴社会学、心理学、伦理学、教育学、管理学等相关学科研究成果,以拓展研究视界。传统的社会里,世界还没有形成联系紧密的一体,国与国之间的关系往往表现为对立、对抗、较量、斗争的状态,交融、共处、合作、互利还只是尚未凸显的潜在状态。在对人的命运与世界发展关系的认识上,缺少全球视界、人类情怀。思想政治教育功能的发挥往往表现在对人的政治性和阶级性的教育和训导上。然而,随着全球化浪潮迅速推进,信息技术快速发展,人类社会"世界历史"加速推进,人类命运共同体建设取得广泛共识,"应该凝聚不同民族、不同信仰、不同文化、不同地域人民的共识,共襄构建人类命运共同体的伟业"[1]。思想政治教育要引导人们立足人类命运共同体视角思考人的生命意义、人类的共同价值、人们的公共意识;需要借鉴国外思想政治教育的研究成果、成功经验,以丰富、发展我国现代思想政治教育。

二、思想政治教育人性化研究现状综述

(一)国内研究现状综述

思想政治教育人性化为适应时代需要和学科发展要求而不断演进和发展。按照篇名"思想政治教育人性化"搜索中国期刊全文数据库,2003年到2022年20年间共有160篇相关学术论文。按照篇名"思想政治教育人性化"搜索中国学位论文全文数据库,共有孙春飞、胡静、黄依群、卓高生、董卉等人的23篇硕士论文,银红玉的1篇博士论文。但关于思想政治教育人学取向研究的博士论文有褚凤英的《活动视野中的思想政治教育》、胡凯的《思想政治教育生活化研究》、王智慧的《人的存在与思想政治教育》、段建斌的《人的存在与发展:思想政治教育的本体维度研究》、潘玉腾的《论思想政治教育的马克思人学基础》、宋德勇的《现代思想政治教育的人学解读》、雷骥的《现代思想政治教育的人性基础研究》、袁晓妹的《人性自由视域中的思想政治教育研究》、沈大光的《非理性因素与思想政治教育》、韩迎春的《非智力因素与思想政治教育》、王金情的《人的需要与思想政治教育效果研究》等。思想政治教育人性化研究成果主要表现在以下几个方面。

1. 思想政治教育人性化必要性的论述

孙春飞的硕士论文《思想政治教育人性化研究》通过反思传统思想政

---

[1] 习近平.习近平谈治国理政:第三卷[M].北京:外文出版社,2020:435.

教育存在的工具化、功利化和机械化倾向,提出思想政治教育人性化是时代的呼唤;胡静的硕士论文《论思想政治教育的科学化与人性化》通过对人的全面发展理论和社会发展与人的发展一致性分析,阐述思想政治教育人性化的时代必然性;黄依群的硕士论文《思想政治教育人性化及相关原则研究》从马克思主义需要理论和人的发展理论、落实"三个代表"重要思想的要求、全面建设小康社会、贯彻科学发展观等方面论述了思想政治教育人性化的现实必要性、必然性;卓高生的硕士论文《张扬人性中德性的光辉——思想政治教育的人性化研究》通过对社会发展趋势、人的精神失落原因、思想政治教育面临的困境等内容的分析,探讨了思想政治教育人性化的必要性和可能性;王鹏飞的硕士论文《论高校思想政治教育工作中的人性化教育》从心理学、教育学、思想政治教育功能等角度分析了高校思想政治工作中的人性化教育的必要性。

2. 思想政治教育人性化理论基础的探讨

思想政治教育的工作对象是人,有学者从这个角度将思想政治教育学称为人学。人之为人是因为人性——人的自然属性、社会属性、精神属性。思想政治教育需要尊重人性、化育人性、发展人性,必须以人学理论、人性理论,特别是马克思主义人学理论、人性理论为指导。思想政治教育理论基础的人学研究代表性成果有万光侠教授等的《思想政治教育的人学基础》一书。该书从人的存在论、本质论、发展论三个方面,全面运用马克思主义人学理论,系统、深入地论述生存论思想政治教育、主体性思想政治教育、"四有"公民教育,深刻揭示了思想政治教育的人学意蕴和人文情怀。关于思想政治教育的人性基础研究有学者雷骥的《现代思想政治教育的人性基础研究》一书。该书是在思想政治教育人学基础研究上,更加注重理论与实践的结合,论证了"现实的个人"是现代思想政治教育人性基础的逻辑起点,从本源上全面论述了现代思想政治教育产生、存在和发展的人性基础,进而又具体地分析了现代思想政治教育基本规律、具体规律的人性基础,思想政治教育的主要原则和方法的人性基础。马克思主义人性论、思想政治教育人性基础理论都为思想政治教育人性化研究提供了理论依据和实践指导。

3. 思想政治教育人性化核心要义的建构

这一研究成果主要表现在以下几个方面:

一是需要论与思想政治教育人性化。这是思想政治教育人性化建构中最为普遍的议题。这方面的研究成果有雷骥的《现代思想政治教育的人性基础研究》一书、王金情的博士论文《人的需要与思想政治教育效果研究》。人的需要(自然性需要、社会性需要、精神性需要)属于人的本性。思想政治教育说一千,道一万,都必须以人的需要、人的存在为前提,必须承认人的正当需要的合法性。

二是存在论与思想政治教育人性化。宋莺的博士论文《思想政治教育的人学建构》以"人的生成"为切入点,以"人的主体生成"为现实途径,构建出一种以"生成自由而全面发展的人"为根本宗旨的本真的属人的思想政治教育。王智慧的博士论文《人的存在与思想政治教育》全面分析了人的存在是现代思想政治教育的出发点,强调坚持人的存在论,就必须承认人生活化要求。段建斌在博士论文《人的存在与发展:思想政治教育的本体维度研究》中,从人的生存与发展角度阐述了思想政治教育的生发、本质、价值,体现了思想政治教育人性化要求。

三是生活论与思想政治教育人性化。生活最能体现人本存在和人性需要。这方面研究成果有胡凯的博士论文《思想政治教育生活化研究》。该文以生活化为视角论述了思想政治教育的本体论、价值论、方法论以及思想政治教育的实践途径。王灵伦在其博士论文《日常生活理论视域下大学生思想政治教育研究》中通过对日常消费活动、日常交往活动、日常观念活动等日常生活基本内容、存在问题及其对思想政治教育影响的分析,积极探索日常生活理论视域下思想政治教育的有效策略,强调生活实践的教育内容、生活体验的教育过程和交往互动的主客体关系。

四是价值论与思想政治教育人性化。思想政治教育价值是社会价值与个体价值的统一,但社会价值最终还是通过个体价值的实现而得到体现。王鹿在其硕士论文《思想政治教育个体价值生成研究》中认为思想政治教育个体价值是思想政治教育以其本质属性及其功能满足个体的本性、目的和需要,以及个体的本性及其需要被思想政治教育满足而呈现出相一致、相适应、相接近的效益关系。宫文在其硕士论文《论高校思想政治教育价值的实现》中认为思想政治教育价值主要表现为促进人的全面发展和和谐社会的建设。戴巍的博士论文《高校思想政治教育以人为本价值取向研究》从尊重人的主体性、满足人的合理需要、造就全面发展的人等方面论述了思想政治教育人本价值。

五是情感论与思想政治教育人性化。情感是思想政治教育有效组织的内在因素,情感运用是思想政治教育有效开展的基本方法。王梦倩在其硕士论文《情感视域下的思想政治教育研究》中通过对性、心、欲与情的阐释,论述了思想政治教育情感视域的历史文化依据;通过对情感视域下思想政治教育存在问题的分析,论述了情感视域下的教育实施策略,强调肯定个体情感诉求意识,尊重受教育者自主意识表达,达成主体间共同情感,坚持个体情感需求与社会发展要求的统一。思想政治教育关注情感价值,使思想政治教育终将成为一门以人的个性解放与价值实现为终极价值追求的"幸福之学"。

4. 思想政治教育人性化主要原则与方法的探索

张耀灿教授等在《现代思想政治教育学》一书中,提出思想政治教育基本原则,即疏与导相结合的原则、科学性与方向性相结合的原则、理论与实践相结合的原则、解决思想问题与解决实际问题相结合的原则、教育与自我教育相结合的原则,同时阐述了体现思想政治教育时代气息的新原则、新方法,即面向世界与立足民族发展相统一的原则、主导性与多样性相统一的原则、自主性与社会化相统一的原则等教育原则,以及探索满足主体多样性发展的咨询辅导方法、发展与现代传媒相协调的隐性教育方法、推广符合民主法制要求的管理评估方法、创新思想政治教育的网络载体等教育方法。

(二)国外研究现状综述

国外虽无思想政治教育之名,却有思想政治教育之实。他们同样十分重视人的思想品德教育和公民教育。注重以人性观照教育,在对人性的理解上,往往从人的理性、情感、欲望、自由意志、信念等角度来认识和探讨人性。

古希腊时期,自从苏格拉底提出"认识你自己",古希腊便由以自然为研究重点走向以人为研究中心,特别注重对人、人性的探讨。普罗泰戈拉的"人是万物的尺度"、柏拉图的人性三分说、亚里士多德的"人是政治动物"等思想一直是影响西方思想道德教育的重要理论基础,蕴含了对教育的人性追寻。文艺复兴时期,新兴资产阶级、人文主义思想家的思想道德教育开始强调世俗性,崇尚人的主体性,关注人的生活性,反对禁欲性的人的生活方式,承认人的情感、欲望等非理性因素在人的道德教育中的积极作用。17—18世纪的启蒙运动中,思想家们强调理性的伟大,以理性的方式探求真知,诘问人生真谛,在理性的主导下追求自由、平等、人权、正义、博爱。在19世纪人本主义教育思潮中,开始强调人的存在是教育的前提条件,以及人的存在对教育的基础作用,在存在正义的影响下,教育极力推崇人的个性自由、自主选择。

20世纪,各种人本主义空前繁荣与发展,对思想道德教育产生了深刻而广泛的影响。思想家、教育家高度重视人的情感、情绪、本能、欲望等非理性因素在教育中的作用。一是肯定教育对象的需要和兴趣。如马斯洛需要层次论、杜威实用主义等,杜威重视教育对儿童内在需要、爱好兴趣的满足。二是关注教育对象的心理体验和生命意义。如人本主义心理学家卡尔·罗杰斯根据人本主义心理治疗理论,认为教育应坚持"以学生为中心"的理念,学习是人的自我价值实现的需要,是个人潜能和人格的充分发展。三是强调教育对象自由、尊严的实现。如雅斯贝尔斯生存教育哲学对现代人的生存予以了极大的关注,通过"生存"和对"生存的超越"追求人性自由的理想,强调教育对实现人的自由和尊严的价值。

西方国家在思想政治教育的原则和方法上往往都很注重人性的需要和人的思想实际,有针对性地开展教育活动。关于思想政治教育理论,代表性的理论有体谅关心理论、价值澄清理论、人本主义德育理论、隐性教育理论。

(1) 体谅关心理论。体谅关心德育理论代表人物有英国学校德育教育家彼得·麦克菲尔和美国著名女教育家内尔·诺丁斯。他们通过现状调查,发现青少年缺少母爱、家庭和学校关爱是造成道德品质下降的原因之一,特别强调情感在道德教育中的作用。麦克菲尔认为在品德结构中最重要的是关心、体谅别人,教师要促使学生形成体谅关心的动机,并在生活实践中学会体谅关心他人。诺丁斯主张教师与学生建立一种关心关系,在人与人彼此关心的关系中建立关系伦理行为。体谅关心德育观蕴含着深厚的尊重人的需要、发展人的个性、颂扬人的价值等的人性关爱和人文关怀精神;但过于依赖"体谅""关心",易导致教育者主导作用的弱化和受教育者自我的放大,不利于教育者对核心价值观的传授。

(2) 价值澄清理论。价值澄清理论是20世纪60年代在美国价值多元化的社会背景下,为克服道德灌输与规劝所造成的教育弊端,反思已有的价值观教育困境而发展起来的一个德育学派。主要代表人物有拉思斯、哈明、西蒙等人。价值澄清理论强调价值形成的自由选择并对选择负责、珍爱自己的选择并使其成为自己生活的组成部分、信奉自己的选择并将其付诸实践行动三个过程,希望受教育者认清自身的价值观并通过个体自由选择、分析、澄清和评价的方法在诸多的价值选择中形成自己的价值观。价值澄清理论重视受教育者的个体性、主体性和能动性,秉持人本主义原则,否定被动灌输和硬性强加的价值观教育方法,主张师生平等,与学生一道交流思想而不是阻碍学生思维;强调现实生活的首要要素,将生活看作价值澄清理论的出发点。受教育者因与现实生活密切相关的事物、问题而触发思考、引起关注,发起价值澄清过程。然而,价值澄清理论过于强调教育者和受教育者间的平等和交流以及受教育者的自由选择,完全否定灌输,缺失教育者的主导和引导,缺少对社会共同价值观的深入探讨,忽略主流价值观的引导,导致价值相对主义,引起受教育者道德价值选择的迷惘与混乱,甚至导致社会主流价值观和道德观念的丧失。

(3)人本主义德育理论。西方德育中历来十分注重人的自主性、个性化教育。关注人的成长和发展、重视人的本质和价值是人本主义的最大特点,人本主义强调个人的尊严、人格与价值取向,其代表人物是马斯洛和罗杰斯。马斯洛需要层次学说将人的生理需要、安全需要、归属与爱的需要、尊重需要、自我实现需要五个方面的需要构成了由低级到高级的五个不同层次,形成了人的一切行动的原动力,揭示出人的需要与人的活动间的关系,奠定了西方德育的人性基础。罗杰斯强调"培养完整的人"的教育目的,提出"以人为中心"的学校德育,力求建立一种相互信赖、平等和谐的新型师生关系,以教师必备的真诚、尊重、理解的态度去了解学生的真实感受。

(4)隐性教育理论。西方教育理论家注意到,受教育者道德素质的养成、发展与其日常生活、学校的文化氛围和教育情境等密切相关,这些因素以潜在的、间接的渗透方式作用于受教育者的道德态度和价值观念,他们强调隐性教育方式和人性化教育方法。美国哲学家、教育家和心理学家杜威反对道德教育灌输论,提出了"教育即生活""学校即社会"的教育教学理论。他主张将受教育者与社会生活联系起来,创设教育情境,让学生"从做中学",在社会生活中、创设的情境中实现潜移默化的育人作用。教育活动中,坚持以"学生、经验、活动"为中心,以探究讨论取代强制灌输,改变传统的以教师、教材、课堂为中心的教育教学方式方法。在课程教学上,杜威强调学校道德教育要与其他课程教育紧密联系,把道德教育渗透到各门学科,渗透到社会生活的各个方面,充分发挥隐性教育的作用。然而,杜威的道德教育思想建立在唯心主义和实用主义哲学的理论基础上,缺少教育活动的客观实践基础和对道德教育客观规律的把握,容易陷入道德认知的不可知主义。他的教育无目的论一定程度上导致教育的放任和道德标准的削弱。

在西方涌现出的众多的教育理论的直接影响和指导下,思想政治教育方法经历长期的发展、演变和改良,迎来了蓬勃发展,形成了一套独具匠心的方法体系。关于思想政治教育的方法,主要有隐性渗透方法、道德认知发展方法和社会学习方法。

(1) 隐性渗透方法。一是学科融合渗透。进入20世纪以来,西方国家注重多学科研究道德教育问题。道德教育方法强调价值性和学科性的统一,以多学科为平台,传播思想道德教育价值。在哲学、文化学、社会学、宗教和历史学等诸多学科中开展道德教育理论和方法的研究;在自然科学、技术科学、人文社会科学等不同学科中挖掘思想品德教育内涵,将道德教育与其他各门学科,特别是哲学社会科学等诸多学科有机融合和渗透贯通,促使多学科资源、学术资源转化为育人资源,从而实现渗透教育。如美国哲学家、教育家和心理学家杜威,美国心理学家和教育家科尔伯格等注重从哲学和心理学的有机融合来建构道德教育的基本理论和教育方法体系。"像科尔伯格的'新苏格拉底法''公正团体法',价值澄清学派的'自由选择',贝克的'反省方法''问题中心法'等,都是以个体参与和自主活动方式进行道德教育,促进道德发展的方法,都强调道德教育的渗透性。"[1]二是社会服务渗透。就是要求学生通过社区服务、社会服务进行学习,使自身在知识、技能和价值等诸多方面获得发展的一种方法。美国注重通过"服务—学习"的教育策略和教育方法丰富受教育者的学习体验,促进学生进行结构性反思。在学术课程和社区服务的紧密结合中,将思想品德教育内容渗透在社会服务、社会实践中,帮助学生成长,培养学生奉献精神、专业素养和社会责任感。从人的角度,以教育对象接受的方式开展教育,充分发挥政府、社会、学校及学生的主体功能,提高教育成效。三是社会环境渗透。西方国家十分重视环境对人的价值观塑造、思想品德熏陶的潜移默化的影响。美国不惜巨额投资,在各地建设纪念馆、艺术馆、博物馆、科学馆、图书馆、国家公园等众多场馆,美国纽约市就有一百三十多个主题各异的博物馆,华盛顿有国会大厦、白宫、华盛顿纪念馆等参观点一百多处,这些场馆全部免费开放,和没有围墙的学校实现社会资源共享。教师积极建设行走的课堂,经常将课堂搬到这些场馆中去,充分利用教育基地,宣传国家政治主张、政党制度、价值观念。这些场馆是进行政治思想、道德教育的主要基地和生动教材,同时报刊、电视、网络等也是进行宣传渗透的重要阵地。

(2) 道德认知发展方法。道德认知发展方法是科尔伯格在继承和发展了皮亚杰的研究成果的基础上,以道德认知发展理论为基础而建构的方法体

---

[1] 郑永廷,胡树祥,刘廷亚,等.思想政治教育方法论[M].北京:高等教育出版社,1999:33-34.

系。科尔伯格的主要观点是，道德发展和认知发展关系密切，不可分割，认知发展是道德发展的基础，道德发展不能超越认知发展水平。思想道德教育不是诵记道德条例或强迫纪律，而是促进道德认知水平的发展。道德发展总是遵循一定的阶段进行的，由此，他提出了"道德发展阶段"理论。在教育方法上，他认为道德认知发展方法主要有道德讨论法和公正团体法。道德讨论法就是让学生对道德两难问题进行选择讨论，引起学生认知上的冲突和思考，教师在其中要善于运用自己丰富的知识和引导讨论的技巧推动学生进行积极的道德思维，促进学生的道德认知向更高阶段发展。道德认知发展方法实现了由重视知识的灌输、背记向重视教育对象主体认识发展的转变，突出强调尊重教育对象的个性和主体作用的教育方法。但这种教育方法过于强调道德认知培养和道德教育的形式，导致脱离社会现实，颠倒了道德教育内容和道德教育形式的关系。为弥补道德讨论法的局限性，科尔伯格提出了公正团体法，就是在团体中渗入公正的规则秩序，发展团体的民主管理，建立平等公正的人际关系，使个体的道德认知水平不断趋于集体的公正水平。公正团体法强调团体的教育力量和公正民主的氛围，在民主的参与和管理中培养受教育者的道德责任感。

（3）社会学习方法。美国心理学家班杜拉、米切尔等人以社会学习理论为基础创立了社会学习教育方法。社会学习理论强调观察学习是行为获得的基本学习方法，学习不仅是反映过程，还是认知过程以及人的自我调节过程。班杜拉十分重视教育对象道德发展中的观察学习和自我强化作用，强调个人通过观察、模仿，再经过认识过程来习得知识。在这种理论指导下形成的较为突出的方法有示范榜样方法和强化教育方法。这种方法把文化环境与人的道德发展联系起来，有利于提高教育的实效性。示范榜样方法是道德教育的重要手段，对人的社会化具有重要作用。班杜拉认为，在我们现实生活中榜样是普遍存在的，既可以是诸如家长、教师、朋辈群体这些特定关系人，也可以是诸如语言描述、文字符号、艺术形象、外部环境等这些除人以外的其他事物。人们可以结合自身实际情况和学习需要选择适合自己的榜样进行模仿学习。教育者要善于利用、挖掘榜样资源，引导受教育者观察、学习、模仿、认同榜样的高尚人格和优秀品行，同时，要避免负面示范榜样的影响。强化教育方法是把强化作为道德行为形成的重要手段的一种教育方法。班杜拉认为，行为结果，如成功、失败、奖励、惩罚等对道德行为的发展有着非常深远的影响，因为这些行为结果让人产生相应的期望。那些成功的、得到奖励的行为结果会刺激人们行为再现,谓之正强化,而失败的、受到惩罚的行为结果会降低人们的积极性,减少人们行为出现的频次,谓之负强化。教育者要善于运用这些强化手段,引导学生学会自我强化,培养学生自我评价能力,促进学生道德水平的提高。

由此可知,西方思想道德教育十分关注人的现实存在,以人性观照教育。但他们往往从人性某一个方面或几个方面构建自己的教育理论和教育实践,缺乏对人性的整体把握,缺乏对人的社会性、实践性的深度发掘,缺乏对人性的历史性、现实性的全面认识。只有马克思以人的全面发展为视野,从人的社会属性、自然属性、精神属性以及实践性全方位把握,形成了科学、合理的思想政治教育人学基础。

三、研究思路、主要内容及创新

(一)研究思路和主要内容

本书的主要思路是:以马克思主义人学思想和人性理论为指导,从思想政治教育人性化的基本阐释入手,结合思想政治教育的时代背景和人的现实生存境遇,探究思想政治教育人性化的内在根据、基本环节、目的价值,分别回答思想政治教育人性化研究"为什么""怎么样""是什么"的问题,从而在力图探究思想政治教育人性化的理论基础上,探求思想政治教育人性化的主要原则,积极实施思想政治教育人性化的基本方法。内容共分三大部分:

第一部分:立论依据研究(导论、第一章)。主要通过对传统思想政治教育的现代反思和对当今时代社会发展变化的分析,揭示思想政治教育人性化的历史依据和现实依据。

第二部分:基本理论研究(第二章、第四章)。主要探讨人性与思想政治教育的内在关联、思想政治教育人性化的出发点和内在根据、思想政治教育人性化的最终目的和价值旨归。

第三部分:应用理论与实践研究(第三章、第五章)。根据理论与实践的结合,主要探讨"问题意识"如何成为思想政治教育人性化的基本环节以及思想政治教育人性化的主要原则和方法。

具体来说,本书主要内容包括:

导论部分,主要说明本书写作的背景和缘由、研究的目的和意义、国内外本课题研究的状况、研究的内容和创新之处。

第一章,基本概念辨析,主要阐述文中的几个核心概念,阐明人性、人的本质、人的属性、人性化、思想政治教育人性化等概念。结合思想政治教育现状、现代社会转型、当今社会特征，阐述思想政治教育人性化的必然性。同时，对本书研究可能出现的诘难作出回应。

第二章，以人的生成论为视角，首先阐释人的不同存在方式及其规定性，接着探讨人的现实存在是思想政治教育人性化的出发点，进而阐释人的生成是思想政治教育人性化的内在根据，最后探究当代人的生存境遇与思想政治教育人性化吁求，以及思想政治教育人性化的路径选择。

第三章，以"问题意识"为切入点，分别从"问题意识及其本质特征"和"问题成因及其索解"角度，探讨思想政治教育人性化的理论问题和实际问题，坚持解决思想问题与解决实际问题相结合的原则，从而形成行之有效的思想政治教育人性化思路对策。

第四章，以人的发展论为视角，分析人性、人性和谐、人的全面发展的基本含义及其相互间关系，探讨思想政治教育人性化如何促进人的思想和谐、人性和谐和心理和谐，深刻阐述了人的自由全面发展是思想政治教育人性化的最终目的和价值旨归。

第五章，主要探讨思想政治教育人性化的原则与方法。在思想政治教育人性化的基本理论基础上，提出思想政治教育人性化的原则，即主导性与主体性相统一的原则、平等与对话相结合的原则、关爱与尊重相促进的原则、显性教育与隐性教育相统一的原则、宽容与信任相一致的原则；提出思想政治教育人性化的方法，分别从生活、精神、情感、实践、主体、人文等六个维度，探索思想政治教育人性化的现实关怀法、理论教育法、情理交融法、问题导向法、自我教育法、心理咨询法等教育方法。

(二)创新观点

本书以马克思主义人性理论为指导，借鉴教育学、社会学、心理学、管理学、伦理学、人学等学科的最新研究成果，深刻分析当今社会变化发展的时代特征和现代人的生存境遇及其对现代思想政治教育的影响。从人的现实存在出发，通过人的生成逻辑推演，探讨思想政治教育人性化的内在根据、基本环节、目的价值和原则方法。主要创新观点有：

第一，人的生成是思想政治教育人性化的内在根据。人不仅是现实的存在，而且是历史的生成。当代社会的变化发展对人的生存境遇产生了深刻影响，表现为：现代性造成人的个体性存在与社会性存在的对立统一；风险性造成人的焦虑性存在与自我性存在的对立统一；市场性造成人的层次性存在与平等性存在的对立统一;信息化造成人的独立性存在与依附性存在的对立统一;网络化造成人的虚拟性存在与现实性存在的对立统一。一方面是社会的发展造成人性的觉醒与张扬,另一方面是科技的异化和市场经济的负面影响造成人性消解与失落。人的生存境遇的深刻变化呼唤人性化思想政治教育。思想政治教育必须观照人的现实生存境遇和人性需要。从人的自然生成探讨思想政治教育人性化的基本根据,从人的社会生成探讨思想政治教育人性化的社会现实根据,从人的精神文化生成探讨思想政治教育人性化的思想现实根据。

第二,"问题意识"是思想政治教育人性化的基本环节。传统思想政治教育问题意识淡漠,缺失了理论创新思维和对问题的探究。"问题意识"培育是思想政治教育人性化之思想理论提升的环节,通过问题意识的培育、问题的提出、问题的回答、问题的解决,实现理论与实际的结合,"问题"与"主义"的统一。问题的索解体现思想政治教育人性化之生活实际问题的情怀,坚持解决思想问题与解决实际问题的统一。

第三,思想政治教育人性化促进人的和谐发展、全面发展,体现其最终目的和价值旨归。思想政治教育人性化可以调整人的思想行为,促进人的思想和谐发展;可以协调人性需要,促进人性和谐发展;可以调适人的心理,促进人的心理和谐发展。思想政治教育人性化的价值体现于引领与协调的价值、解放与开发的价值、激励与塑造的价值、尊重与理解的价值。

第四,基于思想政治教育人性化的基本理论指导,实现思想政治教育原则的完善与创新。坚持思想政治教育人性化的要求与需要,就必须贯彻执行其相应的原则。这种原则表现为:主导性与主体性相统一的原则;平等与对话相结合的原则;关爱与尊重相促进的原则;显性教育与隐性教育相统一的原则;宽容与信任相一致的原则。

四、研究方法和意义

(一)研究方法

理论的形成与创新有赖于方法的正确与创新,掌握和运用科学的方法是开展思想政治教育人性化的理论研究和实践探索的前提和基础。坚持马克思主义哲学的世界观与方法论指导,具体问题具体分析,在具体问题的探索与解决中采用具体的有针对性的研究方法。主要采取以下几种方法:

第一,历史研究与文献研究相结合的研究方法。对于思想政治教育人性化的研究应该从历史的发展和现实的要求,进行中西方思想政治教育人性化的历史溯源和发展轨迹探究。还要关注思想政治教育人性化在社会主义和谐社会构建、中国式现代化建设中的发展趋势和巨大作用。结合文献研究方法,进行文献资料的查阅分析、理论梳理,探索思想政治教育人性化的历史演变过程以及发展变化的客观原因和内在规律,做到历史与现实的结合。

第二,比较与分析的研究方法。通过对历史与现实、中国与西方、传统与现代等不同角度的比较,反思传统思想政治教育,阐述思想政治教育人性化的历史必然性和现实必要性。通过分析方法,即思想政治教育中的现实调查分析、问题调查分析、个案调查分析,加强对思想政治教育人性化研究现实性、可能性和规律性的探讨,以达到分析与综合、抽象与概括的统一。

第三,多学科整合与多视角汇通的研究方法。现代科学发展既高度分化,又高度综合。思想政治教育学与教育学、伦理学,心理学、政治学、社会学、管理学等学科既互相区别,又密切联系。各学科研究方法应高度综合化,研究成果应相互借鉴。由于思想政治教育人性化研究除了基本理论研究外,更多是在教育的途径、方法、原则上进行探讨,因此需要切换视角,诸如本书中从风险社会、和谐社会、转型社会、问题意识等角度探讨思想政治教育人性化的历史必然、路径选择和方法原则。这样不仅不会影响教育的思想性,反而增强了教育的针对性和实效性。

第四,微观研究和宏观研究相结合的研究方法。思想政治教育人性化研究必须结合人所处的历史条件和社会背景。在世界一体化不断加强的情况下,这种背景既表现为全球化、国际化、多极化等宏观背景,又表现为本土化、个体化、虚拟化等微观背景。由于全球环境的影响,思想政治教育人性化既要从本阶级、本民族、本国的角度来研究,又要从全球、与他国联系的角度来研究。因此,必须坚持微观研究和宏观研究相结合的研究方法。

(二)研究意义

党的十六大以来,我党以丰富的实践为基础,在对社会主义深刻认识的基础上,提出了以人为本、科学发展、构建社会主义和谐社会、坚持以人民为中心等一系列重大理论问题和实践问题,为思想政治教育人性化研究提供了理论依据和思想指导。新的历史时期,开展本课题研究有着重大的理论意义和实际应用价值。

第一，提出思想政治教育人性化论题，探索思想政治教育人性化的历史必然性、现实必要性，并论证其可行性。当今社会面临转型社会、风险社会、和谐社会等复杂形势：转型社会，利益主体日益多元，利益需求日益多样，利益关系日益复杂；和谐社会，人们渴望民主法治、公平正义、诚信友爱、充满活力、安定有序、人与自然和谐相处；风险社会，人们面临政治风险、贫富分化加剧风险、生态风险、失业风险、文化价值观冲突风险。社会形势的深刻变动，决定了人的生存境遇、利益诉求的深刻变化。现代性、风险性、市场性、信息化、网络化的存在与发展，对人们的生存境遇、思想观念产生巨大影响。现代思想政治教育同时面临难得的机遇和巨大的挑战，因而必须观照人的实际生存境遇和合理的利益诉求。为此，必须从人的存在、生成与发展来看待思想政治教育，坚持人性化思想政治教育。

第二，拓展和深化思想政治教育理论基础研究。在马克思主义人性论基础上，从需要论、存在论、生成论、价值论、情感论来整合和建构思想政治教育人性化的理论基础。人首先是现实的存在，又是价值的存在，就有存在的需要；人又是不断生成和发展的，就有生成和发展的需要。思想政治教育必须承认人的这种存在、生成和发展的需要，实现思想政治教育价值。长期以来，受传统观念的影响和制约，思想政治教育注重宏观领域的思想训导、知识传授、行为控制，忽视了人的存在视界、生成规律和价值实现。因此，可以从人的存在、生成、发展探讨思想政治教育产生、存在、发展的人性基础及其原则、方法，进而积极探索思想政治教育人性化的理论基础和实践形式。

第三，思想政治教育人性化的研究具有深厚的实践意义。思想政治教育是一门实践性很强的科学，必须坚持理论与实践相结合。面对人的生存危机、人性失落、精神迷茫，思想政治教育人性化必须在教育实践中切实解决人的生存、生活困境。随着现代社会的发展，人们的确面临诸如贫困问题、就业问题、心理问题、情感问题等许多问题。为了体现思想政治教育人性关爱、人文关怀，必须坚持解决思想问题与解决实际问题相结合。本书在实践研究意义上提出"问题意识"是思想理论提升和实际问题索解的基本环节，在实践层面上体现思想政治教育人性化对人生活的关心、尊严的关切、精神的关怀和生命的关爱。

第四，思想政治教育人性化研究，有利于增强思想政治教育的实效性、针对性，有利于我们探索思想政治教育人性化实现的正确途径与方法。思想政治教育人性化尊重人的需要、价值、尊严,承认人的主体性、自主性、独立性、平等性,坚持尊重、平等、宽容、信任、对话等原则,从而充分发挥了人的能动性、积极性、创造性,提高了思想政治教育的实效性、针对性、现实性,体现了思想政治教育人性化实现人的自由全面发展的最终目的和价值旨归,为中国式现代化建设服务。

第一章

思想政治教育人性化的基本阐释

思想政治教育是做人的思想工作,对象是人,是有丰富思想和时代诉求的人。任何形式的思想政治教育的产生和存在既依赖于它所处历史时代的政治、经济、社会等客观基础,又依赖于思想政治教育对象的主体基础。它与人性、人的本质有着十分密切的联系,体现出深厚的人性基础。为此,要求实行人性化思想政治教育。

第一节 思想政治教育人性化的基本含义

伴随着人类经济社会的发展、民主政治的进步,思想政治教育学科取得了长足的发展,研究的切入视角不断丰富、深入。其中,思想政治教育人性化成为许多教育工作者思索和探讨的重要内容。要弄清楚思想政治教育人性化理论基础和本质要求,必须对"人性"和"人性化"的基本含义和主要特征有科学的认识和正确的理解。

一、"人性"的含义及其结构

(一)中国古代人性论思想

人性问题是几千年来古今中外思想家们争论不休、众说纷纭的难题,是古老而永恒又历久弥新的话题。关于"性"字,本字为生,后演变为性。《康熙字典》载有"性字从生从心,是人生来具是理于心,方名之曰'性'"的说法。荀子认为:"生之所以然者,谓之性。"(《荀子·正名》)"凡性者,天之就也,不可学,不可事……不可学,不可事,而在人者,谓之性。"(《荀子·性恶》)子思在《中庸》中理解为:"天命之谓性。"董仲舒认为:"如其生之自然之资,谓之性。"(《春秋繁露·深察名号》)由此可以看出,"性"字最初的含义,主要是指事物的状况、特性以及与人的活动相关的生理、心理、社会文化的情况和特点。至于人性,在我国古代思想家中首先谈及的当数孔子。但孔子关于性的论述仅有"性相近,习相远也"一句,对于人性,他却很少涉猎,且语焉不详,既没有给人性下过定义,也没有对人性做出伦理、道德、价值方面的判断。正是基于此,给后人留下极大的想象和猜测空间。但孔子在教育的方法、原则以及内容上显示出了十分深刻而高远的人性致思之路。儒家代表人物性善论者孟子认为:"君子所性,仁义礼智根于心。"(《孟子·尽心上》)其强调:"人之所以异于禽兽者几希,庶民去之,君子存之。"(《孟子·离娄下》)"人之有道也,饱食、暖衣、逸居而无教,则近于禽兽。"(《孟子·滕文公上》)如果人只是为吃饱、穿暖、住好,而没有教化,那人与禽兽的区别无几了。其通过强调人兽之异去分析人性。在孟子看来,人只追求感官欲望的满足,是向禽兽倒退;人追求道德完善,是向人的方向发展。"口之于味也,目之于色也,耳之于声也,鼻之于臭也,四肢之于安佚也,性也。有命焉,君子不谓性也。仁之于父子也,义之于君臣也,礼之于宾主也,智之于贤者也,圣人之于天道也,命也。有性焉,君子不谓命也。"(《孟子·尽心下》)这样孟子在区分性、命的基础上规定人性,人既有生理欲望追求,又有道德追求,并将两者区分对待。他从人的特殊性探讨人性进而提出性善论。孟子说:"恻隐之心,人皆有之;羞恶之心,人皆有之;恭敬之心,人皆有之;是非之心,人皆有之。恻隐之心,仁也;羞恶之心,义也;恭敬之心,礼也;是非之心,智也。仁义礼智,非由外铄我也,我固有之也,弗思而矣。"(《孟子·告子上》)可见,他是以人心中所固有的仁义礼智等道德属性作为人性的,所以孟子主张人性本善,但他没有进一步说明为什么人性本善。

性恶论者荀子主张人性本恶。生活在战国末期,经历了生活动荡和社会战乱的荀子和孟子相去近百年。但他作为儒家代表人物的思想,和孟子的思想的争论的确是一场思想的交锋、灵魂的对话。他批判了先秦诸子人性论,特别是孟子的性善论,提出性恶论。荀子不否认人的道德性,这一点与孟子相同。"水火有气而无生,草木有生而无知,禽兽有知而无义,人有气、有生、有知,亦且有义,故最为天下贵也。"(《荀子·王制》)荀子认为人和动物的区别不仅在于人有辨、知能力,而且在于人有道德。他又说:"人能群,彼不能群也。人何以能群?曰:分。分何以能行?曰:义。故义以分则和,和则一,一则多力,多力则强,强则胜物;故宫室可得而居也。故序四时,载万物,兼利天下,无它故焉,得之分义也。"(《荀子·王制》)这里的所谓义,指人有一定的道德,是人区别于动物的根本之所在。但荀子与孟子的不同在于,荀子并没有把这些"分""礼""义"看作是"无待而然"的,因而这些不能被叫作人性。他认为人性不是别的,是自然生成的人的本能,"生之所以然"的人性是"不可学""不可事"的,是与生俱来的原始质朴的自然属性,以人的生理欲望作为人性。这样,人们都为追求生理欲望的满足,相互争夺和冲突,破坏秩序,败坏礼仪,必然逻辑推演出人性恶的结论。"若夫目好色,耳好声,口好味,心好利,骨体肤理好愉佚,是皆生于人之性情也;感而自然,不待事而后生之者也。"(《荀子·性恶》)荀子又说:"人之性恶,其善者伪也。"(《荀子·性恶》)即人的本性是恶的,而善是后天人为的结果。他说:"今人之性,饥而欲饱,寒而欲暖,劳而欲休,此人之情性也。今人饥,见长者而不敢先食者,将有所让也;劳而不敢求息者,将有所代也。夫子之让乎父,弟之让乎兄;子之代乎父,弟之代乎兄;此二行者,皆反于性而悖于情也。然而孝子之道,礼义之文理也。故顺情性则不辞让矣,辞让则悖于情性矣。用此观之,然则人之性恶明矣,其善者伪也。"(《荀子·性恶》)由此看来,子让父、弟让兄等现象是违背人的性情的,是人为对性情改造的结果。他提出人性本恶的同时,又提出"化性而起伪"(《荀子·性恶》)。"从而把'性'和'伪'区别开来。他认为善正是'伪'的结果,是人的后天行为对先天本性克服的结果。"[1]

人性有善有恶论者董仲舒对"性"的概念作了界定。"性之名非生与?如其生之自然之资谓之性,性者,质也。"(《春秋繁露·深察名号》)性是人生来所具有之质,这一点与荀子的思想相近。董仲舒的人性思想是在吸纳、批判孟、荀等人的人性论基础上,从而形成了自己深邃的人性论思想,他认为人生来有善有恶。但他的善不同于孟子从人的社会属性而得出的人有别于动物的天赋道德意识。董仲舒认为道德完善的善行才可以称为善,提出了"善质非善"的论证。他说:"诘性之质于善之名,能中之与?既不能中矣,而尚谓之质善,何哉?性之名不得离质。离质如毛,则非性已,不可不察也。"所以张文

---

[1] 李亚彬.道德哲学之维:孟子荀子人性论比较研究[M].北京:人民出版社,2007:54.

英教授认为,在董仲舒看来,"人性的质不能离开善(质),但又不能用善(后天之善)规定人性"[1]。人生来有善有恶。他说:"天地之所生谓之性情,性情相与为一暝。情亦性也。"(《春秋繁露·深察名号》)性情都是人性天生的质,性包含着向善发展的潜能,情包含着向恶发展的潜能。但潜能的善未必实现善、成就善,那么人性就有善恶两种倾向。因此,他得出王道教化的逻辑结论。

董仲舒还提出了圣人之性、中民之性和斗筲之性的"性三品"思想。上下两种人的性都不能叫作性,只有中等人的性才可以叫作性。斗筲之性生来就恶,经过教育也难以转化为善;圣人之性,先天即是善的,不必受教育;中民具有善质,必须受教育之后才成为善性。人性"有善有恶论"的代表人物还有周代的世硕、汉代的王充、唐代的韩愈等。王充在《论衡》一书中记载:周人世硕以为"人性有善有恶。举人之善性,养而致之则善长;恶性,养而致之则恶长"[2]。受董仲舒"性三品"思想影响,韩愈构建了自己较为系统的"性三品"理论。他认为人性是与生俱来的,是人类固有本性。"性也者,与生俱生也。"(《原性》)而情则是接物后才产生的。性有三品,而其内容有五,情以其品极而言亦有三,他说:"性之品有三,而其所有为性者五……曰何也?性之品有上中下三:上焉者,善焉而已矣;中焉者,可导而上下也;下焉者,恶焉而已矣。其所以为性者五:曰仁、曰礼、曰信、曰义、曰智。上焉者之于五也,主于一而行于四;中焉者之于五也,一不少有焉,则少反焉,其于四也混;下焉者之于五也,反于一而悖于四。性之于情视其品。"(《原性》)这是说,上品的性是纯善的,是五常完备的结果,下品的性是恶的,是五常缺失的结果,而中品的性是可善可恶的,对于仁德,或者不少有,或者有所欠缺,其余四德,则是杂而不纯的。韩愈对性与情作了区分,但又难以对性、情分解,认为情是后天的,而性是与生俱来的。性之品极有三,情之品级亦有三,其内容有七项,他说:"情之品有上、中、下三,其所以为情者七:曰喜、曰怒、曰哀、曰惧、曰爱、曰恶、曰欲。上焉者之于七也,动而处其中;中焉者之于七也,有所甚,有所亡,然而求合其中者也。……情之于性视其品。"(《原性》)性、情有区分而又难以分解,情、性是对应的。张祥浩教授在其《中国哲学史》一书中阐释说:"上品的情,其七情是适中的。中品的情,在七情之中,有的过度了,有的则缺乏,但

---

[1] 张文英.董仲舒的"性三品说"与君主的教化责任[J].理论月刊,2009(4):67.
[2] 黄晖.论衡校释[M].北京:中华书局,1990:133.

他还知道求中。而下品的情,在七情之中,或不足,或超过,都直情而行,而不知求中。故情的品级要看性的品级而定。"[1]韩愈提出"性三品"的同时,认为人性是可以改变的,即移性。"上之性,就学而易明,下至性,畏威而寡罪。是故上者可教,而下者可制也,其品则孔子谓不移也。"(《原性》)张祥浩教授认为:"性上品的人,通过学习就越来越好;性下品的人,通过学习,也会知道畏惧刑罚而少犯罪;故上者可教而下者可制。至于有上中下品的区别,这就是孔子所说的上智下愚不移的意思。"[2]

在我国古代人性论思想史上,除了性善论、性恶论、性有善有恶论外,还存在告子的性无善无恶论思想。告子关于人性的基本观点是"生之谓性","食色,性也"。(《孟子·告子上》)饮食男女是人天生的资质,是人的本性。人性无所谓善恶。告子曰:"性犹湍水也,决诸东方则东流,决诸西方则西流。人性之无分于善不善也,犹水之无分于东西也……"(《孟子·告子上》)告子曰:"性犹杞柳也,义犹杯棬也;以人性为仁义,犹以杞柳为杯棬。"(《孟子·告子上》)。所以说人性不一定必然为善,也不一定必然为恶,所谓善恶实际上是以仁义论人性,犹如从"杯棬"角度来看待"杞柳"的结果。在告子看来,人无先天善恶,善恶是后天养成的,人性如湍流,本身并没有预设的方向,就看引导的方向。告子的人性论既显示出人性是一种客观实然的对象性的认知方式,又表达了人性的现实应然性的把握方式。

(二)西方历史上的人性论思想[3]

人的问题、人性问题向来是西方哲学史、思想教育史的永恒话题。古希腊之所以创造了世界文明,就在于他们对智慧的热爱、对民主的觉悟、对人性的觉醒,也在于他们承认物性论的同时,并没有将物性与人性对立起来。人具有物性,同时更具有超越性。关于人性,西方传统的伦理学并不执着于善恶之争,而是十分关注人的生存境遇和生活幸福,强调人性的德性、理性和非理性等核心内容。德性主义人性论首创者苏格拉底既反对把自然物性作为万物尺度,又不满足于智者将人的感觉看作万物的尺度,认为人的思维和理性是万物的尺度。他的灵魂说已把物质性灵魂变成精神性灵魂,精神性灵魂中特别重视精神的理性方面。这样,"认识你自己"就是认识人的理性精神本质,通过理性反观自己,便可获得灵魂的美德。他提出"德性即知识"命题,认

---

[1] 张祥浩.中国哲学史[M].南京:江苏人民出版社,2006:245.
[2] 张祥浩.中国哲学史[M].南京:江苏人民出版社,2006:246.
[3] 宇业力.西方思想政治教育的人性视角述论[J].理论导刊,2013(7):93-96.

为：德性就是节制、正义、虔诚、勇敢等,它们都是人具有的潜在的德性,在理性的指导下,人拥有真正的善,否则只能为恶,明确肯定理性知识在人们的道德行为中的决定作用。柏拉图在发展苏格拉底德性主义人性论的基础上,提出人性三分说:人的灵魂由理性、激情和欲望三部分组成。理性在灵魂中居于统治地位便造成智慧;激情执行理性的指示,帮助理性控制欲望而达到勇敢;有效控制快乐和欲望是节制的美德。理性对激情和欲望的控制和指导是人德性形成的基础。思想政治教育就是培养、造就理性驾驭情感、控制欲望的人,使全国人民以"理性"处世,以"公道"行事,为理想国服务。理性就是要起到"引导"人的灵魂的作用。亚里士多德认为,理性是人之为人的本质特征,是人的决定性形式或思想,是人性的标志。"有所谓感觉生命,也不能算做人的特殊功能,因为甚至马、牛及一切动物都有。人的特殊功能是根据理性原则而具有理性的生活。"[1]亚里士多德的灵魂说不同于苏格拉底、柏拉图的灵魂肉体二元论思想,而是以其质料说来说明灵魂与肉体的关系:质料和形式是任何事物不可分割的两种因素,质料只是潜能,只有形式才能使它成为现实的存在。灵魂是身体的形式,不能离开身体而存在。他把灵魂分为营养灵魂、感觉灵魂和理性灵魂。正是人的理性灵魂的能动性对情感、欲望的"过滤"和德化,使人通过教育获得高尚情操,成为具备完满德性的"善良之人"。古希腊晚期,伊壁鸠鲁学派阐述了以快乐主义为中心的伦理学,指出"快乐即幸福"的思想,既反对放荡纵欲的享乐主义至上思想,也反对禁欲、息欲的绝欲思想,主张快乐来源于身体基本欲望的满足,保持肉体的健康和灵魂的平静,从而强调人是意义的根本。

古希腊在崇尚理性的同时,从来就交织着人的非理性存在。自巴门尼德划分意见世界和真理世界,柏拉图划分现象世界和理念开始,就有了非理性与理性的相互交锋与交融。巴门尼德承认了人的非理性的存在。感觉论者普罗泰戈拉认为感觉是认识的来源。对于柏拉图人性说中的激情和欲望和亚里士多德人性说中的营养灵魂和感觉灵魂,更是强调了人的非理性的存在。这都说明在古希腊强调理性为核心的同时,情感、意志和欲望也不断冲破理智的藩篱,表现出自身强大的生命力从而显示出人性的多样性和层次性。因此,统治者要维护其城邦稳定,实施公民思想政治教育时,应该划分层次,区别对待,尊重人性。柏拉图关于灵魂转向和锻造的道德教育就是在尊

---

[1] 周辅成.西方伦理学名著选辑:上卷[M].北京:商务印书馆,1964:280.

重人性的基础上,使教育起到灵魂引导的作用,并且其认为这种引导不是强制灌输,而是需要在灵魂自身发生作用的基础上进行。亚里士多德的质料说承认人的肉体质料是构成人的基质,肉体先于灵魂成熟,非理性成分在理性部分之前萌发。思想政治教育要遵循人的身心发展规律,所以说"我们是为了心灵的缘故而注意身体"[1]。教育就是要使人的身体、道德情感和智能三者协调、和谐发展。亚里士多德还首次提出教育应"效法自然"的思想原则,教育要顺应人本身的自然发展,人的发展变化也源自他的本性。他根据自己的人性灵魂说,认为人的发展就是灵魂从低级到中级,再到高级的发展过程。先是身体发展,满足人的基本需要,而后是非理性的发展,情感、意志处于显著的地位,最后是理智的发展,表现为道德把人情感、欲望导向良好的方向。非理性部分的情感、意志、欲望本身无所谓天生的好坏,关键在于如何使其得到理性的指导,从而正确地发展。这是亚里士多德与柏拉图对灵魂非理性部分认识上的不同。他的这种立足于人本性的教育效法自然思想,为后来教育家探讨教育问题提供了新的视角,具有人本化的教育意蕴。古希腊的人性思想及其思想教育具有历史局限性:他们在强调教育是培养人性的同时,又缺乏对人性维护的制度保护和对人性败坏的制度约束,从而导致道德沦丧和价值崩溃;他们在强调人性时,却又在现实中把人定位在社会等级秩序中,由于时代的限制,带有神秘性和笼统性,缺乏对人性的科学的、综合的把握。

经过漫长的中世纪后,欧洲进入从中世纪向近代社会转型的文艺复兴时期。文艺复兴,是一场反映新兴资产阶级要求的欧洲思想文化运动,主要体现为神权的消退和新兴商业群体的兴起。这一时期,关注社会现实和人的生活需要,更是强调人的价值、地位和意义,突出主体的世俗生活、尘世幸福。以人权反对神权,以人性反对神性,彰显人性的自然性。强调世俗性,反对宗教性的精神统治;崇尚个体性,反对依附性的人的生存方式;关注生活性,反对禁欲性的人的生活方式。人不再蔑视自己,贬低理性,自觉服从上帝及其在人间代理的统治;不再只是上帝的工具、附庸、封建贵族奴役的对象;不再是"器物"性的存在,不再依附于上帝而存在、依附于统治者而生活。人性论上,强调人的感性存在的合理性,以人性和人的自然性反对禁欲主义,坚持人的理性与非理性、灵与肉、物性与人性的统一。随着文艺复兴时期资产阶级力量的不断增强,人文主义者不再以抽象的人性来代替神性,他们用理性来

---

[1] 张焕庭.西方资产阶级教育论著选[M].北京:人民教育出版社,1964:557.

论证人的自由、平等、博爱，认为人的理性就是人的本质。"狄德罗曾说：'没有一个人从自然得到了支配别人的权利。自由是天赐的东西，每一个同类的个体，只要享有理性，就是享受自由的权利。'黑格尔宣称：'理性与自由永远是我们的口号。'费尔巴哈认为理性、爱和意志是人之所以为人的'绝对本质'。他们还进一步地把人的理性看作是历史的动因。"[1]

文艺复兴时期，在彰显人的自然性的同时也带来了不可避免的历史局限性。一是在强调人的物质欲求合理性和现世生活享乐性的过程中，人们理性规范缺失，导致财富追逐、贪欲满足、情感放纵等极端利己主义的产生。在摆脱"神学"束缚时，却陷入精神无家可归的困惑之中。二是在尊重人的价值、地位、尊严的时候，从抽象的人性出发，缺乏从政治、经济、文化等多方面的社会关系去理解，以人的自然德性代替人的社会本质，从而使思想政治教育内容从对思想性的关注降低为对生活性的诉求。三是关注人的个体性的存在，忽视人的实践存在方式和社会环境的影响，忽视人们在一定思想意识影响和支配下调节自己行为的必要性和可能性，造成社会道德沦丧。

启蒙运动时期，当人文主义者高举理性大旗，冲破神性对人性的压抑，代之以理性被极度夸张而导致理性成了人性代名词的时候，结果是，西方社会的发展并没有实现"理性"所允诺的人性的完善和社会的公正。一些哲学家、思想家高扬感性主义人性论的旗帜，坚持以人的非理性的自然经验（感性、欲望、自然生理要求）为其人性的基本出发点。非理性主义者把本能、欲望、情感、意志、信念等规定为人的本质甚至是世界的本质。英国经验论者培根、法国唯物主义哲学家爱尔维修等人从唯物主义感觉论去说明人性论和社会生活，认为趋乐避苦，追求幸福是人的自然本性。休谟一改传统的人性理性主义态度，认为"理性是并且也应该是情感的奴隶，除了服务和服从情感之外，再不能有任何其他的职务"[2]。树立情感主义的道德主体，把人的情感当作人的核心和基础。但是他最终把人的认识、情感和道德意志活动导向不可知论，使自己的感性主义人性论走进死胡同。18世纪法国杰出启蒙思想家卢梭与同时代理性主义思想家相反，认为：人的本性存在于"自然人"之中，在自然状态中，人天性善良。人的自爱心、怜悯心先于理性而存在于人性之中，人们彼此之间没有任何联系，也就没有道德上的关系和公共义务。只是人类

---

[1] 陈志尚.人学理论与历史：人学原理卷[M].北京：北京出版社，2004：264.
[2] 休谟.人性论：下册[M].关文运，译.北京：商务印书馆，1980：453.

进入文明社会之后,才出现了人与人之间的不平等、特权和奴役等现象。人类从"自然状态"过渡到"文明时期"后,人的需要、偏见以及社会制度扼杀了人的天性,从而导致人性扭曲,使人类走向堕落的深渊。他认为人性的发展和文明的出现是冲突的,人本性善,但随着文明发展,人性发展,其社会的表现却走向性恶。但在这一时期,人性理性得到极度彰显,强调理性价值与作用。霍布斯把机械论思想贯彻到阐释人的精神活动和社会生活领域中去。但他也十分重视人的理性思维的重要性。人们只有依靠理性和推理,才能发现事物的原因和结果。这一观点坚持了反映论思想。唯物主义经验论集大成者洛克坚持唯物主义世界观,提出著名的"白板说",完全否定当时人们相信知识源于某些天赋的先于一切经验的基本原则或"原理",坚定自己的任务就是解放理性。在这同一历史时期,还出现了唯理论哲学思想。笛卡尔在本体论上,提出二元论世界观,提出心灵实体、物质实体各自独立、彼此平行的二元论思想。认识论上,他属于唯心主义唯理论,认为一切知识都必须在理性的审判台前接受理性的无情审判。他认为理性是"人人天然均等的",而感觉不仅是靠不住的,而且不能获得普遍性、必然性知识。斯宾诺莎通过实体说构建了他的唯物主义一元论体系。认识论上,他坚持唯物主义唯理论,把获得与自然相一致的认识的真视为人生的圆满境界,即"至善";看到感性认识的局限性,认识到只有通过理性思维,才能把握事物的本质、必然性。

康德从人性二重性思想出发,认为:一方面,人作为感性血肉,只有相对价值,要服从于自然的必然规律;另一方面,人作为理性的存在,本身就是目的。人的自然欲望不是人的本性,人的趋乐避苦、追求幸福,是动物的本性或人的本性。在人的感性存在和理性存在中,康德认为人的本质最终是由人的理性来规定的。"假如是没有理性的,也只有工具所有的相对价值,因此,我们把它叫做'东西'。反之,我们把有理性者称为人,因为他的本性就证明他就是目的,不能只当做工具。"[1]其强调理性存在的人与其他世界万物的本质区别。

费尔巴哈从人的感性存在出发,认为人是自然的产物,是有血有肉的感性存在者,人的本性就是人的自然性。因此,人的存在本质上是纯生物学的。"完全与动植物一样,人也是一个人自然本质。"[2]在生物学意义上,费尔巴

---

[1] 康德.道德形而上学探本[M].唐钺重,译.北京:商务印书馆,1957:42-43.
[2] 费尔巴哈.费尔巴哈哲学著作选集:上卷[M].荣震华,李金山,等译.北京:商务印书馆,1984:312.

哈所理解的人是具体的,但一到了社会现实中,却是抽象的,他又把人的本质理解为"类",也只能是"一种内在的、无声的、把许多个人纯粹自然地联系起来的共同性"。马克思在肯定了费尔巴哈在人性问题上所做的唯物主义的前提性工作的同时,又对他停留在直观的、抽象的唯物主义上的人的本质进行了批判。

当启蒙运动把理性推崇到极致的时候,也暴露了其局限性和片面性,启蒙思想家所说的"人",实际只不过是资本的人格化,即资产阶级自己;他们所说的人性是抽象的人性,把理性看作万物的尺度,没有看到理性的限度,没有从有限理性的角度估量理性的能力,使得教育活动带有极大的虚伪性。卢梭虽然强调自然性,但他的道德学说是一种超功利性的道德学说,布满浓厚的天国气息,用自然属性代替社会本质。在西方人性思想史上,不管是人性理性说,还是人性非理性说,抑或人性的自然性说,都缺乏对人的社会性、实践性的深度发掘,缺乏对人性的历史性、现实性的全面分析。马克思以人的自由全面发展为目的,从人的社会属性、自然属性和精神属性全方位把握人性,形成了科学、合理的马克思主义人性论思想。

(三)马克思主义人性论思想

马克思主义人性论在继承前人思想理论的基础上,进一步揭示出了人作为人的特有本性。对人性的科学理解和全面认识的关键在于马克思主义科学方法论。首先是历史的方法。马克思不是从特定的历史阶段,孤立地去考察人性。社会的发展归根结底是人的发展,而人的发展,首先表现为个人的发展。个人不是自然给予的一经生成就不再变化的存在,而是历史地生成、变化、发展的,人性也是随着历史的变化发展而不断变化发展的,是反映在各个时代,各种社会、群体和个人的实际活动过程中的。人在生产生活资料的"生产实践"活动中彰显人的存在,割裂人的历史与实践就会陷入黑格尔抽象思辨的人性理解。马克思的历史方法使得对人的认识实现了从抽象人到现实人的转变。其次是辩证的方法。对人性的认识,可以从性善恶、理性非理性等多个角度进行不同的解读,往往各执一端,尽情发挥。在马克思的人性思想中,从实践性的本质出发,将人的精神性、自然性和社会性统一于一体,不是根据人的主观愿望和需要孤立地去强调、发挥人性组成要素的某一方面或几方面,而是用实践观点去论述人的本质,阐明人性。

1. 人的自然属性

人的自然属性是指人作为自然实体所具有的自然性或生物性,是人与生俱来的生理的和心理的要素、结构和功能。需要、欲求、情感、意志都是人不可缺少的自然属性。马克思早在《1844年经济学哲学手稿》中就指出："人直接地是自然存在物。人作为自然存在物，而且作为有生命的自然存在物，一方面具有自然力、生命力，是能动的自然存在物；这些力量作为天赋和才能、作为欲望存在于人的身上；另一方面，人作为自然的、肉体的、感性的对象性的存在物，和动植物一样，是受动的、受制约的和受限制的存在物。"[1]人身上存在的一切特性，都有着直接的或间接的自然依据，受自然规律的决定和支配。恩格斯说："人来源于动物界这一事实已经决定人永远不能完全摆脱兽性，所以问题永远只能存在于摆脱得多些或少些，在于兽性和人性的程度上的差异。"[2]人作为生物有机体要维持生命的存在和种族的繁衍，就必须主动地、持续不断地同外部世界进行物质、能量和信息的交换，这是人得以生存和发展的基础和首要前提。但是，人作为宇宙的精华、自然界最复杂的物种，人的自然属性具有与其他生物、动物完全不同的特征。

一是差别性。人与动物都具有的自然属性是自然界长期进化的结果，但它们是有根本差别的。"动物和自己的生命活动是直接同一的。动物不把自己同自己的生命活动区别开来。它就是自己的生命活动。人则使自己的生命活动本身变成自己意志的和自己意识的对象。"[3]人的自然属性与其他动物相比，已有了质的飞跃，超越了动物的本能水平，是最高级别的自然属性，是受到人的社会属性制约并体现人的精神属性的自然属性。人的饮食不再是茹毛饮血的原始人的生食；人的性爱不再是古代人的单纯的性要求。关于这一点，马克思曾经指出："吃喝、性行为等等，固然也是真正的人的机能。但是，如果使这些机能脱离了人的其他的活动，并使它们成为最后的和唯一的终极目的，那么，在这种抽象中，它们就是动物的机能。"[4]人是自然的一部分，但人的自然性同动物的自然性是有本质区别的。

二是调适性。动物只能依靠自身的器官本能地消极适应自然界，遵循适

---

[1] 中共中央马克思恩格斯列宁斯大林著作编译局.马克思恩格斯全集：第四十二卷[M].北京：人民出版社，1979：167.

[2] 中共中央马克思恩格斯列宁斯大林著作编译局.马克思恩格斯选集：第三卷[M].2版.北京：人民出版社，1995：442.

[3] 中共中央马克思恩格斯列宁斯大林著作编译局.马克思恩格斯文集：第一卷[M].北京：人民出版社，2009：162.

[4] 中共中央马克思恩格斯列宁斯大林著作编译局.马克思恩格斯全集：第四十二卷[M].北京：人民出版社，1979：94.

者生存的法则。而人的肉体或器官具有一般动物所不具备的特殊功能。它们在与环境进行物质、能量、信息的交换过程中,不断地修正、调试、提升自己。人可以在生产劳动中,按照自己的需要和要求,运用自身的力量,对天然物进行加工和改造,使之发生结构和形式上的变化,创造出"人造器官",主体本质力量通过活动转化为静止的物质的存在形式。另外,人较之动物的调适能力还表现在客体主体化的能力上,人既可以直接消费一部分消费资料,也可以把物质工具作为自己身体器官的延长包括在主体的生命活动中,拓展生存空间,提高自己生命力,从而增强了人对自然、环境的调节、适应能力。

三是发展性。动物的自然性是生物长期进化的结果,遵循进化规律。虽然人也是进化而来的,但自从古猿变成了人,人自然属性的实现过程与动物本能需要的实现过程就存在根本不同。人意识到自己的自然属性,知道自己始终处在生成、发展的过程中。人的生存就是一个永不停止的完善、学习过程。人的自然属性得到了改进、提高,并且通过人的社会属性和精神属性来证实,是社会化、精神化了的自然属性。

2. 人的社会属性

在人性的结构中,人的自然属性是基础性的要素,而人的社会属性却是占主导地位的要素。人是来自自然而又高于自然其他一切动物的社会性动物,人必须与他人结为一体才能生存,不能脱离社会单独生存。社会是人的生存方式,人具有社会属性,其特征表现为:

一是群体性。人性、人的本质,既不是先天就有的神秘的东西,也不是单个人所固有的抽象的东西,而是人们在后天的社会实践以及各种社会交往活动中形成发展的。人们的实践交往活动必须结成一个又一个集合体,这种集合体在人类初期体现为种群性质,人的性质必须依赖人群共同体的生存状态。"人是名副其实的政治动物,不仅是一种合群的动物,而且是只有在社会中才能独立的动物。孤立的一个人在社会之外进行生产——这是罕见的事,在已经内在地具有社会力量的文明人偶然落到荒野时,可能会发生这种事情——就像许多个人不在一起生活和彼此交谈而竟有语言发展一样,是不可思议的。"[1]因此,脱离社会、群体、他人完全孤立的个人是不可能存在的。群体性是社会属性中一种与人的实践交往活动特别密切的属性。

---

[1] 中共中央马克思恩格斯列宁斯大林著作编译局. 马克思恩格斯选集:第二卷[M]. 2版. 北京:人民出版社,1995:2.

二是交往性。人虽从物发展而来,但不同于物,无不处在与自然、社会、他人的交往之中,进行着物质、能量和信息交换。马克思、恩格斯在《论德意志意识形态》中把交往看作生产的前提。通过劳动产品的交换和社会关系的交换,人类社会得以形成,生产得以顺利进行。人们"只有以一定的方式共同活动和相互交换其活动,才能进行生产。为了进行生产,人们相互之间便发生一定的联系和关系,只有在这些社会联系和社会关系的范围内,才会有他们对自然界的影响,才会生产"[1]。基于生产交往、社会交往,进而形成的经济交往、政治交往和文化交往,使得人类社会不断向前发展,交往性成为人的重要的社会属性之一。

三是合作性。人的群体性和交往性决定了人们彼此间的某种共存性。个人、群体、社会、国家相互依存,一方的存在以对方的存在为条件,彼此共存于同一体中。为了积极维持、平衡共同体,维护彼此间共同的需要和利益,实现共同的目标,必须开展不同形式的合作。"合作是人的特性,是人们交往的一种基本形式,是指个人与个人、群体与群体之间为达到某一共同目的,彼此以一定方式配合、协作的联合行动。"[2]合作不仅存在于同一阶级、阶层、集团内部及个人之间,还存在于根本利益不同或对立的阶级、阶层或社会集团之间。人之为人就在于人与人之间相互依存、互相合作,从而构成社会存在和发展的基本条件。哪怕是充满斗争、竞争的对抗阶级、阶层和社会集团之间,也交织着不同形式的合作、协作和妥协,否则只会落到弱肉强食下的纯自然性动物生存状态。容纳他人、善于合作、心胸宽广、诚实守信、和谐共处、取长补短都体现了人的基本道德素质、思想行为和健全人格,没有合作就没有生命的产生、社会的存在和人类的发展,合作性也是人的社会属性中的一个重要属性。

3. 人的精神属性

人的精神属性又叫意识属性。人的意识是对客观对象的主观印象,是人区别于一般动物的重要特征。在《1844年经济学哲学手稿》中,马克思就明确提出:"人是有意识的类存在物。""正是人具有精神属性,或者说人所特有的感觉、理性、德行、审美、情感、意志等精神因素这个必要条件,才使人得以成为主体,人的实践才得以成为有意识有目的的创造性的主动的改变环境的

---

[1] 中共中央马克思恩格斯列宁斯大林著作编译局.马克思恩格斯选集:第一卷[M].2版.北京:人民出版社,1995:344.

[2] 陈志尚.人学理论与历史:人学原理卷[M].北京:北京出版社,2004:238.

行为,而动物正是由于缺少这一点,它的活动只能停留在本能的被动的适应环境的阶段上。"[1]人的精神属性具有以下特征:

一是依存性。意识是物质的产物,人脑的机能必须依赖于肉体存在而存在,人的精神属性不是与人的自然属性和社会属性并列的第三种属性。人性中的精神要素不是超自然的、超历史的神秘的东西,它是人这个特殊的物质实体所特有的属性和机能。如果脱离一定历史条件、生产环境、生活状况、社会发展来谈人的精神、意识、思想,难免会陷入黑格尔唯心的绝对精神论;离开物质、需要来谈人的意识、思想,不是非人性的物性论,就是抽象的人性论。人性中的精神要素具有社会性,人的精神活动是对客观世界的反映。人的思维、意识、批判、反思等精神性活动既不是天生固有的,也不是主观自生的。既不可设想一个与世隔绝的人能产生丰富生动的精神活动,也不可想象一个人的精神活动与社会存在没有任何直接的或间接的关联。社会存在决定社会意识,社会意识对社会存在具有能动的反作用,两者相互联系,相互依存。

二是能动性。在物质决定精神的同时,必须充分认识和理解精神对物质的能动作用。人的精神活动的抽象、自由、反思、批判、创造和超越等都是人的精神能动性的具体表现。对自然界、人类社会的改造,客体主体化,展示了人的精神因素对客观世界发展变化的巨大能动作用。恩格斯指出:"人离开动物愈远,他们对自然界的作用就愈带有经过思索的、有计划的、向着一定的和事先知道的目标前进的特征。"[2]这说明精神属性是人有别于动物的重要标志。人们在实践活动、物质生产之前,就已经在意识的能动性作用下,创造性地设计蓝图、预设目标,按照主体内在尺度从事生产和创造活动。马克思说:"动物只是在直接的肉体需要的支配下生产,而人甚至不受肉体需要的影响也进行生产,并且只有不受这种需要的影响才进行真正的生产;动物只生产自身,而人再生产整个自然界;动物的产品直接属于它的肉体,而人自由地面对自己的产品。动物只是按照它所属的那个种的尺度和需要来建造,而人懂得按照任何一个种的尺度进行生产,并且懂得处处都把内在尺度应用于对象;因此,人也按照美的规律来构造。"[3]人们既可以认识、利用客观对象的

---

〔1〕 陈志尚.人学理论与历史:人学原理卷[M].北京:北京出版社,2004:95.
〔2〕 中共中央马克思恩格斯列宁斯大林著作编译局.马克思恩格斯全集:第二十卷[M].北京:人民出版社,1971:517.
〔3〕 中共中央马克思恩格斯列宁斯大林著作编译局.马克思恩格斯选集:第一卷[M].2版.北京:人民出版社,1995:46-47.

规律,又可以按照主体自身规律从事创造性的生产和实践活动。

三是时代性。意识是对客观世界的反映,而客观世界是不断变化发展的,这决定意识具有客观的历史性和鲜明的时代性。任何人的精神属性、思想意识都不同程度折射出他所处的那个时代的特征。不是抽象人性论假设一种全人类共有的永恒不变的人性,从而得出人性决定社会历史发展的结论;恰恰相反,是根据社会存在决定社会意识这个历史唯物主义基本原理,科学说明是社会发展决定人性,在一定历史条件下形成人性,人性是历史的、现实的,具有时代性。社会发展到世界一体化、全球化、网络化的今天,对人们的精神面貌、思想行为无疑产生深刻的影响。当然,人也通过自己的活动对历史发展起着促进或阻碍作用。

人是最为复杂的生命有机统一体,其人性的构成要素不是孤立的、彼此分离,而是相互作用、相互影响、彼此联系的。马克思创立科学的世界观方法论,坚持用联系观、发展观、历史观和唯物论来正确地认识人性。自然属性构成人性全部基本要素的物质基础和前提条件,离开自然属性谈人性,就会导致唯心论和神性论的人性观。社会属性构成人性基本要素中根本的、决定性的属性。郭凤志教授认为:"人的社会性对整个人性起着统摄作用。"[1]离开人的社会属性谈人性,就会得出抽象人性论。精神属性构成人性发展的最高成果,它在人的个体生命活动和人类社会发展中起着极其重要的作用。离开人的精神属性谈人性,就会导致机械人性论。

二、人性的特征与人性化含义

(一)人性的特征

人性是人区别于动物的本质属性,既有先天之性,也有后天之性。人性是在人的先天生理心理基础上经过后天的社会实践和社会生活而逐渐生发起来的,具有以下几个方面的特征。

1. 预成性和生成性的统一

人之为人乃人的属性、特征和人的本质,即人性,否则人与动物没有区别。人有理性、思想、欲望和情感,是自然预成的。没有自然预成的人性就没有人。人经过种系进化、从受精卵到性成熟的人体发育、遗传基因的预成控

---

[1] 郭凤志.人性:社会塑造与主体选择的统一[J].东北师范大学学报(哲学社会科学版),2001(6):48.

制,从父母获得肉体生命,具有了人的物种(自然)基因。只有具有了这种物种基因、肉身发育,才能使得人的精神发育、思想活动和情感表现有了基本的前提和基础。人类祖先遗传基因和人类文化活动决定了个体无论怎样发展都只能是人的发展而不是其他动物的发展,人性具有前定的预成本质。这种本质规定了人是其所是,而非它者,人成为人之前,其路径和结果便可预定,人性便可预成和预设。

高清海教授认为:"人性具有前定的本质,但是它又永远处于生成之中,它是过去的存在,又体现着未来的规定。"[1]人的本性不同于物的性质。物有物性,物性往往表现出预成性、稳定性、统一性、不变性。用物性的认识方式往往容易造成预成性的思维方式——在认识事物之前就预设事物之本质和其发展规律,事物发展路径和结果可以得到很好的设定和精确的重复验证。然而人就不同了,不能用物性的认识方式来认识人。人的肉体属于物质本性,来自自然,而人的灵魂、精神却连通着超自然。人性既有物性,又具有超物性,因为人性从来就不是抽象的、不变的、唯预成的,而是具体的、历史的、生成的。人是在人与自然关系的变迁中、与社会关系的变革中、与人之间关系的变动中不断地生成、发展,既属于个体生命的同一性存在,又表现为多样化的差别性存在。人性在人的生成和发展中表现为一种具体情境的不断"产生"、"生长"和"生成"的过程。人永远生活在具体的、开放的丰富世界里,生活在变化的、发展的人类实践中。

人性是预成性和生成性的统一。预成性是人性的前提和基础,生成性是人性的表现形式和特征。它们在人性理论解释上有着各自的认识范围。任何片面的各执一端,都会陷入非此即彼的错误思维方式和解释困境。

2. 实然性和应然性的统一

作为人性的事实的陈述,人性是人生来就具有的某种属于人的特性、本质,是客观的实然性存在。人为了自身生存和种的繁衍而形成的动机、行为、需要、认知、态度等思想心理都是客观实在。人是现实的、可感的对象。他所面对的环境、历史、文化往往是完成了的先在的规定性,使得任何人都不得不生活在既定的物质世界中,面对无可选择的具体的历史,这在一定程度上规定着人是"是其所是"的实然性存在,而不是脱离现实的虚幻性存在。

---

[1] 高清海.找回失去的"哲学自我":哲学创新的生命本性[M].北京:北京师范大学出版社,2004:207.

人是实然性存在,但又不满足于实然的存在状态;是"是其所是"的存在,但又追求着"是其所不是"或"是其所应是"的存在状态。人性是实然性与应然性的辩证统一。正如马克思所说:"人双重地存在着:从主体上说作为他自身而存在着,从客体上说又存在于自己生存的这些自然无机条件之中。"[1]这说明了,一方面,人摆脱不了自然、社会条件对人的规定与约束,人在现实给定的实然状态中存在着,从而也决定人的实然性存在。另一方面,马克思从人的思想、意识等主观因素上揭示自我存在的目的性、价值性——人为了达到"为他自身而存在着"的目的,不满足于自然与历史所赋予的给定性。所以鲁洁教授在探索人的应然性存在时指出:"他能通过自身的自由自觉的实践活动,不断超越这种给定性与自在性,扬弃自身的现存状态。在实践中,人不断产生出新的发展自身的需要(包括物质的精神的),但人已有的自在形式总是不能满足这种发展的需要,正是由于这种张力的存在,人对其现有的自在形式总是持一种否定的取向和态度。这种取向和态度实际就是他所要实现和满足的'应然'。"[2]人除了客观现实存在外,还追求主观上的应然存在,作为应然的人,他又是价值的存在,反思当下的种种实然的不足,追求未来崇高的应然价值,渴求自身发展的理想状态。这些都充分确证和凸显了人性的应然性价值。

人性是实然性与应然性的辩证统一。实然强调当下现实,体现实体状态,应然关注未来的发展,体现价值判断,两者相互联系,相互转化。随着人类实践的发展,明天的"应然"可能就成为今天的"实然"。实现了的"应然"会被人在创造性的实践活动中所产生的新的"应然"代替。实然和应然之间没有不可逾越的鸿沟,任何对人性的实然性和应然性采取非此即彼的认识方法,必然导致对人的认识的"肢解",从而不能看到一个全面的完整的人。

3. 普遍性和特殊性的统一

现实的人性是普遍性和特殊性、共性和个性的统一。任何时候,人与人不同,但任何时候,人与人之间也都具有某些共同的特征,如饮食、性欲、睡眠、繁衍后代、社会交往、精神生活等,这些都可以被称为人性的普遍性。从人的历史发展过程来看,人性不是生而不变、固定永恒的,其受到人类进步、

---

[1] 中共中央马克思恩格斯列宁斯大林著作编译局.马克思恩格斯选集:第二卷[M].北京:人民出版社,2012:744.

[2] 鲁洁.实然与应然两重性:教育学的一种人性假设[J].华东师范大学学报(教育科学版),1998,16(4):3.

社会交往、所属阶层、文化历史等诸多因素的影响。这表现出人性的变化发展性、丰富多样性和提升无限性,也同样表现出人性普遍性。在人性普遍性上,很难通过国家、民族、种族和具体的时代来对其加以严格的区分和限定。人不仅是民族的,而且还是人类的。否定人性普遍性就会导致人性变动不居的不可知论或怀疑论。

然而,人性普遍性并非单纯的生物性或抽象人性,而是不同历史发展阶段中的、不同社会共同体中的具体的人所具有的"普遍性"。人性因其不断变化发展而呈现出种种差别,表现出了人性的特殊性和个性。不同国家、民族、阶级、阶层的人们都有其人性的特殊性——人性的民族性、阶级性和地域性。随着人类科技的发展、实践水平的提高,人从族群本位向个体本位转向,从客观决定论向自主决定论转换,人的个性日益彰显,人性特殊性不断提升,使得人类社会充满生机和活力,人类生活丰富多彩。

人性是普遍性和特殊性的有机统一。"把人的共性和个性分裂开来,把人性的抽象和具体对立起来,肯定一个方面,否定另一个面;或者否定人性的发展、变化,只承认一种所谓全人类共有的永恒不变的人性,把历史上和现实生活中人性的各种具体表现,都斥之为人性的'异化'、'非人性';或者只承认人的具体的特殊的个性,否认人类的共性,否认可以对人性进行科学的抽象;都是片面的。"[1]

4. 稳定性和可变性的统一

人一出生本身就具有发展成为自然人的既定生物前提,表现出相对的稳定倾向。马克思从人与自然、社会的关系中考察人性,把人看作客观物质实践性的存在,人在实践中进入自然并以自然为自己存在的前提,受到自然环境和实践的条件、手段、对象及规律等方面的制约,不能任意跳跃历史而恣意妄动、随心所欲。凡人都有欲望,无论哪个民族、国家、社会阶层的人,也无论过去、现在还是将来的人,人性中的诸多要素都稳定地永远存在下去。如果超越社会历史条件、人类实践水平和伦理道德要求,有可能将合理的生存欲、性爱欲变成奢欲和淫欲。人性是在漫长的历史演变中逐渐地产生和形成的,具有永恒性、稳定性和确定性。

然而,人是社会实践的主体。人在实践活动中体现人的能动性和创造性。能动性和创造性发挥的程度反映了人的生存状况、发展水平。实践不断

---

[1] 陈志尚. 人学理论与历史:人学原理卷[M]. 北京:北京出版社,2004:96.

地向前发展,在实践中形成的社会关系也日益丰富,受社会关系制约和塑造的人性也不断地变化、发展。人性是具体的、历史的、可变的。从横向看,任何一个时代、民族、国家、社会阶层的人,其物质欲望、精神需要、心理状况都有所不同,体现着人性的各种面貌。从纵向看,"没有一成不变的人性,不同历史时期,随着社会存在的方式——生产方式、实践方式、交往方式、生活方式——的变化,人性的新内容就不断地制造出来。人是历史的前提,人用自己的活动创造社会联系;人又是历史的产物,人性又是在社会联系中历史地形成和发展的"[1]。

人性的稳定性和可变性是辩证统一的。稳定性是可变性的前提和基础,可变性是稳定性的外在表现形式。没有稳定性,具有可变性的人性将是不可捉摸的人性;没有可变性,具有稳定性的人性将变成僵化、抽象的人性。只有将两者辩证统一起来,才能获得丰富、生动的人性。

(二)人性化含义

对于思想政治教育人性化的研究,首先必须弄清楚"人性化"的基本含义。"人性化"是由"人性"一词加后缀"化"组成的。当"化"作为词的后缀时,《现代汉语词典》的解释是加在名词或形容词之后构成动词,表示转变成某种性质或状态。"人性化"应该是"使某物、某事或行为具有属人的特性或状态"。随着人类社会的发展、文明程度的提高,人性化诉求日益强烈。人们在许多领域高频率使用"人性化"一词,诸如管理人性化、设计人性化、科技人性化、服务人性化、教育人性化等。管理人性化是企业管理中,坚持尊重人、理解人、关心人、培养人的理念,强调人的尊严,关注人的需要,重视人的发展,关爱人的生命,承认人的差异,激发员工的积极性、创造性,提高企业的凝聚力、向心力,增强员工的归属感、责任感,从而使员工和企业有着共同的奋斗目标和价值追求,并以实现人的自由全面发展为最终目的。设计人性化就是指在设计过程中强调以人为本的核心理念,充分考虑人的因素:人的行为习惯、人体结构、心理倾向、精神需求、情感愉悦,立足人性的高度,强调物质需求与精神需求的统一,人的发展、社会发展与人类生活环境相和谐,个体主体、群体主体与类主体相协调,以达到设计的人文关怀、人性尊重的目的。科技人性化就是指科学技术理应为人类的生存、发展、自由、解放服务,而不是相反地成为统治、控制、抑制人类的异己力量。在大力发展科学技术的今天,

---

[1] 马捷莎.浅议人的本质的稳定性与人性的可变性[J].现代哲学,1997(2):40.

更应强调"复归的科技固有的人性、限定科技的非人性作用范围、赋予科技以人性关怀"[1],以实现科技服务于人、造福于人的目的。服务人性化就是在服务过程中基于人性基本特征,重视人的尊严,强调多元性,包容差异性,突出个体性,以满足人的合理需求,为人的发展和自我价值的实现提供良好的帮助和服务。教育人性化就是在教育中把教育对象看作有思想、有意识、有情感、有需求的人来培养和提升,而不是将教育对象看作纯粹生物性或器物性的存在来雕刻和塑造;是以人性为基础,遵照生命发展内在要求,以个人发展和社会发展相统一为原则,以人的自由全面发展为最终目的,设计安排教育目标、教育内容、教育方法、教育理念的教育活动过程。

综上所述,可以看出,关于人性化的含义,可以从以下几个方面理解。

首先,从价值论来看,人性化体现了一种价值观,彰显化育人性、提升人性的价值追求。"人性化是人的活动的一种价值目标和价值尺度。人性化要求人从事一切活动都应当以人性需要的满足、人性结构的优化以及人性的全面培育为目的,应当以人性的要求和人性准则为根本尺度。"[2]在人们所从事的生产活动、社会活动中形成的主客体价值关系中,"人是世界上最高的存在;人是自然、社会、自身的主体;人是价值形态中的最高主体"[3]。应坚持人的价值尺度、根据和标准。

其次,从认识论来看,马克思主义认识论本质上认为认识是立足于社会实践基础上的主体对客体的能动反映,克服了唯心主义先验论、不可知论和旧唯物主义直观反映论的缺陷。作为主体的人是以实践为其存在方式和本质的。实践是人的实践,人是其首要因素。而且对人的认识不能简单被理解为古代的影像说、流射说、蜡块说和近代的白板论和感觉论。应该从人的自然性、社会性、精神性、实践性来正确理解人及人的认识。无论什么时候,都应该确定人是一切工作的出发点和归宿。

再次,从方法论来看,作为指导人们观察、思考和解决各种问题的基本原则,思想方法和工作方法应该很多。如果坚持一切工作的核心在于人,对人的分析是各项工作的起点,那么人性化不仅仅是价值追求,而且还是方法论的运用。无论是思想上的引导,还是对具体工作的指导,最终都落在人的思

---

[1] 陈翠芳."科技的人性化"辨义[J].伦理学研究,2007(3):79.
[2] 李友谊,于秀艳.关于人性化的哲学思考[J].船山学刊,2006(2):170.
[3] 任学忠.人学研究必须创新:第三届全国人学学术研讨会综述[J].哲学动态,2001(2):15.

想行为中。基于人性假设,确立人性化的方法,有利于提高人们思想行为的合理性、科学性、针对性和实效性。例如,基于人的自然属性和精神属性而坚持物质奖励与精神鼓励相结合的人性化方法。

最后,从实践论来看,人是实践的存在。人性不是抽象的,而是在特定的历史或现实的生产力和生产关系的环境中历史地生成的。人性化的发展水平要受到人类实践水平和社会历史条件的影响,人性化的内容受到社会生活条件的制约,人性化不是简单的人性理解,而是重在"化"的过程。"化"的过程就是实践的过程,是变化、发展的过程。我们要在人性论基础上构建与人的思想活动、社会实践活动相适应的方法论体系。在各项具体实践中,坚持人性化的方向,促使人性的充分实现与和谐发展。

综上所述,人性化的含义就是在人的认识活动、社会实践活动过程中,基于人性的基本特征,依据人性的合理要求,坚持以人为本的科学理念和以人民为中心的价值立场,肯定人的价值,满足人的生存需要和发展需要,发挥主体能动创造性,以实现人的自由全面发展。

三、思想政治教育人性化基本内涵

人是目的,而非工具。思想政治教育必须坚持以人为本、人性关怀的理念,在培养符合一定社会或阶级所需要的思想品德的人的过程中,立足于人的生活现实,高扬人的价值,发挥人的潜能,满足人的需要,提升完善人性。漠视、泯灭人性就是无视人的存在,就会导致思想政治教育"人学空场",思想政治教育与人性有着深刻的内在关联。

(一)思想政治教育的政治性需要对人的社会性的合理把持

政治性是思想政治教育的本质属性,任何统治阶级为了实现和维护其阶级利益,总是会在意识形态领域宣传统治阶级思想,并教育民众以达到自身政权的合法性认同。一方面,如果缺失了政治性,思想政治教育就会变得盲目无措、随波逐流,容易导致自由主义泛滥和右倾错误的滋生;另一方面,如果将政治性抬到至高无上的地位,就会使思想政治教育变得抽象、空洞,僵化人的思想,束缚人的手脚,从而使思想政治教育失去本真意义。因此,必须坚持思想政治教育政治性和科学性的辩证统一。这种科学性中的一个重要内容就是对人的正确认识和对人性的社会性的合理把持。人的政治性与人的社会性相伴而生,政治源于人类社会的初始阶段。古希腊时期,政治被理解为城邦社会共同体。政治和社会是一体的,人生活在城邦社会中,人就是政治动物。亚里士多德关于"人天生是政治动物"的命题就是在他洞察了人的社会历史性,把人性和社会性联系起来得出的结论。而马克思克服了以往抽象人性论的缺陷。如学者黄建洪所说:"马克思主义的新人性政治观,反对从抽象的人类理性中寻找政治和人的关系,主张从'社会化了的人类'的现实社会生活和实际活动的社会关系中去寻找人的政治性根源,重视从现实的利益角度考察人性。"[1]这强调人的本质不是表现为某一方面的社会属性,而是一切社会关系的总和,如经济关系、政治关系、思想关系、道德关系、法律关系、民族关系、文化关系等。因而,政治性教育离不开对人的社会性的科学认识。在世界一体化与政治多极化背景下社会意义日益放大的今天,"国家即社会"的观点受到冲击,社会开放、交往程度日益提高,教育对象的社会化程度不断加强,在"大社会,小国家"的环境中,思想政治教育对象不再仅仅局限于家庭和学校,而是超出了血缘、地域。脱离人的社会性的政治说教容易失去亲和力和感染力。

(二)思想政治教育的科学性源于对人性的整体把握

思想政治教育是一门科学,是建立在对人的正确认识和把握基础上的科学,离开教育对象——人,思想政治教育什么也不是。思想政治教育不是统治阶级为抱有个人目的而使其成为其阶级统治工具,不能以工具目的代替人的价值目的,而是要将思想政治教育变成人的内在需要,成为人的一种存在方式,让人体验到思想政治教育过程的愉悦和人的内在价值的彰显。必须坚持将科学性作为思想政治教育的内在规定性。这种科学性既表现在指导思想的科学性,又体现在思想政治教育实践的科学性。思想政治教育是以马克思主义基本理论,特别是马克思主义人学思想、人性理论为指导的。马克思主义关于人性组成要素中的自然属性、社会属性和精神属性不是彼此孤立,而是相互联系、相互作用的有机整体,统一于人的实践本性之中。马克思强调:人的本质在其现实性上是一切社会关系的总和,突出人的社会属性,但是不能一味地以社会本位取代个人本位,社会需要取代个人需要。所以无视、漠视人的自然属性的思想政治教育就会导致社会与个人间的疏离或对立。反之,如果把人的自然属性放大,抹杀人的本质属性,那无异于将人等同于一般动物,人就失去人之为人的价值和意义。同样,作为人性要素之一的

---

[1] 黄建洪. 人的政治性与政治的社会性:政治利益关系视野下的劳动人本政治观[J]. 理论月刊,2005(7):53.

精神属性应当放在人性整体中加以考察,人能把自己的生命活动本身变成自己的意志的对象和意义的世界,就是因为人有理性、德性、情感、意志等精神因素。但精神依赖于物质,不能用精神性的革命性、政治性、阶级性和理想性取代一切。不是有了"人有多大胆,地有多大产"思想宣传教育就能将不切实际的理想变成客观现实。人的精神属性要受到自然属性和社会属性的制约和影响。马克思主义人性论不同于其他人学思想的一个突出特点,就是用他那深邃的辩证法思想将三者辩证统一起来,统一的基础是实践。

思想政治教育的一个突出特点在于思想教化,而非单纯的知识传授。它是一门实践性很强的学科,必须在实践中培养正确的思想观念。毛泽东同志指出:"人的正确思想是从哪里来的?是从天上掉下来的吗?不是。是自己头脑里固有的吗?不是。人的正确思想,只能从社会实践中来。"[1]实践是人的存在方式和本质,通过实践对象性活动,可以充分确证和提升人的主体地位。思想政治教育必须在人的实践活动中进行,而不是在书斋里灌输。思想政治教育过程的组织、活动的开展必须充分体现实践的科学性,并在人的实践中检验其实效性。只有在人的实践活动中实现人的自然属性、社会属性和精神属性的有机统一,从整体上把握人性,才能充分体现思想政治教育的科学性。

(三)思想政治教育实践性根源于人的问题意识

人的实践不是盲目的实践,是带着问题、思考问题、发现问题、解决问题的实践。人的精神性存在使得人无时不生活在需要解疑释惑的问题之中,人的思想意识是由问题引起的。人对这些问题能否形成正确的认识,很大程度上影响着人们世界观、人生观、价值观的形成。人的问题意识,既有思想认识上的问题,也有现实生活中的问题,如就业问题、教育问题、住房问题、就医问题、收入分配问题等。思想政治教育实践能否以人的问题为切入点,树立强烈问题情怀,直接涉及教育的人性关爱和教育的实效性问题。如果不能及时了解人民群众这些问题的成因,不积极探寻解决这些问题的路径,不能把解决思想问题与解决实际问题结合起来,那么,无论怎样加强思想政治教育,结果都可能会收效甚微,可能出现对思想政治教育难以接受、拒绝接受或虚假接受的境况。在生产资料公有制、中央集中配置资源的高度集中计划经济体制下,人们的角色、身份、地位、职业具有明显的"固

---

[1] 毛泽东.人的正确思想是从哪里来的?[M].北京:人民出版社,1964:1.

化性"和"单一性",人们选择的余地很小。这种体制对人们的思想产生的影响就是思想的单纯和统一,人的主体性还处于休眠状态,思想政治教育对象没有更多的问题意识和利益诉求,处于无条件的服从地位,教育者拥有绝对的权威,向教育对象进行整体的灌输。在这种体制下,很少讲究思想政治教育的方式和方法,更无从谈及思想政治教育实践。教育者照上级指示办,学生考试照书本答,教育过程照传统做。思想政治教育培养的人便成了无个性"服从型"的人。

随着我国市场经济的建立和完善,我国进入了社会转型期和矛盾突显期,实现了对人的独立性的培育和建立。现实中诸多社会问题不断反映到人们思想上,促使人们去思考具有时代性、社会性、前沿性的真问题。这要求思想政治教育应该以人们"问题意识"为核心切入口,不断加强思想政治教育实践教育。

(四)思想政治教育目的性在于人的自由全面发展

思想政治教育目的体现了思想政治教育的内在本质,直接决定了思想政治教育理论与实践的发展方向。思想政治教育为政治、经济、社会服务,但绝不能成为政治的奴仆、经济的婢女、社会的附庸。政治文明、经济发展、社会和谐最终是为了造福于人。思想政治教育最高目的就在于促进人的自由全面发展。人性总是趋于自由、平等、幸福的发展取向,教育必须为这种发展服务。虽然人的发展是在全面发展的社会中实现的,但没有人的自由全面发展就绝不会有社会的发展。探索和思考思想政治教育目的时,始终应把人的自由全面发展作为其最终目的。人的发展受到社会历史条件的制约,具有历史生成性。在生产力还没有高度发达,劳动还是人们谋生手段的现实社会里,思想政治教育不能无视人的基本需要,而是要体现出思想政治教育促进人在社会中生存和发展的原初目的。在我国进入改革发展的关键时期,由于社会的分化,社会中的人处于不同的社会地位和利益群体,其思想上存在差异,这些决定了思想政治教育目的的体系性、层次性和阶段性。人的自由全面发展是理想与现实的统一。就我国现实而言,确定思想政治教育目的要从客观现实出发,充分考虑人的现实生存境遇和现实生活状况,使思想政治教育目的的确定建立在人的现实性的感性实践活动基础上,而不是在对抽象人的理解中。

人是精神性的存在,作为对人的自由全面发展的应然性追求,人是"以一种全面的方式","作为一个完整的人,占有自己的全面的本质"[1]。"作为人的一种精神生产实践的思想政治教育,其发展方向是引向人的自由全面发展。"[2]促进人的自由全面发展是思想政治教育的最高目的。

由此可以看出,思想政治教育与人性有着深厚的关联。实施思想政治教育人性化是社会历史发展的必然。思想政治教育人性化的基本含义可以理解为:思想政治教育人性化就是坚持马克思主义人学理论的指导,是基于以人为本,以人性关爱、人性完善为根本宗旨的思想政治教育理念;是基于人的生成为内在根据的思想政治教育过程;是基于问题意识为基本环节的思想政治教育实践;是基于人的自由全面发展为最终目的的思想政治教育价值追求。

第二节 思想政治教育人性化的时代课题

思想政治教育是在社会系统中与社会密切关联的一项社会实践活动。在当今社会呈现出的经济全球化、政治多极化、文化价值多元化的时代背景下,思想政治教育必须正确认识、分析当前国内国际形势的新情况、新变化和新特点,以使我们更有针对性地做好思想政治教育各项工作。思想政治教育人性化是契合当今国际国内形势的变化特点和人类政治经济社会的发展需要的重要命题和时代课题。

一、全球化:思想政治教育人性化的国际视界

(一)全球化及其特征

所谓全球化是指由于生产力的迅猛发展,国际分工达到前所未有的新阶段,人类经济活动开始大规模地突破国家、民族界限,以经济为主导的政治、经济、文化、社会生活、生态文明等诸多方面在全球范围内展现出全方位的沟通、联系和相互影响,显现出合作与冲突并存的客观进程与趋势。在全球范围内,目前的全球化是由资本主义主导的,在很大程度上是由技术进步推动的。20世纪70年代以来,由于新的科技革命,特别是信息技术革命的推动,世界范围内的资本经营、企业生产、金融贸易、文化交流、社会交往等诸多方

---

[1] 中共中央马克思恩格斯列宁斯大林著作编译局. 马克思恩格斯全集:第四十二卷[M]. 北京:人民出版社,1979:120-123.
[2] 张耀灿,曹清燕. 思想政治教育目的的人学思考[J]. 广西教育学院学报,2008(2):4.

面表现出来的国际化浪潮方兴未艾,影响空前广泛而深刻。全球化首先是经济全球化,但它并不是孤立表现为经济扩张过程,而是与政治全球化、文化全球化有着密切的联系,是以经济全球化为主的社会、政治、文化等方面多元化的全球化,从而表现出具有现代意义的鲜明时代特征。

第一,整体性。现代科技的进步,特别是信息技术、网络技术的发展,使我们生活的世界因时空的压缩直接成了"地球村"。具有现代意义的全球化继续深化发展,全球依存度不断提高,一体化速度不断加快,打破了民族、国家间的壁垒,形成了诸多的国际性基本准则和国际性行为规范,把人们纳入全球化的整体性之中。很难想象不同民族、国家、区域在全球化过程中分享经济、技术发展成果的同时,却将政治、文化、社会生活和经济割裂开来。事实上,经济上的全球化,也同时反映在国际政治和文化上。不同国家内部的经济、政治和文化都不可避免地越来越严重地受到整个世界经济、政治和文化的影响和制约,人类存在的整体性日益凸显。世界范围内的不同民族、地区和国家日益紧密联结,而不是彼此分割,相互对立。不同的组织、团体和个人紧密联系,而不是彼此孤立,相互排斥。过去强调对立和斗争的资本主义和社会主义两大阵营,在全球化视域中也强调互利、互惠、共赢。矛盾的对立、斗争、排斥因纳入全球化整体性之中,而被赋予了广阔的视野和开阔的胸怀。在预防西方国家对社会主义国家的西化、分化图谋,强调民族、国家、地区的独立性、自主性的同时,要看到世界性资本流动和世界性市场构建所起的世界性的整合作用,要认识到个体文化、集体文化和人类文化的整合趋势和从单一的阶级利益、国家利益到人类利益的提升的必要,要意识到全球化所体现的世界整体性的发展趋向以及事物间联系的普遍性和系统性。早在170多年前,马克思、恩格斯就指出资本主义世界的整体性。"资产阶级由于开拓了世界市场,使一切国家的生产和消费都成为世界性的了。过去那种地方的和民族的自给自足和闭关自守状态,被各民族的多方面的往来和各方面的相互依赖所替代了。物质的生产如此,精神的生产也是如此。各民族的精神产品成了公共财产。民族的片面性和局限性日益成为不可能。"[1]这种世界整体性在全球化发展的今天表现得更加充分。对于全球化引起世界整体性发展,贝特兰·巴蒂在一篇名为《全球化和开放社会》的文章中指出,全球

---

[1] 中共中央马克思恩格斯列宁斯大林著作编译局.马克思恩格斯选集:第一卷[M].北京:人民出版社,2012:404.

化就是"相互依赖的增加,这种依赖把世界空间的各个部分联系在一起,从而使它们实现一种日益具有限制性的统一和整合"[1]。当然,我们必须充分认识到,全球化造成的世界整体性发展趋势和各民族国家"相互依赖"的增加的前提是各民族国家独立自主地发展,而不是成为极少数国家的附属。发达国家在全球化过程中不能凭借经济优势、军事强势,将自己的思想意识形态和价值观念强加于不发达国家。不发达国家在保持自身独立性,强调本土化的同时,要不断更新思想观念,转变思维方式,吸取、借鉴发达国家的先进技术和管理经验,提升自身实力,提高自己在全球化进程中、在国际舞台上的普遍交往水平。

第二,开放性。全球化进程中,各个地域、民族和国家打破以往彼此分隔的原始闭关自守状态,从而走向一个开放的全球社会。开放在最初往往表现为为了改变经济闭关自守、长期处于落后挨打的局面而实行经济开放。但是,那种认为利用国外资金、技术、管理经验发展经济,而将国外政治、文化、思想观念拒于门外的做法在全球化的整体性发展、一体化推进中是不可能的,而是要以积极的姿态增强全方位的开放意识。任何国家在全球化发展中都不可能脱离世界经济而孤立地谋取发展。经济发展是这样,政治、文化、社会发展也是如此。江泽民同志曾指出:"世界上的各种文明、不同的社会制度和发展道路应彼此尊重,在竞争比较中取长补短,在求同存异中共同发展。"[2]由于全球化给人们思想观念、社会心理带来巨大变化。政治全球化给人们的政治思想、政治心理提供了广阔的思考空间和实践舞台,造成不同民族国家间日益开放的政治心态和民主的政治观念。应重新思考政治理念和政治行为并使这种理念、行为在保持本土化、民族性的同时,也日益向国际组织开放。闭关锁国、单打独斗只能死路一条。在文化全球化上,我们必须坚持开放性和民族性的统一。越是民族的,越是世界的。文化也是如此。民族文化走向世界,迎接挑战,革弊图新,世界文化走进民族,为我所用。从民族心理与民族性格上塑造民族开放的、创新的精神气质和世界情怀,吸纳全球文化资源中的合理因素和优秀成果,克服自身的封闭性、片面性和局限性,正如我们的祖先就曾以开放的胸怀开创了汉唐文化的繁盛局面一样。如此这般,才能不断丰富发展我们的民族文化,使我们文化在与世界各民族文化

---

[1] 王列,杨雪冬.全球化与世界[M].北京:中央编译出版社,1998:12.
[2] 江泽民.江泽民文选:第三卷[M].北京:人民出版社,2006:567.

的对话、交流、渗透、碰撞抑或对抗中变异出新的文化形态来,从而能让中国文化在世界舞台上获得人类文化正当性与话语权。

第三,问题性。全球化的发展给整个人类带来了全球性的社会变迁,以不可阻挡的力量向人类生活的各个方面施加影响:经济上的相互影响,优势互补,不同程度的共同发展;政治上的协作,民主进程的不同推进;文化上的交融,不同民族国家文化的共同繁荣。但是,全球化也使人类面临着诸多矛盾和问题,表现在政治、经济、社会、文化、生态等各个方面。

一是人与自然关系上的问题。全球化之前,或全球化高度发展之前,人与自然的关系往往局限在某个地域、国家、民族的一定范围内。随着全球化的发展、资本的本性及其在世界范围内的扩张,人与自然之间的价值关系上表现出要求自然满足人们对物质利益最大化的片面追求。作为对人类这种片面追求的惩罚,自然界却表现为一种"奴役"人类自身的异己力量。这造成了威胁人类生存和发展的许多问题:环境污染、生态恶化、资源枯竭、能源短缺、人口膨胀、粮食不足。虽然生态环境的恶化并非一朝一夕,但全球化发展加速了其进程。"随着二战以后工业化浪潮向地球上各个角落的扩张和各种现代化的技术手段在全球规模上的应用,当代人类对生态环境的侵害最终突破了自然界所能忍受的限度,出现了一种总的、累积性的结果,这就是全球化的生态危机。也就是说,正是当代的全球化,使得历史上原本已经存在的生态环境问题不断加剧并升级为全球性问题。"[1]

二是人与人的社会关系上的问题。全球化加速了人类世界性交往和社会化进程。生产社会化、经济一体化使得人与人之间的关系超出了狭隘的区域、民族、国家封闭式的交往与合作。在这种交往与合作过程中,由于人与人的文化传统、价值观念、政治制度、意识形态等方面的不同,不同文明之间的矛盾、对立和斗争一刻也没有停止过。甚至在特殊情况下、一定范围内还导致了异常激烈的战争,引起了全球范围内的政治、经济、文化大波动。1997年发生在部分发展中国家的亚洲金融危机,反映了当代世界经济中资本循环过程的内在矛盾及其对世界政治文化的影响。2007年,因美国次贷危机全面爆发而引起的世界金融危机,从房屋滞售、价格跌落、信贷紧缩等经济现象反映了交易背后的利益勾连和秩序缺失。2001年9月11日以

---

[1] 汪信砚.全球化与反全球化:关于如何走出当代全球化困境问题的思考[J].北京大学学报(哲学社会科学版),2010,47(4):31.

来,美国因"9·11"事件,推行政治的、文化的单边主义,以反恐怖主义为目标,先后发动阿富汗战争和伊拉克战争,推翻塔利班政权和萨达姆政权。2010年11月23日,朝鲜、韩国发生延坪岛炮击事件,随即美韩、美日举行有史以来最大规模军事演习。2022年2月24日爆发的俄乌战争对世界格局产生重大影响,百年未有之大变局加速演变,以美国为首的美欧国家持续拱火,推进、恶化战争。美国在一系列战争和危机事件中,相继输出美国式的民主,到处打着"民主""人权"旗号,但在人与人的社会关系上,并没有让世界体会到安宁与和谐。而以美国为首的西方发达国家推行的强权政治和霸权主义,尤其是那种足以将地球毁灭数十次的核设施更令人诚惶诚恐,不仅没有达到加强遏制力,增进区域内稳定的目的,反而激化了东亚、欧洲的紧张局势。诸如这些都成为当代人类面临的严峻的全球问题。

三是人与自身关系上的问题。全球化使个体跨越地域或群体的中介,直接和整个世界的人们直接发生联系。地球上任何一个地方发生的事件、冲突都会给人们带来内心的焦虑和心灵的不安。人与自身的关系不再拥有农耕时代那种田园牧歌式的简朴与宁静、和谐与自由,出现了较为普遍的认同危机。在自我认知上,经常发出无名的呐喊。正如亨廷顿所坦言:"90年代爆发了全球的认同危机,人们看到,几乎在每一个地方,人们都在问'我是谁?','我们属于哪儿?'以及'谁跟我们不是一伙?'等。"[1]这折射出人们对安全、归属的渴望。随着经济全球化,资本的本性造成人的本质异化,市场经济的短期性、交换性和功利性等负面影响,容易导致人们之间的道德失范、权力寻租等问题。这些问题"以极其曲折和多样的方式导致当代人的心态失衡和个性扭曲,造成或加剧了当代人的本质异化、信仰危机、道德失范以及举世关注的人权与人道等一系列人性问题。人们通常把暴力、吸毒和卖淫视为当代世界人性扭曲的三大表现,称为三大人性问题,而它们也都是全球问题"[2]。

第四,非线性。开放性和整体性是全球化的基本前提和必然要求。各区域、民族、国家的经济、政治、文化和科技都因全球化的时空压缩而被整合成巨大的网络系统。在这个系统里,各组成部分、组成要素相互作用,相互影响,高度关联,呈现出立体化、无中心、无边界、非平衡、不规则、不确立及非线

---

[1] 刘丽.文化全球化与中国传统文化的自我定位[J].中共成都市委党校学报,2009(4):81.

[2] 汪信砚.全球化与反全球化:关于如何走出当代全球化困境问题的思考[J].北京大学学报(哲学社会科学版),2010,47(4):31-32.

性的网络结构。人类社会的发展呈现出基本规律上的非线性发展向度。一些看似微不足道、不太相关的"小事",却可能成为一些"大事"发生的关节点和发源地,从而引起"蝴蝶效应"。随着全球化的发展,一方面,世界绝大多数国家确立并发展市场经济体制,发挥市场在全球范围内资源配置的决定性作用,实现优势互补,从总体上促进世界范围内的经济发展,使其超越民族国家的疆界;另一方面,世界性强化了民族意识,各民族国家都强调本民族的自主性和利益性,西方发达资本主义国家由于其明显的知识产权等优势,从而能在全球化进程中获得更多的收益。这加剧了全球经济社会发展的不平衡性和波动性,造成了经济社会发展互相依存性和民族自主性的悖论。世界上任何一个地区、国家在发展中出现的问题,都可能引起世界范围内的曲折、波动、倒退和不可预见的延迟现象。1994年墨西哥金融危机、1997年亚洲金融危机和2007年美国次贷危机引起的全球金融危机,都充分说明了在全球系统整体性行为中,微小的波动给整个世界经济社会发展造成的巨大损失。人类社会发展不一定表现为有序的、确定的、单一的、线性的方式,而是螺旋式上升,非线性地前进。

(二)人性化:全球化视域中思想政治教育思维方式的致思理路

全球化进程中不同意识形态交流、碰撞,不可避免出现政治、文化中的不确定和不稳定因素。布热津斯基认为:"西方纵欲无度的价值观念和生活方式与世界多数地区的贫困形成巨大反差,不仅阻碍了全球共识,而且加剧了全球分裂,潜藏着政治上的危险。"[1]西方国家对非发达国家意识形态的侵蚀,容易引起人们思想政治观念的曲折、波动和反复。苏联解体、东欧剧变其中一个重要原因不能不说是作为一个国家和社会主要支柱之一的意识形态在全球化过程中出现混乱,从而导致改革失败的结果。二十世纪八九十年代,以西方自由主义为代表的意识形态有效地渗透到了苏联知识分子和党的干部的思想中,严重影响改革的目标、方向,导致苏联社会主义国家解体。

全球化的客观发展已是一个不争的事实,它渗透到各国的经济、政治、文化、社会各个方面。它已成为人们观察问题、分析问题和解决问题的一种观念、一种意识、一种认识方式和方法,它不仅可以成为人们认识问题的工具或参照系,而且构成了当代条件下各个学科进行对话与合作的一个基本前提。

---

[1] 布热津斯基.大失控与大混乱[M].潘嘉玢,刘瑞祥,译.北京:中国社会科学出版社,1994:87-95.

如学者杨雪冬所说:"在此意义上,全球化是在特定条件下思考问题的方式。"[1]对于思想政治教育,全球化同样给我们提供了不同的思维方式,这就是整体性思维方式、开放性思维方式、问题性思维方式和非线性思维方式。

第一,整体性思维方式要求思想政治教育必须拓宽视界,综合国内外社会发展现实和时代特征,整体把握事物间的联系。在教育性质特征认识上,既要充分认识思想政治教育的政治性、阶级性、意识形态性,还要认识其理论性、知识性、生活性和实践性等特征和要求;在学科整合汇通上,坚持思政课程和课程思政融合贯通,同向同行,借鉴多学科研究成果和研究方法,既要吸收社会学、政治学、伦理学、教育学和心理学等传统学科的研究成果,还要借鉴现象学、解释学、文化学等新兴学科的研究成果,开展教育理论研究和实践探索;在人性认识与人性化实践上,必须关注思想政治教育的生活化、人本化和人性化。强调思想政治教育人性化,更是要从整体性上把握人性的自然性、社会性和精神性,把握人性统一于人的社会实践这一本质所在。任何从人性某一方面来谈思想政治教育人性化的做法都可能是对思想政治教育人性化的误解、曲解,在理论上是错误的,在实践上是有害的;在教育的辩证思维上,在整体性思维方式影响下,要求将思想政治教育的思想性和知识性,思想政治教育的社会价值和个体价值,思想政治教育理论与生活实践,思政教育不忘本来、吸收外来与面向未来等方面进行有机的统一和科学的综合。思想政治教育工作需要转变思维方式,注重总体把握,综合考察。学者白玉民等认为:"依靠过去那种简单的抓主要矛盾的方法来处理问题的思维方式,已经不能适应复杂的社会现实,必须让位于以整体性、非线性为特征的思维方式。"[2]当然,我们强调整体性并不是要不分彼此地调和和折中,而是指思维方式上不能固守和僵化。

第二,开放性思维方式要求思想政治教育既要继承优良传统,又要借鉴、吸收国外科学的教育方式和方法。全球化过程中,国外的思想、文化、政治通过不同途径对我们产生了影响,全球化精神所蕴含的开放、求变、求新、自由、个性等精神气质,直接冲击了我们传统思想政治教育的内容和方法。在西方的传统里,不管是文艺复兴时期主张个性解放、启蒙运动时期高扬人的理性,还是当今追求人的自由、平等、人权,都强调对人的价值、地位、权利的重视。

---

[1] 杨雪冬.全球化:西方理论前沿[M].北京:社会科学文献出版社,2002:45.
[2] 白玉民,王子平.关于思维方式若干问题的思考[J].河北师范大学学报(哲学社会科学版),2008,31(4):11.

客观上来说,20世纪以来,西方资本主义国家并没有停滞发展,社会矛盾也得到一定的调和,有许多方面值得我们学习和借鉴。我们应该以开放的心态,了解和融入当今世界科学文化发展的前沿阵地,没有"融合""共处""协调",就没有"创新""生机""活力"。在开放中把握世界变动的思想脉搏,使我们思想政治教育变被动防御为积极应对,变坚守阵地为占领高地,变堵为疏,变封闭为开放,变尾随为领衔,引领意识形态的前进方向。

第三,问题性思维方式要求思想政治教育以"问题意识"为核心切入口,在问题的解决过程中,提高思想政治教育实效。全球化过程中出现的问题都会直接或间接地反映到人的思想意识上来,从而影响到教育对象对国家政治、经济、文化、社会发展的看法和态度。脱离问题解决过程来奢谈、空谈思想政治教育的作用和价值会变得毫无意义。思想政治教育人性化主要表现为对人的生命关爱、生存关注的人本化思想政治教育。如果思想政治教育采取问题遮蔽、消解的态度,这看上去是为统治阶级的统治消除思想异端,其实却是消极被动、缺乏创新、害怕担当的不负责任行为。思想政治教育是一个历史范畴,随着社会的发展,会面对不同的问题和矛盾。马克思生活的时代还没有显现当今全球化发展中出现的人的生存发展问题、科技进步带来的科技伦理问题、网络交流凸显的网络道德问题,但这些却是当今思想政治教育必须直面的现实问题。马克思主义具有与时俱进的理论品格和持久的生命力,马克思关于人的自由全面发展的基本观念和精神实质是我们开展人性化思想政治教育行动指南。

第四,非线性思维方式要求在开放的思想政治教育系统中,注重系统与环境之间、系统内部诸要素之间的相互作用、相互关联、相互依存、相互影响的非线性关系,强调教育者与受教育者主体间性的关系,重视人的思想发展变化的多样性、不确定性和个性,承认教育对象的多样性和差异性。人的思想政治观念、道德观念不可能简单地通过教育者机械的灌输、受教育者容器般的被动接受而直线性地一次完成。思想政治教育接受过程要在人的生命质量提高、情感力量参与、人性和谐完善的基础上,调动教育者的积极性,突出教育双方的主体性。人是思想政治教育之所以存在的事实基础和逻辑前提。教育者和受教育者作为生命的存在,都是平等的非线性的主体性存在。如果以物性化的方式把人看作可以任意雕刻的容器,脱离人的自由自觉活动、主体性的发挥,思想政治教育目标的实现、存在的价值、作用的发挥就无从谈起。当今思想政治教育面临着全球化的迅速发展和复杂的国际国内形势。从历史上看,每一次重大的社会发展和社会转型都极大地促使了主体意识的觉醒,同时也增加了人们与环境之间进行信息分享、文化交流、物质交换的机会,人的思想异常活跃,主体性不断增强。思想政治教育应该适应和顺应这种形势的变化,真正使其成为人的一种内在需要,让人在思想政治教育过程中感受到人的价值和生命的意义。

全球化给思想政治教育展现了恢宏的世界图景。必须转换传统思想政治教育的思维方式,把人放在更加突出的地位,尊重和关爱每一个人,平等对待每一个受教育者,树立思想政治教育人性化理念。

二、社会转型:思想政治教育人性化的时代课题

当前我国正处于深刻而全面的社会转型过程中,经济体制、社会结构、思想观念、利益格局和价值观念都发生了巨大变化,一定程度上出现了传统思想政治教育针对性失重、有效性乏力、现实性不足、人性化缺失等困境。因此,探索社会转型期基本特征及其对思想政治教育的影响,从源头上厘清转型社会中思想政治教育根本问题所在,已成为新时期思想政治教育时代课题。

(一)社会转型及其特征

社会转型是社会根本特征的重大转变,既有社会结构的转换,又有社会体制的转轨,既有社会形态的变迁,又有思想观念的变化。郑杭生教授认为,"社会转型是一个有特定含义的社会学术语,意指社会从传统型向现代型转变,或者说由传统型社会向现代型社会转型的过程,说详细一点,就是从农业的、乡村的、封闭的半封闭的传统社会,向工业的、城镇的、开放的现代型社会的转型。社会转型是中国的社会生活和组织模式即社会实践结构不断从传统走向现代、走向更加现代和更新现代的变迁过程"[1]。1978年中国改革开放拉开了中国社会转型的帷幕,虽然改革开放首先从经济领域变革开始,但随着改革的深化和发展,其已经变成了一场思想、文化、政治、心理等诸多领域的"革命",显现出鲜明的社会转型特征。

第一,主体意识日益凸显。社会结构转型对传统社会形成的"宗法为本"社会结构造成巨大的冲击。一定程度上改变了人们对家庭、社会完全的依附

---

[1] 郑杭生.改革开放三十年:社会发展理论和社会转型理论[J].中国社会科学,2009(2):17.

性伦理关系;经济体制转轨,市场经济的平等性、自主性和竞争性改变了计划经济体制下社会成员对单位、组织路径依赖情节;现代科学技术,特别是网络技术发展,以工业化生产时代向以脑力劳动为主的知识经济时代转变,以个体或团体为单位从事生产的劳动者越来越多,改变了人们合作、协作形式。所有这些变化使人们体验着社会转型期刚刚摆脱旧生产关系束缚而感受到现代市场经济、工业文明给人们带来的主体意识提升和价值觉醒的快乐。破除了"唯命""唯书""唯上"依附意识和依赖心理,增强了自主、自立、自尊、自强的主体意识,人们不断地发现主体价值,发挥个体潜能,发展自我需要。

第二,利益诉求不断增强。利益是社会中最强大的力量,"社会改革引发社会转型的关键在于改变了社会利益结构,改革的实质就是改变社会的利益关系,对社会利益进行重新分配"[1]。改革开放改变了计划经济时代生产资料所有制形式和分配方式的单一形式,在强调国家利益、社会价值的同时,充分肯定个人价值和个人利益。民众可以通过合法正当的途径和方式,表达自身利益诉求,以实现和维护自身利益。由于社会转型使社会各阶层处于分化与组合的过程中,"加剧了利益的多元化和分化,不同层次、不同部门、不同单位乃至不同的人群,其利益目标越来越独立,利益边界越来越明显"[2]。打破了"大锅饭""平均主义"思想,解放了"人人受惠、利益均沾"帕累托改进模式。政府和市场给公民追求其正当利益的权利和自由,从而调动了社会各利益群体的积极性和主动性。

第三,价值观念不断更新。价值观是建立在主体需要系统基础之上的观念意识,以现实的生产方式为其根据,随着社会的发展而发展。社会转型期,人的需要、追求、利益观念都发生了巨大变化,价值观随之也发生了变迁。不同价值观——东西方价值观、新旧价值观——发生激烈的碰撞乃至冲突。人们的义利观、政治观、婚恋观、道德观等诸多观念的变化令人瞩目,开始强调个人奋斗和主体价值。以往被看作不可思议的事情,如今变得理所当然,以往执着的价值追求,如今却受到社会冷漠。开始强调以人为本的价值观,而不是"关系本位""权力本位"的价值观。伴随着主体意识的觉醒、利益诉求的增强和权威地位的质疑,人们的生存方式、思维方式、思想观念和价值观念从传统向现代转变,价值选择、价值评价和价值活动中的矛盾和冲突爆发了,不

---

[1] 兰久富.社会转型时期的价值观念[M].北京:北京师范大学出版社,1999:31.
[2] 童星,张海波,等.中国转型期的社会风险及识别:理论探讨与经验研究[M].南京:南京大学出版社,2007:48.

同社会阶层利益冲突明显,不同领域的价值取向差异鲜明。传统一元主导价值观因统摄力下降而无法一统天下。人们在更加关注自己的实际利益与需要、尊严与幸福、前途与命运中作出自主的价值判断。所以,从价值观念的变化中可以看出社会转型对人的思想产生了深厚的影响。

第四,社会交往不断扩大。农业社会向现代社会的转变,计划经济向市场经济的转轨,以及科学技术的迅猛发展,打破了自然经济的封闭性、保守性和约束性。人们的交往不局限于稳定的亲缘关系和地缘关系所构成的差序格局里被动的、强制性交往,而是自由地、自主地去参与社会活动。交往范围不断扩大,通过互联网络可以和世界各地进行资源共享、信息沟通和思想文化交流,做到即时和互动。人们可以过滤、屏蔽民族、性别、身份、地位特征进行政治、经济、文化、情感等多方向、多领域、多层次的交往与交流,而不是传统社会彼此隔绝。人的社会属性在日益扩大的社会交往中日益增强。解放了人们的思想,开阔了人们的眼界,提升了人的主体性。在平等的社会主体间交往中加强了主体间的交流、沟通和合作。

(二)社会转型:思想政治教育人性化的时代课题

从社会转型基本特征不难看出,它突出了人的地位和价值,人的主体性、利益性、价值性和交往性得到空前的提升和加强。因此,社会也陷入了一系列的矛盾和困境中,亚伯拉罕·马斯洛说:"我们正处在一个旧的价值体系已陷困境而新的价值体系尚未产生的断裂时期。"[1]传统文明与现代文明、东方文明与西方文明、经济发展与伦理道德、个人价值与社会价值等多种因素相互交织、碰撞与融合,给社会意识形态和思想文化带来巨大冲击。传统思想政治教育面临诸多困境与挑战,它需要在社会转型中不断改变观念、改进方法,以人为本,适应时代发展的要求。

1. 人的主体性:思想政治教育人性化的内在要求

人既可以成为教育主体,又可以成为教育客体,是互为主客体的统一。传统意义上的思想政治教育强调教育者的主体性和教育对象的受动性、教育者的权威性和教育对象的服从性、教育者对教育内容的主动灌输和教育对象对教育内容的被动接受,从而漠视教育对象的主体性存在。实际上,思想政治教育的主体性应该充分体现教育者、受教育者在思想政治教育活动过程中

---

〔1〕 马斯洛.人类价值新论[M].胡万福,谢小庆,王丽,等译.石家庄:河北人民出版社,1988:2.

相互联系、相互作用、相互影响的客观现实,体现近些年来被学界相继提出的双主体、多主体、主体际性或主体间性等观点。随着社会的转型与网络技术的发展,教育工作者的信息权威地位正被打破,受教育者更多地通过网络信息的接受,作出个人自主的价值判断,不再是过去那种简单的受动与服从。教育对象对转型期关切自身利益的有关国家政治路线、方针政策表现出了高度的关注和热情,对政治的敏锐性不低于甚至超过了教育者本人。教育对象对思想政治教育内容不再是过去那种机械性接受,因此,忽视教育对象主体性存在,把教育对象看作被利用的工具、被征服的对象、被绑架的器物,缺少对人的自我意识能力和反观自省认识能力的主体性价值的正确理解,不是把人当作人,而是当作物、工具,缺少对人性的尊重与理解,实施的一种造物式的物性化思想政治教育,必将受到主体性日益增强的社会严峻现实的挑战,在此背景下,思想政治教育人性化实现了转型登场。

2. 人的利益性：思想政治教育人性化的外在动力

利益在任何时代都具有强大的动力作用,都不应被忽视和遗忘。在重义轻利的中国传统社会,或在社会、经济、政治处于稳定发展的时期,相对来说,人们思想意识单纯,心理状态平稳,社会道德环境稳定。对思想政治教育的接受更多的是靠主体的内在动力和自律品格。人们没有更多的利益诉求和奢望。在漠视利益、追求单一的传统社会里,教育者以绝对权威地位向教育对象实施单向灌输式教育。对于利益,强调政治性和意识形态性的思想政治教育比其他任何学科都更难以启齿。然而,社会转型时期,人们对利益的诉求比以往任何时候都要强烈。思想政治教育环境发生了深刻的变化。人们会结合自身的利益和需要而作出选择、判断,从而表现出利益动力作用。虽然这种动力可能会层次比较低、视界比较短,但力量强大,影响深远。任何时候,任何人都无法回避。这要求正确对待利益的功利性。马克思主义并不反对功利主义,马克思主义者也是一定意义上的功利主义者,即革命的功利主义者、无产阶级的功利主义者。如果用传统僵化的利益观审视今天的现实,就很难理解今天发生的许多现象,就会无视人的生存需要和人性倾向。利益是人性的基本欲求和道德的有力基础。因此,必须把合理的利益诉求看作思想政治教育人性化的外在动力,进行正确的解读和有效的实施。人在获得利益回报的心理预期中,不断提高素质,完善自己,付诸善行,乐于奉献,获得社会认同。思想政治教育因人性需要而获得了强大动力。

3. 人的价值性：思想政治教育人性化的价值追求

在人类社会经济、政治发展的相对稳定时期,人们强调规律作用,普遍乐于总结、概括和遵循历史发展规律,希望社会历史活动(包括思想文化活动)在既定轨道进行合规律性的运动;社会发展规律明显,教育者和知识象征着权威,人的价值隐现。当然,这种合规律性不是完全割裂合目的性的机械运动,而是与合目的性辩证统一于一体。人们接受现存状态,社会价值的观念相对简单。而在社会转型期,价值观念多元、多样,价值冲突时有发生,有时还异常激烈,特别是对人的价值的认识不断觉醒。不管是不把奴隶当作人看待的奴隶制国家向农民和农奴获得人的身份和地位的封建国家转变,也不管是人身还依附于领主与农奴主的封建国家向争取人权、自由、平等的资本主义国家转变,都说明每一次社会转型就是一次人的解放运动。特别是近代文艺复兴与启蒙运动,高举人性大旗,倡导人是目的而非工具,将人性、人的价值提到至高无上的地位。人类历史活动(包括思想文化活动)强调符合客观方面的合规律性的同时,也更加强调和突出符合主观方面的合目的性。合目的性是自我意识的彰显,是人的个性的张扬和价值的觉醒。人们不再被动告知和受命。作为教育者与受教育者双向互动的思想政治教育的给定内容在契入了人的价值目的后,要通过人的比较、鉴别,才会被主动地接受、消化。思想政治教育接受已不完全被动地依赖于社会、他人的评价和态度。人们关注思想政治教育价值的人本价值。人的价值是社会价值和自我价值的统一体,并存于现实中每一个个体身上,通过自我需要和社会需要的社会实践而得以实现。这些"需要是思想政治教育价值生成的人性基础"[1]。因此,人的价值是思想政治教育人性化的价值追求。

4. 人的社会交往:思想政治教育人性化的客观要求

传统农耕社会的自给自足自然经济造成了闭塞的地方性和交往的狭隘性。"鸡犬之声相闻,民至老死不相往来",既是农村生活的真实写照,同样也折射出城市各就各位、与世无争的交往现实,表现出人性社会性的简单而狭隘。从传统向现代的社会转型中,社会交往不仅在民族、国家内不断扩大和加深,而且跨越民族、国家及民间团体、组织界限,表现出交往的普遍性和越界性,交往的一个基本特征就体现在交往的主体间性。"交往是以相互承认主体资格为前提的,马克思在分析资本主义社会普遍交往形式时就曾指出:商品是'天生的平等派',因它的前提就是交换当事人都具有独立自由的主体

---

[1] 项久雨.需要:思想政治教育价值生成的人性基础[J].西安石油学院学报(人文社会科学版),2003,12(2):50.

地位,并在法律上拥有对所生产商品的支配和剥夺,对于交往的参入者来说,无论哪方是交往的发起者,只要一进入交往过程,交换双方就进入互为主体状况。"[1]因此,思想政治教育应当在尊重人性社会性的基础上,变教育者与受教育者间的"主体—客体"关系为主体间性关系,尊重受教育者的内在价值和个性自由,在教育双方的平等、差异、自主、开放的氛围中,实现互相尊重、共同提高、情感共鸣、智慧共享。

三、风险社会:思想政治教育人性化的当下追问[2]

风险社会理论是由德国社会学家乌尔里希·贝克和英国社会学家安东尼·吉登斯等人倡导的一种社会发展理论。风险,即可能发生的危险。所谓风险社会,概而言之,就是充满可能发生的危险的社会。风险已成为人们难以回避的现实境遇,深刻地影响着人们的思想变化、思维方式和行为选择。风险社会理论已成为人们观察问题的视角,并赋予其深刻的方法论意蕴。面对信任危机、价值选择的矛盾、思维方式变化的思想现实,现代思想政治教育如何关注人的社会性存在、个体化生存、思维方式的跃迁,提高思想政治教育的实效性,理应成为思想政治教育工作的题中应有之义。

(一)风险社会的特征与社会风险类型

现代社会的风险是现代科技和制度的必然后果,这种后果大多是人为制造的。所以说现代意义上的风险社会是指明"自然终结和传统终结的概念",体现出风险社会鲜明的时代特征:

第一,风险社会的人为性。现代社会风险不同于传统社会源于自然灾害的"外部风险",而是某种程度上由人们不负责任的制度与决策导致的"人化"了和"制度化"了的风险。起源于西欧的市场经济和民族国家是现代制度的核心,制度的设计和执行不是由平民百姓,而是充分体现在政治、专家和国家上。现代风险具有政治反思性,"在风险社会,一直以来被认为是非政治性的事件变成了政治性事件。规避和管理风险也包括了对权力和权威的重组"[3]。学者石艳在比较工业社会前后风险特征后指出:"与工业社会之前

---

[1] 井永杰.马克思交往理论对主体性思想政治教育的启示[J].青海师范大学学报(哲学社会科学版),2010,32(6):11.

[2] 宇业力.风险社会视域中的人性化思想政治教育[J].学术论坛,2014,37(4):163-167.

[3] 杨雪冬,等.风险社会与秩序重建[M].北京:社会科学文献出版社,2006:34.

人类所遭遇的各种可归因于外部某种不可控制的力量作用的自然灾害不同,工业化社会中的风险则主要来源于人类决策,而这些决策主要是由整个专家组织、经济集团或政治派别在权衡利弊得失之后做出的,因此,在当今风险社会具有人为制造的特征。"[1]这都体现了人为性特征。

第二,风险社会的不确定性。风险社会是一个风险逻辑占支配地位的社会。这种风险逻辑主要表现为不确定性逻辑与安全危机逻辑。现代科技深入自然界和人类社会生活的每一个角落,与此相关的后果与危险在全球化进程中让受害人无法直接感知、感觉,甚至生活在远离风险源的人们都可能无时不在风险之中。在风险分配逻辑中,风险分配不因人的地位、身份而改变,正如贝克说:"贫困是等级制的,化学烟雾是民主的。"[2]人们生活在不确定性风险恐惧中,无法感知、确定风险是否逼近,风险类型怎样,风险结果如何。在不知不觉中,风险悄然降临。"正如贝克所言,风险的传递与运动经常是潜在的、内在的,使得任何专家对风险也难以作出准确判断与预测,削弱了对知识和制度的权威,失去了对专家的'系统信任'。"[3]

第三,风险社会的个体化。人为的不确定的风险存在,造成社会个体"存在性焦虑",体现在人际关系层面是"信任危机"。安东尼·吉登斯指出:"人的生活需要一定的本体性安全和信任感,而这种感受得以实现的基本机制是人们生活中习以为常的惯例。"[4]风险社会打破了人们生活中已有的经验、既成的惯例。风险意识的树立、风险抵御能力的增强、风险后果的处理都高度突出人的个体性存在。风险社会的最根本结构性特点是"个性化",个体达到前所未有的高度。"个人生活中的机遇、威胁和矛盾等原来可以在家族和村社中或通过求助于社会阶级或社会团体而得以解决的问题必须越来越多地由个人自己来感知、解释和处理。"[5]本体性的安全感和诚信感成了个体行为的源头。风险社会中,人们做了什么,什么时候做事,将在反思性选择中

---

[1] 石艳.风险社会与自反现代化:现代社会的新特征:贝克风险社会理论阐释[J].理论界,2008(4):183.

[2] 贝克.风险社会[M].何博闻,译.南京:译林出版社,2004:38.

[3] 吉登斯.社会的构成:结构化理论大纲[M].李康,李猛,译.北京:生活·读书·新知三联书店,1998:119.

[4] 吉登斯.社会的构成:结构化理论大纲[M].李康,李猛,译.北京:生活·读书·新知三联书店,1998:8.

[5] 贝克,吉登斯,拉什.自反性现代化:现代社会秩序中的政治、传统与美学[M].赵文书,译.北京:商务印书馆,2001:12.

不断地作出自主抉择,体现了人的鲜明个体化特征。

现代社会人们无论承认与否都生活在无法想象的不确定性风险中。风险是以不同形态存在的,表现出不同的类型。根据风险分布领域,可将风险划分为政治风险、经济风险、社会风险、文化风险、生态风险;根据风险来源,可将风险划分为自然风险、技术风险、制度风险、政策风险等。与百姓生活休戚相关的风险主要表现为:

第一,失业风险。科技进步、经济全球化、产业结构深刻调整,使发展中国家的劳动力市场更加脆弱,大多数非熟练工人面临失业风险。结合中国城镇化过程所带来的失地农民的就业问题、高校扩招带来的大学生就业问题等实际情况,失业问题应该是不容忽视的重要问题。失业风险不仅成为中国面临的主要经济风险,而且正成为中国面临的首要社会风险。人们基本的生存现实遭受严峻考验。

第二,生态风险。现代高科技的发展,使人类技术与自然的相互作用强烈而深刻。最先步入现代化的发达国家,在现代化过程中过度开发资源、破坏环境、消耗能量、征服自然的行径严重破坏了生态环境。"以目前全球政治经济发展的趋势看,包括核能、化工、基因等在内的高科技所涉及的生态风险已不再局限于地域的、主权国家内的,而是通过自由贸易、境外转移、生态扩散等在全球范围内传导,对生态的威胁已成为全球化的风险。"[1]2011年3月11日,日本大地震造成福岛核电站泄漏,引起亚洲东海岸和美国西海岸民众疯狂购买防核辐射食物和药物事件,不仅说明风险的全球性,而且再次引发人们对自身生存环境的不安和恐惧,以及对技术生态风险的焦虑与困惑。生态风险加剧人的生活恐惧心理。

第三,安全风险。风险社会里,个体不安全感和焦虑与日俱增,安全风险时常笼罩在人们头上,使人变得恐惧、敏感、焦虑、多疑。生产过程中因安全生产隐患可能引发的"安全生产风险"已成为典型的"社会风险"之一。仅2005年一年,我国发生的矿难先后有:2月14日发生的辽宁孙家湾矿难,死亡214人;3月19日,山西朔州发生矿难,死亡72人;7月11日,新疆阜康发生矿难,死亡83人;8月2日,河南禹州发生矿难,死亡24人;8月7日,广东梅州发生矿难,死亡123人;11月27日,黑龙江七台河发生矿难,死亡171人;12月7日,河北唐山发生矿难,死亡74人。还有,危险化学品风险、交通

---

[1] 刘挺.经济全球化与社会风险[M].北京:社会科学文献出版社,2007:180.

安全风险都不时成为人们的安全风险。此外,人们随着生活水平的提高,对食品安全要求也越来越高,希望食品对人体健康不造成任何急性、亚急性或者慢性危害。然而,现实中的不少企业、个人利欲熏心,唯利是图,造成食品安全风险或危害时有发生,三鹿毒奶粉事件、瘦肉精事件、苏丹红食品事件、染色馒头事件、牛肉膏事件等等,无不对人的生命和健康造成严重的伤害,迫使人们去思考、探究、应对食品安全及其隐藏的风险问题。

随着互联网技术的发展,中国网民数剧增。2023年3月,中国互联网络信息中心(CNNIC)发布的第51次《中国互联网络发展状况统计报告》显示,"截至2022年12月,我国网民规模达到10.67亿,较2021年12月增长3 549万"[1]。网络正在依自身的逻辑重构整个世界。一方面,网络给人们了解时事、文献搜索、网络营销、及时互动、情感倾诉、掌握信息等提供便利;另一方面,作为一把双刃剑的网络引发重大社会风险的可能性正在加大。正如童星等学者所说:"利用网络世界进行意识形态渗透和颠覆导致的国家(地区)安全风险,增加社会管理和社会控制变数的管理风险,网络系统瘫痪、黑客入侵、电脑病毒发作等技术风险,网络导致社会治安和社会道德滑坡的风险,都是网络可能引发的重大社会风险。"[2]而且网络风险具有即时性、全球性等特征。因此,国家、政府、社会必须时刻加强安全风险的防控与教育,满足人的安全需要、生存需要。

(二)风险社会对人的思想行为的影响

风险社会的生成并深化发展,造成人们不确定性的社会情境、存在性焦虑和本体性安全威胁的生存境遇深刻地影响着当代人的价值取向、信任体系和思维方式。

第一,价值取向的矛盾与偏差。具体表现为:一是社会价值与个体价值的矛盾与偏差。风险社会理论表明风险社会的社会性的性质与形式。因为现代社会风险不同于传统社会占主导地位的外部自然风险,是人为制造出来的风险,是人类社会实践活动的自反性后果,体现出风险的社会化形式。风险的社会性加深了人的社会性存在与生成,彰显人的"类存在"维度。在高强度全球化风险构成全人类生存风险时,要规避、化解风险,就必须重新审视诸

---

[1] 李政葳.第51次《中国互联网络发展状况统计报告》发布[N].光明日报,2023-03-03(4).

[2] 童星,张海波,等.中国转型期的社会风险及识别:理论探讨与经验研究[M].南京:南京大学出版社,2007:311.

如种族的、民族的、阶级的、政治的边界，打破个体的、团体的、局部的利益藩篱，以人类共同利益和共享的价值观应对共同的风险境遇，突出强调人的类价值的存在意义和社会价值取向。然而，风险社会强化了人的个体化生存维度，风险承担者由集体转向个体。直接暴露于风险浪潮中的个体与社会关联更直接、更紧密。个体化进程实际上导致了个体与社会间一种新的直接性，社会问题直接表现为个体问题。为了化解风险、消除危机、摆脱焦虑，在难以寻找到社会、组织、集体的保护网时，人们会强调个体判断、自主抉择、自我价值实现，放大自我。当社会价值与个体价值发生矛盾和冲突时，个体价值超越了社会价值，个体寻找自我安全感、归属感，思想行为上出现自我的认同危机、选择的矛盾与偏差，削弱了理想信念。

二是功利价值与伦理价值的矛盾与偏差。风险社会是现代化过程中产生的，现代化的实质就是科学技术的现代化。中国融西方发达国家传统、工业化、后工业化三个不同历史阶段的发展于当今同一时空中，难免会出现突出强调经济发展量化指标的现象。工具理性凸显，功利价值占据价值评价的主导地位。追求科技创新实现利益最大化的终极目标，而不顾及风险的发生与后果，以及科技发展的伦理价值。"今天中国各种技术风险和社会风险的扩大再生产，主要是功利主义、利己主义同GDP主义的政策安排合谋的结果。"[1]当人们享受着科技成果给自己带来的巨大利益和生活便捷时，却遭受着环境污染、生态失衡、能源危机等自然界的报复和有毒食品生产、核风险威胁、网络犯罪、人际冷漠等伦理危机。人们开始审视科技发展的人文价值、伦理价值。面对未来可能出现的风险，科技的发展与运用应以人的生存、发展、幸福为终极目标，摒弃极端的功利主义、人类中心主义立场上短视的功利价值判断标准。然而现实中一遇到经济增长、社会发展、解决温饱这些现实问题，功利价值总是优于伦理价值，出现两者间选择上的矛盾与偏差。

第二，信任的危机与渴望。风险总是与信任相交织，具有人为性的社会风险造成中国传统信任体系的震动和现代信任的危机。风险的来源不是无知，而是知识，不是过去对自然的顶礼膜拜，而是现在的掠夺破坏，也即人为性。更主要的是风险的制造者往往与政策制定者、科技工作者、变革决策者以及专家不无关系。在风险发生以及后果处理上，出现了政策制定者与专家结成的联盟的"有组织的不负责任"。他们制造风险，然后建立一套话语体系

---

[1] 肖瑛.风险社会与中国[J].探索与争鸣，2012(4)：48.

来推卸责任,变成道德规范的违背者、责任伦理的缺失者,从而引起公众强烈的不信任,影响人们对教育中美好蓝图的信任与追求。

指向未来的不确定的社会风险降低了人们的信任度。他们担心诸如失业、安全等风险犹如"达摩克利斯之剑"会哪天落到自己头顶。不是过去决定现在,而是未来的风险影响今天的抉择。人们在相信"未来更美好"的同时裹挟着"明天会怎样"的担忧。过去的经验、惯例难以成为推断未来发展的缘由,人们的生活、交往已不再限定于稳定的亲缘关系、血缘关系、业缘关系所构成的差序格局的"熟人社会",而是进入脱离具体地域情境的脱域时空,交往格局被打破。现代性、风险性瓦解了传统亲缘关系、社会关系、信任关系。时空脱域、不确定性降低了人们的社会信任度。

利益性是风险社会影响人们信任的又一个重要因素。信任关系以利益关系为基础,"信任是一种暗含的利益表达。就某一事情而言,说我信任你,意味着关于这一事情我有理由期望你为了我的利益行事……你的利益暗含着我的利益"[1]。风险的发生本质上就是以利益为动力的,都是利益的驱动使充满伦理道德的信任关系被利益、金钱、制度等社会抽象体系取代。利益的追逐、风险的规避造成人们焦虑、急躁、抑郁、猜忌、多疑、恐惧、敏感、迷茫等心理和不轻易接受、容忍、信任的态度。至于政策制定者、专家,他们可能从自身或自己所在群体的利益出发,而全然不顾及公众利益,更是因此遭到人们的不信任。因为他们收获利益,却让别人承担风险,利益分配与风险分担不匹配。风险致使信任危机,同时风险造成的恐惧与威胁又使人们渴望信任,希望在信任中寻找到共同价值观——公平、公正、正义、尊重。这就是信任的危机与渴望的矛盾。

第三,思维方式的变革与超越。现代社会风险的发展和风险社会理论的深入研究,深刻地影响、改变和塑造着人们的思维方式,形成风险思维。表现为:一是风险的整体性思维。风险是现代性发展的结果。现代性,特别是现代信息技术、网络技术的发展使人类生活的地球直接变成了"地球村",风险社会就是全球风险社会。每一种类的风险都会在一定程度上把每一个人关联起来。核威胁、生态风险超越民族、国家、阶级边界而将人类连成整体,并相互作用。正如吉登斯所认为的,由于脱域,在远距离上发生的过程和事件间有一个更高程度上的相互作用。全球风险社会提高了人们生存的整体维

---

[1] 沃伦.民主与信任[M].吴辉,译.北京:华夏出版社,2004:24.

度,迫使人们观察问题的视角、处理问题的方法应具有整体性思维,价值选择上应具有集体主义、国际主义的胸襟,而不能只考虑个体、团体、局部,不顾及他人、社会、整体,不能只管眼前、当下,不顾及长远、未来,不能只看主要,否定次要。二是风险的个体化思维。风险社会增强了个体主体性和个体价值诉求。贝克认为,个体化"是人们要求发展他们自己的生活观念并且能够据以行动的权利"[1]。这就形成了人们处理问题、认识事物、对待人强调个体价值、地位、作用的个体化思维。这就要克服本体为寻求一个最高的、抽象的、没有任何规定的、永恒不变的"本体论"或"实体"而形成的本体论思维方式的局限。本体论思维方式在对待人、教育人时,强调人的先验、预成的本质存在。然而现实中,特别风险社会里,人是生活性、生成性、发展性存在,个体化思维就是要承认个体的生活、幸福、利益、自由。三是风险的反思性思维。贝克的风险社会理论以现代性危机为逻辑起点,通过反思性现代化的研究开创性地提出风险社会理论,风险社会与反思性现代化是同一个意思。吉登斯的风险思想及其风险社会理论同样是在对现代化批判与反思的基础上建立起来的。通过对知识的运用,人与自然、社会的分裂、对立,现代工业文明副作用等方面的反思,展现一个反思现代性现象的"风险社会",从而培育风险的反思性思维。这促使人们不断反思自己的思想行为、生产生活、科技创新、价值选择可能蕴藏的负面的风险后果,打破固守僵化、因循守旧的传统思维,改变将人单纯客体化、对象化的思维方式,实现反思性思维的批判、创造、创新作用。四是风险的预见性思维。不确定性的风险是指向未来的,树立风险意识就是要对自己的决定可能造成的不可预见的后果作出可预见性的判断与治理,对风险发生的原因能准确认识,对后果处理不盲目、被动、无措,尽量做到预见正确、措施有效,而不是事后诸葛亮。这要求人们具有风险的预见性思维,而不是守成思维下的宿命论。

(三)风险社会:思想政治教育人性化的当下追问

风险社会理论是基于社会学视角对现代社会经济危机、存在性焦虑以及自我认同困境的反思,传统的终结和惯例的消失,随之而来的是个体的迷惘与无助,生活失去确定性和方向感。传统的思想政治教育面临严峻的现实挑战。人们不禁追问:思想政治教育是否能脱离社会现实、剥离人的生活境遇而孤立进行?思想政治教育能否像强调整体性、统一性的计划经济时代那样

---

[1] 贝克.风险社会[M].何博闻,译.南京:译林出版社,2004:113.

缺少个体化的人性关怀而进行硬性灌输？答案当然是否定的。思想政治教育必须赋予教育对象人文关怀和人性关爱。

第一，思想政治教育必须重视人的社会性存在。社会属性是人性基本要素之一。人是在社会性参与中生成和发展的，风险的社会化强化了人的社会性存在，而人的现代社会性又深化了风险社会的发展。人的独特思想根植于社会、经济、政治、历史和文化的发展过程中，并与它们交织在一起，随社会的变化而变化。因此，思想政治教育不能回避社会、回避现实、回避生活而变得封闭、保守和独自为战。今天，只有面对风险社会，思想政治教育才能因认识到人的思想行为形成的物质根源和社会根源而变得更有效、更真切、更人性化。现代社会风险与人的决定、决策、制度密不可分，充分体现风险症候的人性根基。无论是从核危机到恐怖主义、从生态危机到环境恶化，还是从传染病肆虐到安全风险隐患、从社会信任危机到心理焦虑，都是如此。因此，贝克看到社会风险中人性所起的中心作用，而且努力从"人性"角度审视当代风险问题及其出路。这需要我们认识到，人的社会性生成与发展是人性化思想政治教育产生的重要条件和功能展示；要我们从风险社会反思性思维中，正确看待现代人的生存境遇，凸显现代思想政治教育的问题意识、理论自觉。因为"人们的观念、观点和概念，一句话，人们的意识，随着人们的生活条件、人们的社会关系、人们的社会存在的改变而改变"[1]。现代思想政治教育必须在人的社会性生活与实践中寻找切入点，着眼于人类整体的利益、长远的幸福和持续的发展，而不是追求片面的个体价值、功利价值。同时，谋求思想政治教育的社会价值与个体价值和谐共生，避免人性化教育中对人性弱点的迁就和对人性内涵的片面理解。

第二，思想政治教育必须关注人的个体化生存。吉登斯从"本体性安全"和"存在性焦虑"的角度分析、解释社会风险，充分表明风险体现出人的个性化的生存境遇。人时常会面临诸多社会风险的威胁。而且每一个人所面临的困难、风险都不一样，以至于每一个人的思想、意识、愿望、要求也不尽相同。因此，思想政治教育必须结合每一个人实际状况和思想特点加以把握，具体而微，情真意切。如果人们的思想问题、实际问题长期得不到解决，思想政治教育缺失了本真的人性关照、呵护和人格关爱、尊重，必然会给人们造成

---

[1] 中共中央马克思恩格斯列宁斯大林著作编译局. 马克思恩格斯选集：第一卷[M]. 2版. 北京：人民出版社，1995：62.

教育内容上的空话、套话、假话的感觉。一方面，思想政治教育沿袭传统单调、统一的教育内容和说教式的教育方法，无视人们个体化的生存现实。教育者用代表一定社会或阶级需要的思想观念、政治观念和道德观念对教育对象进行教育，不管教育是否真实和有效。另一方面，当教育对象面临风险威胁、生活困境、心理恐惧时，却出现社会中的"有组织的不负责任"现象。"人们在处理这些风险的过程中总是想法设法回避责任问题。各种复杂的公共机构和繁琐的程序安排，恰恰使得那些必须承担责任的人可以获胜离职以逃避责任。"[1]这些改革设计者、政策制定者和专家有时是代表社会、组织和国家的行为人，甚至是身兼思想政治教育者，而他们在面对社会风险责任时，却变成了道德规范的违背者、责任伦理的缺失者。这导致教育对象对组织、社会的不信任，对教育内容的怀疑。因此，面对个体化生存现实，思想政治教育者和教育对象都应该得到平等的关注。反思传统思想政治教育忽视人的主体性存在和个体化生存的事实，现代思想政治教育应当从人的生存需要、发展需要的角度来加以考察，以现实的个人为出发点和归宿，以人的生成为根据，体现出对生命的尊重和关爱，以及对人的意义性存在的关注。因思想政治道德教化，人的生活、生命趋向至真、至善、至美，从而使思想政治教育变得有价值，有意义。"对生命的眷顾、对意义的追问、对价值的思索是思想政治教育得以产生的一个深层动因，也是其所以获得不断发展的一个内在依据。"[2]体现思想政治教育政治性和社会性的同时，更要凸显出风险时代对思想政治教育关爱生命的呼唤，而不是任凭各种社会风险对人的肆虐。避免思想政治教育将社会看作凌驾于个体之上的独立实体而遮蔽了人的个体化生存。

第三，思想政治教育必须实现思维方式的变革。风险社会带来风险思维的变化，以人为教育对象的思想政治教育必须把握人的这种思维变化，实现思想政治教育思维方式的转化。一是克服传统本体论思维局限，关注现代生成论思维的作用。本体论以探究万物本源、存在始基为己任，容易将人及其生活世界二重化，出现主体与客体、主观与客观、感性与理性、现象与本质、相对与绝对的分离状态与紧张关系。在此思维影响下，以客体化、对象化研究人，实际上是以物种方式抽象地研究人，突出强调思想政治教育对人的可知、

---

[1] 刘岩. 风险社会理论新探[M]. 北京：中国社会科学出版社，2008：73.
[2] 杨秋凤，曹清燕. 生命之维：思想政治教育视界的拓展[J]. 教育学术月刊，2008(9)：36.

可塑、可控,以达到对人进行统治的目的。然而,人是生成、变化、发展的人。思想政治教育要真正达到教育目的,就要在人的广泛社会关系和现实生活领域中认识人,把握人。不要指望在对人的本质作某种超验的预成的假设后,单纯通过思想政治教育基本理论知识的灌输,就会实现对人的思想的一劳永逸的把握。这是过去思想政治教育一个非常突出的弊端,完全不考虑当今社会风起云涌、世界政治多极变幻、人的生存境遇此起彼伏、人的思想跌宕起伏的社会现实,使得传统思想政治教育不能完全适应新形势发展需要。二是克服守成性思维弊端,强调反思性思维的价值。如果思想政治教育一味地突出其阶级性、政治性,就容易导致教育的守成与复制,缺少反思与创新。教育者习惯于照本宣科,不接触实际,不搜集问题,循规蹈矩,墨守成规,害怕影响思想政治教育的权威性、政治性,造成教育的低效甚或无效。现代思想政治教育反思性思维就是要培育反思意识、批判意识。通过对思想政治教育有效性不足、针对性不强、现实性不够、人性化缺失、生活化不足、问题意识淡漠等的反思,赋予思想政治教育时代气息与活力。当然,反思不是反动、破坏,而是充分发挥反思性思维的激励作用、创新作用,激励教育者对教育内容、教育方法、教育有效性进行深入研究。三是克服知识性思维的局限,重视价值性思维的作用。知识可以造福人类,也可以制造风险。同样,教育对象的知识不等于教育对象的思想。思想政治教育既要强调知识、理论对人的教化作用,又要考虑知识对人的生存、发展的效用即价值。思想政治教育价值性思维就是要在风险社会的信任危机、存在性焦虑、自我认同危机等价值问题上提供科学、合理的价值立场、价值导向、价值选择,实现社会价值与个体价值的统一,而不是在非此即彼的对立不相融的思维中将两者孤立起来;要突出人的地位、作用和生命的意义,满足人的基本需要和利益诉求,始终将人作为教育的出发点和归宿,展现思想政治教育的人本价值。

第四,思想政治教育必须构建合理的信任体系。针对信任的危机与缺失,思想政治教育需要加强信任教育和信任体系的构建,主要就是树立政府、组织的责任伦理意识。按照利益分配与风险分担相匹配的分配正义要求,防止"有组织的不负责任"现象地发生,处理好自身利益与公共利益的关系,提高对自身、自然、社会、他人以及子孙后代的伦理责任。对于已发生的风险,政府要有驾驭复杂局面、处理风险后果的能力,而不是遮蔽问题,逃避责任,掩盖矛盾,转嫁风险损失。这样才能提高政府公信力,打造出信用型政府。为了真正取信于民,获取公众的信任与理解,需要构建公众与政府、专家系统共通的话语平台、话语语境,实现真正意义上的公众参与、平等对话。在议事中交流,在议事中教育。在尊重人、关爱人中唤醒人的责任意识。信任不仅发生在个人与政府、组织间,而且发生在个体与自身、他人间。信任教育就是要求个体做出正确的价值选择,在全社会营造人际间信任文化,在共享价值观基础上实现人与人之间的风险共担、价值共享、坦诚相待、相互信赖,使人在"陌生人社会"中不感到交往恐惧、信任焦虑、利益受损、伦理缺失,实现人与自身、他人、社会、自然间的"和谐共生",彰显思想政治教育的人本价值。

四、和谐社会:思想政治教育人性化的价值诉求

2004年9月,中国共产党十六届四中全会提出了"构建社会主义和谐社会"的伟大命题,这是贯彻落实科学发展观的基本要求,又是全体中国人民的奋斗目标,意义深刻,内涵丰富,涉及自然、社会和人的和谐发展,政治、经济、文化、社会、生态协调一致。然而和谐社会建设与发展的目的是一切为了人,一切依靠人,这在很大程度上取决于全体社会成员有没有共同的理想信念、正确的道德规范和科学的价值取向。作为培养符合一定社会或阶级所需要的人的思想政治教育在和谐社会建设中起着重要作用。如何领会和谐社会本质特征,适应时代发展需要,更好地发挥其作用是一个不容回避的时代课题。

(一)和谐社会的基本特征及其人学意蕴

2005年2月19日,胡锦涛同志在中共中央党校举办的省部级主要领导干部"提高构建社会主义和谐社会的能力"专题研讨班的重要讲话中,高度概括了社会主义和谐社会的基本特征:"民主法治、公平正义、诚信友爱、充满活力、安定有序、人与自然和谐相处。"这六个方面相互联系,相互作用,辩证统一于中国特色社会主义和谐社会的经济建设、政治建设、文化建设、社会建设、生态文明建设之中,反映社会主义和谐社会的本质特征和目标指向,体现了以人为本的科学发展观的价值追求。

1. 民主法治:和谐社会的政治保障

民主是社会主义国家基本的政治制度,法治是实现民主的根本保障,二者相辅相成,不可分割。民主法治是实现社会机体健全有序、社会生活和谐共生、自由平等和人格尊严得到切实实现和维护的强有力的政治保障。只有发扬社会主义民主,拓宽反映社情民意的渠道,集中建设和谐社会的智慧,广开公民政治参与的路径,科学调整社会利益的协调机制,依法开展社会事务的管理,才能把社会上各种力量凝聚和整合在一起,和谐共生,才能把社会各阶层的民众团结在自己周围,共谋发展,才能坚决摒弃专制与人治的错误思想观念。民主通常解释为人民当家作主,保障人的基本权利。如果无视法律规范、规章制度,完全按照个人的意志、性情领导一切,权力不受限制,人权大于法权,人治大于法治,必然导致专制统治、践踏人权、绑架民意。正是在这个意义上,通过民主法治的政治制度保障公民享有国家事务、社会管理和政治生活等方面的知情权、参与权、选举权、决策权、管理权和监督权,保障人权自由,尊重民意,从而赋予和谐社会深厚的人学意蕴,体现和谐社会以人为本的本质要求。

2. 公平正义：和谐社会的价值取向

公平正义历来是人们的重要奋斗目标和价值追求,也是和谐社会的核心价值取向和重要原则。其体现在政治、经济、文化、教育、社会生活等各个方面,既包括机会公平、标准公平、分配公平,也应包括起点公平、过程公平和结果公平。它是千百年来人类追求自身价值的重要体现,为凝聚整个社会各方面力量、协调各阶层的利益提供思想共识和精神动力。通过公平正义,赋予不同的经济活动主体以大致相同的市场竞争地位,赋予不同的社会阶层以大致同等的政治参与机会,赋予不同的社会成员以大致一致的权利享有社会发展成果。改革开放40多年来,旧体制下的平均主义被打破,人们更多关注的是生产发展、经济效益和个体价值,从而忽略了科学发展、社会效益和社会价值。如果单纯追求生产效益,忽视公平,必然导致"物本"而非"人本",其结果是人成了物的附属物或牺牲品。虞云耀同志分析说："2003年,我国城镇居民人均可支配收入是农村居民人均收入的3.24倍,达到了改革开放以来城乡收入差距的最高点。""群众意见大的,不是对那些勤劳致富的人,而是对那些非法致富和不合理致富的人。在收入分配差距面前,群众要的是公平的机制、公平的规则、公平的环境、公平的条件和公平发展的机会。"[1]如果贫富悬殊超过合理的界限,不仅损害普通民众的正当利益,挫伤百姓积极性,而且违背改革的初衷和社会主义本质要求。

当然,公平正义不是抽象的、绝对的,而是具体的、相对的,体现人们行为选择中以人为本的价值导向。在公平正义中,实现公民的民主权利,尊重公民的法律地位,关怀社会弱势群体的生活现实,使他们平等地享有经济社会

---

[1] 虞云耀.论社会主义和谐社会的基本特征[J].党建研究,2005(4):22.

发展的成果。

3. 诚信友爱：和谐社会的道德基础

诚信友爱是中华民族优良传统和道德基石，是建立人际关系的道德准则，是维护市场秩序的道德规范，是建立社会事业的精神源泉。人无信不立，政无信不威，国无信不兴。社会和谐，首先是人际关系的和谐和全体社会成员思想道德的高尚。任何一个民族、国家、文化或宗教无不把诚信友爱作为其核心价值取向和道德基石。现实生活中，人与人之间的冷漠与不睦，根本原因往往表现为缺乏相互信任和宽容。如果全体社会成员做到诚信，感受做人的价值和尊严，享受人间的温暖和关爱，释放生命的潜能和创造力，那么就一定会减少社会组织的内耗和摩擦，降低社会生活的风险和成本，增添社会和谐的色彩和活力。诚信是友爱的基础，友爱是诚信的目标。如果缺少基本诚信，就根本谈不上什么人间的友爱。人际间信任感的缺失，必然导致人心的冷漠、孤独和社会病态的出现。因此，和谐社会应该是一个诚实守信、互帮互助、平等友爱、融洽相处的社会，是一个以诚相待、互相包容、尊重个性、彰显人性光辉的社会。

4. 充满活力：和谐社会的动力源泉

社会主义和谐社会应当是充满活力的社会。胡锦涛同志指出："充满活力，就是能够使一切有利于社会进步的创造愿望得到尊重，创造活动得到支持，创造才能得到发挥，创造成果得到肯定。"[1]社会主体充满活力，就能激起人们创造、创新、创业的激情和欲望，社会组织充满活力，社会机体能够不断地自我更新、自我调控、自我生长。社会活力从根本上说还是表现为人的活力。如果人完全处于服从和依附地位，长期处于对立的斗争中，人的思想观念和行为方式就会遭受严重的束缚和制约。人的主体地位得不到肯定，创造才能得不到发挥，合理需要得不到满足，必然会造成万马齐喑、泯灭人性的社会局面。构建充满活力的和谐社会，必须使人获得平等、自由和尊重。因此，必须全面落实"尊重劳动、尊重知识、尊重人才、尊重创造"的方针。尊重劳动，充分就业，在劳动就业中实现价值，是和谐社会的基本要求。尊重知识，知识就是力量，知识就是生产力。尊重人才，树立科学的人才观，对于人才，不仅要看其学历和职称，更要看其工作能力和社会贡献。社会各行各业、

---

[1] 胡锦涛在省部级主要领导干部提高构建社会主义和谐社会能力专题研讨班开班式上强调：深刻认识构建社会主义和谐社会的重大意义 扎扎实实做好工作 大力促进社会和谐团结[J].理论学习,2005(3):1.

各类组织中脑力劳动者和体力劳动者,只要为国家做出贡献,创造价值,都是国家需要的人才。尊重创造,就是要使一切有利于社会进步的创造愿望、创造活动、创造才能和创造成果得到充分的肯定和尊重。所以只有坚持做到"四个尊重",才能为社会成员施展才能提供机会和舞台,使社会充满活力并和谐发展。

5. 安定有序:和谐社会的交往方式

人的交往性构成人的社会属性的一个重要方面,人类的生活、生产实践无不处在社会交往之中,通过社会交往来实现劳动产品和社会关系的交换,这种交往包括经济、政治、思想文化等方面的交往。要保障社会交往的顺利进行,就必须有一个平安、稳定、秩序良好的社会环境。要健全社会机制,完善社会管理,形成人民群众安居乐业、社会安定团结的局面。社会安定有序,交往有章可循是人类社会区别于动物世界的最高法则,突出了交往主体的人本价值。它避免了掠夺式、斗争式、战争式、欺诈式的交往而造成的社会混乱、无序和残暴,否定了"物本""神本""权本""钱本"等错误思想观念。这些错误思想观念或是对利润的疯狂追逐,造成竞争的无序、社会的混乱;或是对宗教的顶礼膜拜,造成对人性的压抑、万马齐喑;或是对权力、金钱的贪婪奢望,造成人治大于法治、权钱交易、权力寻租。要真正做到安定有序,除了大力发展社会生产力,提供强大的社会物质基础,还需要加强思想政治教育,使人们平等地得到尊重。社会各方面利益得到均衡协调,将人放在整个社会发展序列首位,努力使每个社会成员各获其岗、各司其职、各守其责、各享其成,满足他们基本的生存需要和发展需要,实现人与人之间的平等交往,从而使人们对社会产生高度认同,实现社会的安定有序、和谐发展。

6. 人与自然和谐相处:和谐社会的生态法则

人源于自然,又高于自然,最终又回归自然。它反映出中国古代传统文化中"天人合一"的图景。人总是生活在一定生态环境中,不断地同自然进行各种物质、能量和信息的交流,并且通过认识自然、改造自然和利用自然来满足自己的需要。人和自然的和谐,就是生产发展,生活富裕,生态良好。在生产力极其低下的古代,通过采集和狩猎直接向自然界索取食物,消极地顺从自然和敬畏自然。人依附于物(大自然)而存在,对大自然及其现象顶礼膜拜,人把自己当作自然界的延伸者,而不是作为主体的人。但到了工业文明时代,人和自然的关系似乎走向了另一个极端。人对自然界开始无节制的征服和掠夺,以满足人与社会无限膨胀的需要从而使自然达到难以承受和恢复的程度,生态环境不断恶化:大气污染、水土流失、自然资源无序开采、资源利用率低。结果是自然对人类的惨痛报复。人们在享受自然给予人类馈赠的同时,又受到大自然的惩罚,导致人与自然之间关系的失谐。所以,进入后工业文明时代,人们开始反思自己的行为,重新审视人与自然间的关系。我国把环境友好型、资源节约型社会建设作为经济社会发展的一项战略任务、人与自然友好相处的基本准则。不以牺牲子孙后代的环境、资源、利益来换取当代人的暂时发展和眼前利益。统筹人与自然和谐发展,充分体现了保护环境、保护生态、关爱生命、关爱后代的思想观念以及人与自然一体的生态伦理观。

(二)和谐社会:思想政治教育人性化的价值诉求

构建社会主义和谐社会是党的十六届四中全会在总结我国改革开放以来社会主义建设与发展的经验基础上提出来的治国理政新理念。它为思想政治教育的建设和发展提供了新的视野。如果对思想政治教育缺少科学认识,在生产力不发达的传统社会里,当社会强调革命和阶级斗争时,思想政治教育更多的是成了斗争工具、政治的奴仆;当社会强调生产力发展和经济建设,轻视思想政治工作时,思想政治教育又走向了另一个极端,成了经济的婢女。因此,使思想政治教育总是处于依附性的存在,缺乏应有的独立地位和功能发挥、价值实现的路径,没有从根本上解决思想政治教育的学科地位和科学发展问题。和谐社会的基本特征及人学意蕴,为思想政治教育实践提供了现实的社会基础和理论依据。和谐社会是强调以人为本、科学发展、和谐发展的社会,它通过保障社会公平正义,实现人民民主、自由,弘扬社会成员诚信友爱,提倡全社会尊重人才、尊重劳动、尊重创造,实现人与自然友好相处等制度安排和制度设计,取得了社会不同阶层思想意识上的共识和认同。思想政治教育人性化正是顺应和谐社会要求而获得了现实合理性和自身生命力,彰显了其在实现人与社会、人与自身、人与自然和谐相处中的社会价值、个体价值和生态价值。

1. 人与社会的和谐:思想政治教育人性化的社会价值

人们在生产实践和社会交往中,必然结成了人与他人、社会等的各种社会关系,这些关系好坏、融洽与否,直接影响到经济社会发展和人的自身发展。思想政治教育通过一定思想观念、政治观念、道德观念和价值观念的教化,帮助人们调整社会关系,促进人的社会化进程,提高人们政治觉悟,促进社会安定有序。在人与他人的关系上,思想政治教育引导人诚实守信、严于律己、大度宽容、牺牲奉献。但过去,由于没有兼顾经济、政治、社会、生态和谐发展,个人、社会、自然协调发展,使得思想政治教育围绕社会重心的改变而不断改变,造成思想政治教育价值总是在宏观的社会需要、宏大的叙事泛论中被讨论,缺乏对思想政治教育价值自身的研究。其根本就在于没有把人作为教育的出发点和归宿。思想政治教育的社会价值无论如何宏大和重要,都要通过具体个体主体精神能动作用的发挥,来实现对一定社会或阶级的思想、政治、道德等观念的共识和践行,这种共识和践行必须是人思想灵魂深处的自觉自愿,而非持久的强制与逼迫。如果思想政治教育社会价值脱离或违背个体价值,那么就会造成其社会价值过于笼统和宽泛,甚至丧失。个体价值是社会价值实现的基础,社会价值是个体价值的整体表现。

以人为本的人性化思想政治教育能更有效地提升人的社会价值,因为它并不是将人置于社会之外,而是更好地将人融入社会,促进人的社会化进程,实现人与社会和谐相处,共生共荣。这体现了思想政治教育的社会价值。其实,思想政治教育的社会价值与个体价值是对立统一、相伴而生的整体。和谐社会思想观念赋予了思想政治教育新时代的价值特征,将思想政治教育的社会价值与个体价值、目的性价值与工具性价值和谐统一起来。强调人的社会奉献、社会责任,同时关注人的需要、人的利益。强调思想政治教育维护阶级统治、稳定社会秩序、满足社会需要和人自身需要的工具性价值,同时强调其促进人的自由全面发展、人性的提升和完善的目的性价值。因此,既要反对片面强调思想政治教育的工具性价值,忽视其目的性价值,也要反对"从否定工具化的极端出发,漠视工具化,将目的性无限放大,强调思想政治教育的无意识形态化,从而走向了另一个极端"[1]。通过实现两者和谐统一,真正实现思想政治教育的社会价值。

2. 人与自身的和谐:思想政治教育人性化的个体价值

人是社会性存在,同时也是个体性存在,是社会性存在与个体性存在的对立统一。人与自身的和谐是人与社会和谐的基础。很难想象一个思想充满迷惘和斗争、内心充满焦虑和困惑、身心充满憔悴和矛盾的人,能很好地融入社会,和他人和谐相处,并为社会不断作出创造、奉献和牺牲;同样,也很难使思想政治教育关于一定社会的政治、法律、道德等规范内容内化为其个体

---

[1] 韩迎春,喻生华.论和谐社会视阈中思想政治教育的基本特征[J].黑龙江社会科学,2009(5):18.

的思想观念。因此,思想政治教育必须关心教育对象的身心健康。和谐社会建设不再像革命战争年代那样,面临的主要问题是疾风暴雨式的政治斗争、阶级斗争,更多的是现实生活中的思想问题、利益问题、道德问题或心理问题,而且问题会因人而异。这就要求思想政治工作者关注现实的个体思想状况,而不是将个体完全置于社会整体性的控制和管辖之下,使个体对社会"单向"地依赖服从,扭曲和异化思想政治教育的个体价值。

思想政治教育关心人的个体价值,就要从问题开始。特别是社会转型过程中,社会风险的存在与发展,阶层的分化与组合,新旧体制、观念的碰撞与冲突,导致一些人的心理失衡、心理障碍、心理疾病等问题。我们要提高问题意识,在解决问题的进程中,使思想政治教育回归人的生活世界。在肯定人们正当利益的时候,帮助人们树立正确利益观、价值观、人生观,实现思想政治教育"对个体思想和行为的导向、精神动力的激发、个体人格的塑造、个体思想和行为的规范所具有的个体价值"[1]。让教育对象真正在感受到社会关爱、个体生命意义和自身本质力量的情况下,明白自身对思想政治教育的主观要求,自觉融入主流意识形态,从而使教育对象产生悦纳自我的价值情感体验,不断提高心理素质,增强心理健康,促进身心和谐,真正实现人性化思想政治教育的个体价值。

3. 人与自然的和谐:思想政治教育人性化的生态价值

人的历史变化过程决定了人性的存在方式。"从人性的存在方式上看,经历了从'道德人'向'经济人'的跨越。"[2] "道德人"是指在以"人的依赖关系"为基础的人类发展第一个阶段上强调在人理性精神指导下能自觉作出利于他人而不顾及自身利益甚或牺牲自己利益的人。强调道德在社会生产、社会生活中的作用,有其合理性,但它忽略了人与自身的身心和谐,弱化了经济发展的原动力。"经济人"是指崇尚经济,贬抑道德,强调理性地追求自身利益最大化的人。这一概念的提出有利于激发生产动力,但在人和社会的关系上,造成了人与人之间的冷漠、唯利是图,在人与自然的关系上,造成了人对自然无节制地掠夺资源和原材料。"经济人"与"道德人"在本质上只是利益的两种不同的表达方式,表现出不同的价值取向,显示了自身的某一方面特性或局限性。因此,继物质文明、精神文明、政治文明之后,开始强调人类生

---

[1] 张耀灿,郑永廷,吴潜涛,等.现代思想政治教育学[M].2版.北京:人民出版社,2006:174.

[2] 何煦.论生态文明的人学价值[J].湖北社会科学,2009(4):104.

态文明建设和人性的生态化转变,建设符合人类利益需求的生态家园,树立生态价值观,培养和谐社会所需要的"生态人"。这是思想政治教育重要的使命。

首先,思想政治教育关注人的生存基础。基于人性的自然属性、社会属性和精神属性辩证统一的特性,人的生存基础和发展目标,首先是人与自然关系的存在。"任何人类历史的第一个前提无疑是生命的个人的存在,因此,第一个需要确定的具体事实就是这些个人的肉体组织,以及受肉体组织制约的他们与自然界的关系。"[1]人作为对象存在,不能脱离其对象物,不能脱离其赖以生存的各种自然条件,不能无视人生存的基本需要、正当利益。人是社会人,是政治动物,同时也是自然人,是生态人,是感性存在者。人离开了自然环境和现实条件,一刻也不能生存。当人与自然的矛盾异常尖锐,全球生态危机爆发,不仅是经济社会问题,更是政治问题。思想政治教育进行的世界观、人生观、价值观教育,不仅要处理好人与社会的关系,更要处理好人与自然的关系。从人的生活实际出发,尊重人性的基本事实和人的价值实现的基本条件,做到教育方法上贴合人性的生长,使思想政治教育内容真正成为活在人们心中的坚定不移的理想信念和精神支柱,而不是外在的强制和约束,这样,才能保持永久的生命力。

其次,思想政治教育着眼于人的长远发展。人是思想政治教育的中心和目的。思想政治教育就是要在不断提高人的素质的过程中,促进人的发展。但如何理解和实现人的发展是问题的关键。既要尊重人的生存、发展对利益的要求,同时不能将人的利益局限在眼前利益和局部利益上,而忽视了人的整体利益和长远利益,更不能将人的自然属性片面地理解为需要的满足与膨胀、利益的最大化与最优化和对自然的掠夺和征服。克服人类中心主义理论支配下那种认为人不仅是自然的占有者、主宰者和统治者,更是自然的掠夺者和破坏者,导致社会经济系统与自然生态系统之间的对立与对抗的错误思想和行动。"西方生态中心主义的绿色理论认为,近代以来的人类中心主义价值观把人看做是宇宙中唯一具有内在价值的存在物,人之外的存在物只具有相对于人的需要的工具价值,导致了人对自然的滥用和生态危机。"[2]这

---

[1] 中共中央马克思恩格斯列宁斯大林著作编译局.马克思恩格斯选集:第一卷[M].2版.北京:人民出版社,1995:67.

[2] 王雨辰.论生态学马克思主义的生态价值观[J].北京大学学报(哲学社会科学版),2009,46(5):27.

种人类中心主义理论看似强调以人为目的和中心,但从长远来看,却丢失了这个目的和中心。面对今天的人类现实,必须纠正某些方面的错误思想行为,通过思想政治教育帮助人们树立正确的生态道德观、生态价值观,正确理解人的需要观、消费观、劳动观、幸福观,调节人与生态的关系,构造一个人与自然和谐共处、满足人类生存和发展需要的生态自然环境,着眼于为全人类长远发展谋福祉的生态价值取向,实现人的长远发展、和谐发展,体现出鲜明的思想政治教育生态价值观和生态人培养目标,实现人性的生态复归。

最后,思想政治教育强调人的全面发展。人是在一定生态环境中的关系性存在。这种生态环境包括自然生态环境、社会生态环境和自我身心生态环境,从而也就形成人与自然、人与他人、人与自身的关系。任何人的存在和发展离不开这三种关系,任何一种关系的缺失都会导致丧失人的全面发展的条件。这些条件体现为人与自然和谐共生、人与社会和谐共处、人的身心和谐共在。思想政治教育必须关注人的全面发展条件的优化,增强人们对人与自然之间物质变换的协调发展与对良性循环的价值规范遵守的自觉性,强调人们在生产、消费活动中体现出的对自然、社会的责任意识和伦理精神。正确认识到人类目前所处的经济、社会、政治、文化和生态环境给人类发展带来的高度的复杂性。克服经济或道德等单方面的价值评价标准,强调全面的、综合的、系统的生态价值评价标准。从政治制度、政治结构和法律体系等方面加强生态伦理、生态文明教育,充分认识到生态文明教育和建设对于人全面发展的重大现实意义和长远意义。

生态文明为人们提供良好的生产、生活和社会环境,体现出人性与生态性的和谐统一,唤起人们生态环境保护意识,并促使其消费观念的改变。如克服攀比消费、媚俗性消费、浪费性消费等消费异化现象,树立正确的消费道德观,处理好消费与发展的关系,摒弃商品、货币、资本三大拜物教给人的社会关系和消费观念造成的影响。"改变了人的物质价值观,彰显人生的真正价值,这是人的全面发展的核心。如果说,在经济水平低下的场合,这种物质财富的追求还是社会进步动力的话,那么,当经济水平达到一定高度之后,就成为社会进步的阻力了。"[1]通过思想政治教育,帮助人们树立正确的生态文明观、消费观,促进人的全面发展。

---

[1] 李欣广.人的全面发展与生态文明[J].改革与战略,2010,26(1):4.

第三节　对思想政治教育人性化的诘难的回答

人性问题自古以来就是人们孜孜探讨而又歧义颇多的话题,既有中国传统文化中人性善恶假设的理解,也有西方人性中理性非理性之别的探讨;既有涉及人性真善美等高尚道德情操的内容,又有关乎人性中情欲、求生、幸福以及饮食男女等基本生理需求的内容。这使得人性似乎与话语表达形态高端、恢宏、严谨的思想政治教育不相融。特别是在阶级斗争扩大化的特殊历史时期,人性被看作修正主义、资产阶级的东西而成为言者有罪的禁区。人类社会发展到今天,中国特色社会主义强调以人为本、科学发展、以人民为中心,关注人性化管理、人性化服务、人性化教育。思想政治教育回归生活、向着人本,已经成为思想政治教育理论与实践的重要走向。但与此同时,提倡思想政治教育人性化仍遭遇到诸多质疑即人性化是否意味着对思想政治教育意识形态性的淡化,是否导致对思想政治教育政治性的消解,是否造成思想政治教育对人性的消极适应。对这些问题的理解、回答和解决非常重要,直接关涉到对思想政治教育本质的理解、目标的实现和有效性的提高,既有利于克服传统思想政治教育弊端,又不至于让我们走向另一个极端,避免降低思想政治教育的目标、削弱思想政治教育的价值与功能。

一、人性化是否意味着对思想政治教育意识形态性的淡化

对这个问题的回答,首先,必须弄清楚人性和意识形态这两个概念及其基本含义。关于人性的概念及其基本含义,前面已作较为详细的阐释,在此不再赘述。意识形态是社会意识中构成社会观念的上层建筑部分,"指反映特定经济形态,从而也反映特定阶级或社会集团的利益和要求的观念体系""最重要的有政治、法律、思想、道德、宗教、艺术和哲学等形式"[1]。刘建芳教授认为:"首先意识形态是一种社会意识形式,所反映的是人的现实思想,而人的现实思想又和人们的现实利益有关。"[2]作为社会观念体系的意识形态是对利益和需要的反映,这种利益和需要可以是物质的、精神的、政治的、文化的、社会的、生态的等诸多方面,这与体现人的自然属性、社会属性、

---

[1] 肖前,黄枬森,陈晏清.马克思主义哲学原理[M].北京:中国人民大学出版社,1994:369-371.

[2] 刘建芳.全面提升基层领导干部意识形态工作水平[J].唯实,2021(3):50.

精神属性的人性不是毫不关联的。如果否认、抹杀人性，必然导致意识形态高端、刚性、排他而"曲高和寡"。

当然，意识形态不是对所有社会成员的利益和要求的反映，而是特指占统治地位的特定阶级或社会集团，这体现出意识形态本质的阶级性。不同阶级有不同的意识形态，不体现阶级性的意识形态是没有的。"所以，人们在某种意义也把思想政治教育的意识形态性叫做思想政治教育的阶级性。"[1]思想政治教育人性化并没有违背阶级性原则，这有赖于对人性的正确理解和全面把握。我们所谈的人性，既不是费尔巴哈那种建立在自然主义之上的人性论，也不是那种诸如良知、宽容、同情心等抽象人性论，而是具体的、历史的、实践的人性，是阶级社会中体现鲜明阶级性的人性。"马克思主义从来不反对讲人性，但有两个'底线'：一是人类进入阶级社会以来，人性就不是'均匀'地分布在每个个体上，而是在不同社会群体呈现出不均衡状态，讲人性和阶级分析并不对立；二是人性并非社会问题的症结所在，相反，人性的修复和不断完善，有赖于社会的改造和历史的发展，因此，讲人性必须置于具体的社会历史过程，不是人性创造历史，而是历史改变人性。"[2]因此，思想政治教育人性化不会导致思想政治教育意识形态性的缺失和思想政治教育方向的偏差，反而在不失人性阶级性的前提下，在集团利益和人民利益方向一致的基础上，因为公正、平等、"尊重差异"、"包容多样"而使主流意识形态被人民广泛认同。

其次，正确认识意识形态的历史变迁和思想政治教育在意识形态教育中的地位和作用。意识形态不是独立于社会经济形态之外的实体，它始终是意识主体对运动着的社会物质生活的反映，表现出意识形态的时代性。经济基础决定社会意识形态。随着生产力的发展、经济关系的变革、物质生活的变化、社会主要矛盾的转化，意识形态也随之发生变化。在半殖民地半封建的旧中国社会里，为了解放旧中国，推翻地主、资产阶级的统治，形成了战争年代以阶级斗争为特征的高度统一的革命型意识形态。新中国成立后，主要任务是实现对农业、手工业和资本主义工商业的社会主义改造，建立社会主义经济基础，发展社会主义生产力，反映到意识形态上，就是意识形态为经济基础和生产力发展服务。特别是改革开放以来，在发展社会主义市场经济的条件下，阶级斗争虽然在一定范围内长期存在，而且在一定条件下可能激化，但

---

[1] 胡凯.思想政治教育生活化研究[D].上海：复旦大学，2007：106.
[2] 侯惠勤.我国意识形态建设的第二次战略性飞跃[J].马克思主义研究，2008(7)：9-10.

毕竟已不是我国社会的主要矛盾，意识形态的斗争必须服从于和服务于经济建设大局。如果丢掉生产力发展和经济建设这个大局，意识形态斗争终将会一定程度上阻碍社会的进步。

我国已进入新时代，为了适应时代的变化，正视时代的挑战，表达时代的呼声，必须肯定意识形态的时代特点和变革要求，承认意识形态的日常生活化趋势、人的自由全面发展的价值追求和个性解放的美好愿望，客观承认"意识形态以'非意识形态化'的方式发挥着重大作用的倾向有所增强"[1]。作为意识形态教育载体的思想政治教育更应顺应意识形态这种历史变迁，体现意识形态教育现代性的一个重要方面——人本性。坚持思想政治教育中意识形态性与非意识性的统一，"要在坚持社会主义意识形态主导地位的前提下，不断满足人们多样化的思想政治教育期待和对人类有普遍意义的道德要求，从更广泛的意义上为推进人的社会化和人的全面发展服务"[2]。表现出思想政治教育既不违背意识形态的本质要求，又切合人性的基本需要，使思想政治教育有效性发挥、人本性彰显不因意识形态的刚性而受其掣肘，而是因为思想政治教育人性化而不断增强了意识形态的感染力、吸引力、影响力和渗透力，扩大了人们的共识和社会基础。所以说，人性化并不意味着对思想政治教育意识形态性的淡化。

二、人性化是否导致对思想政治教育政治性的消解

政治性是思想政治教育的本质属性，反映出以一定阶级关系性存在为前提，以一定的阶级理论为指导，以服务一定阶级利益为目的的特性，通常处于诸种意识形态的核心地位。因此，代表统治阶级根本利益、维护统治阶级政治地位的思想政治教育政治性在任何时候、任何情况下都不容怀疑、淡化和抹杀，否则，思想政治教育既无可能，也无必要。政治决定了思想政治教育内容，并影响思想政治教育效果。但什么是政治？这需要有科学的认识。政治是一种特定的社会关系，是经济的集中体现，反映了经济关系的根本要求。在历史发展、社会变迁过程中，阶级结构、利益关系、社会阶层也往往随之发生变化，这对国家政治也产生了影响。因此，思想政治教育必须关注这些变化和影响，而不能对政治性作教条式理解。新中国成立到1956年，对农业、

---

[1] 侯惠勤. 我国意识形态建设的第二次战略性飞跃[J]. 马克思主义研究，2008(7)：8.
[2] 石书臣. 论思想政治教育中意识形态性与非意识形态性的统一[J]. 探索，2003(3)：82.

工商业和手工业的社会主义改造顺利完成,大力发展经济,提高社会生产力,巩固社会主义政权基础,提高人们的思想认识,这就是政治。在社会经济发展,人民生活水平提高的同时,增强了人们对思想政治教育内容的认同。如果不能正确认识社会的主要矛盾和当下的社会客观现实,一味地突出斗争,放大矛盾,容易导致斗争扩大化。如果无限放大思想政治教育的政治性,把"政治思想问题"看作阶级斗争,一切工作中心围绕阶级斗争展开,其结果可能会导致国家经济发展几乎到崩溃的边缘,拉大与发达资本主义国家的差距。这种看似强调政治性的做法,由于撇开了经济发展和人的基本需要,孤立地强调政治斗争,会因国力薄弱、经济落后、社会贫穷,而削弱统治,降低政治,久而久之,终会丢失政治。为此,须在辩证思维、系统思维中思考思想政治教育的政治属性和核心地位。在贯彻落实"五位一体"总体布局,发挥政治建设统帅作用时,要将政治建设与经济建设、文化建设、社会建设和生态文明建设有机统一起来进行,强调政治建设与其他各项建设统筹兼顾,协调推进,而不是顾此失彼,各自为战。在贯彻落实"四个全面"战略布局,全面从严治党,强调党的政治建设作为新时代党建的根本性建设时,要将党的政治建设与党的思想建设、组织建设、作风建设、纪律建设、制度建设等各项建设要求统一于有机整体之中,而不是孤立、抽象地谈论政治。必须坚持党性与人民性的统一,防止脱离群众、消极腐败的危险。"打铁还需自身硬。"[1]党员、干部、教育工作者不仅是思想政治教育者,也是受教育者,而且是受到更高标准要求、更严纪律约束的受教育者。"打铁论"体现了思想政治教育政治性新话语,凸显了党要管党、全面从严治党的政治要求,时刻关心群众、密切联系群众的工作作风。为此,需要以全面联系的观念、辩证的思维看待思想政治教育的政治性。

讲政治,还必须将其同人联系起来。做到顺应民意,赢得民心,"民心是最大的政治"[2]。我国是人民当家作主,是实行人民民主专政的社会主义国家,党和国家的利益与广大人民的利益在根本上是一致的。这决定了中国共产党"权为民所用,情为民所系,利为民所谋"。思想政治教育必须坚持以人民为中心,树立为人民服务的思想意识。2014年2月,习近平在接受俄罗斯电视台专访时表示:"我的执政理念,概括起来说就是:为人民服务,担当起

---

[1] 习近平.习近平谈治国理政:第一卷[M].北京:外文出版社,2014:4.
[2] 习近平.习近平谈治国理政:第四卷[M].北京:外文出版社,2022:60.

该担当的责任。"[1]政治要体现人民大众的意志,代表人民大众的根本利益,以人的全面发展为目标。政治不能违背人本性,政治不能异化为人民的对立物。江泽民同志曾经指出:"什么叫政治?从根本上说,政治问题主要是对人民群众的态度问题、同人民群众的关系问题。这一点毛泽东同志在延安时期就已经讲清楚了。我们想事情,做工作,想得对不对,做得好不好,要有一个根本的衡量尺度,这就是人民拥护不拥护,人民赞成不赞成,人民答应不答应。这是邓小平同志反复强调的。对于毛泽东同志和邓小平同志的这些指示,我们各级干部都要经常加以对照检查,看看自己思想上是不是这么去认识的,行动上是不是真正这么去做的,自己对人民群众的态度怎么样,同群众的关系如何。真正掌握和实践了群众观点、群众路线,也就能真正掌握和实践历史唯物主义和党的实事求是的思想路线,也就从根本上懂得了政治。"[2]只有代表人民的利益,促进人的发展,才能得到人民的拥护和爱戴。这也是思想政治教育的政治性要求,体现思想政治教育政治性的人民性和时代性。因此,人性化不会导致对思想政治教育政治性的消解。

三、人性化是否会造成思想政治教育对人性的消极适应

谈及人性,人们总会发起对中国传统文化人性论的追溯,或掀开对特殊历史事件的记忆。基于人性善假设,人们相信人性的优点:仁爱、善良、宽容、聪明、忠诚、崇高、道德、正义等。如果作人性抽象假说,思想政治教育人性化难免有阶级调和之嫌。基于人性恶假设,人们会认同人性的弱点:贪婪、自私、妒忌、虚荣、猜忌、悲观、邪恶、仇恨、奸诈、欺骗。这容易使思想政治教育走向另一个极端,即把政治思想问题无原则地上升为阶级对立和斗争。这样的事例,历史上屡见不鲜。人性因你死我活的阶级斗争、利益需求的激烈冲突而变得扭曲。这造成人们对人性的禁忌,谈人性色变,引起人们对历史记忆的恐惧,抑或对历史记忆的怀念。基于人性善恶假设,同样存在是否会造成思想政治教育模糊和消极适应的疑问。为此,必须矫正对思想政治教育人性化的认识误区。对于人性的善假设和恶假设,都不能做抽象的、绝对对立的理解。人性是在社会交往、社会活动关系中体现出来的,是历史地生成、变化的。如果出于政治上的偏见,抱有个人目的的人,在思想政治教育

---

[1] 习近平.习近平谈治国理政:第一卷[M].北京:外文出版社,2014:101.
[2] 江泽民.论党的建设[M].北京:中央文献出版社,2001:193.

上,往往都会孤立、抽象地强调人性某个方面的特征,反而会因歪曲、欺骗,失去思想政治教育的本真面目。如果能正确理解人性深刻内涵,思想政治教育就不会因人性化而对人性消极适应,而是为了完善人性,提升人性,追求教育最终目标的实现。如果我们缺少对马克思主义人性整体性认识,长期纠缠于人性某个方面,那么在此人性论认识下,难免会出现今天所谓的思想政治教育"泛政治化"或"泛生活化"倾向。为了纠正这种错误局面,结果又出现了思想政治教育去"生活化"或去"政治化"的论调。首先必须承认的是,不管是"泛政治化"也好,还是"泛生活化"也罢,在理论上都是有害的,在实践中也都是危险的。同时,也必须清醒地认识到,在两者之间,也根本不存在什么折中的办法。一个能在思想灵魂上真正为人着想,为民服务,代表广大人民群众利益的思想政治工作者,在任何情况下,都不会为人性所困惑。相反,不管你口号喊得如何响亮,政治性表现得如何高度一致,教育内容如何纯洁,都会因缺少对人的思想实际的把握,缺少对人的关怀,使思想政治教育脱离实际。教育者照本宣科,无所作为,事不关己,高高挂起,明哲保身,他们都是被动完成任务,而不是主动迎接挑战。其结果不是思想政治教育对人性的消极适应,而是教育者对思想政治教育工作的怠惰,无所事事。

  人性化,在今天的诸多领域已被广泛应用。在更多的意义上,人性化是为了提高有效性、针对性而被赋予方法论意义提出来的具体要求。思想政治教育人性化不是对人性的无限退让和无原则的迁就,而是通过观照人的生活现实,以人和人的思想问题为切入点,在问题的解决过程中,不断纠正人的错误思想认识,使其树立正确的世界观和价值观,化育人性,使人切身感受到思想政治教育魅力之所在。要不断提高思想政治教育的时代性、有效性和针对性。思想政治教育不是一味迎合个体主体性,单纯强调个人的主体价值,忽略人的社会性,无视人的社会价值。随着人性化思想政治教育有效性的提高,人的综合素质不断增强,从而使人的个体价值通过其社会价值得以表现,人的个体性通过其社会性得以确证。

  思想政治教育人性化不是从对人性作抽象理解中去开展的思想政治教育活动,不会为了迎合人性消极因素而一味迁就退让,不会把思想政治教育的政治性完全消弭于人性的教育和改造中,以人性教育代替思想政治教育。其是在尊重人、关心人、理解人的基础上,不断提高人、完善人、发展人,将思想政治教育内容真正地内化为人的自觉行动,提高了思想政治教育的有效性。因此,人性化不会造成思想政治教育对人性的消极适应。

第二章

人的生成：思想政治教育人性化的内在根据

任何时代的人,既是现实的存在,又是历史的生成。人的思想往往是对人的存在现实、生活状况的反映。缺少对人的生存现实和生活状况的具体考察,就很难开展行之有效的思想政治教育活动。因此,思想政治教育不管是教育内容的深化,还是教育方法的改进,都要关注当代中国人的实际生存境遇,使思想政治教育人性化深入生存论中进行思考和把握。

第一节 人的现实存在：思想政治教育人性化的出发点

思想政治教育出发点直接影响到思想政治教育过程的开展、目的的确立和目标的实现。任何一项活动都有它的基本出发点,任何基本理论都有它的逻辑起点。思想政治教育作为一项培养教育人的实践活动,也必须有自己的基本出发点,这个出发点只能是人,是现实存在的人。当然对人的理解,由于受到历史观、世界观和方法论的影响,也会有不同的理解。因此,必须完整、准确地理解人的存在。

一、人的不同存在方式及其规定性

对人的存在,依划分内容的不同,有不同的划分形式。根据人的实践活动层次和交往范围的不同,可以将人的存在划分为个体存在、群体存在和类存在三种形态;根据人的现实状况,可以将人看作需要性存在、情感性存在、活动性存在、生活性存在、意识性存在等不同形式;根据人的基本属性不同,可以把人的存在划分为自然性存在、社会性存在和精神性存在三种形态。

(一)人的自然性存在

人是自然界长期演化的结果,英国生物学家达尔文的进化论、德国植物学家施莱登和生理学家施旺的细胞理论无不科学地说明了这点。人在母体中以自然人的状态而存在,降临到人间便是自然的组成部分,"我们首先应当确定一切人类生存的第一个前提也就是一切历史的第一个前提,这个前提就是:人们为了能够'创造历史',必须能够生活。但是为了生活,首先就需要吃喝住穿以及其他一些东西。因此第一个历史活动就是生产满足这些需要的资料,即生产物质生活本身,而且,这是人们从几千年前直到今天单是为了维持生活就必须每日每时从事的历史活动,是一切历史的基本条件"[1]。无论过去、现在,还是将来,人都是不能离开自然的存在,而且首先是个体生命的存在。高清海教授认为:"人是以一个个生命个体形式存在的,现实中只有具体人,并不存在抽象的人。因此马克思不仅把'有生命的个人的存在'看作人类历史的第一个前提,而且明确地提出,'人们的社会历史始终只是他们的个体发展历史,而不管他们是否意识到这一点的'。"[2]人的个体的生命的自然性存在是一种需要性的存在,如果剥离了人的这种基本需要,要么将人提升为"神",要么把人降格为"物"。而且人的需要是多方面的,既有物质性的饮食需要,又有维持类的繁衍的男女性关系需要,更有人的情感需要。作为有生命的自然存在物,人"一方面具有自然力、生命力,是能动的自然存在物;这些力量作为天赋和才能、作为欲望存在于人身上;另一方面,人作为自然的、肉体的、感性的、对象性的存在物,和动植物一样,是受动的、受制约的和受限制的存在物"[3]。这说明人作为受动的自然存在物,有物质性需要,以维持生命的生存,作为能动的生命存在物,有欲望、情感的需要,是凸显意识的存在。

---

[1] 中共中央马克思恩格斯列宁斯大林著作编译局.马克思恩格斯文集:第一卷[M].北京:人民出版社,2009:531.

[2] 高清海.从人的生成发展看市场经济[J].江海学刊,1995(1):77.

[3] 中共中央马克思恩格斯列宁斯大林著作编译局.马克思恩格斯全集:第四十二卷[M].北京:人民出版社,1979:167.

当然,人的情感有朴素的自然情感,在阶级社会还有阶级情感,两者不能互相代替,也不是绝对对立、互相分离的。人的喜怒哀乐、选择、接受、认同无不打上个人情感的印记。任何人的实践活动、认知活动、教育活动都会有人的情绪反映、情感体验,虽然这种情感经常存在诸多缺陷,但绝不是可有可无,绝不是可以忽视的力量。哲学人类学家兰德曼指出:"近代卢梭在教育方面的发现和腾特在哲学心理学方面的发现,说明了情感并非主体的苍白状态,而是具有发现世界('意向性',如布伦坦诺和舍勒所说)的力量。"〔1〕然而,德国哲学家海德格尔反对心理学意义上的情感论。他虽然并不完全反对心理上的情感体验,但主张在生存论层面上把握人的情感。对于生存论,他说:"在谈任何情绪心理学之前——何况这种心理学还完全荒芜着——就应当把这种现象视为基本的生存环节,并应当勾画出它的结构。"〔2〕其强调情感的生存状态,把情感看作人的一种生存方式、生存机制。学者黄玉顺在谈人的情感性存在时说:我国哲学家、历史学家"蒙培元先生就提出'人是情感的存在'这个命题,他在《情感与理性》中指出'存在'是从生命意义上说的,是指生命的存在,不是一般所谓'存在,是有生命意义的'。而'生命存在'是'生命情感'的存在。"〔3〕当然,自然的本源性情感会随着人类历史发展,上升到道德情感、阶级情感。不管怎样,对于人的情感存在,必须予以情感的尊重,"动人心者,莫先乎情"说的就是这个道理。

人的自然性存在,人的肉体生命直接从属于生物界或一定生物圈,决定了自然对人的规定性,规定了人的自然属性的基本本性。人永远不能脱离自然而生存。违背了人的这种基本属性,就忽视了人之为人的基本生存的条件,从而也就忽视了人的存在。

(二)人的活动性存在

马克思和恩格斯对"真正的人"的认识,从不作抽象的理解,而是从现实的具体的人的活动中去把握。在《德意志意识形态中》,马克思指出:"德国哲学从天国降到人间;和它完全相反,这里我们是从人间升到天国。这就是说,我们不是从人们所说的、所设想的、所想象的东西出发,也不是从口头说的、

---

〔1〕 兰德曼.哲学人类学[M].彭富春,译.北京:工人出版社,1988:140.
〔2〕 海德格尔.存在与时间[M].陈嘉映,王庆节,译.北京:生活·读书·新知三联书店,1987:156.
〔3〕 黄玉顺.存在·情感·境界:对蒙培元思想的解读[J].泉州师范学院学报(社会科学),2008,26(1):11.

思考出来的、设想出来的、想象出来的人出发,去理解有血有肉的人。我们的出发点是从事实际活动的人,而且从他的现实生活过程中还可以描绘出这一生活过程在意识形态上的反射和反响的发展。"[1]在这里,马克思指出了理解人的两个出发点:抽象的意识和现实的个人。

德国古典哲学家集大成者黑格尔以其深邃的辩证法思想强调事物之运动、变化和发展,肯定人的活动、劳动和创造。马克思指出:"黑格尔把人的自我产生看作一个过程,把对象化看作非对象化,看作外化和这种外化的扬弃;可见,他抓住了劳动的本质,把对象化的人、现实的因而是真正的人理解为他自己的劳动的结果。"[2]在抽象意义上,黑格尔承认人的历史的活动性存在,肯定劳动在人的生成中的本体意义。在认识论上,他特别强调理论认识活动和实践活动的重要性,强调理论认识活动对实践活动的指导意义和实践活动对理论认识活动的证实作用。但是,黑格尔对人的理解,不是从具体的、现实的人,即本质异化的人出发,而是从异化的人的本质出发,即从抽象的思维出发。他把"客观思想"或"绝对精神"看作自然、社会和人类的内在本质和基础,将人归结为精神的存在。所以,他说的劳动只不过是抽象的精神劳动,"实践活动"只是一种思维领域内的范畴推演活动。因而他所谓的人的活动、劳动,也必然归结为精神的意识的活动、劳动。黑格尔所理解的人只是抽象的人。

费尔巴哈对黑格尔的抽象人作了唯物主义批判。他强调人的有生命的肉体的本质存在,将自己的人性论建立在自然主义的人本主义基础上,诉诸人的感性直观,把人只看作"感性对象",而这种"感性对象"的人其实就是抽象的"自然人"。他把人的类本质理解为"一种内在的、无声的、把许多个人纯粹自然地联系起来的普遍性"[3],没有从人的历史发展中、人的现实活动中去考察人,认识人。所以,"当费尔巴哈脱离了实践、脱离了社会历史把人只看作'感性对象'时,他不但无力提供一个完整而现实的人,反而使人陷入了另一种形式的抽象,从而使人再度抽象化"[4]。他不能真正地理解人的社

---

[1] 中共中央马克思恩格斯列宁斯大林著作编译局.马克思恩格斯选集:第一卷[M].2版.北京:人民出版社,1995:73.

[2] 中共中央马克思恩格斯列宁斯大林著作编译局.马克思恩格斯文集:第一卷[M].北京:人民出版社,2009:205.

[3] 中共中央马克思恩格斯列宁斯大林著作编译局.马克思恩格斯选集:第一卷[M].北京:人民出版社,2012:135.

[4] 于桂凤.从"感性对象"到"感性活动":人的重新理解[J].齐鲁学刊,2010(6):67.

会活动本质,把人们所看到的、感性直观到的东西既看成是事物的现象,又看成是事物的本质,人就是有血有肉、有情感、有欲望的人。人与人之间的关系就是男女异性间、"你"和"我"之间纯粹自然的关系,友爱与情欲间的关系。这些说明费尔巴哈并不是完全否认人的活动,"但是他没有把人的活动本身理解为客观的活动。所以,他在《基督教的本质》一著中仅仅把理论的活动看作是真正人的活动,而对于实践则只是从它的卑污的犹太人活动的表现形式去理解和确定。所以,他不了解'革命的'、'实践批判的'活动的意义"[1]。

马克思在批判了黑格尔关于人的"自我意识"的本质和费尔巴哈关于人的"类"的本质后,对于人的考察,并没有单纯从唯物、唯心矛盾对立体系或辩证法体系中寻找人的本质、特性,而是从"现实的个人"出发去理解人,也就是从人的感性活动出发去理解人。因为现实的、有生命的个人都是从事实际活动的、生活的、实践的人,人的活动都要表现出活动的基本特征。

第一,活动的主体性与社会性。不从事任何活动的人,至多只是生物学意义上的人,只能是没有思想意识任人摆布、雕琢的人。人一旦进入活动,就会凸显个人的思想、意识、目的、主张、能力、需要,使自然、社会发生合目的性的改变,留下人的活动的印记。马克思、恩格斯指出:"你的需要只有通过你的活动来满足,而你在活动中也必须运用你的意识。"[2]这说明人在活动中表征主体性存在。人在活动中实现了个人思想的表达、个人能力的发挥、个人需要的实现、个人价值的形成、个人地位的提升。而且人的意识形成、能力积淀、价值观确定作为人的内在禀赋,会稳定持久地引导和规范人的言行,增强人在以后的活动中面对目的、选择、手段、过程和结果等内容作出更加自主的判断和抉择的能力。人在活动中显示人的主体性,而且主体性、创造性越强,依附性、依赖性就会越少。因此,我们说,人都是活动性存在。离开了具体的活动,任何人都无法获得自己的主体地位。

但是,人的活动不可能永远是孤立的、个人的活动,人的存在是世界性的存在,是在自然关系、社会关系中的存在,人的活动是在世界中的活动。"人在他的世界中活动,是'人的本质'基本存在方式。但是'人的本质'在其现实性上'是一切社会关系的总和'。这就是说,人在世界中活动,恰恰表现为人

---

[1] 中共中央马克思恩格斯列宁斯大林著作编译局.马克思恩格斯选集:第一卷[M].北京:人民出版社,1972:16.

[2] 中共中央马克思恩格斯列宁斯大林著作编译局.马克思恩格斯全集:第三卷[M].北京:人民出版社,1965:328.

在与他人的关系中活动。'人的世界'是一个'社会化'了的世界,是人与人之间,'我'与'你'、与'他'之间的'社会'关系的世界,然而这样一个世界,这样一种'社会关系',绝不可能是独立或凌驾于人的活动的实体存在,相反,它是人活动的具体历史形式,是作为人与世界存在性关系——交往的必然产物。"[1]这表明了人的活动的社会性特征。人的活动既表现出主体性特征,又表现出社会性特征。在活动中,表现出人是社会的人,社会是人的社会,表现出人都直接地或间接地与自然和社会发生关系,表现出人的对象性活动形成了对象性关系。

第二,活动的历时性与共时性。人的活动总是在历史的展开中显示时间的特征,不同历史时期的人的活动都会体现出不同的活动水平和活动特征。每个时代的人的活动(物质生产活动、社会政治活动、精神文化活动)都是在将前人的活动成果作为既定的前提和基础而进行的,同时,又成为后人的活动的成果积累,都是在特定的历史条件下进行的。马克思考察人及人的活动从不孤立地进行,而是自觉从历时性的维度强调人的活动的时代性和具体性,以活动的历时性发展为中介,考察活动的过去、现在和将来。只有在这种活动的历时性特征里,才能反映人的思想意识的生动活泼、开拓创新、与时俱进的品格,才不至于导致人的活动的重复和僵化。马克思历来强调人的实践创造活动的历史继承性及其对人的生存发展的基础作用。

任何形式的活动都有自己的空间和范围。在科技不发达的传统社会,社会分工、社会交换、社会交往等人的活动还在狭隘的地域范围内开展。活动空间的有限性造成活动共时性的局限性。随着科技进步,特别是网络技术的发展,人的活动表现出活动的交互性、即时性、超时空性。不同网络主体进行多维度、非中心的交互活动,人的活动可以在极短,甚至几秒钟时间传到世界各地,人们的网络活动可以无边无界、无始无终地进行。由此,网络技术的发展把人们不同活动放到一个共同的时间平台上,反映了人的活动更加鲜明的共时性特征,而且这种活动以前所未有的速度影响人们的思想观念、行为方式和价值判断。

第三,活动的既成性与创造性。人的活动都是在既定的历史条件下、客观的社会环境中进行的,同时,人的活动又不断地创造出新的历史条件,推动社会发展。在《德意志意识形态》中,马克思、恩格斯强调:"这是一些现实的

---

[1] 李怀君.论作为人存在方式的"活动"[J].广东社会科学,1990(3):8-9.

个人,是他们的活动和他们的物质生活条件,包括他们得到的现成的和由他们自己的活动所创造出来的物质生活条件。"[1]马克思、恩格斯在这里强调人的存在是活动性的存在,也强调人的活动的既成性和创造性。人的活动不是主观臆断,人的创造不是随心所欲。"人们自己创造自己的历史,但是他们并不是随心所欲地创造的,并不是在他们自己选定的条件下创造,而是在直接碰到的、既定的、从过去继承下来的条件下创造。"[2]历史地继承下来的人的活动结果对人的现实生活和发展具有基础作用,但同时也有制约性和局限性,人们必须在能动性发挥中进行创造性活动。

人的活动不同于动物的本能活动,不是消极被动地依靠自然界和社会提供的现成的条件去生存,而是在活动中体现人的意识性、自觉能动性、主动性和创造性,在客体主体化、主体客体化的对象化活动中,创造出属人的世界。"人是作为自主的、能动的、创造性的主体面对着对象并进行对象性活动的。在对象性活动中,人作为主体发挥自己的本质力量,扬弃自己的受动性,决心通过对外部对象的不同方式的加工改造,来追求和创造具有能满足人的各种需要的价值对象和对象世界。"[3]这种人的对象性活动成果是凝聚着人的能动性的创造物。

人在实践活动中,不仅改造、创造自然界,而且改造、创造人自身和人类社会历史。实践活动越丰富,越深入,人的思想性、主体性就越鲜明。人本身就是在不断的创造性实践中生成和发展的。"人的发展与形成,并不决定于遗传素质。人的资格和尊严、人的人格与境界都不是遗传因素自然发展的产物,而是人在后天的实践活动过程中的创造性成果。"[4]人的本质存在于人的创造性活动中,并在这种创造性活动中,实现人的解放、生成、发展、自由。

人的活动是人的基本存在方式,人在活动中形成了人的本质和各种社会关系。活动的社会性规定着人的社会性,活动的主体性规定着主客间、主体自身间的现实状况,人的思想意识、道德水平、价值观念也都只能在人的活动中得到体现。因此,人的活动是研究和认识人的出发点。

---

[1] 中共中央马克思恩格斯列宁斯大林著作编译局. 马克思恩格斯选集:第一卷[M]. 北京:人民出版社,1972:24.

[2] 中共中央马克思恩格斯列宁斯大林著作编译局. 马克思恩格斯文集:第二卷[M]. 北京:人民出版社,2009:470.

[3] 夏甄陶. 活动的人和人的活动[J]. 哲学研究,1996(10):17.

[4] 郝德永. 人的存在方式与教育的乌托邦品质[J]. 高等教育研究,2004,25(4):9.

（三）人的精神性存在

高清海教授认为："人是生命存在，人作为人又超越了生命局限，也不能再把人看成简单的物种生命。人有物性，又超越物性，人是生命存在，又具有超生命本质。……肉体，属于物质世界，它连通着自然世界；灵魂，属于精神世界，它连通着超自然世界。"[1]人的这种超自然世界的存在和超生命的本质表明人是有意识的精神性存在，是"自由自觉的活动"的存在。在自由自觉的活动中创造出属人的精神世界、文化世界和意义世界。缺少精神性的人与动物就不会有什么区别了。正如赫舍尔认为的："我们所面临的最可怕的前景是，这个地球上充满一种'存在物'——虽然从生物上，他们属于人类，但缺少从精神上把人同其他动物区别开来的性质。"[2]人之为人最根本在于人的精神存在。

人作为精神动物，还是一个有着丰富情感体验的动物。人的实践活动、社会交往都渗透着人的情感因素，都会在一定程度上受到情感因素或促进或抑制，或积极或消极，或正面或反面的影响。人活在精神里，更多的就是指人们不是沉湎于欲望的衣冠禽兽，而是强调自己的人格品质、自我价值和做人的尊严。人的尊严往往体现人的文化水准、道德理想和思想状况。如果一个人没有任何精神信仰、价值追求、自由渴望，那么他容易失去做人的尊严和人格，而仅仅是维持生命生存的存在物而已，没有人生的意义和价值。精神构成人之为人的决定性依据，人的精神性存在规定着人的精神属性。

人的自然性存在、活动性存在和精神性存在不是彼此孤立的三种存在形态，而是相互依存、相互联系、相互作用地统一于人的整体性存在之中，构成人的存在的有机整体。因此，对人的认识与把握，必须以人的现实存在作为基本的出发点。

二、人的现实存在：思想政治教育人性化的出发点

人既是思想政治教育的出发点，又是其归宿，它体现思想政治教育以人为本的教育理念和理论研究的人学取向。要真正实现思想政治教育对人的思想品德塑造，促进人的发展，就要正确理解、认识、对待人。然而，人不是一经形成就不变的某种预成性、实体性存在，而是生存性、发展性的存在，某种

---

[1] 高清海.找回失去的"哲学自我"：哲学创新的生命本性[M].北京：北京师范大学出版社,2004：203.
[2] 赫舍尔.人是谁[M].贵阳：贵州人民出版社,1995：27.

程度上,人的存在就是人的生存。为此,必须深入人的现实生存境遇中认识人,人的现实存在是思想政治教育人性化的出发点,它赋予思想政治教育以深刻的人性意蕴。

(一)人的现实存在作为思想政治教育人性化出发点的思维方式的跃迁

传统思想政治教育在对待人的态度上受传统哲学思维方式的影响,将人看作实体性存在。早在古希腊时期,人们探索万物本源,诘问生命意义,都是以有形体的质料(火、气、水、土)来说明万物本源,而对于生命意义,只能按其物性的尺度省察其有限性,把人当成自然物的一部分,造成本体思维方式。费尔巴哈把人理解为"感性对象",追求人确定不变的"类"本质,而且认为这种本质一经获得就不可改变,体现了他对人的理解的现成论思维方式。本体论要寻找一个最高的"本体"或"实体",以探求事物的终极原因和永恒存在,基于此,本体思维方式导致一种纯粹理性思维方式。在人学理论上,强调人理性存在,导致以认识物的思维方式来认识人,对人作抽象理解。如果把人的存在仅仅看作理性的存在,就会遮蔽、贬低人的现实存在。正如学者贺来认为:"传统形而上学的基本观点便是:人之为人的根据在于,人是'理性'的动物,'理性'是人高于动物的本质属性。按照海德格尔的观点,这种对人的理解实质上是把人当作'现成存在和摆在那里这种意义上加以领会的',因而与理解物的方式并无本质差别。舍勒说得更清楚,这种理解方式实际上是把'人的本质及其价值视为一种自然事实的自然延伸',它在表面上把人看得很高,其实是人的贬值和人的价值的颠覆。"[1]

受本体论思维方式的影响,思想政治教育不是将现实的人的存在作为其出发点,而是一开始就是从将理性或精神置于人的顶端的理想人、完满人出发,遮蔽甚至排除了人性丰富性、生活多样性,回避矛盾和问题,缺失了人的关爱。就像学者王翠英、王刚所说的那样:"现实的人及其存在的矛盾性与思想追求的无矛盾性,使得传统本体论必然陷入心物二元对立、主客二分的无休止的争论,而失落了人的真实生命内涵及其意义的生成与生长。"[2]由于本体论思维方式的影响,思想政治教育因剥离人的生活世界,疏离人的现实存在而变成了抽象的教条和空洞的说教,不能从人的现实存在考察思想政治教育的现实存在,不能从人的活动组织思想政治教育活动。

[1] 贺来.实践活动与人本源性的生存方式[J].长白学刊,2006(1):47-48.
[2] 王翠英,王刚.马克思对传统本体论思维方式的批判与超越[J].社会科学论坛,2006(5):5.

马克思立足于人的感性活动的实践基础,从人的活动、人的实践中认识、理解、把握人及人的本质,形成了人的实践的生存性、现实性和生成性思维方式。这种思维方式强调人的现实存在的客观性、历史性,强调人的实践活动发展过程决定了人的生成发展过程,表明人的实践能力、思维水平所能达到或有可能达到的某种境界、高度都有其发展的过程性、渐进性。它不仅不是一经形成就能达到某种理想状态,更不可以把某种理想状态作为现实的出发点,实现对人的一劳永逸的把握。思想政治教育出发点是人,是现实地生活着的、活生生的人。首先有人的现实生存,然后才能谈思想政治教育活动。人的活动的既成性表明思想政治教育活动的相对稳定性,人的活动的创造性表明思想政治教育活动的发展变化性。生成论思维方式打破了本体论树立的那种具有至高无上、唯我独尊的绝对权威的地位和意义的存在,克服了抽象思维对人作抽象理解所造成的局限,使得思想政治教育把人放在现实生活中、情感体验中、历史生成中来认识、把握。当然,人不是行尸走肉般地生活在这个世界中,是具有高尚精神追求的存在,教育追求完满人格的培养,但一个基本的事实是,不能因为思想政治教育的超越性就可以忽视人的生存的现实性,失落了真实的人,无视人的现实存在这个逻辑起点。事实说明,越是从人的现实存在出发,赋予人的自由、创造、个性,尊重个体生命的存在,就越是能提高人与社会的结合度,提高人们对国家、社会、政治的归属感和认可度。因此,从本体论思维方式到生成论思维方式的跃迁,体现了人的现实存在作为思想政治教育人性化出发点观念上的变革。

(二)人的现实存在作为思想政治教育人性化出发点的教育内容的界说

思想政治教育内容是实现思想政治教育目的、完成思想政治教育任务的一个重要环节,是思想政治教育过程的一个基本要素。概括地说,它主要"包括世界观、人生观、政治观、道德观、法制观"等五个方面内容,就是要教导人们树立科学的世界观、正确的人生观、坚定的政治观、高尚的道德观、鲜明的法制观,养成健康的心理,以达到不断提高人们思想道德素质的目的,这是思想政治教育内容的必然选择。教育内容最终都要通过内化后再外化为人们的自觉行动,付诸人们的实践,而不是唱高调、喊口号、表决心。但是,若缺乏对人的现实生存境遇的关注,就容易造成这种现象的发生。的确,教育内容、教育理论对人的社会实践和思想现实要起到预见、先导的作用,否则教育内容就会降低为实践和生活的奴隶。思想政治教育内容和这些内容转化为人们行为自觉的实践之间应该保持适度的张力和过程,而不是刚性或对立的。

要使人们从思想灵魂深处真心实意感受教育内容,因受用而认同、接纳和践行教育内容,从而提高教育的实效性。但要保持这种张力,尊重这个过程,不仅关涉到教育内容的客观性、综合性、层次性,而且涉及不同层次的教育对象的思想实际和生活实际。这就迫使人们思考:究竟以什么作为思想政治教育的出发点来选择思想政治教育内容?

传统思想政治教育在社会发展到一定阶段时,强调政治挂帅和社会本位,以社会需要作为思想政治教育出发点。"从社会需要出发,以社会为'元点',着眼于思想政治教育与社会大系统和其他子系统之间的关系,通过研究思想政治教育对社会已经发生的作用,为思想政治教育的存在寻找合法性基础。"[1]以社会需要为出发点,在争取民族国家独立、人民群众解放的过程中,在人对社会存在极大依附性的情况下,有其历史必然性和合理性。就是说在任何时候,思想政治教育都必须有鲜明的政治性和社会性,必须服从、服务这个社会发展。

以社会需要为出发点的思想政治教育有其局限性,即缺乏针对性。教育内容容易因高端、恢宏而导致缺乏对人的现实关注。教育内容上,强调人的社会价值而较少关注个人价值,强调人的自我牺牲而较少关注自我享受,强调人的社会奉献而较少关注个人索取,强调人的理想性而较少关注个人现实性。如果一味强调思想政治教育的理想性、理论性,就会降低其现实性、生活性。而且,如果只盯住思想政治教育理论内容的高端、纯洁,会人为地拉开教育者与受教育者之间的距离,使得教育话语权被掌握在教育者手中,而受教育者只能唯命是从。其结果必然是,受教育者几乎是处于社会中下层的工人、农民、普通知识分子和经济尚未独立的在校学生。其实,教育者也理应成为教育对象,领导干部更应如此。对于教育形式,如果内容只关乎理论、知识,容易导致教育者把思想政治教育看作知识讲解、理论宣传、作报告、读文件的错误做法,使其满足于完成上级交给的任务,消极被动,不作主动思考和深入研究,缺少对教育对象的思想问题和实际问题的全面了解和理解,更使得思想政治教育因缺少人文关怀而使教育对象远离、漠视甚至拒斥教育内容。

因此,基于这种弊端,思想政治教育内容不仅要考虑社会需要,而且还要

---

[1] 褚凤英,李光烨.论思想政治教育研究模式的转变:以"现实的人"作为思想政治教育研究的出发点[J].思想政治教育研究,2006(9):15.

考虑个人需要。从人的存在角度看,人不仅是精神性存在、活动性存在,而且是自然性存在、生命的存在。人不仅有精神需要,而且有物质需要。正是基于人的存在的综合性,我们说思想政治教育出发点是人的现实存在。教育内容也应因教育对象的层次性和现实性而具有全面性和层次性的特征。在思想政治教育总的要求下,既要反对一味地强调人活在精神世界里,任意拔高人的精神高度,又要关注虽生活在极其富裕的物质生活里,人却失落成了精神无家可归的迷茫者等社会现象。教育内容因教育对象的不同而有所区别。根据教育对象的思想实际、生存境遇,在科学、全面的教育内容中,有针对性地选择不同的教育内容服务不同的对象,而且教育内容要随着历史的发展、社会的变革、政治内涵的演进而不断地改进、调整和充实,体现出教育内容的科学性、合理性。

(三)人的现实存在作为思想政治教育人性化出发点的教育方法的变革

传统的思想政治教育方法受对人的实体性存在、片面的理性存在的认识的影响,造成对人的奴化教育、物化教育,从而导致思想政治教育方法的理论灌输式教育法、"材料"加工式教育法的形成与固化。以探究事物终极原因和永恒存在为目标的本体论思维容易造成思想政治教育因追求纯粹的理想而忽略了现实,关注知识的传授和理论的提高,轻视实践环节和人的情感体验,将丰富多彩、形式多样的思想政治教育方法变成单一线性的理论灌输式教育法。教育者可以不加选择地任意灌输其知识理论,并且认为这样便可以使教育对象朝着既定教育目标发生变化,无视教育对象的思想实际和活动实践的主动参与。另外,基于"物"的意义上来认识教育对象,必将导致"材料"加工式教育法的形成。将教育对象视为机械加工的材料,强调这种特殊加工材料的服从性、可塑性和统一性,以物化的方式方法实施思想政治教育活动。制定统一的教学大纲、统一的教育内容、统一的教育方法、统一的教育目标,培养出来的人才就像工厂流水线上统一生产出来的万人一面的产品。教师变成主体性的工匠,学生成了客体性的材料,这种加工式的教育方法看似符合思想政治教育对人才培养的要求,但事实上,这种无视教育对象主体性的教育会导致思想政治教育低效、无力,教育对象"知而不行",缺乏创新和活力。长而久之,必将削弱了思想政治教育。

如果我们实现以人的现实存在为视角的转换,就会发现传统思想政治教育方法论上的局限性,并创新科学合理的方法论。以人的现实存在作为思想政治教育出发点,就必须以人的现实存在为根据,来确定思想政治教育方法,否则,就有可能使教育成为压抑人、异化人的工具。人是自然性、活动性、精神性存在,不是消极、被动、盲目的存在,不是可以随心所欲塑造的统一的存在。人的活动的主体性,表明人是主体性存在。其实,人一进入自己的活动领域,就会立刻表现出自己的主体性、能动性和创造性。当今社会,随着职业的变换、交往范围的扩张,活动主体性更加凸显。思想政治教育不仅要强调教育者的主体地位,还要充分尊重教育对象的主体地位,实现由主体性思想政治教育向主体间性思想政治教育转向,实施主体间性的思想政治教育方法。思想政治教育活动不再是单纯的教育者向教育对象的单向灌输活动,在这里之所以说"不再是单纯",即表明虽然强调教育者和教育对象都是主体的双向互动活动,但并不表示对传统灌输理论的地位和作用的完全否定,而是强调方法的多样性、针对性、有效性和科学性,突出平等与对话的方法原则,强调独立的思考、人格的平等和自由的表达。思想政治工作者不再以领导者、管理者、教育者的严肃面孔,居高临下地对教育对象发号施令,而应与教育对象处在平等的关系上进行交流沟通。纠正过去那种教育者独语的局面,让教育对象真实地反映自己的思想实际和内心想法,以便有针对性地进行指导、引导。因此,以人的现实存在作为思想政治教育人性化的出发点,要求注重教育方法的变革和创新。

第二节 人的生成:思想政治教育人性化的内在根据

人是现实的存在,但绝不只是现成存在,而是一个开放的、变化的、生成的过程。今天的现实将是明天的过去。对于人的生存本身而言,存在就是一个不断展开、不断超越的过程。人的精神能动性使人成了不断追求目前还不能达到的应然超越性存在。因此,体现人性关爱的思想政治教育必须在人的生成中去展开,以人的生成为其内在根据。关注人的生存境遇,改善人的生存环境,提升人的生存境界,由此实现人的解放和自由全面的发展,使人真正成为人,此乃思想政治教育最高目的和根本意义之所在。

一、人的自然生成:思想政治教育人性化的基本根据

人绝非只是自然性存在现成品,而是一个生成过程,更是一个自然性生成过程。人不比动物,动物一出自然之手便达到了完成。人类学家兰德曼说:"动物可以说在本性上比人更完整。动物从已完成的自然之手出来,它只

需要实现已给予它的东西。然而人类的非专门化是非完善的。其实没有把人制造完整便把人放在世界上了。自然没有最终决定人,而是让人在一定程度上尚未决定。"[1]人是未专门化的生物,因而人要由自我理解和自我活动来补偿原有的未确定性或者说非完善性,通过创造性活动来不断生成和发展自己的生存本质和特性。人,不论是其生理结构、生存环境,还是行为方式,都不是一经确定就不再变化的东西。"人的器官没有片面地为了某种行为而被定向。"[2]

马克思认为:"人不是在某一种规定性上面再生产自己,而是生产出他的全面性;不是力求停留在某种已经变成的东西上,而是处在变易的绝对运动之中。"[3]人不是简单地维持生命的存在,也绝不满足于简单的生命存活,而是一个追求理想、指向未来、不断生成的存在。关于人的生成、发展划分阶段的理论起源于马克思的思想理论。马克思在《1857—1858年经济学手稿》中,第一次明确、集中、完整地提出了三大社会形态理论:"人的依赖关系(起初完全是自然发生的),是最初的社会形式,在这种形式下,人的生产能力只是在狭窄的范围内和孤立的地点上发展着。以物的依赖性为基础的人的独立性,是第二大形式,在这种形式下,才形成普遍的社会物质变换、全面的关系、多方面的需求以及全面的能力体系。建立在个人全面发展和他们共同的、社会的生产能力成为他们的社会财富这一基础上的自由个性,是第三个阶段。第二个阶段为第三个阶段创造条件。"[4]

马克思通过三大社会形态历史演进规律的分析,阐明人的生成、发展由低级到高级演进的过程和阶段,即"人的依附性"阶段、"以物的依赖性为基础的人的独立性"阶段和"人的个性自由全面发展"阶段。人的生成的内容丰富而深邃,不仅有人的自然生成、社会生成,更有人的精神生成、文化生成。其中人的自然生成是人的生成中最基本也是最根本的内容。在原始社会、奴隶社会,人的生产能力只是在狭窄的范围内和孤立的地点上发展着。人的社会关系简单而狭窄,人类文化积淀局限而单薄。人根本依赖于自然界,并在自

---

[1] 兰德曼.哲学人类学[M].彭富春,译.北京:工人出版社,1988:245.
[2] 兰德曼.哲学人类学[M].贵阳:贵州人民出版社,1988:195.
[3] 中共中央马克思恩格斯列宁斯大林著作编译局.马克思恩格斯全集:第三十卷[M].北京:人民出版社,1995:479.
[4] 中共中央马克思恩格斯列宁斯大林著作编译局.马克思恩格斯文集:第八卷[M].北京:人民出版社,2009:52.

然界中展现人的存在价值,显现人的自然依附属性。人的需要主要表现为维持生存和种族繁衍,没有更多的诉求和奢望。资本主义社会,由于生产力的巨大发展,人获得了空前的相对独立性,同时也表现出对物的空前依赖性,形成普遍的社会物质交换、全面的社会关系和人的多方面的需要。马克思深刻批判了资本主义制度和劳动异化,同时也充分肯定了资本主义在人类社会发展史上取得的巨大进步、创造的高度文明。在生产力巨大发展、物质财富极大丰富的情况下,较之第一阶段,人的自然需要得到了较好的满足,为人的更高需要的诉求提供了前提基础,为人的自由全面发展创造条件。人们不再仅满足于存活的需要,充分体现了人的自然需要的动态的历史过程。因此,我们不要指望在某个特定历史阶段人的需要一经得到满足就能解决以后人的所有发展问题、生存问题,乃至思想问题;不能指望思想政治教育的内容与方法只是对过去的复制、守成,而是应以人的生成为其基本根据不断发展创新。

政治源于经济,政治是经济的集中表现。思想政治教育不可以脱离经济发展而空谈政治,不可以无视人的需要而空谈思想。即便强调人的需要,也要知道这种需要的变化生成性。人们通常认为忽视人的基本需要是造成思想政治教育有效性不足的原因之一,却没有进一步思考人的需要是随时代变化发展而变化发展的。中国共产党思想政治教育形成和发展的初期,它之所以如此深入人心,就在于它关注了人的利益和需要。面对帝国主义列强重新瓜分中国和军阀斗争加剧的社会现实,人民的最大利益和需要就是国家的独立、人民的解放,广大人民群众拥护党的"打倒帝国主义""打倒军阀"等宣传纲领。土地革命战争时期,广大农民面对受剥削、受压迫、受奴役的生存困境,他们的利益和需要就是有田种、吃饱饭。广大人民群众坚决响应党的"打土豪,分田地"革命号召。为了切实维护和实现老百姓的切身利益,毛泽东提出"三大纪律八项注意",使党的思想政治工作极具感染力和说服力。抗日战争时期,为了改善军队生活,减轻人民负担,发起"自己动手"的大生产运动,其实就是为了维护广大人民群众的利益,减轻人民群众负担,增强人民群众抗日积极性。所有这些都说明中国共产党始终站在老百姓的立场上,结合不同时期人民群众的需要,代表最广大人民群众的根本利益,赢得了广大人民群众的拥护和爱戴。使思想政治教育工作做到了人民群众心坎上,受到了人民群众的拥护和信任。

新中国成立,特别是以党的十一届三中全会为标志,我国进入改革开放时期,社会生产力得到了巨大发展,人民生活得到极大改善。人的需要不再满足于有田种、有饭吃,生活需要不再局限于油盐酱醋茶,而是优美环境、优质教育和高品质养老。思想政治教育就要结合人的当下现实需要来组织,而不是脱离实际的高谈阔论。孤立、片面地看待政治,思想政治教育容易割裂人的利益、需要与政治的关系。而且,思想政治教育不是要不要关注人的需要,而是要关注基于人的自然生成性的现实需要,这种需要是随着客观物质条件的变化发展而变化发展的。人的本性也在不断变化发展,这决定了人性的生成性。没有固定不变的人性,也没有永恒不变的人的需要。"人以其需要的无限性和广泛性区别于其他一切动物。"[1]通过人的基本需要的满足,以增强人的本质力量,巩固人在世界上的主体性地位。

马克思提出的关于"人的个性自由全面发展"阶段也是以社会生产力巨大发展、社会财富极大丰富、人民需要得到满足为前提条件的。思想政治教育不是可以脱离人的现实需要的口头政治、空洞政治和抽象政治。物质生活需要和物质利益是人类的最基本需要和利益所在,它是人的生存和发展不可或缺的基础条件,体现人性自然属性的基本要求。因此,"人追求物质需要和物质利益是思想政治教育存在和发展的内驱动力"[2]。人的自然生成表现了现时代的人的物质需要满足和物质利益追求理应成为思想政治教育人性化的内在根据。

二、人的社会生成:思想政治教育人性化的社会现实根据

体现于一切社会关系总和的人的本质是在人们的社会交往、社会联系和社会实践中形成和发展起来的。社会交往的扩大、社会联系的紧密和社会实践的深化,促进人的本质也不断地生成、变化和发展。人的社会存在把人与动物区别开来,人的社会生成则把现在人与过去人分别开来,使人成为现实的个人。处于"人的依附性"阶段的人表现出与自然的高度一体化和依存性,人在自然对象身上确证自己本质,实现自己需要,强调人与自然的统一。人与人、人与社会交往与联系往往是基于血缘、地缘或政治、宗教共同体在狭窄范围内进行,表现出人的社会交往的有限性、狭隘性、封闭性和人的社会性的局限性、机械性和简单性。人们之间各种交往和联系以及人的思想行为都被束缚在各类共同体之中,缺乏人的独立性和自主性。思想政治教育无论是内

---

[1] 中共中央马克思恩格斯列宁斯大林著作编译局.马克思恩格斯全集:第四十九卷[M].北京:人民出版社,1982:130.
[2] 万光侠,等.思想政治教育的人学基础[M].北京:人民出版社,2006:26.

容上,还是方法形式上都容易做到在可控范围内统一地进行,以驯服、压制、强迫等形式来实施。因为人与自然、社会表现出高度的统一性和整体性。任何人都不能简单地脱离社会而独立生存。个人能力有限,个人需要简单,人的主体性处于泯灭状态,人类意识还处在混沌的状态。体现知、情、意、信、行于一体的思想政治教育容易满足人们的简单需要。思想政治教育与物质生产、政治生活"捆绑"在一起,教育内容容易获得人们的认同。

当人的生成发展到"以物的依赖性为基础的人的独立性"阶段,传统的基于血缘、地缘等共同体基础上的"人的依附关系"被打破,人的社会化程度不断提高,表现出人的社会交往的无限性、广泛性、开放性和人的社会性的全面性、有机性、复杂性。"狭隘地域性的个人为世界历史性的、真正普遍的个人所代替。"[1]特别是在互联网不断发展的时代,更加强化了人的这种社会性特征。一方面是人的社会化程度提高。人与社会的相互联系更加紧密,在以物的依赖性为特征的社会里,人的社会关系是以物为媒介并转化为物的社会关系。在分工、交换、合作的社会化生产中,人与他人、社会紧密地联系在一起。人已变成了处在复杂社会关系中的"关系人"。只有在社会关系中才能真正把握人的本质和人的存在意义,才能了解这些关系对人的身心产生的影响。人离不开社会,社会离不开人,人与社会处于相互作用、相互生成的关系中,人的社会化与社会的人化是统一的,这就是社会的现实。另一方面是人的独立性增强。在人的社会化程度不断提高的同时,以物的依赖性为基础的人的独立性大大增加。人的能力通过转化为物的能力,极大地表现出人的自主性和创造性,打破了社会关系对人的先天束缚,摆脱了人对传统共同体的依附。各种社会关系的生成与构成通过人的本质力量在实践过程的展现而得到实现,凸显了个人在社会中的地位和作用。因此,我们在分析、说明现实社会时,必须以现实的个人为出发点,而不是相反。这也是社会的现实。

面对人的社会性存在与生成,思想政治教育要充分体现其社会价值。以人的生成的社会现实为其根据,发挥思想政治教育在社会系统中的协调、稳定、引导功能,促进人在社会中和谐地生存、科学地发展,引导人们奉献社会。社会发展是个人发展的根本保障,不能因为个人而牺牲集体、社会和国家,也不能为了自我私利而造成损人利己、尔虞我诈、假冒伪劣、坑蒙拐骗、贪污腐

---

〔1〕 中共中央马克思恩格斯列宁斯大林著作编译局.马克思恩格斯选集:第一卷[M].北京:人民出版社,1972:40.

败等伦理失范、道德沦丧行为的发生。同时,面对人的自主性增强、独立性提高的人的生成、发展第二阶段,社会已变成高度的人化的社会。思想政治教育社会功能实现形式也会随之发生变化。"思想政治教育与社会的关系在本质上可以还原为与社会中的个人的关系。思想政治教育的社会功能不是直接的,而是经过了'现实的个人'这个中介。可见,思想政治教育所体现的社会功能并不足以为思想政治教育的必然性存在提供最后的支撑。因此,我们必须透过思想政治教育与社会的关系这层帷幕,从现实的个人出发去认定和研究思想政治教育领域的客观事实。"[1]这个客观事实真实反映出思想政治教育与社会现实中生成着的个人紧密联系,体现了思想政治教育对人的关爱。因此,讨论思想政治教育人性化问题如果不与人的生成、发展以及现代教育观念重建问题联系起来,不走进人的交往方式、生活方式的层面而仅仅停留在知识的传授和伦理的说教上,是很难具体化、现实化的。思想政治教育出发点和落脚点总是现实生成的个人。既要充分认识到人的社会存在的广泛性、开放性和复杂性给人们思想观念带来的影响,又要考虑到每个人的思想状况的特殊性、层次性和变动性,做到有的放矢,以人为本,为创造合乎人性的生存之道提供精神动力,否则,就很难理解传统行之有效的灌输式教育方法在今天却显示出其一定的局限性。所以,要防止狭隘的经验主义错误,从人的社会生成的社会现实中寻找思想政治教育人性化的根据。

三、人的精神文化生成:思想政治教育人性化的思想现实根据

人永远是未完成性的存在,未完成性即意味着人的生成性,这种生成性不仅指人的身体的生成性,更是表明人的精神文化的生成性。虽然我们说人的物质需要和生理护养赋予了人有别动物的精神文化特性,但从维护身体器官和肉体机能的自然发展和成熟来讲,并无本质区别。最根本的区别应在于人的精神生成和精神发展,人的生成性最为根本的理应是人的精神生成性。"在人类思想史上,研究人类精神生成发展史的具有现实形态的学术路径,首先是由马克思发端。马克思在《1844年经济学哲学手稿》中说,'五官感觉的形成是以往全部世界史的产物',这不仅指出属人的感觉的生成性,而且隐含了这种生成性与人的进化的一致性。对于属人的感觉生成的原因,马克思

---

[1] 张耀灿,等.思想政治教育学前沿[M].北京:人民出版社,2006:307.

说:'人的感觉,感觉的人类性——都只是由于相应的对象的存在,由于存在着人化了的自然界,才产生出来的。'"[1]马克思在这里所说的"感觉"虽是五官的感觉,但体现出的是人的感觉、精神、思想意识的综合。这反映了马克思关于人的意识是客观对象的主观映像,是物质的产物,同时又是不断生成发展的辩证唯物思想。在人的生成发展的第一个阶段,经济结构单一,社会结构相对稳固,思想观念较为简单,人的精神面貌自然、聊赖,精神创造性未得到开发。与这种社会经济形态、社会交往方式相一致的人的生成反映在精神面貌上就是强调社会本位、集体主义。思想政治教育容易做到在单纯精神层面上开展,可以排挤、遮蔽简单的社会现实和隐而不显的个人,容易通过对人的精神教化而达到对人的行为等多方面的全面控制。那时人的需要简单,还停留在被马克思称为"必须需要"的阶段,没有过多的精神需要。人们无赖般地把自己精神思想归属于一个可以栖身其中的某种思想观念,放弃了自我的精神生存、思想独立和鲜活个性,接受以思想政治工作者为主体,以教育对象为客体的"师徒式教育"。应当说这种思想政治教育契合了当时人们的精神生成的社会现实,体现出其时代性和可行性。

当人类发展到"以物的依赖性为基础的人的独立性"阶段,我国经济体制由自然经济、计划经济体制向商品经济、市场经济体制转变,个体本位思想凸显。"我国社会人的发展不是处在由个人本位向类本位过渡的阶段,而是处在由群体本位向个人本位过渡的阶段。发展市场经济,培植个人主体,分别是我国社会发展和人的发展的各自独立的目标,也是二者相互联系的共同目标"[2]。人们获得平等、独立的地位,打破人格从属的等级关系,人们创造的文化和精神面貌发生了深刻的变化。人的思想观念不断更新,精神由依赖到独立而变得丰富多彩,人们追求精神上的独立思考和自由表达,感知精神生命的意义存在与生成,凸显了精神的超越性和能动创造性。人作为永远未完成的生成者,虽受物质生活条件限制,但精神可以超越当下状态,跨越现实之藩篱,追求理想的未来。人在自我肯定和自我超越的双重意义上实现自我生成,表现个人的精神成长过程,体现人的精神属性。

人是精神性存在,精神又是不断生成发展的。当人发展到追求精神上的平等、独立与自由的时候,思想政治教育在提高人的思想品质活动中,要从受

---

[1] 孙润祥.对人类精神生成发展史的独创性阐发:读王钟陵教授新著《中国前期文化-心理研究》[J].铁道师院学报(社会科学版),1993,10(2):21.

[2] 顾乃忠.关于人的生成发展的几个理论问题[J].江海学刊,1996(5):92.

教育者思想现实出发,关注个体,包容个性,肯定个人价值,满足精神需要,促进个人的发展,结合个人思想实际,有针对性地开展思想政治教育。思想政治教育作为一项提高人的思想品质的精神生产活动,必须关注人的精神需要与提升。虽然人的精神需要离不开物质环境与物质支撑,但精神并不完全受制于物质。在生产力落后,物质匮乏的时代,人们的精神反而易于超越现实,人们追求精神上的需要和满足。马克思十分重视人的精神需要,如宣传教育的需要、理想信念的需要、心灵慰藉的需要、社会交往的需要、审美娱乐的需要、情感交流的需要等。在人的交往中,如果说在单纯的物质交往的授予与接受活动中,还表现出主客分明的二元对立的话,那么在人的精神交往中就并非如此,况且单纯的物质交往是不存在的,总是渗透着人的精神交往,或简单或复杂。在精神交往中,人们追求着一种主体间的平等、尊重、安全、关爱等精神上的需要。人越独立越希望平等,越竞争越期望安全,越交往越盼望尊重,越焦虑越渴望关爱。面对激烈竞争、广泛交往的社会现实,作为提升人的精神境界、培养人的思想品质的思想政治教育活动,应时刻关注人的思想现实和精神需要,通过人的精神需要的满足与发展,产生情感共鸣和精神愉悦,展现出人的精神性的人性基础在人的发展中的价值,以实现人性的完善和发展。同时,通过思想政治教育活动,使思想政治教育因对人的关爱、尊重、理解而成为人们生存和发展的精神动力、精神支柱,促进人的精神和谐发展,并且又能随着人的精神需要的发展而不断发展,体现思想政治教育人性化的基本要求。正是在这个意义上,我们说人的精神文化生成构成了思想政治教育人性化的思想现实根据。

第三节 现代人的生存境遇与时代诉求

任何形式的教育活动和理论探索,其最高价值和恒久的生命力总来自对现实的关切和呼唤,对人的生存境遇的深切关注和对生命意义的强力彰显。作为做人工作的思想政治教育,要显示其价值和生命力,必须立足于现代社会政治、经济、文化、社会、生态背景,深切关注和准确把握现代性条件下教育对象的生存境遇与时代诉求。

一、现代性造成人的个体性存在与社会性存在的对立统一

关于现代性的理解和界定,见仁见智,莫衷一是。万俊仁教授认为:"西

方社会的'现代性'内涵主要有三个方面,即个人主义、市场经济和民主政治,而从根本上说,隐含在这三个基本要素背后的核心理念则是自由主义,更具体地说,就是个人权利或个人主义的人权观念。"[1]汪晖教授认为:"现代性是一个涉及政治、经济和文化的具有内在张力的整体性概念;通过词义由贬到褒的历史转变,现代性话语重构了人们与过去、现在和未来的关系;启蒙运动制造的现代性话语是建立在不可逆转的时间意识之上的历史目的论的承诺,其核心是'理性'与'主体的自由';现代性话语利用理性、主体的自由等普适性概念及其反宗教姿态遮盖了它与欧洲基督教文化的历史联系。"[2]衣俊卿教授认为:"现代性是特指西方理性启蒙运动和现代化历程中所形成的理性的文化模式和社会运作机理。换言之,人类迄今为止最深刻的社会转型(包括精神飞跃和制度更新)发生在传统农业文明向现代工业文明的转折,即现代化。现代性就是西方工业社会在现代化进程中生成的与传统农业社会的经验本性和自然本性相对的一种理性化的社会运行机制和文化精神。"[3]从这些关于现代性的理解与界定中可以了解到,现代性的生成和发展是伴随着理性成为近代欧洲人人性这一现实基础展开的。理性人性思维方式强调知性和行为方式的自主性。人类理性的发展必然导致和强调人的个体化生存和发展,同时个体化也丰富了理性化内涵。人类理性必然强调个体主体性的存在和意义,要求个体发展自主性,克服个体主体依附性和不成熟状态,高扬人类理性大旗的"启蒙运动就是人类脱离自己所加之于自己的不成熟状态"。所谓"不成熟状态就是不经别人的引导,就对运用自己的理智无能为力"[4]。在这种意义上,我们可以说,现代性的发展使得人的个体性、自主性、创新性和批判性成为现代人的生存方式的本质特征和内在规定。并且随着现代性全方位、深层次地渗透到现代社会和现代主体的每一个方面或每一个向度,人的个体性和自主性越来越得到强化和深化。个体地位、个体意识和个体作用突出、鲜明,体现出社会发展、社会生活的人本化、理性化的社会文化精神。

现代性的发展造成了人的个体性存在的可能和必要:

第一,现代市场经济发展促使富有鲜明个性和独立人格的个体主体生存

---

[1] 万俊仁.普世伦理及其方法问题[J].哲学研究,1998(10):44.
[2] 汪晖.汪晖自选集[M].桂林:广西师范大学出版社,1997:2—12.
[3] 衣俊卿.现代性焦虑与文化批判[M].哈尔滨:黑龙江大学出版社,2007:293.
[4] 康德.历史理性批判文集[M].何兆武,译.北京:商务印书馆,1990:22.

发展。强调平等的市场经济以生成普遍的独立个体为基础目标。它提供给人们更多的是自由的职业选择、平等的社会交往、自主的创新创业，拓展了个体自主性存在的可能性空间，提高了人的自由自觉程度。"作为现代工业文明立根基础的市场经济本质上是一种'主体经济'，在发达工业文明条件下，社会活动主体开始超越传统的经验主义和自然主义的活动方式，通过接受现代技术理性和人本精神而由自在自发走向自由自觉。"[1]在这一转变过程中，人们逐渐摆脱了狭隘、愚昧、依附、顺从的生存状态，而走上了独立、自主、成熟、自由的生存状态。市场的公平竞争和等价交换推动个人走上独立自主的发展的道路，自由地支配自己的产品、活动和能力，强调能力本位，摆脱传统社会里对自然经济、政治统治的限制和束缚。人们开始追求个体价值实现和独立精神表达，表现出人的生存方式、生活方式鲜明的个体性特征。

第二，现代科学、技术、知识日益成为经济发展、社会进步的决定性力量。作为科技发明创造和知识生产的人在社会存在中的地位和作用日益突出和重要。虽然科技发明创造和知识创新强调集体团结合作精神，但更多的时候，科学是根据个体的创建、思考、分析、计算而获得的发现、发明、创造，深深地打上了个人的印记，体现了个体活动的主体性。随着大规模的工业化生产时代向以脑力劳动为主的知识经济时代的转变，以个体或团体为单位从事知识生产和传播的劳动者越来越多，人们越来越承认、重视在科技发明创造和知识创新中有突出成绩的个体的劳动价值，注重激发社会个体的发明创造动力，彰显个体性存在的价值和意义。

第三，现代科技，特别是网络技术的发展，为个体存在和发展创造了条件。网络技术发展已将整个地球变成紧密连成一体的"地球村"。人们的网络学习、网络交往、网络创业、网络教育、网络政治都突破传统的时空限制，通过个体自主的信息比较、选择、甄别、接受，个体做出自主的价值判断，传统权威受到挑战，或正被打破。互联网上，人们在线进行聊天交友、网络开店、协作学习、网络犯罪，都锁定个体的兴趣爱好、心理倾向、自我抉择、自我控制，减少了人与他人、社会间的直接交往，降低了在社会群体条件下经由互动行为模仿学习和教育而形成的行为习惯的养成。在网络世界中，骑着思想的野马奔驰于"天下"，体现了个体性的存在。

现代性主体性原则在强调和突出人的个体性存在的同时，没有否定人的

---

[1] 衣俊卿.现代性焦虑与文化批判[M].哈尔滨：黑龙江大学出版社，2007：310.

社会性存在。个体主体的生存和发展离不开与他人、社会的广泛的联系和交往,永远不可能有孤立的个体存在。以社会分工为前提的市场经济具有双重性质。一方面,行业和部门的独立和专门化造成私人劳动和对立的利益主体的产生,分工把人分开,使人孤立化,使人摆脱依赖关系的束缚。另一方面,它又把各部门各行业的生产紧密地联系在一起,每一个人的生产都以其他人的生产为条件,每个人都不能离开其他人而单独生存,从而把人置于彼此依存的一体关系中,体现了人性社会性的特征和要求。

互联网拓展了个体性生存空间,同时也增强了人的社会性存在,只是这种社会性的表现形式发生了变化。"'人的社会化'不再是工业时代的那样一种状态。社会性发展被放在一个多样化、开放化、全球化的情境中。它体现出'现代性'经由工业时代进入网络时代后的新的提升,又是中国传统的文化积淀中所不能供给的'无形资产'。这些品格的组合与释放将要或正在发生麦克卢汉所说的'内向性的爆炸'。它成为社会学人的社会性解释的新起点。"[1]网络赋予人的社会性以开放性、平等性、即时互动性等特征,除了传统意义理解的社会性人性,在网络社会中,人们被计算机通信的社会网络组织起来,"因为因特网的灵活性和通信能力,在线社会互动作为整体在社会组织中作用越来越大"[2]。这体现出网络文化对人性社会性的深度塑造。

现代性造成人的个体性存在与社会性存在的对立统一。双方相互依存,相互联系,共同展现现代人的生存境遇。人们既有强烈的个体主张,又有高度的社会依赖。

二、风险性造成人的焦虑性存在与自我性存在的对立统一

随着现代性的两个基本维度——资本主义和工业化——进一步的发展,现代性导致了社会发展的诸多矛盾和危机,从而也导致风险社会的来临。风险社会的不确定性是导致恐惧的根源,进而引起存在性焦虑的发生。为了逐利,对自然资源进行毁灭性的无节制的开发和掠夺,造成人们对生存的自然环境破坏和自然灾害频发的焦虑和害怕。为了解决资源短缺、能源不足,发展了核技术、核燃料,但核技术是一把双刃剑,既可以给人类带来好处,也可以带来灾难。如1986年苏联切尔诺贝利核电站大爆炸、2011年地震引发的

---

[1] 扈海鹂.网络文化:人的社会性解释的新起点与新挑战[J].江海学刊,2002(3):104.
[2] 卡斯特.网络星河[M].郑波,武炜,译.北京:社会科学文献出版社,2007:142.

日本福岛核电站核泄漏,以及核战争中的核武器的使用,造成人们对核技术、核武器使用所带来风险的焦虑与不安。为了降低生产成本和追逐个人利益最大化,安全生产事故、食品安全问题频发,造成人们对本体性安全风险的焦虑和担忧。随着改革的不断深化,市场经济的不断发展,受市场经济的功利性、短期性、效益性、竞争性等因素影响,社会秩序不像改革前那样稳固,社会风气不比改革前那样纯洁,在人与社会关系问题上,过分强调自我利益,忽视或贬抑他人和社会的利益,出现贪污腐败、权力寻租、社会不公等社会问题,社会成员的利益结构和社会位置正处于变动、分化、重组过程中。每个社会成员都担心被社会淘汰,心里不踏实,思想不稳定,造成人们对社会的焦虑和不满。经济体制的转型、产业结构的调整、科学技术进步对劳动素质的新要求,造成社会失业风险的产生。大学生失业已成不争的事实,失地农民因失去赖以生存的土地而茫然无依,变成"种田无地、就业无岗、低保无份"的"三无"游民。有的产业工人在一夜之间下岗失业,许多人就业、失业的生存处境在短时间内呈现一种此起彼伏、沉浮不定的状况,使得人们对失业风险感到焦虑和担心。风险性造成人的不确定性和心理生活的不安全性。社会发展开始由财富分配的逻辑向风险分配的逻辑转换,每一个人的任何一种选择都可能产生风险。人们为规避风险,将一切都置于怀疑之中,科学理性主义变成了对诸多存在的怀疑和不信任,不仅在人的社会关系、自然关系,甚至在人与自身的关系上,不迷恋传统的可靠性和可信人性。在传统"熟人社会"向"陌生人社会"的转变中,人与人之间缺少信任、关爱、真诚、友谊、热情、互助、大度,代之而起的是防卫、猜忌、炎凉、博弈、冲突,显示出个人内心世界的孤独、急躁、烦闷、畏惧、压抑、精神分裂、心理病态等倾向。人们消极对待社会生活和个体发展,表现了人们对自我的价值追求和心理卫生状况的焦虑和茫然。

  焦虑通常是指个体对自己生存状况的改善与否、预期目的的实现与否等与自己密切相关的事情的一种担忧、紧张和恐惧的情绪反映,它总是与可能发生的威胁或危险相联系。在焦虑产生之后,又会动员人的防御机制和创新精神来斗争或规避风险,改善自我生存环境,关注自我安全需要,提高自我适应能力,处处体现自我的目的和要求。在风险来临时,出于人性的本能,首先是生命自我保存,追求一种自我性的存在。在风险社会理论看来,风险也有其积极的作用。风险造成人们焦虑性存在,但人们并不为此自我沉沦、消极被动,而是积极应对,通过自我的努力,进行社会的甄别与把握、冒险的尝试与体验、风险的规避和化解,表现出人的高度的自我性、乐观的自赏性的存在。人们在现代生活中所面对的风险不同于传统社会条件下所面对的风险,风险的"不确定性"意味着其结果不一定是危险或灾难,人们不能因畏惧风险而抱守残缺、因循守旧,而应在风险性的活动中,展示自我、开拓自我,唤醒并激发生命中的潜能,挑战风险的同时,提高风险预期、风险认知和风险经验,特别是识别和把握风险中所孕育的机会。风险对于乐观者来说是一种冒险也是一种挑战,当然还是机遇。风险性越大,对于取得积极成果的人来说,取得成就的机会就越大。对风险的恐惧可能会打击创新者的热情和信心,从而使其失去创新的机会。很多有发明、创新的成功者在决策实践过程中表现出不同程度的冒险倾向,并体验冒险后取得成功的自我喜悦和快乐。这是因为冒险倾向与自我欣赏、自我成就动机紧密关联。"从某种意义讲,正是有人乐于承担风险,社会才会得以不断进步和发展。'如果我们的祖先中无人愿意承担风险以取得可能的成就,那么人类的历史就非常可悲了。''没有风险就不可能有个人发展……从更大范围来讲,没有改善物种的风险和挑战,就不可能有生物的进化。'"[1]

体现于风险中人的自我性、自主性存在,还表现在对风险的规避和化解上。这种规避和化解不仅需要国家政府的管理系统、专家学者的知识系统,还需要社会公众,需要有应对风险能力的每一个公民的团结和合作。承认和尊重每一个个体的风险感知和风险经验,发挥每个人化解风险的能力和作用。在这过程中,不以功利为目的,真正体现人的道德情感与责任。"在逐渐意识到风险的过程中,有时候被宣扬有时候被违反的情感和道德、理性和责任,不再能够像在资本主义和工业社会中那样,通过市场中相互纠结的利益来加解释。"[2]需要每个个体在应对风险时充分发挥自主能动性与创造性,展现风险承担主体的个体化维度,反映人对安全的需要和对风险规避的自我性存在。

风险性造成人的焦虑性存在与自我性存在的对立统一。人们在追求自我需要、安全、自由的时候,却遭遇风险、危机、恐惧等生存境遇,为了摆脱这种境遇,人们不禁表达出时代诉求和人性关爱的愿望。其一,对生存境遇的关注。前现代性,人们生活环境比较单一,人际关系简单,按照传统的惯例、

---

[1] 姜万军,金赛男.风险,创新激励政策中被忽视的关键要素[J].统计研究,2010,27(9):44.

[2] 贝克.风险社会[M].何博闻,译.南京:译林出版社,2003:89.

经验或"例行化",适应并契合着环境需要。风险社会使人的生存境遇充满更多的变数,特别是人们职业的变动、社会位置的变化,生存境遇此起彼伏。这对人的思想、行为都产生较大的影响,对人的关爱必须从人的实际生存境遇出发,分别对待。其二,对自我需要的渴望。社会风险对人造成安全威胁和心理恐惧,人们最希望得到安全需要、心理快乐和心灵慰藉,实现自我保护(当然不是对他人、社会责任感的推辞)。风险社会中人们的需要还表现在自我实现的需要,那就是防范风险中,每个人都应也都能发挥自己的能力和作用,突出了个体主体的地位和价值。其三,对意义世界的向往。风险社会充满危险和不确定性,人们不知道这种风险何时降临,不知道这种恐惧何时解除,造成人们对生命安全的担忧和对生命意义的向往。人类孜孜以求、不断实践的最终目的是人的自由全面发展,要实现这一目的必须要有为人类存在和自由发展的良好环境和条件,然而风险社会却造成了生命生存的威胁。正如贝克所言:风险中的"一项决策可能会毁灭我们人类赖以生存的这颗行星上的所有生命"[1]。因此,越是生活在风险社会里,越是要体现出思想政治教育中对人的尊重和对生命的关爱,建构人的意义世界。

三、市场性造成人的层次性存在与平等性存在的对立统一

中国以党的十一届三中全会为标志,步入了全面改革开放时代。改革首先发生在经济领域,实现了由传统的自然经济、计划经济向现代的商品经济、市场经济转变。改革的过程既是发展生产力、提高效率、增加财富的过程,又是利益分化和重组的过程。在社会层面上,它体现为社会阶层的变化和社会分层的加剧。改革前,在高度集中统一的计划经济条件下,由于行政、宗法特权,形成以权力、身份为标志的相对稳定的社会等级分明的阶层。由于经济上的平均主义,社会成员在经济地位上的分层不明显,各阶层之间差距很小。城乡二元结构中的社会阶层,农村以农民为主,城市划分为干部、工人、知识分子。各阶层成员的身份、职位在一定时间内都相对稳固、简单而且高度刚性,表现出人们对既有的生存境遇的高度认同、顺从,体现出社会的同质性、整体性,社会分化程度很低。改革开放以后,源于经济多元化的社会分层日益多样、明显。"中国总体性社会在很短时间内发生解体。整个社会被切割

---

[1] 贝克. 从工业社会到风险社会:上篇 关于人类生存、社会结构和生态启蒙等问题的思考[J]. 王武龙,译. 马克思主义与现实,2003(3):32.

为无数的片段甚至原子,也可称之为社会碎片化。"[1]社会阶层发生了新的变化,产生了新的社会阶层。江泽民同志《在庆祝中国共产党八十周年大会上的讲话》中指出:"改革开放以来,我国社会阶层构成发生了新的变化,出现了民营科技企业的创业人员和技术人员、受聘于外资企业的管理技术人员、个体户、私营企业主、中介组织的从业人员、自由职业等社会阶层。而且许多人在不同所有制、不同行业、不同地域之间流动频繁,人们的职业、身份经常变动。各种变化还会继续下去。"[2]市场经济的自主性、竞争性、效益性强化了个体作用。作为主体的人的存在方式不是群体,而是个体主体,摆脱了诸多原有的各种社会限制和束缚,自主抉择、自主经营、自负盈亏。那些敢于直面市场竞争的新社会阶层在市场化改革中,熟谙市场规则,围绕资本盈利、自我谋利的利益原则,追逐利益最大化,获得了巨大经济效益,完成了资本原始积累。而且"富者越富,穷者越穷"的马太效应十分明显。新社会阶层随着经济地位的提高,逐步要求取得政治话语权,不满于官僚专断、过多干涉、效率低下的现实。他们要求参政议政,有的成功人士直接跻身于政坛,通过政治途径维护经济利益。

  新社会阶层的产生,既瓦解了计划经济体制下相对凝固的阶级结构,又改变了原有的社会分层现状。不管是新社会阶层,还是原有的社会阶层,并不是都能在市场经济中获得巨大利益。社会出现了"贫困阶层""弱势群体""下层社会""底层社会"等社会阶层,导致收入和财富差别越拉越大的社会现实。社会存在一个数量不大、拥有巨大财富的富裕阶层与一个数量巨大、占有很少财富的贫困阶层。贫困阶层仍旧贫困,甚至在温饱线上挣扎。从某种意义上讲,社会阶层结构中较低的社会阶层为改革和发展付出了更多的代价。他们希望得到尊重、理解,希望满足基本生活需求和获得正当的自我利益,表现出了同富裕阶层不同的利益诉求和思想认识。如果人们面临诸多的现实问题和生活困境长期得不到解决,那些存活于书本、书斋和图书馆中的中国传统悠久深厚的伦理资源,就很难获得人们的高度认同和一致行动。为此,需要对那些承担了沉重的改革成本而沦为社会底层的成员的生存困境予以足够关注。

  在分化日益加剧的社会阶层中,还有一层就是占据较多的社会资源的精

---

[1] 中国战略与管理研究会社会结构转型课题组.中国社会结构转型的中近期趋势与隐患[J].战略与管理,1998(5):10.
[2] 江泽民.江泽民文选:第三卷[M].北京:人民出版社,2006:286.

英阶层。精英阶层中,除了经济财富上的富裕阶层外,还有就是代表权力的国家干部、公务员。他们大都握有大量的行政审批权和资源分配权,代表国家、政府行使权力,制定、执行政治制度、政策法规。他们既是社会公共权力的操作者,又是社会利益的分配者与实现者,享有较好的福利待遇、工资收入、住房、教育、医疗保健等条件,拥有老百姓羡慕而又难以企及的社会地位和政治荣誉。他们对国家政治制度、政治思想、政治意识表现出较高的认同。任何一个掌握社会政治权力的人或集团,在享受组织权力的时候,都会本能地、自发地为本阶层、社会利益服务,表现出国家干部、公务员较高的思想政治素质和科学文化素养,廉政勤政,无私奉献。当然,也不排除少数干部利用自己所掌握的社会公共权力,贪污腐败、以权谋私,严重破坏了党风和政风。

市场经济的发展,打破了终身的或世袭的政权或阶层,使社会阶层不断地分化和组合,人们所处阶层不是固定不变的,表现出较以往不同的明显的层次性存在。

虽然市场造成人的层次性存在,但它同时也给人带来平等性存在的可能和条件。传统社会纲常伦理,等级森严,计划经济生产、分配、销售都是行政指定,谈不上平等、自由。市场经济是法治经济,一切经济活动和人的行为都被纳入法治轨道,通过法律来规范人的行为和确定人们的权利、义务关系。法律面前人人平等,赋予人追求平等权的法律保障。通过法律调整社会各阶层间的利益关系和竞争活动,确保公平竞争,排除传统社会中非理性的人治因素,不因个人的兴趣、爱好来左右政治、经济活动。市场经济还是自由、平等的经济,市场是平等交换劳动的场所。"市场关系的性质是交易性的而不是命令式的或强制性的,交易双方的地位是平等的。"[1]市场交换以价值量为基础,实现等价交换,体现劳动者劳动的平等性和对劳动者的尊重。市场经济提供给人们更多的竞争、发展机会,在共同的市场规划下平等竞争,造就相对来说的机会平等。虽然竞争会因不同的人受到不同条件的限制,但毕竟向他开放了竞争的机会和可能。平等应该成为市场经济的本质和核心,人们遵循基本的价值目标、社会各阶层的共同价值观,通过这种共同的价值观将社会各阶层的利益整合起来,以达到思想共识、合作共赢,避免分化、冲突和对立。

---

[1] 童星,张海波,等.中国转型期的社会风险及识别:理论探讨与经验研究[M].南京:南京大学出版社,2007:48.

市场性造成人的层次性存在与平等性存在的对立统一。处在不同社会阶层上的人的思想觉悟、认识水平不同,表现出的利益诉求也不同。对社会成员应划分层次,区别对待。人们在市场的逐利、效益、竞争、平等、自由等观念的影响下,变得更加务实。社会成员的思想观念、价值取向日趋多元化。他们都希望实现个人利益最大化,能在平等的市场竞争中取得公平的机会,认同以个人能力、成就为取向的价值标准,突出能力素质本位,而不是身份本位、关系本位、权力本位;希望能充分发挥个体主体的作用,突出自我价值,强调自我独立,实现过去那种人对集体和社会的依赖型关系向以独立和自由为基础的契约型关系转变,使个人的价值、尊严和权力得到很好的实现,为个人全面发展创造条件。

四、信息化造成人的独立性存在与依赖性存在的对立统一

随着科技进步和生产力的发展,人类社会进入了信息化时代。"所谓信息化,是指由计算机和互联网生产工具的革命所引起的工业经济转向信息经济的一种社会经济过程。这包括信息技术的产业化、传统产业的信息化、基础设施的信息化、生产方式的信息化、生活方式的信息化等几个方面。"[1]信息技术对当今社会每个方面的强力渗透和广泛影响,从根本上改变了人类的实践方式、生活方式和生产方式。

信息社会,人们生产可以不再像传统工业社会那样分布在机器大生产的流水线上进行分工合作、相互依赖的集群式生产,人的生存置于自然物质世界的基础上。信息社会,生产、生活可以通过计算机、网络,从过去以物质和能量为基础的活动平台扩展到以网络为基础的新平台,通过轻轻点击鼠标,就可以开展独立自主的行为活动。依靠电脑等人工智能机器作为人脑智力的延伸,实现人们的劳动方式由以传统的体力劳动从事产品制造为主向以脑力劳动从事信息处理为主转变。人类生存能力得到巨大飞跃,生存空间得到空前拓展。人们在瞬间可以了解、掌握地球上任何时间、任何地方发生的事件、新闻,实现了"海内存知己,天涯若比邻"的"灵境"。信息化突破时空限制,为人们即时捕捉世界信息提供了技术支撑,也为个人独立创造财富提供了条件和保障。信息社会里,信息成为人类生活的重要因素。信息就是财富,谁能及时拥有信息资源并有效地加以利用,将资源转化为财富,谁就能在

---

[1] 姜爱林.中国信息化的含义与一般特征[J].经济纵横,2003(4):3.

竞争中占有优势。商品的生产、分配、交换、销售、消费所需的各种信息都可以通过信息化让每个人独立地加以甄别、运用,避免过去那种信息搜集、掌握难度大,生产靠多人分工合作等条件的限制。通过计算机网络进行信息传递和管理,人们可以在网络上购物、开店、组建虚拟公司,了解世界各地的生产信息,独立开展个人活动。

随着信息化的发展,人们不必到图书馆查资料,不必到电影院看电影,不必到教室上课,不必到音乐厅听音乐等,可以足不出户,一个人独立地查阅世界各地著名图书馆的藏书,游历世界一流歌剧院、展览馆,在家里看电影、听音乐,等等。网上的网民是自己的领导和主人,享受着生活的便利、生活质量的提高所带来的乐趣和幸福。信息化改变了人的生活、生存方式,极大地提高了人的独立性。

信息化发展不仅提高了人们生产、生活的独立性,还提高了人们交往的独立性。信息社会,在高度压缩的网络时空中,突破了原有的时间、空间的界限,使人与世界的距离变成了手与键盘的距离,直接的交往发展成为超越时空的"点一面"交往。人与人之间的交往既排除了不同民族、国家、地区间的文化障碍,也不受地缘、血缘、业缘的限制。网络上的在线交流、交友,过滤掉了人的几乎所有的基本特征,具有统一的数字化、信息化特征。人们可以凭自己的主见、兴趣、爱好,独立发表自己的观点、看法。和谁交往、什么时候交往,都可以根据自己的需要作出独立的选择,并可以在网上瞬间进行,不再像传统社会那样须走过长长的街坊,或坐上路途遥远的火车才能走亲访友。

信息化提高了人的独立性,同时也造成了人的依赖性,即对信息技术的过度依赖。人们过于依赖、听命于网络技术的摆布,过于依赖电脑的智能,而忽视人脑的分析和抽象。如果有一天网络中断、电脑丢失,人们则会感到茫然不知所措,甚至感觉无法工作、生活。可见,人们由过去对自然、他人、社会的依赖变成了对网络信息技术的依赖,一旦失去了这种依赖,人们好似一个"颠狂柳絮随风去,轻薄桃花逐水流"的飘荡之物。现在不少人在网络上的时间超过了现实社会交往、文体娱乐的时间,有些人甚至把工作、睡眠之外的时间都交给了网络,产生了深度网络依赖,这一定程度上削弱了一个人的认知、行为能力。时下,人们总是习惯于在网络上进行资料查询、信息搜索,对任何事件的看法、对新闻的评论,总是在参阅网络上的说法,缺少自己的观点、评价和判断。这些现象说明人们对信息的依赖。信息化引发人们生存方式的改变,有其积极作用和正向功能,同时也有其消极作用和负向功能。消极的方面表现为：

第一，人的生存不确定性的增加。网络信息社会超越时空局限，将现实社会二重化为虚拟世界和现实世界、虚拟实践和现实实践、虚拟交往和现实交往，给人们构建了虚拟的日常生活世界和"实在的"精神生活空间。在这个虚拟信息社会里，人们没有中心控制和政府约束。在人的自由不断得以实现、个体主体性不断得到张扬、能动创造性不断得到发挥的时候，由于没有控制和约束，人一走进现实顿感空虚、焦虑，感到个体的弱化，从而增加了人的存在的不确定性。而且，在信息社会里，大多数人每天要处理的是信息，而不是生产产品，从信息把握中寻找商机，创造财富。但信息瞬息万变，有时候因为对几个信息的把握而变成身价百万的富翁，同样有时候因为信息误导或误判而一夜间倾家荡产，让人"不知今夕是何年""不知身处在何地"。人的心理的诚惶诚恐、人的精神的郁郁寡欢，增加了人的存在的不确定性。这种不确定性不管是发生在人的精神思想上，还是出现在人的行动中，都让人感觉无法预知可能的结果，人的行为是在充满一定风险的不确定性环境中展开的。于是人们渴望得到安全、稳定和权威的信息的帮助。

第二，人的个体主体性的弱化。这种弱化就是人的存在的依赖性的增强。信息社会导致人们对技术的过度依赖，技术理性成为人的崇拜对象，这弱化了价值理性，导致工具理性对人的主体性的弱化和消解。"在网络信息爆炸的嘈杂声中，人类在作为行动主体所应享有的自由选择信息的权利和实际中欲选不能的矛盾之间茫然失措。"[1]我们必须正视这种人的主体性不断张扬、发挥与人的主体性弱化间的悖论。既要防止人的主体性在虚拟的实践活动中受到过分的压抑和隐藏，忘记了人的生命存在的价值和意义，也要防止人的理性的肆意宣泄和无节制的滥用，导致网络犯罪恶性事件的发生。

第三，人的迷失与异化。人发明创造的现代信息技术反过来却变成了支配、统治和控制人自身的异己的对象。离开电脑似乎无法工作，没有手机感觉与世隔绝。人完全听命于计算机程序的摆布导致自我否定，人宁愿坚信提供纷繁复杂信息的电脑，也不愿相信曾经引以为傲的头脑，在反应迅速、程序处理功能强大的电脑面前，人显得那么简单、笨拙和力不从心。人越来越成

---

[1] 葛秋萍,殷正坤.信息时代数字化生存的思考[J].科技进步与对策,2001,18(5):128.

为智能机器的奴隶,他们相信潮水般涌来的各种信息给自己作主,放弃了自己的思想、主张、个性和理想,丧失了反思和批判的能力,为信息所异化。

借助信息工具进行的虚拟交往还导致了人际交往的新异化。虚拟交往不像传统社会那样通过面对面的语言表达和面部表情传输而表现出真情实感,而是以虚拟的符号、隐名、匿名的方式,戴着厚重的面具进行的交往,谁也不知道谁的真实身份、年龄、职业、性别,这种看似给人带来自由、放心、安全的聊天,其实,到最后是越聊越无聊,越聊越担心,越聊越空虚,导致现实中人与人之间关系的隔离。正如孙伟平教授所说:"人们终日与个人终端打交道,难免导致人与人之间关系的疏离、异化,个人也可能产生紧张、孤僻、冷漠及其他心理和社会方面的问题。"[1]

为了克服虚拟世界中人性异化,通过科学管理和正确思想教育,帮助人们处理好人与信息和人与信息技术间的关系,使其不过分迷恋和依赖信息和信息技术,增强人的自主性和自立性,赋予信息技术以人文精神,克服技术异化现象。同时,提高社会公平和人民群众生活水平,加强信息技术管理,赋予人文关怀,让人们感到在现实中同样可以找到比所谓网友更亲近的人,使其寻找到心理、情感上的慰藉,而不是回避现实,厌恶现实,抨击现实,封闭自我。

五、网络化造成人的虚拟性存在与现实性存在的对立统一

网络技术的迅速发展,给人类的生产、生活实践带来了深刻影响和巨大变革。整个人类社会因网络连成整体,社会正逐渐"依循网络与自我之间的两极对立而建造"[2]。网络将人类带入一个新的时代——网络时代,它为人们提供的一个虚拟世界正在或已经深刻地改变着人们的存在方式,造成人的虚拟性存在和现实性存在的对立统一。

与现实物理空间和现实存在方式相比,网络的最大特点是虚拟性。人们面对的不再是物理空间中面对面的传授、说教与言听计从,而是自主处理大量的网络信息。这些信息都以 0 和 1 组合的非原子性的比特(bit)形式出现,它没有体积、重量,是构成虚拟社会的一个关键因素,也是虚拟社会得以成立的重要基础。一切事物可以变成计算机能够处理的信号或符号。由此,从某

---

[1] 孙伟平. 论信息时代人的新异化[J]. 哲学研究,2010(7):117.
[2] 卡斯特. 网络社会的崛起[M]. 夏铸九,王志弘,等译. 北京:社会科学文献出版社,2001:4.

种意义上可以说,人类社会的存在与生存"摆脱了受地球引力作用的'原子化生存'(atomic being),甚至摆脱了自身血肉之躯的制约的'大地式生存'(earthly being),进入了一个远离大地(earth)的'数字化(信息化)生存'状况(digital or informationalized being)"[1]。这种数字化使得原来一切更为复杂、多样、具体的事物从此变得简单、简化和虚拟。传统社会里发生的事件总是在具体的时间、空间里与特定的人或群体相联系,而网络社会里时间已变成了一种"虚拟"的时间,它可以脱离具体的空间而形成"时空分延"。人们的生活、工作、交往克服了传统社会因时空不可分割而造成的必须"在场"的制约和支配,可以在"缺场"条件下同时进行多项活动。这体现出网络主体生存的虚拟特征:

第一,网络主体生存环境的虚拟性。网络世界是人类通过数字化方式而形成的"虚拟空间",是一种超越物理空间的特殊空间,在这个空间,人们利用网络技术,根据每个人的兴趣、爱好虚拟不同温馨的场景。这为人们预设了一种"不在场"的虚拟景象,组建了一个人人可以参与而不谋面的"虚拟社会",形成了一个以兴趣、爱好,或利益,或特殊诉求为纽带的"虚拟共同体",如 BBS 讨论区、QQ 聊天室、特殊网站的留言板等网络平台。在这个虚拟的生存环境中,可以进行虚拟的生产、消费、交往,可以表达虚拟的情感,满足了人们现实生存环境中不能实现的、不敢表达的愿望和要求,大大地改变了人们的生活环境与交往方式。

第二,网络行为主体的虚拟性。现实交往主体都是"在场"条件下的真实存在,是显示其身份、年龄、职业、性别、国别、民族的活生生的、有血有肉的生物体。但在虚拟的网络社会里,行为主体是以符号、代码出现的,或匿名,或别名,人们对其独一无二的个性化特征一无所知。人的容貌、肉体组织都变成了文字、符号,人的一切自然属性都在网络中变成虚拟性存在,不仅交往是虚拟的,而且交往对象也是虚拟的。交往双方都是平等的虚拟主体。虚拟的主体双方处在既稳定又转瞬即逝的虚拟空间中,人沉湎于虚拟世界中的体验和感受。他可以在若干个网站注册若干个马甲,随着自己的意愿可以充当论坛的吧主、开心的农民、政界的精英、身价亿万的富翁、军队的统帅,或十恶的大盗、暴力的罪犯。人的这种网络在线虚拟存在会随着网络技术支持的消失

---

[1] 李智,陈爱梅.论信息化生存的两重性及其出路[J].自然辩证法研究,2000,16(12):26.

而销声匿迹，无法把握人的真实性。

第三，网络主体交往的虚拟性。由于网络交往环境的虚拟和交往主体的虚拟，必然导致网络交往的虚拟性。只要交往双方有着共同的话题和需要，在瞬间即可实现交往，无需过多的责任担当和心理忧虑，可以随便许下诺言迎合对方。而且一个交往主体可以以多种身份、不同角色同多个交往对象进行实时交往。这些显示了网络交往的松散性、随意性、多样性、即时性等虚拟化特征。

网络活动都充分表现出网络交往的虚拟性，如网络中的旅游、娱乐、政治参与。由于人与人、人与社会间关系在网络中的虚拟性，活动往往不会为活动结果、活动条件所困，只需凭着自己的兴趣，付诸实施。这种交往的虚拟性可以使主体获得满足、尊严、自由、平等和独立。然而，自由无边界、道德无约束的虚拟环境，在充分展现人性本性、寻找本能快乐的时候，导致人性缺失、伦理失范等诸多道德问题的产生。

无论网络化怎样造成人的虚拟性存在，都不能使人成为脱离社会现实的虚幻存在。虚拟和现实是对立的统一。"虚拟并非与现实对立的。作为思维形式的虚拟首先是对现实的反映，然后才能在这个基础上超越现实……所谓'虚拟生存'或'网络生存'实际上是依赖于电脑网络技术而产生的一种新的生产方式和生活方式。尽管虚拟生存在许多方面不同于以往的生存方式，我们也尽可以享受虚拟生存带来的种种方便与乐趣，让我们的思维借助虚拟空间更自由地翱翔，但最终还是要回到现实的这块坚实的土地上。虚拟的生存只是现实生存的一部分，它丰富了现实生存，但最终不会完全代替现实生存。"[1]人们只是在网络技术所导致的二重化了的"虚拟世界"和"现实世界"中频繁切换，并没有将二者完全对立。现实生存仍是虚拟生存的基础。任何虚拟主体都是现实存在的真实的人，虚拟网络不是"无人之境"，虚拟主体更不是"无境之人"。设想一个完全没有现实的生存过程和生活体悟的人会在虚拟的网络上获得轻松愉快的虚拟生存方式是不可能的。只有经过现实生存赋予人以客观认识论根据和正确的价值评价标准，才能使无限制的虚拟生存自由和缺失的责任担当以正确的行为规范和道德约束，赋予生命意义的存在。

因此，网络技术发展理应成为人类发展生产力、改善生存环境、实现人自

---

[1] 殷正坤.虚拟与现实[N].光明日报,2000-03-28(3).

由全面发展的手段和条件,而不是成为人的异己力量,导致人的生存的异化;应实现人性的和谐,而不是导致人性的泯灭;应实现人的身心健康,而不是导致身心疾病,如视力下降、食欲缺乏、情绪抑郁、心理焦虑;应实现人与人、人与社会的真诚交流、和谐共荣,而不是导致网络暴力、网络犯罪、利益侵蚀和名誉侵害。只有这样,才能真正实现人类的自由、独立、民主、幸福。

第四节　人性化:思想政治教育的时代吁求与路径选择

人的意识是客观世界的主观映像,人的认识是对现实社会的反映,人的思想问题来源于人们对现实生存境遇的反思。做人的思想政治工作、解决人的思想问题的思想政治教育一刻也不能离开社会现实和人的生存境遇而自行其是。人的生存环境和社会现实决定或影响着受教育者的思想意识和行为。现代思想政治教育应高度观照现实个人的生存、生活、生成与全面发展,克服传统思想政治教育在新的历史发展时期表现出的局限和弊端,实施体现社会发展要求、符合人的发展需要的人性化思想政治教育。

一、人性化缺失:传统思想政治教育的现代反思

长期以来,受自然经济、计划经济,以及封建专制制度的影响,强调社会的整体性和政治对经济、文化、社会的整合功能,这对传统思想政治教育的形成和发展产生了巨大影响,出现了传统思想政治教育的"社会需要论"、"知识灌输论"以及"精神塑造论"。这在当时生产力发展水平不高和分工不发达的社会历史条件下,极大地发挥了政治对经济、文化的整合作用和思想政治教育的凝聚作用。但它忽视或无视了人的个体需要、生存境遇和主体性存在。随着社会转型和现代性的发展,这种局限和弊端越发明显,导致传统思想政治教育时效性不足、实效性不强、针对性不够等状况,使得传统思想政治教育在内容、方法等方面一定程度上有违人性,表现出传统思想政治教育的人性化缺失等弊端。

(一) 突出强调传统本体论思维影响下的知识灌输,忽视现代生成论思维影响下的人的思想引领

所谓本体论就是关于存在及其本质的学说,以探究万物的本源、存在的始基为己任,将"多"还原为"一",寻找一个最高的、抽象的、没有任何规定的、

永恒不变的"本体"或"实体"。这个本体性的"终极存在"具有先验性、预成性和绝对性,以区别现实的、生成的、相对的存在。由此,本体论将人及其生活世界二重化,出现主体与客体、主观和客观、感性和理性、现象和本质、相对和绝对分离状态与紧张关系。受传统本体论哲学观念的影响而形成的本体论思维方式在认识人、考察人和对待人的时候,强调人的先验的、预成的本质的存在,人的本质不是人通过自己社会实践活动生成获得的,而是外在于人的活动的先验的存在,由先在的本体规定着。将人的思想行为剥离了极具丰富性和变动性的生活世界,漠视人的现实的生存性、生成性、变化性和发展性。然而,人的存在不是传统本体论的"终极存在",而是生存性存在、生活性存在、生成性存在,是追求幸福与自由的存在。无视人的存在的传统本体论思维方式是一种非人化的思维方式。另外,"传统本体论思维方式坚持以客体化、对象化的方式研究人,这实际上是以物种的方式抽象地研究人,这种研究所看到的人是对象化和工具化的人,人在其中丧失了自身的价值"[1]。这突出强调了人的可塑性和可控性,以达到对人进行统治的目的。其中思想政治教育被看作一个极其重要的手段。

第一,过于强调人的本质统一性,忽视人的丰富多样性。受传统本体论思维方式的影响,思想政治教育将人的本质看作与生活世界无涉的先验性的预成存在,人由先验本质规定着,人按照"本体"规定和安排进行活动,人只是对象化和工具化的人。通过精神思想视域中的教育,以达到对人的控制与统治。在思想政治教育活动中,受教育者对教育活动的参与,既无可能,也无必要。教育者按照固化的教育程序、教育内容,进行思想上和精神上的说教与控制,全然不顾丰富多彩的生活世界对人的思想的影响,以及人的思想和欲求的丰富多样性和变动性,使得思想政治教育变成以牺牲受教育者正当物质欲求、自由表达权利为代价的纯粹基于精神上的统治和理论上的说教。

人的本质不是生来不变的,也不可以完全将其归结为某种外在终极的存在。人是在劳动实践中生成的,人性是预成性和生成性的统一。马克思的本体论不是见"物"不见"人"的孤立探究"物"的本体论,马克思在谈人的时候,也不是将人孤立于世界(自然界、人类社会)之外抽象地谈论人,而是强调人的实践存在方式,从人的实践向度展示人与世界的关系。实践的客观物质性、能动创造性和历史生成性,决定了人的物质性、精神性和生成性,形成了

---

[1] 许晓平.马克思哲学本体论的思维向度[J].学术交流,2005(5):10.

实践论思维方式、生成论思维方式。它是一种以人为根本的出发点和归宿点的本体论。在这种思维方式指导下的思想政治教育应该体现出以人的存在为出发点,以人的生成为根据,以人的终极关怀为基本要求,以人的自由全面发展为目标的发展路向。要在人的广泛社会关系中和现实的生活领域中去认识人及人的思想行为现状。不要指望在对人的本质作了某种超验的预成的假设后,单纯通过思想政治教育基本理论知识的灌输,就会实现对人的思想的一劳永逸的把握。这是传统思想政治教育一个非常突出的弊端,完全不考虑当今社会风起云涌、世界政治多极变幻、百年变局加速演进、人的生存境遇此起彼伏、人的思想跌宕起伏的社会现实,使得传统思想政治教育不能完全适应新形势发展需要。

第二,过于强调基本理论的传授,忽视人对理论可接受的探究,轻视对人的思想引领。受传统本体论思维方式的影响,思想政治教育确定的基本理论强调对人的本质乃至世上永恒不变的万物具有永久的地位、作用和意义,体现出"传统思想政治教育的知识论倾向"[1]。这种知识论往往遮蔽了人的现实生活和人与世界关系中的整体性存在。其体现知识的高端、恢宏、绝对、全面、统一、唯一,不允许对此完善、补偿、丰富,不许持怀疑态度,人们须无条件地接受和遵守。形成了思想政治教育活动中人们的集体无意识,不研究教育内容是否会内化为受教育者的理想信念和外化为受教育者的自觉实践,不注重思想上的引领,不考虑教育内容对不同层次的受教育者的可接受程度,完全把受教育者看作可以任其灌输知识的"容器"。思想政治教育就是"造物"的教育,无视人的需要,贬低人性、压抑人性。这种做法看似坚持原则,实现了思想政治教育知识灌输目的,其实并没有让受教育者心悦诚服地去认同、践行。

人是有思想、有情感、有意志的动物,不是可以任意雕塑的"器物"。知识、理论只有经教育对象理解、认同,才会为教育对象所接受,变成其自觉的行动,实现理论对思想的引领作用。思想政治教育的最根本目的不只是知识的传授,更是思想的提升。如果说传统思想政治教育完全无视其思想引领,是一种误解,关键是看思想引领的效果、作用。形成于革命战争年代、以计划经济体制为核心的传统思想政治教育,突出以阶级性为表征的政治性,强调思想政治教育为社会经济、政治统治服务。由于当时人们的主体性还处于休

---

[1] 万光侠,等.思想政治教育的人学基础[M].北京:人民出版社,2006:38.

眠状态,思想比较单纯,社会结构比较单一,传统物性化的思想政治教育对于提升人民的革命斗志、增强中华民族凝聚力、引领全国人民的思想都无疑起着重要作用。

随着社会的转型和体制的改革,人们思想观念发生了深刻变化。社会阶级阶层的含义也发生了变化,人们的利益诉求日益增强,思想认识水平层次区别明显,人们的社会联系更加广泛。人的主体性地位不断提高,强调人的可塑性、服从性、统一性的物性化思想政治教育必将为关心人、尊重人、理解人的人性化思想政治教育所代替。要真正做到思想政治教育对人的思想引领作用,必须从人的实际出发,了解每个人的实际问题,坚持解决思想问题和解决实际相结合,以提高针对性,而不是一刀切、一锅煮。

第三,过于强调知识的硬性灌输,忽视主体间的交流与对话。提到灌输论,人们都会想起列宁在《怎么办》一书中所阐述的经典话语:"工人阶级本来也不可能有社会民主主义意识,这种意识只能从外面灌输进去,各国的历史都证明,工人阶级单靠自身的力量,只能形成工联主义的意识。"[1]列宁灌输论思想的提出有其时代背景和历史条件。首先,当时俄国社会、经济、文化落后,工人阶级的文化程度较低,思想理论水平不高,是非辨别能力不强,工人运动处于"自发性"状态,迫切需要科学理论的指导,以提高工人阶级的政治意识和阶级觉悟。这一切可以通过理论灌输方法达到教育目的。其次,列宁及其他的革命家、理论家都完全置身于革命实践第一线,亲自参与、领导革命斗争,对工人阶级的思想实际、生活状况非常清楚,掌握着第一手资料。做工人阶级的思想政治教育,进行马克思主义、列宁主义理论灌输时,绝不是空洞无物,闭门造车,夸夸其谈,而是代表了工人阶级切身利益和愿望。最后,灌输的内容不是脱离教育对象需要的"本本"说教。由于教育者和教育对象有着共同革命实践体悟,形成了思想政治教育中的共同语境。教育内容与工人阶级的利益需要、生存境遇和思想状况紧密地联系,并且在工人斗争实践中不断地补充、完善、修正,始终站在无产阶级劳动人民一边,代表他们的根本利益。灌输的内容具有可接受性、大众性,从而能够广泛引起广大工人阶级和人民群众思想上的共鸣和行动上的自觉。这种灌输绝不同于教条主义的说教。

传统思想政治教育在其发展过程中将灌输论发挥到极致,一定程度上导

---

[1] 列宁.列宁全集:第六卷[M].北京:人民出版社,1986:76.

致方法上的低效甚或无效。在灌输论的影响下,教育者将书本的理论当作金科玉律,照本宣科,不需经过大脑思考和语言加工,无需考虑教育对象对教育内容的理解程度和需要程度。受教育者必须无条件加以吸收,如果言行上有违教育内容,在极"左"思潮影响下,就可能招致打棍子、扣帽子、揪辫子、装袋子,甚至遭受肉体上摧残、精神上折磨等非人性化虐待。这使思想政治教育变成极权化的工具,追求思想政治教育的工具价值,失去对人本身的关照。如果将灌输论绝对化、唯一化,还容易导致教育者与受教育者间的对立和分离。灌输论强化了教育者的话语霸权和受教育者的听命服从。教育者无需走出书本,走出书斋,走出课堂,双方都不用思考、加工,也都不会出错。这是对思想政治教育工作的消极怠工,是对人的奴化教育。

灌输论作为思想政治教育的一个基本方法、原则,无论过去、现在和将来都有其合理性、必要性,应充分肯定其理论价值和现实意义,但同时也要结合社会实践对其加以丰富、发展,破除对它的教条式的理解。坚持理论联系实际的马克思主义学风,结合社会历史现实、人们生活实际,承认受教育者的主体地位,肯定教育方法中平等、交流、对话的重要性,从而赋予"灌输论"新的内涵、新的形式、新的话语、新的境界,使其焕发出"灌输论"的时代光芒。

(二)突出强调统一社会中人的精神塑造,轻视多元社会中人的生存境遇关注

中国自古就是一个高度统一的社会,始于秦朝的中国大一统开创了一元化统治社会传统和家国同构的社会结构。《诗经·小雅·北山》中说:"溥天之下,莫非王土,率土之滨,莫非王臣。"意指整个天下的土地,无不都是国王的土地,而在这片土地上生活的人们,无不都是国王的臣民。国王具有一统天下的至高无上权利。大一统思想反映在政治、经济、文化、思想等各个方面。家庭、家族和国家在组织结构方面具有共同性。人们无条件地忠顺皇帝和效忠国家,不能有个人的私欲,显示出大一统的强控制对个人的利益和活力的高度压制。为了实现政治的高度统一,就必须实现思想观念和精神上的高度一致。受此影响,传统思想政治教育特别强调人们思想的统一,突出人的精神性存在,忽视人们的自然性存在和活动性存在。要做精神的领袖,不做物欲的奴隶,强调的是"存天理,灭人欲""君子喻于义,小人喻于利""正其谊不谋其利,明其道不计其功"。如果将这些思想加以片面化和绝对化,则会导致人的神圣化,把人看作"不食人间烟火"的存在,任意拔高人的精神作用,否定人的基本生存发展需要。纯粹的、绝对的、抽象的理论说教、精神塑造,

最后却成了精神枷锁。人的精神存在是人之为人的根本存在,但不是唯一的存在。如果将人的精神属性从人性整体性中割裂开来,孤立地、分别地、形上地加以考察,既违背了马克思主义人性论理论,又不符合思想政治教育人性化的基本要求。其最终导致的社会后果:过分夸大精神作用,带来某种程度上的狂热、盲目、冒进,失去了思想政治教育的目的和意义。在极"左"思潮影响下,希望通过精神塑造,实现"阶级斗争一抓就灵""狠斗私字一闪念,灵魂深处闹革命""人有多大胆,地有多大产"等目标。于是人们囿于一方书斋,写文件,定调子,脱离实际,脱离生活,脱离群众,使思想政治教育失去了生机和活力。

现代社会最为显著的特征就是分化,现代性的发展使社会呈现多元化、层次化发展趋势。我们称现代社会是一个多元社会。"多元社会要求自由思维、不同声音,人们自由表达自己的意志、要求、愿望和情绪。"[1]今天,从不同的理论视域或当下人的生存状况来看,可以将我们生存的社会称为全球化社会、公民社会、和谐社会、风险社会、网络社会。社会呈现出多领域、多层次的分化,在这个多元化社会里,出现了思想观念多元化、文化多元化、所有制多元化。我们不能因为主流思想就把其他所有思想斥为旁门左道。相对于一元社会,多元化社会中人们的主体性和生存境遇的变化性日益增强,民主、自由、平等的意识强烈,同时人的不安全感和不确定感也增强了;追求个体生命价值意义的存在,并造成这种价值意义的多元化,人们不再像传统一元社会里那样压抑物欲,刻意追求精神上的统一。"传统伦理,特别是基督教所推崇的那种与超验秩序相勾连的最高的善,就再无资格充当终极目的,更无权对人生施以限制性约束了。生活追求的正当空间完全转移到了实在可靠的此岸领域。"[2]面对此岸的当今现实,现代性使社会发展变化一日千里,风险性造成人的焦虑与困惑,科技负面作用造成诸多的异化现象等等,使得人们生存环境在多元化社会里存在诸多悖论,人们不得不面对生存问题的考验。因此,思想政治教育不仅仅是要关心人的生存、生活,更重要的是如何走进人的现实生存境遇中,有针对性地给人以真真切切的关爱。在这方面,我党的思想政治教育有着优良传统。《湖南农民运动考察报告》是一篇对于我党思想政治工作,特别是对农民进行思想政治工作有着重要影响的文献。为了肯

---

〔1〕 刘德福,汪澄清.中国大势[M].济南:山东人民出版社,2004:451.
〔2〕 张凤阳.现代性的谱系[M].南京:南京大学出版社,2004:61-62.

定农民运动,宣传农民,组织农民,毛泽东从1927年1月4日至2月5日,用32天的时间,全身心地沉浸在湘潭、湘乡、衡山、醴陵、长沙5个县的农民运动、农民生活中,深入了解农民的特点、利益、需要,并将工作对象——农民划分为富农、中农、贫农不同层次,增强工作针对性。1921年冬,毛泽东为了领导安源路矿工人大罢工,亲自下矿井、进工棚、去工厂,掌握工人劳动和生活状况,了解工人的生存境遇和思想脉搏。他要求改善工人待遇,增加工人工资,和工人阶级打成一片,赢得了工人的理解与爱戴,从而使得工人阶级真心实意地拥护党的政治主张和革命理论。当前,思想政治教育工作者缺乏的就是基层的锻炼和对教育对象的深入了解,缺少的就是因全面了解教育对象的现实生存境遇而与教育对象形成的共同语境。他们缺少和教育对象进行面对面的交流与对话。因此,思想政治教育一旦脱离实际,远离了生活,必然导致思想上的空洞说教和精神上的至高无上塑造。

(三)突出强调人的社会性和社会需要,轻视人的主体性和个体需要

马克思关于人的"一切社会关系总和"的本质论,强调人的本质不在于人的自然属性,也不在于人的精神属性,而在于人本身特有的活动方式——社会实践。人的社会性本质决定了人永远不可能是孤立的可以脱离社会的存在。这为传统思想政治教育将社会需要作为其出发点提供了有力的理论依据。作为培养一定社会或阶级所需要的思想品德的思想政治教育活动,理所当然地服从和服务于整个社会发展的需要,为统治阶级服务。但我们不能将人的社会性和社会需要加以无限放大,从而导致片面化和绝对化错误。马克思的人性论是人的社会属性和自然属性、精神属性的有机整体,马克思的需要论是人的社会需要和个体需要对立统一论。传统思想政治教育在对待人的社会性存在与个体性存在、社会需要与个体需要、社会价值与个人价值、社会发展和个人发展的关系问题上,存在着强调两者相互对立、相互矛盾、相互斗争,轻视两者相互联系、相互统一、相互作用的错误倾向。

在人的存在问题上,过分强调人的社会性存在,人完全依附于社会、群体、组织,轻视个体主体性的存在,把人看作社会机器中的一颗螺丝钉,拧在哪里,就一辈子在哪里发光发热,甚至把雷锋坚守岗位、勤于奉献的螺丝钉精神误解为人一辈子都只能依附于他固定不变的工作岗位,一次就业定终身,无需思考和创新。当人们今天还原一个真实的雷锋时,了解到他的职业也曾发生多次变化。从"主动回乡当农民、当政府公务员、成为炼钢工人到参加解

放军"[1],发生了数次岗位的变动,但这丝毫没影响人们对他那种纯真善良、崇高信念、乐于奉献、见义勇为、节约行善的道德品质的敬仰。不论是人处于"人的依附性的阶段",还是处于"以物的依赖性为基础的人的独立性阶段",人都是主体性的存在。思想政治教育过分强调人的社会性存在,其实是贬低人的主体性的存在,不利于教育对象在社会实践中自主性、创新性、独立性的培养。

在人的需要问题上,过分强调社会需要,蔑视人的个体需要。传统思想政治教育受到"一大、二公、三纯、四平均"的"左"倾错误影响,强调社会需要高于个人需要,个人在任何时候都无条件地服从国家、集体。社会需要、集体意识、国家利益渗透到人们日常生活的各个方面。长期下去,有可能消解甚至淹没社会中个人的合理需要和正当利益。因此,在思想政治教育过程中,不能科学对待社会需要和个人需要间的对立统一关系,一讲到个人利益、个人需要,就有可能被当成利己主义、个人主义、修正主义,被看作资本主义自私自利的尾巴,就要斩草、除根、割尾巴,不能给个人的需要、利益留有任何余地。这导致思想政治教育只是党和国家的事情,似乎与教育对象无关,无视人们的存在和需要。

在人的价值问题上,过分强调人的社会价值,蔑视人的个体价值。人的价值应该是个体对社会和他人作贡献而体现的社会价值和个体满足自己生存和发展基本需要而体现的自我价值的统一。一方面,人的自我价值是个体生存和发展的必要条件;另一方面,人的社会价值是实现人自我价值的基础,没有社会价值,人的自我价值就无法存在。传统思想政治教育过于强调个人对社会和他人无私的奉献和牺牲,蔑视个人物质生活和精神生活上需要的满足,以换取精神上的成就感、自豪感、光荣感、宽慰感。刘建军教授认为,"我们过去谈得较多的是思想政治教育的社会价值,而对其个人价值谈得很少……长期以来,尽管我们十分强调思想政治教育的战略地位和作用,同'生命线'、'中心环节'、'优良传统'和'根本'这样一些大概念来强调它的价值,但在一些普通群众看来,思想政治教育再重要,也是党和国家的事情,而不是每个人的事情,与他个人无关。人们之所以会有这种错觉,显然与我们撇开思想政治教育的个人价值而孤立地、抽象地讲它的社会价值有关"[2]。因

---

〔1〕 朱柳生,李禹潼.媒体还原雷锋真实生活:爱美易接受新事物[N].新京报,2012-02-27(5).

〔2〕 刘建军.论思想政治教育的个人价值[J].教学与研究,2001(8):48-49.

此,思想政治教育要变成所有人的一种需要,就必须坚持思想政治教育的社会价值和个人价值的统一。

在人的发展问题上,过分强调社会发展,忽视人的个体发展,突出教育的政治性、阶级性和理想性,强调思想政治教育的社会发展、社会稳定、社会性质与方向引领的价值和功能;无视人的自我发展能力的提升和全面发展的目标的实现,以牺牲人的生存环境和人的可持续性发展为代价来换取经济和社会的一时发展。强调社会发展的至高无上,割裂了社会发展和个人发展的辩证关系,忽略了社会发展本质上还是人的发展,社会发展的终极目的是人的自由而全面发展,看不到思想政治教育"生命线"作用的发挥最终是通过人来实现的。社会发展的动力来源于人本身。如果思想政治教育一味强调社会发展,即使社会生产力再发达,积累的财富再丰富,也终将丧失思想政治教育合法性基础。因此,思想政治教育只有促进人的全面发展,而不是抑制人发展,才能为个体真心诚意所接受,才能真正体现思想政治教育价值之所在,才能赢得思想政治教育广泛的社会性、群众性基础。现代思想政治教育必须正确处理好社会发展和个人发展两者的关系,承认人不仅有生存性的需要,而且有发展性的需要,坚持社会发展和个人发展的辩证统一。

二、人性化吁求:思想政治教育发展的时代必然

时代是思想之母。当今时代,社会急剧转型,现代性迅速发展,风险社会不断生成,科技革命加速发展,市场影响深刻广泛,信息网络技术加速创新,都给现代人的生产方式、生活方式、思维方式、思想观念、精神面貌带来了尖锐的冲击和影响。一方面是人们的主体地位提高,自主性增强。人性凸显,追求民主、平等、自由和人权,导致现代社会人性的觉醒和张扬。另一方面,社会风险、市场经济与科学技术的负面影响,造成人们的生存困境、社会分化、心理焦虑、人身依附、人性异化,使人缺乏平等和独立,导致现代社会人性的消解和失落。这些社会现实,给现代思想政治教育带来了难得的机遇,同时也带来了尖锐的挑战。思想政治教育无法回避人们对自由全面发展目标的期盼和人性化吁求。因此,丰盈人性,追求人的价值,促进人的发展必然成为现代思想政治教育的重要价值目标。

(一)人性的觉醒与张扬:思想政治教育人性化的时代呼唤

人性的生成、完善与发展总是在一定社会关系中进行的。原始社会生产力低下,由于人的渺小和力量的微弱,人总是处在各种无法控制的自然力的

威胁下,人性处于休眠状态。以计划经济为基础的传统社会,人依附于集体、组织、社会而生存,个人的价值、需要、存在、发展往往被轻视、忽视、蔑视。"上溯20世纪50年代以来几十年间中国人民经历的曲折、不幸、挫折、苦难的缘由,人们发现'神道'的沉重、'兽道'的施虐、'人道'的泯灭、人的价值的跌落。"[1]人被曲解和误解,对于人的本质的认识还较为肤浅,人的社会化程度也不高。一般说来,一个未被社会化的人,是不具备完整人性的生物学上的人,同样,一个未充分社会化的人,所具有的自发的人性也是不充分的。在这样的历史条件下,传统思想政治教育很容易在忽视人的价值、尊严、需要、发展的情况下,实现对人的精神的任意塑造和统一加工,容易形成教育者对教育对象的绝对权威和统治地位。

随着现代性的发展,人的社会化程度因全球化、市场化、网络化、信息化的发展而日益提高,由此导致人的生活方式、生存境遇发生了深刻变革,人性日趋丰盈、完善,得到空前的觉醒和张扬。人性的觉醒、解放、张扬,从来不是单纯的思想精神上演的独角戏,而是具有深刻的社会历史条件和现实原因的。正是现代性深度发展的社会现实造成人的个体性、自主性、创造性、批判性和反思性日益增强,自我彰显,人性高扬,追求自由;正是市场经济建立、发展、完善的社会现实造成人们在交往活动、经济活动中的主体地位日益提高,个体意识、平等意识、竞争意识、人权意识日益增强;正是网络化、信息化迅速发展的社会现实提高了人们的独立性、自主性。人们情感表达、情绪宣泄以及人性的个性与情欲获得前所未有的自由表达方式。所以,这些社会现实都说明现代人获得了巨大的解放和自由,造成现代社会人性的觉醒和张扬,呼唤着思想政治教育人性化的转型出场。

现代社会人性的觉醒和张扬呼唤着人性化思想政治教育。传统思想政治教育向现代思想政治教育转变的直接诱因是由传统社会强调人的身份性、服从性和等级性向现代社会强调人的平等性、主体性和独立性的演化,但思想政治教育人性化的本质性推动力是现代政治、社会、经济对人性之全面性的广泛认同和张扬。从某种程度上来说,对思想政治教育人性化的呼唤不是出自思想政治教育自身,而是得益于社会、政治、经济对人们平等而独立之人格的尊重,对人们符合时代要求的合理需要的满足。现代人的需要已不是过去那种维持生计的简单需要,社会主要矛盾已发生深刻变化,现代人的发展

---

[1] 顾骧.人性觉醒 人格独立:记晚年周扬[J].湖南城市学院学报,2004,25(6):35.

较之过去已达到相当的高度和水准(当然还有层次上的差别),由此造成人的思想观念的巨大变化。人的观念是由客观现实引起的,又随着客观现实的变化而变化。"观念的东西不外是移入人的头脑并在人的头脑中改造过的物质的东西而已。"〔1〕思想政治教育活动不能无视人的这些观念的变化和人性化的社会吁求。当然,思想政治教育人性化也绝不可以弱化思想政治教育的政治性、意识形态性,做无原则的让步,而要在尊重人性的基础上更有效地开展思想政治教育实践活动。

现代社会人性的觉醒和张扬促进了对传统思想政治教育的扬弃。传统思想政治教育受物性论影响,缺少人的在场与对人的考量,在某种程度上,可以称之为物性化思想政治教育。物性是物质本身所具有的内在属性即物质属性。物质是一种不依赖于人的意识并为人的意识所反映的客观存在。关于物性,早在古罗马时期,卢克莱修在其所写的《物性论》一著中从有关宇宙、生命、物种起源、宗教等领域全面、系统阐述了唯物主义原子论思想。当人们单纯考察物质时,往往表现出的是物的客观性、机械统一性和绝对性,体现了物的绝对地位和统治作用,形成了人们物性论的思想观念。用这种观念来审视人,就造成了人性和物性的矛盾和对立。人们匍匐在物的脚下,用物的眼光审视一切。整个社会发展存在客体支配主体的物役性现象。资本主义社会将这种现象发展了极致。张一兵教授说:"马克思指出,在资本主义生产过程中,工人是资本的奴隶,是一种'商品'、一种'交换价值',如果人是'交换价值',那么这个说法已经包含了这样的意思:社会条件把人变成了'物'。"〔2〕将人置于物的统治奴役之下。即便是占有了物的资本家也是物的俘虏,物的膨胀本性占据了人的灵魂,人沦为物性的奴隶,屈从于物欲。这是一种将人沦为物的附庸物或延伸物的物性论思想。这种"物性论"思想对我国早期思想政治教育产生了深刻影响。"在物性论指导下,思想政治教育往往把教育客体当作'物'来对待。如此基于纯粹'物'的意义上的受教育者便具有三重属性。首先,受教育者具有服从性。即在整个思想政治教育过程中,教育者是绝对的主体,享受绝对的权威,而受教育者是绝对的客体,处于无条件的服从地位。其次,受教育者具有可塑性。教育心理学认为,人人都具有可塑性,

---

〔1〕 中共中央马克思恩格斯列宁斯大林著作编译局.马克思恩格斯选集:第二卷[M].北京:人民出版社,1972:21.

〔2〕 张一兵.物役性:马克思哲学新视域中的科学性批判话语[J].社会科学战线,1996(3):98.

青少年尤其如此。可塑性的存在也是思想政治教育得以存在和发展的基本依据。物性论不但承认人的这种可塑性的存在,而且进一步将其推向极致。物性论认为,教育客体的心灵是一张白纸或'蜡块',教育者可以随心所欲地在上面书写文字。最后,受教育者具有统一性。物性论认为,思想政治教育是'造物'的教育。这种教育可以不考虑教育客体的尊严和自身价值取向而采取类似于工人生产标准产品那样的整体划一的方法来'批量生产'社会所需要的人格类型。"[1]这种物性化的思想政治教育模式在特定的社会历史条件有其必要性、合理性、正当性,在增强凝聚力、统一思想、战胜困难、争取解放方面发挥着重要的、不可替代的作用。这种教育模式与当时的社会现实、人们生存境遇是相适应的。

时过境迁,历史发展到今天,人的思想观念、生存方式都发生了历史性的巨变。物性论对于作为教育客体的人的预设的片面性和狭隘性也孕育了物性化思想政治教育的诸多弱点,已与时代不相适应。教育对象不再简单地服从或盲从;人的世界观、人生观、价值观受到多元社会的影响,教育对象不那么较易被雕刻和塑造;随着现代人的独立性的提高、社会分层和分化的复杂,教育对象不再像过去那样"单纯"、统一,用整齐划一的统一方法进行思想政治教育已难以奏效。如果不能直面当今社会发展的客观现实和人性的觉醒和张扬,顺着传统思想政治教育的惯性和内在惰性,必然导致教育内容上"假、大、空"现象的发生和教育方法上"强制论"和"灌输论"的滋长,最终失去思想政治教育的活力和吸引力。可以说现代社会的发展迫使思想政治教育进行自身反思和正确抉择。思想政治教育人性化不仅不会影响思想政治教育目的的实现,而且在提高教育有效性、增强其吸引力的过程中,更加有效地维护了思想政治教育的权威地位。

(二)人性的消解与失落:思想政治教育人性化的时代选择

现代社会发展,在凸显和张扬人性,肯定人的价值和自我利益的同时,容易导致个人利益、欲望自发地走向极端。个人利益不受制约的最大化追逐和自我私欲无限的恶性膨胀,最终蜕变成压迫主体的消极力量。现代技术发展给人们带来巨大利益,同时也造成技术生存的异化和人性的消解与失落。本来作为工具和手段的科学技术是为人类服务,体现技术人文意义的。然而现

---

[1] 宇业力,顾友仁.思想政治教育中的两种基本理论及其时代走向[J].教育科学,2010,26(3):87.

实社会中,为了逐利,它变成了统治人的强制力量,将人变成没有情感、爱和憎恨的机器人。"专业化工作的机械的整齐划一将削弱人的内在活力。使用机器的人,工作便像机器人,迟早心都会机械化。有了机械心,人便不再纯真;丧失纯真,就不再能够享受内在的生命,生活变得无意义。"[1]技术因对物性的强化,失去对人的生命意义的关照,变成非人性化存在。技术的非人性的存在,却以自身强大的物质力量控制、物役和肢解人。这导致"技术颠倒了人的主客体关系,使得人的道德责任弱化,抑制人的潜能的发挥,形成技术与人的精神对立,限制了人的自由,控制了人的思想独立性,最终消解了人性"[2]。对技术的顶礼膜拜,迷失了自我。"在人与物(机械设备等)的关系上,迷失了人的主体地位,使人成了物的'附属品';在人与自然的关系上,迷失了人与自然和谐的目标,造成了生态和环境的灾难;在人与人的关系上,失去了正义、平等和人类幸福的目标,只知片面地进行功利的算计(只盘算工具理性而迷失了实质理性),偏离了社会正义的目标。"[3]科学技术给人类社会发展带来巨大进步的同时,却导致社会上的伦理失范、道德缺失、人心不古、世风日下,人性被扭曲、变形,人被异化、物化、奴化。

现代网络技术的发展,改变和丰富了人的生产和发展方式,增强了人的独立性和选择性,提高了人们的活动能力和创造能力,促进了人们对自我现实的超越。但网络的负面影响也造成了人的虚拟异化、人性的迷失和信任危机。在网络的"虚拟世界中生成的人成为技术的奴隶,背叛了人之为人的本性,人丢失了自身,成了'他者'"[4]。因为"他者"无需考虑交往的责任担当和诚信守责。网络中的人看似获得了自主、独立,却因高度依赖网络,成了单面的人,丧失了人的个性和多样性;人看似赢得了无限的网络自由,却失去了沉思、反思、批判的能力,完全为网络所主宰、控制。人变得盲从、迷茫、焦虑、孤独、冷漠,最终人格分裂、人性迷失。

面对当今社会发展造成的人性的消解与失落,应坚持人性关爱。人文关怀理应成为思想政治教育的题中应有之义。

---

[1] 孙志文. 现代人的焦虑和希望[M]. 陈永禹,译. 北京:生活·读书·新知三联书店,1994:72.

[2] 龙翔,陈凡. 现代技术对人性的消解及人性化技术的重构[J]. 自然辩证法研究,2007,23(7):69-71.

[3] 李伯聪. 高科技时代的符号世界[M]. 天津:天津科学技术出版社,2000:198-199.

[4] 徐世甫. 虚拟生存的哲学反思[J]. 南京社会科学,2003(2):29.

第一,思想政治教育积极营造人的精神家园。面对人性的消解与失落,思想政治教育应该在人生导向、心理调适、情绪调控、情感培育、精神家园营造方面充分发挥其作用。教育者深入人的现实生活、网络生活的各个领域、各个方面。通过教育活动,使教育对象在物质与精神、道德与非道德、技术工具价值与目的价值、真实自由与虚拟自由等方面能明辨是非,分清美丑,做出正确的符合人可持续发展的选择。正确认识人们在享受科技带来的巨大财富和生活便捷的同时,却造成了精神上无家可归的空虚、焦虑、失落。因此,要促使个体道德自律意识之觉醒,促使高尚精神品格之提升,彰显理想信念建构之意义,克服技术生存异化之缘由,关爱人类生命生存之意义。不以物喜、不以己悲,营造人性和谐、"真""善""美"相统一、给心灵抚慰和滋养的人类精神家园。让人们在这个美好的精神家园中真正获得赖以生存的归属感、安顿感、幸福感、愉悦感、慰藉感,使人们在面对风险、空虚、焦虑、失落的时候,能有强大的精神支柱、可靠的情感寄托和安全的心灵归宿。克服因对人的精神强制雕刻和绑架而导致的思想政治教育与人类精神家园相疏离现象。人的精神紧张,精神生活单一,精神资源贫乏,就难以完成思想政治教育的目的,因为在人们将道德观念、道德认知变成自觉的道德行为时,总是伴随着人的情感、意义、心理等因素,也就是说是在人的精神参与下进行的。

因此,思想政治教育必须关注人的精神家园营造,在这美好的精神家园里,人们因精神性的存在而获得人的真正本质存在。人不为物欲奴役,不再成为机械的奴隶,克服人性异化。首先,必须关心人的合理需要。思想政治教育营造人类精神家园,克服技术对人造成的异化,冲破物欲的藩篱,不是要人类走向完全禁欲主义的极端。它所建立的精神家园不是脱离人类生活现实的彼岸的空洞虚无,不是宗教式的乌托邦,而是内含时刻关注人的生存境遇、满足人生存发展需要的精神家园。人的精神动力获取,精神境界提升,精神世界皈依,不是在虚无中完成的,而是在个体利益需要和价值追求基本满足中实现的。其次,吸收中外优秀传统文化的精华。古今中外优秀传统文化都是人类历史发展过程中积累下来的宝贵精神财富。西方文化中的自由、民主、平等、人权、人本主义观念,强调个体的价值和人格培养等教育理念,都有其合理因素。中国传统文化中爱国、诚信、明礼、尚仁、崇德、和谐等思想都蕴含着丰富的思想政治教育资源,扎根于中国传统文化的思想政治教育容易促使人们形成共识,增强民族凝聚力、民族向心力,丰富人的精神世界,促进人性完善。

第二,思想政治教育深刻关照人的生存境遇。当代多元化社会、风险社会、网络社会、市场经济不断深化发展的过程中形成了诸多的发展悖论和矛盾,使得人无时无刻不处在这些悖论与矛盾之中,致使人的生存境遇复杂多变。思想政治教育必须关照人的这种生存境遇,体现以人为本的思想政治教育人性化理念。

一是思想政治教育人性化关注人的生存意识。人的生存意识是关于人的存在、生命存活与发展的社会意识。之所以称之为社会意识,是因为任何一个人的生存都不可能孤立进行,任何人都不可能孤立于社会环境之外独立进行生产、生活实践活动,也不能完全为了自我的需要、利益全然不顾他人、社会。因此,人的生存、生活必须借助人们之间的精神交往而形成共同意识——生存的社会意识,作为人的生存、生活的精神现象的生存意识是人的生存意义、生存过程、生存条件、生存环境在观念上的反映。如何追求人的生存意义,科学安排生存过程,优化生存条件,是思想政治教育的一个重要内容。通过思想政治教育,构建人类良好的精神生态系统,营造人类良好的精神家园,强化生存意识的培养。一切社会的发展,最终都是为了人的生存和发展。要在人的思想观念上首先认识到:科技的发展是为人类生存、发展服务的,而不是最终导致人成为技术的奴隶;市场经济发展是为了提高生产力和人们生活水平,发挥人的潜能和积极性,而不是导致尔虞我诈的商品拜物教、货币拜物教;网络技术发展是为人们生产、生活、交往提供极大方便,改善人类生存条件,而不是将人最终变成不会思考、不敢走向现实的附庸、木偶。思想政治教育必须以人的当下生存和科学发展为现实的目标,以现实的个人存在为其基本出发点,树立科学的生存观念和生存态度:人的生存与环境生存的和谐统一;自我生存与他人生存、社会生存的和谐统一;当下生存与未来发展的和谐统一,人的生存是首要的基本的前提和条件。

思想政治教育必须加强人的生存能力意识教育,不断提高人的思想道德素质。一个没有能体现具有核心竞争力的综合素质的人,很难立足社会、应对变化、顺应时代潮流,甚至不能维持自己的生存。思想政治教育不是要把人变成只会听话,不会思考创新的庸人,而是要把人变成自己决定自己命运的主人、能为自己生存生活得更好建立美好家园的人。人的生存能力是决定个人存在、民族兴衰和社会发展的重要力量。只有在个人的这种能力得到发展的基础上,才能实现人的自我价值与社会价值,才能增强人对国家、社会的归属感。因此,必须大力加强人的生存能力意识教育,发展人的生存能力。

思想政治教育要加强人的生存忧患意识教育。面对当今的自然灾害频发、技术生存异化、人性消解与迷失、道德滑坡与冷漠的生存境遇，人们不仅要面对现实，克服生存困境，而且要树立生存忧患意识。在民族深刻的生存忧患中形成强烈的共同体意识，凝聚共同的核心价值观念和道德责任感，兼顾当下与长远，个人与他人、社会的利益。不以道德的沦丧和生态的破坏为代价来换取生存的一时之需和暂时享乐，而是着眼于人类命运的终极关怀和人类福祉的追求与实现。敬畏生命、敬畏自然，展现"位卑未敢忘忧国"的忧国忧民的高尚情怀，体现以"道"为重、以人为本的崇高精神。通过对人的处境的深厚关注和忧虑，探寻生存困境重压下人的出路，体现对人民、国家和民族博大而深切的爱，并将个体生命存在同国家之盛衰兴亡紧密相连，而不是相互分离。这体现了思想政治教育人学的根本取向。

二是思想政治教育人性化凸显人的生活维度。人的生存首先是人的生活，生活不会导致教育的思想性和政治性的降低。恰恰相反，正因为思想政治教育强调人的生活实践和生活体悟，从而提高了人的道德认知水平和道德践行能力。不过，这里需要对生活的内涵和本质要有科学的认识和理解。马克思认为"全部社会生活在本质上是实践的"[1]。人的生活有物质生活、精神生活、文化生活和艺术生活等。但"物质生活的生产方式制约着整个社会生活、政治生活和精神生活的过程。不是人们的意识决定了人们的存在，相反，是人们的社会存在决定了人们的意识"[2]。思想政治教育实践活动离不开人的社会存在的决定作用，离不开对人的现实生存、生活的观照。具有实践本质和实践意义的人的生活与思想政治教育实践活动既相互区别，也紧密联系。这就需要凸显现代思想政治教育的生活维度，回归人的生活世界，确立一种以人为本、以生活为中心的新的思想政治教育模式。离开人民美好生活需要，思想政治教育就会失去它的合理性、基础性，导致思想政治教育工具化、知识化和理想化倾向。传统思想政治教育由于其与生活世界脱节，强调教育的理想性、知识性、政治性、封闭性，不敢正视现实社会中的矛盾、对立、斗争、困难、挫折，不能让教育对象作为主体性的存在对现实进行反思、批判，忽视人的现实生存性、生活性、变化性，一定程度上造成思想政治教育的乌托

---

[1] 中共中央马克思恩格斯列宁斯大林著作编译局.马克思恩格斯选集：第一卷[M].北京：人民出版社，1972：18.

[2] 中共中央马克思恩格斯列宁斯大林著作编译局.马克思恩格斯选集：第二卷[M].北京：人民出版社，1972：82.

邦倾向。人们一旦走进现实,走进生活,面对诸多的矛盾和冲突,往往感到茫然不知所措,任生活摆布,失去了人生命的活力。

当然,我们强调思想政治教育生活化,不是要用教育的内容去迎合生活中的"低俗、媚俗、庸俗"的社会不良风气。对于思想政治教育生活化,"绝不意味着可以混淆现实生活与思想政治教育所必需的实践边界。现实生活具有自在自发性特征,而思想政治教育则是人类在现实生活中确立的一种自为的存在方式,二者之间有着各自不同的意义所指和边界"[1]。我们必须坚持思想政治教育立足生活,参与生活,深入生活,同时,又要引领生活,提升生活,超越生活。人的生活既包括日常经验性的生活,又包含超验的意义性生活。思想政治教育人性化要引领人们创造人的价值生活、意义人生。

三是思想政治教育人性化彰显人的生命意义。现代性的发展,一方面改善了人们生活,丰富了人们需要,提高了人们生活质量;另一方面也造成了诸多威胁生命存在的因素。生态环境恶化、自然灾害频发,时常威胁着人类的生存生活。2011年3月11日,日本爆发的大地震,伴随日本福岛核电站的核泄漏,夺去了成千上万人的生命。技术的生存异化,造成人的依附性存在,使人失去生命活力。现代社会风险时常威胁人的心理健康和生命安全,造成人的焦虑、恐慌,有时甚至剥夺人的生命。如随着中国有车家庭越来越多而形成的汽车社会使交通安全风险正变得日益严重,威胁人的生命安全。竟有因口角而将人撞倒碾死的事例发生,完全漠视人的生命。"汽车避让行人这样一个基本规则都得不到遵守,我们的'车德'教育任重而道远。"[2]人的生命最为宝贵而有限,失去了不会再生。人应该敬畏生命,在人类生存发展过程始终高扬的应是生命的意义和价值。人的自然属性和社会属性决定人的生命包含自然生命、社会生命。自然生命是维持生命存活的前提和基础,社会生命体现生命之本质和社会意义。加强思想政治教育的生命教育,既要关注维持自然生命生存的需要,又要弘扬社会生命的意义和价值。关爱他人,奉献社会,珍惜他人生命,体现出对人的社会文化生命的尊重、爱护,这是对人是目的而不只是手段的最高价值反映。基于对人的生命意义和价值的理解和把握,就会认识到,现实的生活境遇中,应着眼于人的生存和发展的长远利益、根本利益,面对生命,能够明辨是非、善恶、美丑,做出正确的价值判断和

---

〔1〕 张国启. 论思想政治教育生活化的发展向度[J]. 思想理论教育,2009(7):30.
〔2〕 涂铭,卢国强. 暴戾司机因口角竟碾死路人,凸显"车德"教育缺失[N]. 北京日报,2012-03-11(5).

道德选择。在生命的视域内,不断优化人的生存环境,提高生命的质量,提升生命的价值,激发生命的活力,体现现代思想政治教育对人的生命终极关怀和人性关爱的教育理念。

三、思想政治教育人性化的路径选择

当今社会,人的主体地位的凸显和提高、人性的觉醒和张扬、人的生存境遇的变动与困境,要求思想政治教育积极探寻新的历史条件下思想政治教育人性化现代转型与发展路径。关于路径,《现代汉语词典》做出的解释一是指到达目的地的道路,二是指解决问题、找到成功的门路。任何事物的运动或人的实践活动的路径都是在特定场景和社会历史背景下进行的。路径具有方向性、维度性和视角性。路径的方向是指空间中的方位,路径的维度是指空间的范围。对于视角,"视角不仅包含物象与背景之间的空间关系,更为重要的是,它更为关注主体相对于物象、背景和其本身之间的一种心理空间意义上的概念锚定"[1]。思想政治教育路径选择是在特定的社会历史背景下具有明确的教育方向、教育目标的教育实践活动。社会历史条件发生变化,观察事物的视角、解决问题的方法也会随之发生变化。忽视或否认这种变化就会产生路径依赖,出现"人们过去做出的选择决定了他们现在及未来可能的选择"[2]。今天的思想政治教育路径选择不能完全机械地重复过去思想政治教育的路径,必须结合当今社会时代的发展变化特点,体现出人性化的思想政治教育路径选择。

(一)制定切合实际的思想政治教育目标,反映层次性特点

长期以来,思想政治教育突出教育的社会目标,为社会服务,忽视个人目标。目标制定上过于强调它的统一性、唯一性和理想性。在高扬革命英雄主义、崇高理想主义、"一大、二公、三纯"的年代,强调教育目标的至高至善至纯。在树立英雄人物、榜样人物典型时,也都按照完美无瑕、至善至纯的形象来塑造,强调人的奉献和牺牲,不顾及人的实际情况,把人塑造成"不食人间烟火"的圣人、完人。同时,要求全社会成员去学习这样的典型榜样,结果造成榜样的目标过高,与现实的反差太大,人们在面对现实时只能敬而远之。

《中共中央 国务院关于进一步加强和改进大学生思想政治教育的意见》

---

[1] 韩大伟."路径"含义的词汇化模式[J].东北师大学报(哲学社会科学版),2007(3):158.

[2] 诺思.经济史中的结构与变迁[M].陈郁,罗华平,等译.上海:上海三联书店,1991:2.

指出：以理想信念教育为核心，深入进行树立正确世界观、人生观和价值观教育；以爱国主义教育为重点，深入进行弘扬和培育民族精神教育；以基本道德规范为基础，深入进行公民道德教育；以大学生全面发展为目标，深入进行素质教育。思想政治教育目标应立足于现实的人，以人的全面发展作为它的终极目标。为了实现这个终极目标，就必须从人的实际出发。现代社会赋予了个体鲜明的主体性特征，不同的人因思想认识、实际需要、生存境遇不同而表现出差异性、层次性、独立性。这就要求思想政治教育体现出培养目标的层次性，以增强针对性，克服过去那种不分对象，追求通体为善、毫无瑕疵的人格培养目标，避免理想与现实相脱离的弊端。从中国实际出发，根据社会分层中不同阶层人员的思想特点和利益诉求，结合网络社会、风险社会、多元社会的特征，制定长远目标、中期目标和近期目标以及根本目标、具体目标，使思想政治教育目标既扎根现实土壤，又超越现实，变得更加切实可行。

（二）确立科学合理的思想政治教育内容，尊重需要性要求

在思想政治教育内容选择上，不同时期体现出不同的特点和重点。计划经济时代，强调社会本位教育，轻视个人本位教育；强调思想理论内容的教育，轻视生活实践内容的教育；强调政治斗争、阶级斗争，轻视法律制度、心理健康教育；强调传统文化教育，缺乏对西方思潮的应对与挑战；强调意识形态内容的教育，轻视生活生命内容的教育；强调精神文化需要内容的教育，轻视物质需要内容的教育。面对新的历史条件，这种教育内容缺少对现实的关注，需要我们不断优化思想政治教育内容结构，保持思想政治教育内容要素内在和谐、辩证统一，既反映内容的主导性、思想性、整体性、科学性，又反映内容的层次性、广泛性、渐次性、微观性。思想政治教育的内容既要有世界观、人生观、政治观、道德观教育的内容，又要有法制观、心理健康、生命观、生活观、生存观教育的内容，并做到随着社会发展增加新的教育内容，丰富教育资源，使教育内容与现代社会共契共生、与时俱进，符合社会发展新要求，适应不同类型和层次的个体对教育内容的需要，显示教育内容的差异性、渐次性，最终引导教育对象向更高的教育目标迈进。

第一，肯定人的需要。新时代，社会主要矛盾深刻转化，人民日益增长的物质文化需要已发展成为人民日益增长的美好生活需要。思想政治教育内容反映的是精神意识形态活动，但它不是可以脱离社会现实、人的发展的孤立活动。"必须把整体性、全局性的宏观教育内容与个别的、具体的微观教育

内容结合起来。"[1]个别的、具体的微观教育内容体现的正是每个人生存、发展的个性特点、个体需要。每个人的不同实际问题所反映的思想问题不同，而且每个人的思想问题背后，从根本上说，所折射出的是其需要问题、利益问题。因此，思想政治教育内容是无法回避这些正当的合理的个人需要和利益的，否则，容易造成教育内容的空洞化、虚高化、形上化。

第二，关注人的生活。生活是最好的老师，最生动的教材，最美的课堂。思想政治教育要深入、融入生活，要从社会生活实践精制、提炼、升华其内容，克服其内容剥离生活、远离生活、藐视生活的倾向。同时，思想政治教育内容必须回到社会生活中指导生活。思想政治教育内容所根植的生活，是全方位的、多层次的生活，不仅包括人的物质生活，而且包括人的精神生活和文化生活。物质生活解决人的基本需要问题，精神生活是人的精神存在方式，包括人的理想信念、情感意志、心理等。这些都是思想政治教育内容不可缺少的组成部分。应该把营造和谐、健康、向上的人的精神家园作为教育内容的一个重要方向。文化生活是人的精神生活的重要方面，体现精神的人文性、人本性。思想政治教育的人文精神内容要坚持以人为本的思想理念，提升人性关爱的文化底蕴，不断净化人的思想情感，升华人的精神境界，实现思想政治教育内容的不断优化、丰富和发展。

第三，关爱人的生命。传统思想政治教育内容缺乏对人之生命的关爱，将人的生命放在思想政治教育内容的视野之外。教育内容脱离社会现实和人的生活，剩下的是些抽象的原则、规范、理论，甚至为了这些抽象的原则、规范、理论可以无谓地牺牲现实生活或个体生命。现代思想政治教育应将人的生命关怀与生命教育作为其中一个重要内容加以重视。人的存在首先是生命的存在，人的需要首先是维持生命存在的需要，生命需要是最基础、最根本的需要。对于生命的存在、价值、意义，只要稍有良知、人性的人都会有自觉的认识和深刻的体悟。但面对现实的生存困境、心理焦虑、精神抑郁，不少人生命意识淡薄，宁愿放弃生命。因此，思想政治教育要引导人们对人的心灵世界的关注和对生命意义的理解。增加思想政治教育中的生命教育内容，通过生命教育，唤醒人们的生命意识，使其敬畏生命，珍惜生命，热爱生命，激励人们发现、追求与建构生命生存的意义和价值，这都是思想政治教育人性化

---

[1] 熊建生. 论思想政治教育内容结构的优化[J]. 学校党建与思想教育(上半月)，2008(11)：14.

的基本要求,同时也构成思想政治教育人性化的重要内容。

(三)注重正确有效的思想政治教育过程,遵循成长性规律

张耀灿、陈万柏教授认为:"思想政治教育过程是教育者根据一定社会的思想品德要求和受教育者的思想品德形成与发展的规律,对受教育者施加有目的、有计划、有组织的教育影响,促使受教育者产生内在的思想矛盾运动,以形成一定社会所期望的思想品德的过程。"[1]它有其自身发展的基本规律:"思想政治教育过程中诸要素之间的本质联系及其基本矛盾运动的必然趋势。它可以具体表述为：教育者的教育活动一定要适合受教育者的思想品德状况的规律。"[2]任何学科的发展都要遵循其基本规律,作为实践性很强的思想政治教育过程更该如此,它不是可以随心所欲地任意开展的活动,否则就会影响它内容的主导性和过程的科学性。但是,不论是思想政治教育的规律,还是思想政治教育过程的规律都有自身的特点。规律是事物运动过程中本身所固有的、本质的、必然的联系,往往体现出它的永恒性、稳定性和绝对性。如自然规律中的寒来暑往、四季更替、生老病死,社会规律中生产力和生产关系、经济基础和上层建筑的矛盾运动,都是不以人的意志为转移的客观规律。但做人的思想政治工作的规律则不同。人的存在不同于动物的存在、自然的存在,是生存的、生活的、变化的存在。思想政治教育过程要遵循的规律,必须是符合人的生理和心理生长、生成的规律。过去,我们对思想政治教育过程的研究,不论其概念、本质、规律,还是组成要素,往往都表现出宏观把握、静态观察的特点。强调教育者的主导地位,教育者对受教育者的控制,对教育内容、教育方法和教育环境的机械教条的认识和运用。缺少对思想政治教育的社会环境、自然环境动态的辩证的认识,缺少对思想政治教育过程中的人的生理心理、情感、需求等方面的研究和把握,缺少接受过程、接受能力的研究。

接受过程是思想政治教育过程的一个重要方面。它是通过接受主体结合自身的需要、已有的思想基础在接受环境、接受能力的作用影响下,通过某些教育介体对接受对象进行反映、选择、认可、加工、整合、内化、外化、反馈等的连续的、完整的活动过程。从接受形式看,有强制接受、主动接受、被动接受;从接受效果看,有积极接受、消极接受、虚假接受;从接受程度看,有足量

---

[1] 张耀灿,陈万柏.思想政治教育学原理[M].北京：高等教育出版社,2001：88.
[2] 张耀灿,陈万柏.思想政治教育学原理[M].北京：高等教育出版社,2001：96.

接受、准确接受、"半"接受。之所以有接受形式、效果、程度上的不同,是因为这是人的接受,而非容器的接受。人是有思想、有需求、有目的、有意志的,不能以物的接受形式来要求人的接受。这要求思想政治教育接受过程必须考虑人的需要、情感、兴趣、心理等多方面因素。人的需要在思想政治教育接受活动中起着推动、觉醒和导向作用,形成接受过程中强大动力机制;情感在思想政治教育接受活动中起着催化、强化、感化的作用;兴趣在思想政治教育接受活动中起着推动、激活、刺激的作用;心理在思想政治教育接受活动中起着引导、调节、预防的作用,形成思想政治教育接受活动中的心理机制。人的任何接受活动都是在心理因素参与下进行的。如果接受主体有积极健康的心理,则有利于对教育内容的接受产生自觉自愿心理,而不是抵触逆反心理。

思想政治教育接受过程是思想政治教育过程中的一个重要环节,它直接影响着教育实践活动的成效和教育目标的实现。因此,教育者不能不考虑接受主体是虚假接受,还是足量接受。要深入研究教育对象的实际情况,做到有的放矢。优化思想政治教育过程路径,坚持教育目标的属人性、教育内容的为人性、教育方法的创新性和教育过程的人本性思路,走出一条思想政治教育人性化的路径选择。

第三章

问题意识：思想政治教育人性化的基本环节

思想政治教育人性化既不是抽象思辨的坐而论道,也不是是非不清的曲意逢迎,而是立足当今社会现实和个体生存境遇中重大或核心问题的社会实践活动。从根本上说,它是由人的思想问题引起的,人的思想是人们在生产、生活实践中面对需要认识和解决的各种现实问题而形成、发展的。问题最能表现人的思想现实和精神状态。马克思说:"问题就是公开的、无畏的、左右一切个人的时代声音。问题就是时代的口号,它是表现自己精神状态的最实际的呼声。"[1]反思过去思想政治教育的有效性不足,缺乏问题意识和问题情怀是主要原因之一。思想政治教育人性化的出场路径和发展动力应当以回答时代核心问题为切入点,以问题意识为基本环节,将理论提升、理论学习、知识传授与人的问题意识培育、问题情怀养成、实际问题解决相结合。通过对具有时代性、社会性、前沿性、生活性的真问题的思考与解决,体现思想政治教育人性化的价值取向与魅力所在。

---

[1] 中共中央马克思恩格斯列宁斯大林著作编译局. 马克思恩格斯全集：第四十卷[M]. 北京：人民出版社,1982：289-290.

第一节 问题意识：思想政治教育
人性化之思想理论提升的环节

理论来源于现实、实践和生活，它不是纯粹的思想、意识和心灵的产物。然而无论怎样的实践、怎样的生活，都是人的实践、人的生活，都是通过人的认识、反思实现的。人的实践与生活，不是几千年来周而复始的简单重复和不加思索，而是在不断地适应自己时代要求、回应时代重大和核心问题的过程中向前发展的。问题意识的培育、问题的探索求解构成了理论创新的前提条件。

一、问题意识及其本质特征

（一）问题意识的含义

对于问题，《现代汉语词典》解释为：一是要求回答或解释的题目；二是须研究讨论并加以解决的矛盾、疑难；三是关键、重要之点；四是事故或麻烦。它往往和矛盾、斗争、疑难、疑问、困难、困惑、张力、阻力、障碍等诸多概念关系密切。问题是人们在实践中形成的，问题本质上就是实践中的矛盾，是实践主体对实践中的矛盾进行反思、加工之后形成的。问题与认知主体的认识水平相关联，又体现认知主体的认识水平。没有问题，就没有创新和动力。问题是科学创造与发明、理论诞生与创新的逻辑起点，大凡重大理论的诞生或突破，无论是自然科学，还是社会科学，首先是从提出问题开始的。问题是重要的认识论概念和基本的方法论范畴。学者张掌然认为："它与认识和实践、主体和客体、对象和方法等认识范畴有着密切关系，它把理论和经验、思维和观察联结起来，而且把发现、评价、发明和选择、建构等认识活动联系起来。"[1]这体现出问题的中介属性和环节作用。对于问题，既可以是学术上的理论问题，也可以是现实中的实际问题，还可以是某些日常语境中的错误、劣迹、缺点，如某人的作风问题等。

人们在实践中会遇到各种矛盾、困惑，客观世界中的各种问题或事件反映到人的头脑中，形成了人的问题意识。对于问题意识，理解的角度不同，其含义也有所差异。姚本先教授认为："思维的问题性表现为人们在认识活动

---

[1] 张掌然.问题的哲学研究[M].北京：人民出版社，2005：156.

中,经常意识到一些难以解决的、疑惑的实际问题或理论问题,并产生一种怀疑、困惑、焦虑、探究的心理状态,这种心理又驱使个体积极思维,不断提出问题和解决问题。对于思维的这种问题性心理品质,称之为问题意识。"[1]这里提出了问题意识的心理品质。李思民教授认为:"所谓问题意识,是对事物'内在理性'的一种突破,指人以质疑索解的态度审视主客观世界所形成的一种思维方式和文化观念,它是以一般和个别、必然和偶然的客观辩证关系为依据的、对带有或然率的确定事件可能发生的一种测度。实际上问题意识也是一种洞鉴古今的批判精神和忧患意识。"[2]俞吾金教授认为:"所谓'问题意识',就是人们对自己周围的各种现象,尤其是在自己研究的领域里,不采取轻信的态度,而总是自觉地抱着一种怀疑的、思索的、弄清楚问题的积极态度。"[3]谭希培、刘小容认为:"所谓问题意识,简言之是指人们自觉认识问题的程度。对问题的自觉认识程度与问题的产生有着密切的关系。"[4]

(二)问题意识的本质特征

从以上关于问题意识的含义中看出,可以从哲学、心理学等不同学科对其进行概述,问题意识有以下几个方面的本质特征。

1. 主体性

问题意识是客观事实、事件、现象、矛盾的主观反映。离开主体的主观反映、映象,就无所谓问题的存在和问题意识的产生。无视问题意识的主体性,就是无视人的存在。现实生活中的同样的事实、事件、现象、矛盾,会因认识的主体不同而导致不同问题意识的发生。不同的认识主体,因其成长环境、知识背景、思想基础、认知水平的差异,会从各自的认识角度,去提出问题、发现问题、解决问题。有的人面对经常性的,乃至于终生遇到的问题,都产生不了问题意识,然而有的人却在绝大多数人认为不是问题的地方,产生了强烈的问题意识。千万年来,不少人看到过苹果落下,却只有牛顿对其产生了"问题意识",问了"为什么",发现了万有引力。社会主义革命、建设几十年,邓小平同志结合自身实践经验,提出了振聋发聩的"什么是社会主义,怎样建设社会主义"的问题。正是这种问题意识的影响,形成了中国特色社会主义理论。

---

[1] 姚本先.论学生问题意识的培养[J].教育研究,1995,16(10):40.
[2] 李思民.问题意识的理论阐释[J].哈尔滨学院学报(社会科学),2002,23(1):75.
[3] 俞吾金.如何理解"问题意识"[N].长江日报,2007-06-28(12).
[4] 谭希培,刘小容.论马克思主义学说的问题意识[J].湖南师范大学社会科学学报,2009,38(4):26.

问题意识往往反映出主体的思维品质、思想魅力和个体价值。

问题的提出是这样,问题的解决同样也体现出问题意识的主体性。不同的问题有不同的解决办法,同样的问题也有不同的解决办法。但缺乏问题意识的人就未必如此。因为缺乏问题意识的人容易陷入用老办法解决新问题的教条主义泥潭。具有强烈问题意识的人往往在解决问题过程中体现出主体鲜明的创新性、能动性和积极性;能以问题为切入点,体现出对人关爱的问题情怀;在问题解决中,体现出主体个人的魄力、胆识和智慧。因此,我们说,问题意识体现鲜明的主体性特征。

2. 层次性

问题意识的形成、发展,不仅与问题本身有关,而且与主体自身相关。问题意识的程度、层次、水平既受到问题本身层次性的影响,也受到主体的思想基础、认知水平、实践程度、生存需要等因素的制约,反映出主体问题意识的层次性、差异性。一般来讲,思想道德好、认识水平高、实践能力强、人生历练厚的人,问题意识水平相对会高些;反之,问题意识水平就会相对低些。一个没有任何实践经历、生活阅历而囿于书斋的人,会有强烈的问题意识吗?答案显然是否定的。不同的问题,或相同的问题,认识的主体不同,会因不同的认识角度和思维方式而有所不同。有的突出问题意识的宏观把握和全面综合的战略高度;有的突出问题意识的细微之处和各个击破的微观技术;有的问题意识放眼国家、民族和社会需要的视界;有的问题意识拘于部门、群体、个人需要的视角。我们应承认人们问题意识的层次性和差异性的客观性存在。导致这种客观性存在的因素很多,单就人的年龄、生理、心理方面就可能成为其因素之一,否认这种客观性的存在,是对人性的违背。我们不可能要求人的问题意识永远在同一层次、同一水平上。但我们又必须尊重的人的问题意识,让人有问、敢问,在问中提高共识,凝练思想,升华境界。

3. 实践性

问题意识不是主观自生、凭空捏造的,不是对伪问题、虚问题的反映。人的思想、人的问题意识应来自社会实践和生活世界。毛泽东同志曾说:"人的正确思想,只能从社会实践中来,只能从社会的生产斗争、阶级斗争和科学实验这三项实践中来。"[1]不参加实践,不深入生活,就很难产生问题意识,形成思想。"在现实生活中,我们发现,有些研究者虽然脑袋里装满了知识和经

---

[1] 毛泽东. 毛泽东著作选读:下册[M]. 北京:人民出版社,1986:839.

验,却提不出真正有价值的问题来。之所以发生这种现象,既与他们容易认同环境、缺乏怀疑精神的思想惰性有关,也与他们不清楚问题得以产生的机理有关。"[1]马克思十分强调实践对人的思维、意识的决定作用。正是在人的实践中发现了社会矛盾和重大思想理论问题,形成了反映客观现实的真问题、实问题。所以马克思认为:"人应该在实践中证明自己思维的真理性,即自己思维的现实性和力量,亦即自己思维的此岸性。关于离开实践的思维是否具有现实性的争论,是一个纯粹经院哲学的问题。"[2]因此,只有脚踏实地,亲历实际,才能发现问题,提出问题,而不能为知识而教,为理论而学,成为一个有知识理论,却无实践创新的人。知识可以传授和灌输,但问题意识和创新能力却不是单纯靠知识传授和灌输就能实现的。

当然,我们强调实践的重要性,并不是要轻视理论的重要性,而是要求我们在实践中不断发现问题、解决问题,在解决重大问题的过程中,将感性经验上升到理论知识,再用理论知识指导实践,并接受实践的检验,使之不断完善和发展,实现理论和实践的结合。

4. 时代性

问题意识是对现实时代矛盾的揭示、反映,今天,是对被称为网络时代、转型时代、风险时代、信息时代的政治、经济、社会、生态多方面问题的客观反映。问题就是时代的口号,时代的最强音。它可以是时代发展的障碍、阻力,也可以是时代发展的动力、活力。"问题是研究的起点,也是学科发展的生长点。对人文社会科学,问题意识淡漠,脱离时代与社会现实,无异于切断了它们发展的源头,必将成为无源之水,无本之木,生命力将随之枯竭。"[3]无论是理论问题,还是实际问题,只有反映时代的本质特征和社会现实,才能是真正的真问题、实问题。问题意识不是脱离实际的空洞,也不是远离时代的虚幻。过去时代的真问题,在现时代可能已不成问题。过去时代不成问题的问题,可能变成现时代的强烈问题,或将成为未来的重大问题。我们要将强烈的问题意识与鲜明的时代特征紧密联系起来。

问题意识的时代性,突出表现为问题意识现实性。时间、空间跨度大的时代相对于短暂的人生来说,是漫长而广阔的。人们更多的是关注当下的、

---

[1] 俞吾金. 如何理解"问题意识"[N]. 长江日报,2007-06-28(12).

[2] 中共中央马克思恩格斯列宁斯大林著作编译局. 马克思恩格斯选集:第一卷[M]. 北京:人民出版社,1972:16.

[3] 刘大椿. 问题意识与超越情怀[J]. 中国人民大学学报,2004,18(4):18.

眼前的现实问题。当然,这样说,并不是削弱或否认人的目标与理想的崇高与长远,而是要求立足现实,放眼未来,夯实根基,升华境界。现实生活中,对人们思想观念影响最深的、最直接的,还是当时的社会现实问题。所谓问题的"热点""重点""难点",往往主要是就问题的现实性方面而言的。来源于社会实践和现实生活的问题意识,必然紧跟实践和生活的步伐,与时代俱进,和实践同行。

5. 批判性

问题意识的批判性源于问题意识的辩证性和实践性。马克思主义的问题和问题意识以辩证法为依据,在对事物、事件作肯定理解的同时,也作否定的理解。否定是为了摒弃、出新。辩证法不否定问题,不回避问题、遮蔽问题,对待问题不悲观、保守,而是以积极态度、乐观的精神迎接问题,分析问题,解决问题;否则,就会陷入形而上学教条主义害怕问题、不敢提出问题、因循守旧、墨守成规、不敢怀疑、不敢批判的错误路线。人们问题意识的培养本身不是目的,是为了通过对社会重大而核心问题的反思与解决,对现实关系的审视与批判,对未来理想关系的追求与构思,推动社会进步,谋求人类幸福,促进人的全面发展。

马克思不满足于黑格尔书斋里的革命、词句上的斗争,诉诸革命的实践,以达到批判、改造现实社会。马克思说:"哲学家们只是用不同的方式解释世界,而问题在于改变世界。"[1]要改变世界,就必须参与社会实践并在实践中对现实世界持辩证批判的态度,就必须时刻关注并加以解决影响社会发展的重大而现实的问题。"马克思之所以总是能在前人看来没有问题的地方发现问题,在他人认为已经不存在问题之处指出问题,是因为马克思主义全部学说都立足于变革现实世界的社会实践,致力于消灭现存状况,实实在在地研究产生与推进现实运动的现有前提。"[2]这充分体现出来源于实践,同时又推动实践发展的问题意识对现实的批判功能,并在问题意识培养、提升中,形成理论,同时不断对其加以补充、修正、完善。

从问题意识的基本内涵和本质特征分析中,可以看出,问题意识,首先,提供一种思维视角,问题意识体现出的是一种主动探究问题的创造性思维,

---

[1] 中共中央马克思恩格斯列宁斯大林著作编译局.马克思恩格斯选集:第一卷[M].北京:人民出版社,1972:19.

[2] 谭希培,刘小容.论马克思主义学说的问题意识[J].湖南师范大学社会科学学报,2009,38(4):27-28.

一种对待知识、理论、事物、现象、矛盾的理解与认识,不拘泥于已有和现成的,或对已有和现成的,不拘泥于只知其然,而不知其所以然。通过问题性思维,探索知识、理论、事物、现象、矛盾的根本原因和内在本质,以求得对其实质性的理解和根本上的把握,并在此基础上获得创造性的突破。其次,突出人文关怀、人性关爱。问题意识的主体性特征,强调了人的主体地位和人的能动性、创新性和主动性,承认、肯定和关注人的问题意识,就是对人的关爱和尊重;问题意识的层次性特征,反映了人的思想的多样性、差异性,要求人们包容多样,尊重差异。在教育活动中,根据教育对象具体思想现状,划分层次,区别对待。最后,推崇个性,注重过程。问题意识的产生往往是主体独立思维的结果,体现了鲜明的个性特征。当思想政治教育理论与发展中的社会现实存在矛盾和冲突时,教育对象根据自己的理解,形成了自己的问题意识。教育者应根据每个教育对象的具体情况,以"问题意识"为切入口,有针对性地开展教育,体现思想政治教育的个性化特征。通过对每个教育对象的具体问题,具体分析,强调问题的提出、分析和解决的具体过程。思想教育是一个过程,不可以强迫式的一蹴而就。传统思想政治教育,由于缺乏问题意识,简化教育过程,导致思想政治教育内容上的灌输和方法上的独白。

二、问题意识缺失:思想政治教育现状分析与原因探究

(一)思想政治教育问题意识现状

长期以来,我国思想政治教育突出教育的政治性、思想性,强调教育"价值共识"、"目标一致"和"正面作用"。在此背景下,人们对思想政治教育研究缺少探究和批判精神,缺少对人的"问题意识"的关注,"问题意识"淡漠,对待问题有回避、遮蔽、淡化之嫌,强调问题意识的统一性、主导性、整体性和原则性,轻视或无视问题意识的个体性、主体性、层次性和生活性。

1. 强调问题的统一性,轻视个体性问题意识

过去,作为解决人的思想问题的思想政治教育,更多关注的是带有普遍性的较为宏观和高端的人的世界观问题、人生观问题、价值观问题、政治观问题、道德观问题和法制观问题。对于这些问题的关注与解决在任何时候都不容淡化和弱化。由于对于这些问题的理解与解决,往往立足于教育者而非教育对象的问题意识,进行统一的部署与行动,高度关注那些带有普遍性、共同性、思想性、政治性的问题,轻视一个个生动而具有鲜明个性的个体问题意识,从而使得思想政治课较之于其他专业课或其他人文社会课疑问最少、提

问最少。人的思想问题属于一个个具体的人,体现出人的鲜明个性特征。但为了维护思想政治教育的严肃性和纯洁性,老师寄希望通过统一的问题的提出与解决,以求"批量"解决学生思想问题,达到教育目的,实现教育目标。不允许教育对象个体性问题意识的产生。对于个别者提出自己的问题、看法和见解,老师要么嗤之以鼻,不屑一顾,要么视为异类,批评教育,甚至有时被看作对老师的不敬和对知识的亵渎。不给教育对象提问、质疑的机会和条件,无视人的个体存在,压抑人的个性发展。在问题的统一的设置和解决中,追求教育流水线上的人才培养统一性。忽视教育对象个体问题意识的差异,无视人的个性与尊严,漠视问题意识的个体存在,这是对教育对象人性的扼杀和践踏,也是对思想政治教育本意的背叛。

2. 强调问题的主导性,轻视主体性问题意识

问题的主导性,主要是指思想政治课中问题的设置、提出、分析与解决,体现的是教育者的主体地位、主导作用。教育对象处于被动和服从地位,被教育者的问题牵着鼻子走,完全受教育者的问题意识左右和影响,其主体性存在被忽视。教师问,学生答,且答案已在问题之中,体现答案的唯一性、精确性,不给教育对象以想象空间、发挥余地和创新机会。久而久之,学生既不想提出问题,又不敢提出问题,更不会提出问题,也提不出有价值、有思想的问题,完全受制于人,人云亦云,书云亦云,难辨是非。

强调教育者主导作用,轻视教育对象的主体性问题意识的培养,容易造成教育者的唯我独尊、我行我素、知识陈旧,不能用已有的知识、理论很好地解答现实问题。问题意识淡漠,容易禁锢学生的思考,使学生失去探索问题的机会,只唯书、唯上,把学生变成了课堂的奴隶,轻视自主学习、发现学习和创新学习,结果导致注入式教育学习和接受性学习的滋生和漫延。学生无需独立思考、创新发现,只需接受,缺乏独立人格,丧失自我,人被异化为消极被动接受社会规范的工具。

3. 强调问题的整体性,轻视层次性问题意识

在过去的思想政治教育中,存在一提到思想问题,就会有拔高问题的严肃性、严重性,甚至将思想问题无原则地上升到路线问题、政治问题的高度的倾向。思想政治教育是要解决人的思想品德问题、政治方向问题,但不能无原则地将其拔高,必须从教育对象的问题意识的实际情况出发,不能随意地对他们现实生活中产生的一些问题、疑虑、怀疑、困惑进行任意地曲解、误解、恶解;不能把人们对现实中一些问题的看法、见解无原则地拔高,甚至上升到

政治斗争、阶级斗争的高度;不能认为只有政治问题、阶级问题,才能成为问题,否则不会被人们加以关注和解决,并以政治斗争、阶级斗争作为解决问题的唯一途径,造成残酷斗争、无情打击、万马齐喑的社会局面,致使思想政治教育处于"无人"的地位。

影响人的问题意识形成、发展的因素是全方位的、多层次的——社会、政治、经济、文化、生态以及人的认知需要、生存需要和实践需要,还有人的思维能力、思想理论基础和生活阅历等。因此,人们的问题意识表现出一定的层次性。对党的路线、方针、政策的理解会因问题意识视角的不同而有所不同。但这不能否认广大人民群众对党的路线、方针、政策和科学世界观、人生观、价值观的高度认同和自觉践行。人生活在现实中,现实中遇到的问题反映到人头脑中,形成"问题意识"。现实中的问题,不仅有政治问题、道德问题、环境问题,还关涉到人的生存问题、心理问题、就业问题、贫困问题等等。这些问题都可以导致人的思想问题发生,形成认知主体的不同层次的问题意识。只有真正地从人的生活实际出发,关注人的问题境遇,才能体现思想政治教育人性化的时代诉求和价值旨归。

4. 强调问题的原则性,轻视生活性问题意识

过度强调问题的高度性、思想性,容易导致问题的分析与解决过于注重原则性和服从性,把本是现实生活中的一般性问题上升到原则性问题、政治思想性问题。由此,在处理问题时,不能晓之以理,动之以情,以理服人,以情感人,而是从原则、规章出发,表现教育的大话、空话、套话的话语体系,动辄以原则、制度、规章为依据,强迫人服从、遵守。对于问题的解决方法方式,不论想得通的还是想不通的,都以教育者的原则性主张为主,缺少从实际出发,设身处地切实解决问题的灵活性,对于人们的生活性问题意识置若罔闻。这种置原则定于一尊的做法,容易剥夺人们反思性、批判性的问题意识。批判性,就是不迷信权威,超越传统。然而问题意识的批判性特征因为原则性要求,使人们不能有问题意识,不敢有问题意识,对事物中的积极因素和消极因素不敢做批判性的扬弃,最终把人变成没有问题意识而"落伍的罗素"。

现实生活是问题意识之源。人的很多思想问题都可以在生活中找到它的源头。不论大问题,还是小问题,不论思想政治问题,还是现实生活问题,不论原则问题,还是非原则问题,都应该是思想政治教育工作者的问题对象,在实际教育工作中对其予以重视,加以解决,使得问题解决处于由简单到复杂、由低级到高级的良性循环。

（二）思想政治教育问题意识缺失原因探究

1. 传统思想观念对人的问题意识培养的阻碍

问题意识的培养并非一朝一夕，影响人们问题意识形成也不是一时一事。原因是多方面的，其中很重要的一点，就是受传统思想观念的影响。

第一，述而不作的唯书观，视书本为真理，不必提问。中国传统文化对人的思想认识和理论知识都有着深厚影响。传统文化博大精深，有其精髓，但也不乏糟粕。长期以来受农耕文化和封建专制思想的影响，对古人的思想理论、对历史的典章古籍"述而不作"，阐释、传述其既有的内容而不进行创新性工作，不敢质疑、批判，否则斥之为离经叛道，特别是在政治高压、残酷斗争的年代里，往往还有造成生命危险的可能。历史上的焚书坑儒和文字狱，就是因为一些仁人志士揭露社会时弊、质疑当政统治、违背当时主流文化而遭到惨无人性的打击、报复和杀害，给人留下惨痛的教训。这导致思想政治教育奉典籍为绝对真理，视书本为金科玉律，不敢越雷池一步。结果是，一方面许多人害怕政治，敬畏政治，不敢有自己的见解和疑问；另一方面，受官本位、学而优则仕的诱引，追逐仕途，放弃自我主见，最后，许多文人志士囿于一方书斋，皓首穷经，终日忙碌于名家经典之中，循四书章句集注而不得有丝毫疑问与批判。凡事从书本中找答案，视书本为圭臬。人的个性被彻底否定，人性遭到践踏，根本容不得人的主体性问题意识和批判性问题意识的发育、发生和发展。思想政治教育变成了愚民驯化教育。

第二，师道尊严的唯上观，视教师为权威，不能提问。崇尚科学，尊重教师的人格、劳动和成果，是基本的伦理要求和道德规范。但不能把对教师的尊重变为对教师的盲从和膜拜。过去，教师被看作传授知识的主体，学生是被动接受知识的客体。对于教师教授的知识，学生不得有疑问、疑惑。教师往往也是照本宣科，对书本、对现实没有自己的见解，没有问题意识和批判思维。对于学生的疑问、提问，经常被看作对教师的不尊重。老师高高在上，居高临下，学生正襟危坐，仰面恭听。把师道尊严片面理解为教师在教学活动中拥有绝对权威地位，不容许学生对教师和课本有任何怀疑。教师凭着学术权威和教学权力使学生处于屈从和谦恭状态，教师是教学过程的控制者、教学活动的组织者、教学内容的制定者、学习成绩的评判者，是知识的权威、真理的化身，一切听命于教师。把有问题意识的学生变成没有问题意识的学生的老师就是好老师，由"不听话"的学生变成"听话"的学生就是好学生。不能体现教育教学中师生平等的关系和教师对学生的关心和爱护，只能表现为对学术的施舍和馈赠。学生难以获得独立人格和主体意识。

第三,身份本位的等级观,视官员为父母,不敢提问。官本位思想历来在人们的思想中根深蒂固。身份、地位、权力的不同形成了严格的人的等级关系。职务越高,权力越大,越拥有绝对的权威,以领导者自居,永远把自己看作思想政治教育者,对别人发号施令,而不可能作为教育对象接受教育。平民百姓总是作为教育对象洗耳恭听,俯首称臣,视官员、老师为父母,不敢有丝毫的怠慢和质疑。给人的感觉是,思想政治教育是领导者、统治者的事情,有什么样职务、身份,就思考什么样的问题,形成什么样的问题意识,而普通百姓只是逆来顺受接受教育。问题意识的培育、问题的提出与解答都成了领导者、统治者的专利,教育对象只需对教育内容进行接受、认同和内化。强调人际间的合群、共性与一统,不容个性、疑问和独立。这导致人们不敢关心政治,不敢过问政治,对思想政治教育产生消极倦怠。

2. 传统教育教学模式对人的问题意识培育的制约

在我国长期实行计划办学体制的影响下,大学教育教学的出发点并不在学生,而是以服务社会政治和经济的需要为目的,过于强化教育的政治功能。教育政治功能一旦过于突出和放大,就会限制学生的思想、思维、言论、行动,导致教育领域高度统一,教学也是高度的工业化生产模式,统一大纲、统一内容、统一目标、统一方法,采用标准化、集中化、集权化、同步性、等级制形式,组织应试教育。这使得思想政治教育对思想性的要求变成了主要是对知识和理论的学习。教学内容上,强调内容的高端、抽象、原则、整体、综合和系统。应该说这些都是思想政治教育的根本要求,无可厚非。但由于缺少其与社会现实的联系和对人的生存境遇的关注,难以激发人们的问题欲、打开人们的问题阀,使人们失去对真问题探讨的兴趣。他们只需适应标准化试题的考试,写出老师满意的标准答案,就可以获得令人满意的成绩;对思想政治课学习内容,无需思维的加工制作,不必有问题的思考与探究。

教学方法上,长期采用的是注入式教学方法。一度只注重价值观的"瀑布式"灌输,而忽视了通过"喷泉式"交互探求发挥学生自主性、积极性和主动性来培养"价值共识"和一致目标趋向。不管学生能否理解、是否接受,都不具体分析,全盘灌输。采用"大教室""大课堂"式教学,统一内容,不分教学对象的具体层次,不给学生发言、提问的机会,把学生看成了没有思想、没有问题意识的接收器。采用统一的教学形式、方式,机械地把解决人的复杂而动态的思想问题设置成固定的程序,走完程序,讲完内容,教师就算完成了任务。其他专业课,考虑到学生的疑点、难点解答和教学效果,通常采用小班制。而思想政治课为了节约资源,降低成本,往往是来自不同专业的好几十人甚至是上百人济济一堂。老师无暇顾及每个学生的上课反映与表现,更不用说强调对学生实施启发、提问的个性化教学,师生间缺少交流、对话与互动,学生更是缺乏对教学内容的主动思考和质疑。学生缺失了生活实践这个加工、改造、思考的材料,自然形成不了问题意识。当现实中各种矛盾、问题出现在教育对象面前时,由于思维方式的僵化和问题意识的缺失,他们就只能从老师讲授过的书本中寻找答案,缺乏自我的思考和灼见。

3. 传统思维方式对人的问题意识培育的影响

传统思想观念、教育体制机制和教学模式都直接影响制约着教育者和教育对象的问题意识的形成,但仅此而已,还不足以说明问题的全部。从主体的思维角度来理解,传统思维方式的影响是导致问题意识缺失的重要原因之一。关于思维方式,不同的学科视角有不同的界定。从哲学方面来说,"思维方式是一定时代人们的理性认识方式,是按一定方法和程序把思维诸要素结合起来的相对稳定的思维运行样式"[1],是观念地存在着的相对稳定的思考问题、分析问题、解决问题的方法、思路和模式,是思想、观念、理论意识等精神生产的工具和手段。思维方式的不同直接影响人观察事物的问题视域和解决问题的方法选择。传统思维方式对问题意识的影响主要表现为:

第一,本体论思维方式突出,主体性思维方式薄弱。本体论思维坚信世间万物皆有着不变的永恒的本质的存在,追求终极存在、永恒原则和绝对真理,强调客观性、规律性、本质性、预成性和前定性。受本体论思维方式的影响,人们容易形成思想意识上那种至高无上、唯我独尊的绝对权威,要求人的绝对遵守,不容置疑。人们思想观念、行为方式必须遵守这个绝对真理、维护这个权威,主体的思维对象只是外部客观对象,而不是关注和承认人自身,限制了个性发展和主体张扬。主体性思维方式薄弱,不利于体现人的鲜明主体性和个性特征的问题意识的培育。有了最高真理、绝对权威,人们无需多想,不必多问,只管照做。

第二,知识性思维方式突出,价值性思维方式薄弱。在生产力和科技不发达的社会历史条件下,往往强调知识、真理对于社会实践的重要。人们在长期社会实践活动中,以追求反映客观事物的本质和规律的知识作为最高目

---

[1] 肖前. 马克思主义哲学原理:下册[M]. 北京:中国人民大学出版社,1994:625.

标而形成了知识性思维方式。知识性思维通常强调知识的工具性评价标准，在教育教学上，注重知识量的增加，以获取知识的多少作为评价尺度，不考虑主体的需要和利益。教师只传播确定的知识、信仰，不说明其缘由，忽视知识对人的生存、发展的效用即价值。人被抽象为知识化身。对于价值性思维，学者张茹粉认为："价值性思维是指人们把追求真理作为追求价值的手段、工具，把真理对于人类的作用或有用性作为活动追求的最高产物和终极目的的一种思维方式或思维模式。"[1]价值性思维一般从人的角度出发，突出人的地位和作用，肯定人的需要满足和利益诉求，既注重知识的重要性和知识化内容，又强调价值的现实性和生活化内容。传统的知识性思维方式强调永恒的、普遍的、绝对的知识体系的重要性。人们局限于对已有知识的学习和巩固，由于缺乏自身的需要和利益的满足，缺少自我价值实现的途径，人难以被激发思考问题的动力。这种思维方式严重影响人的问题意识的培育。

第三，整体性思维方式突出，个体性思维方式薄弱。在中国传统的思维方式中，强调宇宙间万事万物有机联系和相互感应，注重天人合一、天人和谐，思考问题、处理问题往往从整体原则出发，形成了整体性思维方式。这反映出思维方式的模糊性、直观性、综合性，缺少思维的逻辑性、分析性、实证性。突出整体性的思维方式容易导致人们对集体、群体、社会的依赖，缺乏自我意识和问题意识。个体淹没在整体、群体中，产生人云亦云、随波逐流的从众心理，缺少自己的主见、观点和判断。当个体受到群体的影响，他会使自己朝着与群体大多数人一致的方向变化，对大多数人的主张不敢怀疑，而是盲从，抑制了人的主观能动性和创造性。缺少分析性的思维方式容易使人忽视事物的细节、环节，而问题又往往发生在这些细节、环节之中，这容易导致问题的遮蔽，造成人们难以发现问题、探索问题的现象，影响问题意识的培育。在思想政治教育活动中，整体性思维方式容易忽视对具体教育对象的关心，强调不分对象的整合划一，一刀切。

三、问题意识：思想政治教育人性化基本环节

面对思想政治教育有效性不足、针对性不够、时代性不强等问题，人们不断地探讨新时期增强思想政治教育有效性的途径和方法，并认为思想政治教育应以人为本，突出人的主体性，尊重事物的现实性，凸显人的实践本性，实

---

[1] 张茹粉.思维方式的价值诉求[J].湖北社会科学，2011(3)：107.

行人性化思想政治教育。但这绝不能限于理论上的"呐喊",要加强对思想政治教育人性化的过程、环节与实践的研究。

(一)问题意识:思想政治教育人性化的关节点

1. 问题意识体现思想政治教育人性化要求

问题意识彰显人的主体性存在,强调事实的客观性要求和人的实践性本质属性,突出问题的时代性主题。

第一,问题意识彰显人的主体性存在,强调主体与客体的有机联结。主体性是问题意识的鲜明的本质特征,但问题意识所反映的内容都是客观存在的,是人脑以一定的形式反映作为"对象—问题"的客体。主体和客体的联系,不是机械的联系,更不是外力强加的联系,必须是以问题意识为环节的有机联系,有意识、有目的的联系。人把现实生活中诸多问题变成自己思想政治教育活动对象,变成自己的客体,从而使自己变成问题意识的主体性存在。教育者不再简单地把教育对象看作抽象的教育客体,而是将其视作面临诸多问题、需要解决实际困难的具体的教育客体,人的问题意识的实践性要求实现了主体和客体的有效联结。

任何一个有着强烈问题意识的人或民族,都能充分体现出其鲜明的主体性存在、自我价值追求和对生命的热爱,反映出对生活的积极态度和健康的心理素质。他们以主人翁的姿态,敢于直面问题、挑战现实、追求幸福、实现自我、向往未来、大胆创新。他们不盲从、不悲观、不气馁,同时坚持对他人的尊重与理解,彰显人文风范和人性光辉。具有问题意识的人,在学习、生活中,有强烈求知欲,不满足于现有知识的理解和既成答案的死记。他们不迷信权威,更多的是通过自己对问题的发现、思考,作出个人自主的价值判断。作为教育者,不能局限于传授现成的知识,而要结合当今社会发展实际,引导学生在发现问题、分析各种各样的现实问题中,加深对理论知识的理解。没有问题,知识就成了无病呻吟,没有教育对象主体参与,教育活动成了教育者的独角戏,使得本来充满人性魅力的品德教育成了缺少对人的关爱的空洞说教。作为教育对象,不能局限于对知识的机械吸收,而要通过主体对认识对象的深刻洞察、怀疑、反思、分析、批判等形式,培育主体问题意识,增强主体分析问题、解决问题的能力,在重大问题的思考与解决中,提高自己的认知能力和理论水平。教育要在知无不言、言无不尽的倾听、交流、对话中,让人有问、能问、敢问、会问,体现问题意识思维中对人的尊重、理解与关爱。

问题意识彰显人的主体性存在,有利于问题主体的独立思考能力的培养和独立人格的养成。他们观察事物、处理问题,善于开动脑筋,尊重事实,独立思考;不攀龙附凤、随波逐流、人云亦云,不是以自己的喜怒好恶,而是以事情的是非曲直作为判断、分析问题的标准。他们敢于坚持真理,不迷失方向。有着强烈问题意识的领导者还有听取逆耳之言的雅量,敢于修正不足之处,包容不同意见,不好大喜功,不盛气凌人。这种善于独立思考、保持独立人格、问题意识强烈的人往往能够严格要求自己,不断提高自身修养,具有创新创业意识,将成为社会主义现代化建设的有用之才,这也符合培养具有高尚思想品德的社会主义建设者和接班人的思想政治教育目标要求。思想政治教育要培养的人才绝不是只会听话而不敢担当、毫无主见、不会创新、不善思考的庸才。

第二,问题意识体现尊重事实的精神,强调主观与客观的有效联结。问题意识是客观问题的主观映象,它所反映的社会生活中的问题是客观存在的,都有其社会生活的客观基础。没有客观问题的存在,既没有问题意识产生的可能,也没有问题意识产生的必要。但问题意识不是对问题的简单的直观式的反映,而是主客观之间相互作用、主客体之间相互建构的过程。把现实中的问题变成主体的问题意识,需要发挥主体的主观能动创造作用和思维加工作用。由于教育者先天素质和后天社会实践的差异的影响,对于同一问题或同一问题的各个方面,不同主体会有不同的反映,表现出问题意识的主观性。实现主观和客观的有效联结的途径是实践,实践是主观见之于客观的活动,问题意识的实践性要求实现了主观和客观的有效联结。

问题,不管是需要研究并加以解决的矛盾、疑难,还是出现的事故或麻烦,都是人的实践活动中产生的客观事实。不接触社会,不参与实践,一般不会或者很少发现问题,一接触实际,就会碰到诸多问题:生活问题、政治问题、认识问题、经济问题、伦理问题、道德问题、就业问题、风险问题等。它们反映到人的头脑中,形成了问题意识。问题意识是对实际问题的反映,体现实事求是的精神,一切从实际出发。可以说,具有反映社会生活和人类实践的问题意识的人,往往能从实际出发,即从人的生存境遇出发,尊重人,关爱人。从人的思想问题出发,就是因为不同的问题主体有不同的问题阈,他们思考问题的内容、层次、程度也有所区别。这反映出主体问题意识水平的差异,体现出问题意识的层次性特征。这就要求思想政治教育必须从教育对象的思想问题实际出发,在问题的切切实实的解决中,体现思想政治教育对人的真真切切的关爱,提高思想政治教育的说服力、吸引力和感染力,增进思想共识,提高思想觉悟,凝聚社会主义共同理想。思想政治教育绝不是可以回避和遮掩人的实际问题的坐而论道,有着问题意识的人绝不会回避问题,而是直面问题、分析问题,最终是消除问题,以迎接新的挑战,实现人的更好更全面的发展。

第三,问题意识彰显人的实践本性,强调理论与实际的有效联系。实践是人所特有的对象性活动,是人的存在方式,也是人与动物相揖别的根本点。实践是理论之源,人们在发现问题、分析问题、解决问题的思想政治教育实践活动中将具体的、个别的、特殊的现实存在的问题经过抽象思维加工,对感性材料进行思考、判断、甄别、分析、概括、综合出普遍性问题,透过现象抓本质、找规律,实现由感性认识上升为理性认识的飞跃,并从实践、认识、再实践、再认识的循环往复中,不断提炼出思想理论与思维方法。马克思主义理论就是在深深根植于专属于自己时代的问题谱系中而建立发展起来的。理论来源于对社会现实问题的普遍关注和科学凝练,同时理论还必须和实际相结合,关切、解答时代问题,接受实践经验。忽视理论联系实际的辩证统一关系,容易导致狭隘经验论的滋长。当然,理论不会自动联系实际,需要通过实践这个环节,"意识在任何时候都只能是被意识到了的存在,而人们的存在就是他们的实际生活过程"[1]。这表明人的问题意识产生于人的社会生活,而人的社会生活在本质上又是实践的,问题是理论联系实际的关节点。思想政治教育理论联系实际不是无中介、无环节、无过程的抽象空谈,问题意识的实践性要求实现了理论和实际的有效联系,脱离社会现实中需要解决的核心问题去谈理论联系实际一定是空洞的,必须坚持把思想政治教育活动中的发现问题、形成问题意识、实现客体主体化过程与运用理论、解决问题、实现主体客体化过程辩证统一起来,推进人的生存方式的变革和人的自由全面发展,充分凸显思想政治教育人性化要求。

2. 问题意识培育反映思想政治教育的现实需要

思想政治教育有效性的提升、亲和力的增强,都离不开对时代发展主题的强力把握,需要聆听时代声音,把握时代脉搏,汲取时代营养,回应群众关切。坚持在"时代的口号"与"自己精神状态的最实际的呼声"相统一中研究实际问题,解决真问题。问题意识具有鲜明的时代特征,随着历史的发展而

---

[1] 中共中央马克思恩格斯列宁斯大林著作编译局.马克思恩格斯全集:第三卷[M].北京:人民出版社,1995:393.

发展。"每一个时代的理论思维,包括我们这个时代的理论思维,都是一种历史的产物,它在不同的时代具有完全不同的形式,同时具有完全不同的内容。"[1]问题意识视角下的思想政治教育人性化必须与时代相结合,而结合的着力点是现实的问题,问题的时代性突出表现为问题的现实性。在全球化、现代化、网络化加速发展的进程中,人们参与社会实践的程度日益加深,范围不断扩大,由此生发的问题日益复杂多变,体现出问题的强烈而鲜明的时代口号、时代声音。人们的问题意识虽具超越性,但更多的时候则聚焦当下、眼前和现实,造成人的思想日益呈现多样、多变特点。这种思想上的变化,是由实践中产生的问题引起的。加强思想政治教育,就是加强问题研究和问题意识培养,不能简单地把思想政治教育理解为因完成上级下达的目标、指示与任务,机械地宣传、执行国家方针、政策等而进行的单向直线式的硬性强制工作。教育者必须积极主动深入实际,树立问题意识,把"问题意识"看作思想政治教育的关节点、中介、抓手,以问题作为教育的开端;同时又将问题贯穿整个教学过程,充分发挥问题意识在思想政治教育活动中的作用。

第一,问题意识培育有利于提高人的探知兴趣。靠间接经验学习和灌输是获取知识的一种途径,但获取了知识不等于真正领会知识,更不等于会正确地运用知识。要真正理解知识、获取知识、运用知识,必须激发人们求知、探知的积极性和主动性。这种积极性和主动性往往得益于问题意识的培育,有了思考的真问题、实问题,就能发挥创新性、批判性思维品质作用,激发人的强烈探究真知的兴趣和愿望。只有当人们真正地在对"人为什么活着""人应该怎样活着""人活着有什么意义和作用"等问题进行深度的思考,并作出正确的回答后,才能真正理解、获得关于人生价值和意义的基本理论知识,才能增强理论指导实践的自觉性。人们在中国特色社会主义建设实践中,结合自身对生产力标准、改革开放、市场经济、民主政治、社会发展等一系列重大问题的探索,深入思考"什么是社会主义、怎样建设社会主义"等问题,才能真正理解并践行中国特色社会主义理论。在问题的探究中,追本思源,使思想政治教育内容深入人心、触及灵魂、引起共鸣,中国特色社会主义理论就是在对"什么是社会主义、怎样建设社会主义"这样重大问题的提问、反思基础上,

---

[1] 中共中央马克思恩格斯列宁斯大林著作编译局.马克思恩格斯选集:第三卷[M].北京:人民出版社,2012:873.

在中国特色社会主义建设实践中形成的。社会主义革命、建设实践几十年，如果没有强烈的问题意识和超越情怀，就难以发现蕴含在习以为常现象背后的问题实质，终将难以形成中国特色社会主义理论。问题意识是人们探究真知、领会理论的重要前提。

第二，问题意识培育有利于提高人的责任意识。问题意识是一种责任意识。有了强烈的问题意识，往往就会迎接问题、挑战问题、解决问题，而不是害怕问题、回避问题、推脱问题；没有了问题意识，就会事不关己、高高挂起、明哲保身、随波逐流、人云亦云。问题意识体现了人的一种责任担当的高尚情怀和思想品德。马克思正是在对资本主义各种弊端与黑暗以及对无产阶级生存困境深入思考的基础上，树立了最能为人类谋福利的职业理想。他在中学论文里说："如果我们选择最能为人类福利而劳动，那么重担就不会把我们压倒，因为这是为大家而献身；那时我们所感到的就不是可怜的、有限的、自私的乐趣，我们的幸福属于千百万人……"这种崇高的理想一直成为马克思几十年职业生涯中奋斗的动力。"毛泽东作为伟大的革命家和战略家，一生具有很强的问题意识，在他的革命生活和实践中，经常把解决'问题'冠于其主要工作。"[1]正是这种强烈的问题意识和社会责任感，使得毛泽东担当起领导新民主主义革命和社会主义建设的历史重任。无产阶级革命家、政治家周恩来正是出于对半殖民地半封建社会中国的贫穷、落后、衰弱的原因的思考，发出了"为中华之崛起而读书"的时代最强音，认为读书应以担负国家将来艰巨之责任为己任，显示出伟人挽救民族危亡的使命感和责任感。改革开放总设计师邓小平始终以"什么是社会主义、怎样建设社会主义"为问题的思考对象，肩负中国特色社会主义道路探索和社会主义本质正确认识的历史重任，能够在任何风云变幻、大是大非面前，勇挑重担，坚持真理，体现出其个人身上的真理力量和人格魅力。这些就是思想政治教育人才培养的目标。

第三，问题意识培育有利于提高人的创新意识。思想政治教育要培养的人才，既是符合一定社会或一定阶级需要的人才，同时又是具有创新意识、创新能力的人才，这样的人才才称得上社会主义的建设者和接班人。创新人才往往都是具有问题意识的人。创新始于问题的发现，问题的发现源于强烈的问题意识。具有问题意识的人，通常着眼于"是什么""为什么""怎么样"等问题的质疑、索解、探究和反思，保持对问题的高度敏感性，并产生解决问题的

---

[1] 方延明. 媒介传播的社会责任与"问题意识"[J]. 南京社会科学, 2010(7): 106.

内在需要和强烈内驱力,充分调动想象力、注意力、观察力和创造力,敢于实践,勇挑重担,不畏艰辛,吃苦耐劳,体现出问题主体的自我抉择、客观分析、独立判断能力。没有问题意识,创新意识、创新精神、创新能力必将成为无源之水、无本之木。没有问题意识的学生,在学习上只会读死书、死读书,只会盲目从众,被动吸收,机械容纳,没有探究真知的兴趣和自主创新的乐趣。

长期以来,我国思想政治教育受知识性思维的影响,缺乏问题意识的培育和创新思维的训练。教育内容陈旧,缺乏对重大现实问题的思考与研究,教育方法强调"满堂灌""填鸭式"。虽然方法改进喊了很多年,但事实情况依旧。有的思想政治教育工作者教书一辈子,但遇到重大复杂的现实问题和理论问题、国内问题和国际问题的时候,经常难以凭自身已有知识和经验给予合理的诠释。只有通过问题意识培育,养成创新思维、创新精神,才能以新的角度去分析问题。"德国教育家洪堡(von Humboldt)认为,大学必须培养学生对真理与知识永无止境的探究、创新与不断反思的精神。所以顺应社会历史对人才培养的需求和标准,新时期的高校思想政治理论课应特别重视学生问题意识的培养。"[1]

(二)问题和主义的统一:思想政治教育人性化的过程选择[2]

人性化教育方式,是指在教育过程中,把人看成目的,重视人的生存现实和情感需求,关注人的发展,实现人性的最高境界——个性的充分发展,使教育真正成为培养富于创造性人才的一种教育方式。思想政治教育人性化,就是要将思想政治理论与人的发展目的统一起来,增强自我认知和自主学习能力,使人成为获得人的内在性的真正的人。也即在培育人的能力时,引导其积极主动,而不是被动消极实现对国家核心价值的认同、遵守与践行。我国著名教育家蔡元培在谈到教育人性化本质时说:"教育是帮助被教育的人,给他能发展自己的能力,完成他的人格,于人类文化上能尽一分子的责任;不是把被教育的人造成一种特别器具,给抱有他种目的的人去应用的。"[3]党的十七大报告中指出"加强和改进思想政治工作,注重人文关怀和心理疏导",党的二十大强调坚持以人民为中心发展教育思想,都对我国的思想政治教育

---

[1] 曹景文.思想政治理论课教学与学生问题意识培养[J].思想理论教育,2007(Z1):135.

[2] 宇业力,邵海军."问题意识"视角下的人性化思想政治教育[J].哈尔滨学院学报,2009(1):124.

[3] 蔡元培.教育独立议[J].新教育,1922(3):14.

发展提出了以人为本、人文关怀的总体指导原则。

教育是一项崇高的人的解放事业,说到底就是一种彻底人性化的事业。离开了作为教育主体的人,教育就什么都不是,思想政治教育更是如此。教育心理学研究证明:人们接受教育所经历的"内化"(从理解到信仰)、"外化"(从信念到行为)和"态度形成与转变"等,都离不开生理及心理活动参与,都有其内在规律,不是可以任教育者随心所欲去雕刻的。思想政治教育只有全面关注人,特别是尊重并培养人的主体能动性,促进人的健康成长和全面发展,才能从根本上满足人的需要。密尔在他的《论自由》一书中说:"人类要成为思考中高贵而美丽的对象,不能靠着把自身中一切个人性的东西都磨成一律,而要靠在他人权利和利益所许的限度之内把它培养起来和发扬出来,……相应于每人个性的发展,每人也变得对于自己更有价值,因而对于他人也能够更有价值。"[1]思想政治教育人性化是教育改革和发展的必然要求,也是思想政治教育有效性的保证。

确定了思想政治教育人性化的时代走向之后,必须探索实施思想政治教育人性化的有效途径和正确过程。思想政治教育从根本上说是由人的思想问题引起的,问题意识构成思想政治教育人性化的基本环节。在当代社会发展进程中,影响人类生存和发展的各种问题造成人的思想深刻变动。人类全球化造成的自然环境的恶化如臭氧层的破坏、温室效应、物种灭绝、环境污染等问题;政治多极化造成的政治观的冲突、理想信仰的危机、西方"和平演变"等问题;价值多元化造成的各种价值观的激荡碰撞、腐朽思想的入侵与传播、价值判断标准的分歧与冲突等问题;经济市场化诱发的急功近利、利己主义、金钱本位和权钱交易等问题;信息网络化造成的对传统思想政治教育权威的挑战和在虚拟世界中带来的消极影响等问题;风险社会发展造成人类生存发展诸多风险问题。所有这些问题都会在人的实践中不同程度地反映到人们的思想上,促使人们去思考,从而产生不同层次、不同水平的问题意识。思想政治教育人性化的着力点和核心切入点应该在于"问题意识"的培养。在教育中不但不应刻意回避主体学习中的各种问题与疑问,反而要直接面对问题,指导和引导学生理性思考问题,调查分析问题和提出合理解决之道。培育"问题意识"的人性化教育就是通过对时代性、社会性、前沿性的真问题的思考与解决来形成与时代契合的知识与理念,确立符合社会主流的人文精神

---

[1] 密尔.论自由[M].许宝骙,译.北京:商务印书馆,2007:74.

和科学价值观,进而使之上升为理想与信念,最终付诸实践,成为具有社会责任感的建设者,也即"思考与分析问题→形成和领会理论→理解和形成价值观→培养与建立信念→指导社会工作和建设"。这是一条有效和可行的思想政治教育人性化途径。

1. 始于问题

"问题"是教育的开端,是形成理论的关键。孔子十分强调问题的价值和意义,认为"疑是思之始,学之端"。理学大师朱熹认为:"读书无疑者,须教有疑,有疑者却要无疑,到这里方有长进。"宋代学者陆九渊认为:"为学患无疑,疑则有进,小疑则小进,大疑则大进。"近代著名教育家陶行知则说:"发明千千万,起点是一问。禽兽不如人,过在不会问。智者问得巧,愚者问得笨。人力胜天工,只在每事问。"

教育始于问题,就是教育以问题为开端。通过问题的发现、提出、分析、回答与解决,从而达到教育内容的理解、教育效果的提高和教育目标的实现。"学起于思,思起于疑",疑问是思维的起点。教学中,通过问题的提出和学生问题意识的培育,驱使他们克服思维惰性和思维定式,增强思维的敏感性、灵活性、创新性和学习的积极性、主动性。问题式教学打破教师在教学中的唯一主体性、权威性、垄断性,强调师生间的平等、对话、交流、互动。发现问题、提出问题、探究问题和解决问题不再是教师一统天下主唱的独角戏,老师应是学生发现问题的引导者、提出问题的启发者、探究问题的参与者、解决问题的合作者、创造问题的激活者,学生不再置身于单调、枯燥、冰冷的知识世界中,他们获得学习的人文关怀。

我国社会主义市场经济的发展,对外开放的深入,不断强化着人的主体意识、独立意识。当前,"人们思想活动的独立性、选择性、多变性和差异性明显增强,人的价值观念呈现出日益多样化和复杂化的趋势。在经济全球化趋势不断扩大的条件下,历史的和现实的、本土的和外来的、进步的和落后的、积极的和颓废的各种思想文化相互交织碰撞,对人的思想形成了很大的影响和严峻考验"。在这种情况下,人的学习认知活动不再满足于教师单方面的灌输、讲解,他们越来越希望通过自己的独立思考和判断来获得新知识、新观念,尤其是对传统思想政治教育中的价值观教育的内容,更强调要通过自己的独立判断来决定接受与否。

在传统思想政治教育教学中,教师往往不愿、不敢面对学生对于社会、国家改革和发展中的一些疑问与困惑,而采取刻意回避或者笼统抽象的方式敷衍应付。这样的方式不但压制学生学习政治理论课的积极性,并且也没有拨开学生思想的迷雾,更达不到思想政治教育的理论说服和价值认同目标。思想政治教育教学必须在受教育者自主参与下,直接面对改革发展中的问题,在正确分析问题产生的原因、科学回答问题实质、提出合理解决问题的方法途径中,提高认识,凝聚思想共识。当今改革发展中,的确存在发展不平衡问题、就业难问题、看病贵问题、房价过高问题、教育与分配不公问题、贪污腐败问题等。这些都是当前直接关系到人们生存的社会问题、民生问题,也是思想政治教育中必须面对的现实问题。中共中央宣传部理论局编写的《七个"怎么看"》一书正是在抓住当前我国发展阶段性特征中具有典型意义的七个问题的同时,又抓住了人民群众当前关切的问题的基础上而写成。这些问题既不是从书本里找出来的,又不是坐在书斋里凭空想象出来的,而是从社会实践和人民群众现实生活中调研梳理出来的。它们具有很强的现实性和针对性,既对问题的现状、产生原因进行了实事求是的分析,又阐述了党和国家正在为解决这些问题所做出的具体措施和战略部署。如:具体分析房价高的投资推动、地价推动、制度原因后,阐述了国家为遏制房价而制定的一系列政策措施,同时,加强实施保障住房的安居工程建设。思想政治教育课通过对这些问题的导入,拉近了理论教育与百姓的距离,使理论张开了可亲、可近、可学的笑口,增强了人民群众对党的领导的信心和决心,提高了思想政治教育的声誉和魅力以及理论教育的效果。

  问题教学,就是要加强教育对象的主动参与和独立思考。思想政治教育不是要压制与剥夺教育对象的自由思考能力,而是要对其进行开发、利用并加以引导。正如美国学者布鲁巴克所说:"最精湛的教学艺术遵循的最高准则,就是让学生提出问题。"[1]因而我们的教学要对问题不遮掩、不回避、不虚夸,要敢于面对问题。"要以我国改革开放和现代化建设的实际问题,以我们正在做的事情为中心,着眼于马克思主义理论的应用,着眼于对现实问题的理论思考,着眼于新的实践和新的发展。"不但面对问题,还要发挥受教育者的积极性和主观能动性来分析、回答和解决问题。比如在"科学发展观"这一重大思想理论的教学中,不必也不能回避改革发展中存在的环境污染、贫富差距、"三农"问题、地区不平衡等社会问题。我们可以根据党的基本路线、基本方针所阐述的内容结合学生思考的问题布置社会调查、理论

---

[1] 布鲁巴克.教育问题史[M].单中惠,王强,译.济南:山东教育出版社,2012:442.

思考与探讨、理性分析交流与报告等活动来更主动深入地理解和领会"科学发展观"。

敢于面对问题与疑问,这是通过"问题意识"实现人性化教育的首要条件。

2."问题"和"主义"统一

起于问题,但不止于问题,而要以问题为切入点,上升和引导到国家核心的理论价值体系中——这是通过"问题意识"实现思想政治教育人性化的核心。

第一,问题的回答与解决需要科学的理论指导。发现问题、提出问题是为了回答问题、解决问题,不是为了发现问题而去发现问题,为了提出问题而去提出问题。如果单纯为问题而问题,极易导致对问题坐而论道、品头论足、悲观失望、消极无为,甚至因问题的复杂性、艰巨性、特殊性、长期性变得纠缠不清、难辨是非、失去方向,增加了对现实的不满情绪和社会对抗性,进而导致对党的领导能力存疑、对社会发展失去信心。如何回应问题、解决问题,这就需要在科学的理论指导下,积极投身于伟大的社会实践。而且,没有理论的武装也难以真正捕捉到问题。发生于1919年7月由胡适发起的"问题"和"主义"论争,都是基于双方强烈的"问题意识",从不同的立场,阐述各自不同观点而引发的。马克思主义者李大钊面对当时社会发展诸多问题、弊端,强调主义的重要。他认为"要想解决一个问题,应该设法,使他成了社会上多数人共同的问题,要想使一个社会问题成为社会上多数人共同的问题……先有一个共同趋向的理想主义,作为他们实验自己生活上满意不满意的尺度",才有解决希望。"社会运动,一方面固然要研究实际的问题,一方面也要宣传理想主义。""大凡一个主义,都有理想与现实两方面。"[1]由此可以看出,李大钊并没有否认问题、回避问题,而是反对空谈问题,在强烈"问题意识"中注重主义对于问题的提出、回答与解决所具有的根本性的指导作用。没有问题意识,是难以激活人们对马克思主义共产主义理想超越情怀的强烈反响。由此,不能简单认为重视"主义"、坚信理想的人就缺乏对实际问题的研究。"毛泽东既重视'问题',也重视'主义',他把'主义'理解为'旗帜',说人们尤其要有一种为大家共同信守的'主义',没有主义,是造不成空气的。问题的研究者'不可徒然做人的聚集,感情的集合,要变为主义的集合才好。主义譬如一

---

[1] 李大钊.再论问题与主义[N].每周评论,1919-08-17.

面旗帜,旗子立起来了,大家才有所指望'。"[1]这表明毛泽东在自己革命实践中,十分注重"主义"对人们发现问题、解决问题的重要作用。不因问题而情绪化,不做问题的奴隶。

中国特色社会主义现代化建设中的各种矛盾、问题的分析、回答、解决必须坚持马克思主义、毛泽东思想、邓小平理论、"三个代表"重要思想、科学发展观、习近平新时代中国特色社会主义思想的理论指导。思想政治教育必须引导教育对象树立中国特色社会主义共同理想和领会中国特色社会主义基本理论,并将之作为自己行动的动力和指南。当然,理论、理想、主义不是可以通过说教、灌输实现的。正如,要真正学习科学发展观理论、和谐社会理论,就必须面对科学发展、和谐社会建设中一系列重大的现实问题和理论问题,在思想政治教育过程中主动提出问题或发现学生思考的问题和疑问。例如:在人发展与自然发展、社会发展、自身发展的关系中,还存在不和谐问题;在地区间、城乡间发展上还存在不平衡问题;在市场经济发展中出现了伦理道德问题。通过问题的分析和实践中的解决,体会科学发展观、和谐社会等理论的价值所在和指导意义。引导学生积极思考与分析,发挥教育对象主体作用,这就奠定了思想政治教育人性化的基础。在此基础上,还需要在分析问题的基础上引导解决之道以及相应的国家核心价值理念并使得受教育者与国家主导的价值体系达成一致。在共同的问题思考、"议题"解决过程中,在师生互动的研究型教学中,在"独白"走向平等、民主的"对话",即双向交流和多向沟通中,在借助现代媒体和网络,变单纯"高空作业"为富有人情味的"贴身关怀"中,国家核心价值理念更真切、更深刻和潜移默化、春风化雨般地"进头脑一起变化",起到提高理论学习自觉性、理论指导实践针对性的良好效果。不因问题一叶障目,不为问题所困。在"科学发展观"教学中,在一些具体问题的了解与分析基础上,通过交流会、沙龙以及师生对话等方式把受教育者的思想引导到一些重大理论认识上来。诸如:在改革中坚持党领导下的渐进改革重要性的理论,纠正了部分人的思想激进的误区;在不均衡社会现实下构建和谐社会的必要性和迫切性的理论,加强了人们的社会责任感;在关怀社会弱势群体的慈善捐助中进一步培养了人们的爱心等。基于这些问题的理性与辩证分析以及相应的社会调查和实践活动,不但增强了教

---

[1] 袁刚,陈雪松,杨先哲."问题与主义"之争九十年回顾与思考[J].学术探索,2009(3):88.

育对象的社会观察、人际沟通、团队合作能力,也使得教育对象的理论水平与人生观、价值观得到升华和提高。

第二,理论的形成、发展、运用需要从问题开始。任何一门学科理论的提出和形成往往都是从问题开始的。在问题的提出、分析、解决过程中形成的理论最具吸引力、感召力、影响力和生命力。"理论是什么?无非关于事物内部联系和本质的说明,无非提出问题、分析问题和解答问题,是对客观问题来龙去脉发展变化的说明。"[1]我们经常讲实践是理论和认识的来源和动力。理论来源于实践,伟大的理论来源于伟大的实践。实践是从实际出发,从实际出发就是从实际问题出发,就是要求实事求是,这是马克思主义活的灵魂。如果我们大谈、空谈"主义""理论""理想",完全不顾现实,不触及问题,不分对象,难免陷入空想、幻想的泥潭。

理论的形成、发展、运用始于问题,思想政治教育理论也同样如此。这要求思想政治教育活动应结合问题开展。过去的思想政治教育存在从理论到理论、从课堂到课堂、从书本到书本的现象。教育工作者习惯于一本书、一支笔、一套课件,不接触实际、不搜集问题、不关心学生所思所想,不愿意做深入细致、艰苦的调查研究工作,这恐怕或多或少存在着一个"懒"字,或出于一个"怕"字。害怕影响思想政治教育的权威性,害怕削弱思想政治教育的政治性和意识形态性,害怕自己的理论水平不足以担当提出问题、回答问题、解决问题的重任。因为一接触问题,就有可能接触到事物本质,容易激发人们反思意识、批判意识,从而影响思想政治教育理论为现行的制度和政策辩护。实际上,揭露社会矛盾、社会问题并不影响坚持党的领导和对党的路线和政策的执行。对此,陈锡喜教授认为:"问题的实质恐怕在于如何看待对社会矛盾的揭示和对社会问题的分析,因为按传统的意识形态观念,社会矛盾和社会问题是'反面材料'。但是,我们不应该把对'反面材料'的分析和批判都看作是'反面教育',把'遮蔽'社会矛盾而虚构'到处莺歌燕舞'当作'正面教育',因为这恰恰背离了理论联系实际的根本原则。"[2]一个坚定的马克思主义者应该坚持马克思主义的批判学说,批判是为了扬弃——继承、改进、提高、发展、完善理论,而不是为了颠覆、破坏、彻底抛弃理论。批判就要不害怕矛盾,不畏惧问题,就要在大胆应对改革开放中不断产生的新矛盾、新问题的挑战

---

[1] 张晓林.理论始于问题[J].中州学刊,2009(1):4.
[2] 陈锡喜.强化理论思维能力培养是提高思想政治理论课实效性的重要环节[J].思想理论教育,2009(5):8.

中,从问题出发,从人的思想实际出发,用科学的理论回答、解决同人民群众生存、发展息息相关的问题,体现思想政治教育人本化要求。

中国特色社会主义建设中的问题的回答与解决需要中国特色社会主义理论的指导,中国特色社会主义理论的形成、发展、运用应以中国特色社会主义道路探索中的具体问题作为研究对象、出发点,坚持"问题"与"主义"的统一。

3. 从理论到信念和实践

思想政治教育目的是培养中国特色社会主义的建设者和接班人。因而在了解、分析问题并引领到国家核心价值理念、理论体系后,思想政治教育人性化的落脚点就在于培养和升华受教育者的崇高理想和坚定信念并使其积极践行。理论的学习、空谈、熟背于心是极容易的事情,最重要的是能将这种理论化作自己执着坚定的理想信念,并指导自己的伟大实践。胡锦涛同志曾指出:"开展大学生思想政治教育,必须紧紧抓住理想信念教育这个核心。""培养造就千千万万具有高尚思想品质和良好道德修养、掌握现代化建设所需要的丰富知识和扎实本领的优秀人才,使大学生们能够与时代同步伐、与祖国共命运、与人民齐奋斗。"[1]如果是空洞的说教以及简单教条的灌输社会主义的理想与信念往往起不到实际的效果。因为没有关注教育对象的思想实际和生存境遇,没有基于主体自身信服的认识与认同和深深的社会责任感,任何真正的信仰以及实现这个信仰的意志与信念都是难以建立的、不可靠的、脆弱和易变的。信念来自如哈贝马斯所说:"达到理解的目标是导向某种认同。认同归于相互理解、共享知识、彼此信任、两相符合的主观际相互依存。认同以对可领会性、真实性、真诚性、正确性这些相应的有效性要求的认可为基础……此外,还表示两个交往过程的参与者能对世界上的某些东西达成理解,并且彼此能使自己的意向为对方所理解。"[2]如何才能取得国家、社会和个人在共同基础上的认同与理解并形成信任和信念呢?最有效的方式在于个人与国家基于解决共同的问题,以问题凝聚共识,升华思想,提高境界。基于"问题意识"的思想政治教育人性化就是这样一种方式。把党和国家面临的实际问题具体问题让教育对象理解并相互沟通,在民族复兴的共同使命下寻求解决问题的对策和理论的共识,由此而确立的社会与民族的理想

---

[1] 胡锦涛.在全国加强和改进大学生思想政治教育工作会议上的讲话[N].人民日报,2005-01-19(1).

[2] 哈贝马斯.交往与社会进化[M].张博树,译.重庆:重庆出版社,1989:3.

与信念才是真实与可靠的。在坚定信念的指导下才会真正实现符合思想政治教育使命的社会成员的实践行为。正如恩格斯指出：人的"行动的一切动力，都一定要通过他的头脑，一定要转变为他的意志的动机，才能使他行动起来"[1]。

因此，思想政治教育真正的长远有效性在于共同"问题意识"下的协同认同与共同认可，以及趋向目标一致下的价值指导和理想信念。这是思想政治教育人性化的最终归宿。

四、问题意识培育：思想政治教育人性化之思想理论提升的环节

世界是由矛盾和问题组成的，没有矛盾和问题，就没有世界。理论始于问题，思想问题源于社会生活问题，也即实践问题。思想政治教育理论的形成、思想政治教育所需要解决的人的思想问题同样如此。每个人的社会实践领域不同，参与社会实践的程度和范围不同，而且体现个体的实践能力、实践水平亦不同。源于思想政治教育实践问题的思想政治教育理论内容既反映现实的生活性、多样性，又反映其本质的统一性、理想性，体现出思想政治教育理论的形成、发展、提升的过程。源于社会生活问题的人的思想问题也因人的实践情况不同而反映出人们思想问题的不同层次、不同方面，体现出人的思想境界提升的渐进性要求。无论是思想政治教育理论的提升，还是人的思想境界的升华，都当以人为出发点和归宿，以问题意识为其基本环节而逐步展开。

每个时代都有属于自己的时代问题，每个人对问题认识的自觉程度也是不一样的，直接影响到人的思想认识和理论的形成。人们参与的社会实践程度越深、范围越广，越是能接触到问题的根本和实质，就越能拓宽人的问题视域，开阔人的视界，形成的理论也就越深刻。之所以说实践的观点是马克思哲学首要的基本观点，马克思主义哲学是实践哲学，马克思主义理论是科学理论，就是因为马克思一生都能积极投身于资本主义社会的伟大实践洪流中，既没有局限于黑格尔精神世界的思辨哲学，又超出了费尔巴哈旧唯物主义哲学，创立了马克思实践哲学。马克思参与包括政治的、经济的、社会的、文化的等多个领域的社会实践，而且经常战斗在实践的最前沿，并深入思考

---

[1] 中共中央马克思恩格斯列宁斯大林著作编译局.马克思恩格斯选集：第四卷[M].2版.北京：人民出版社，1995：25.

资本主义发展过程中的劳资关系、剩余价值来源问题、资本主义社会基本矛盾问题、社会发展动力问题、人的发展问题等等。恩格斯同样积极投身社会实践,深入最广大人民群众的生活实践中去调查研究。他于1845年在英国曼彻斯特时,深情告诉工人们:"我愿意在你们的住宅中看到你们,观察你们的日常生活,同你们谈谈你们的状况和你们的疾苦,亲眼看看你们为反抗你们的压迫者的社会的和政治的统治而进行的斗争。"[1]正是由于马克思、恩格斯参与社会实践的广泛性、深刻性,培育了他们对问题的敏感性和洞察力,形成了他们广阔的视界、博大的胸怀和远大的理想,凝练出科学的马克思主义基本理论。

充满问题意识的毛泽东在探索新民主主义革命道路和社会主义革命与建设实践中,积极参与各个领域的社会实践。青年时期的毛泽东就有浓厚的问题意识,1919年9月1日,26岁的毛泽东撰写了《问题研究会章程》,提出了当时中国需要研究的71项大大小小144个问题,涵盖了政治、经济、文化、社会、国防、外交以及科学技术等诸多方面内容,彰显出其对中国各种问题的思考和探究。在毛泽东的革命生涯中,他并不是单纯为问题而问题,总是在问题的思考、回答、解决中,善于学习,总结经验,凝练思想,形成理论,指导实践,教育人民。毛泽东思想是中国共产党人集体智慧的结晶,也是以毛泽东为核心的共产党人在长期的分析问题、回答问题、解决问题的实践中逐步形成的。毛泽东同志总是将问题的分析、回答、解决贯彻其一切工作中。在反映他的思想、理论的著作的标题中就有不少将"问题"二字列入其中,如:《中国革命战争的战略问题》《抗日游击战争的战略问题》《战争和战略问题》《统一战线中的独立自主问题》《抗日根据地的政权问题》《关于领导方法的若干问题》《关于目前党的政策中的几个重要问题》《新解放区农村工作的策略问题》。他的理论文献《在延安文艺座谈会上的讲话》,针对当时文艺工作中的问题,一口气回答了文艺工作者的立场问题、态度问题、工作对象问题、工作问题和学习问题。通过问题分析、回答与解决,形成了一篇关于文艺工作的经典理论,直到今天都具有重大理论指导意义。毛泽东这种强烈的问题意识和广泛的社会实践经历,造就了他的军事家的胆略、政治家的雅量、革命家的气魄、思想家的深邃、理论家的睿智,使得毛泽东关于社会主义革命和建设的

---

[1] 中共中央马克思恩格斯列宁斯大林著作编译局. 马克思恩格斯全集:第二卷[M]. 2版. 北京:人民出版社, 1995:273.

思想、关于思想政治教育的基本理论和基本思想一起随着实践的深入和发展、问题的分析与回答而逐渐形成、发展、成熟起来。

邓小平理论形成和发展的过程,是马克思主义中国化的过程,也是中国共产党人应用马克思主义观察问题、分析问题、研究问题、回答问题和解决问题的过程。戎马一生的邓小平,不仅参加了社会主义革命和社会主义建设,而且直接领导中国人民走向改革开放的伟大实践征程。他厚重的人生经历、广阔的视野、开放的思维、敏锐的问题意识、思考问题的高度都成了他思想进程或理论建构的重要条件和依据。面对中国生产力不发达、经济贫穷落后问题,提出改革思想,发展商品经济、市场经济;面对中国封闭保守、思想僵化问题,提出开放思想,充分发挥外国资本、管理、技术等要素在社会主义建设中作用;面对计划经济体制中党政不分、人浮于事、独断专行问题,提出社会主义民主与法治思想;面对中国特色社会主义建设中的贫富不均、两极分化问题,提出社会主义本质思想——解放生产力,发展生产力,消灭剥削,消除两极分化,实行共同富裕;面对"文化大革命"中"宁要贫穷的社会主义,不要富裕的资本主义"谬论,提出"贫穷不是社会主义,社会主义要消灭贫穷"的政治主张。邓小平同志正是在对这一系列问题的深入思考与回答的基础上,才提出"什么是社会主义""如何建设社会主义"这样带有全局性、战略性、本质性的问题。在对这一本质问题的回答与解决中,澄清了人们在许多问题上的认识误区,为实践问题的解决打下了坚实的理论基础,促进了中国特色社会主义理论的形成和发展,并使其在实践中得到不断的完善、提升。中国特色社会主义理论是思想政治教育的重要内容和指导思想,它提高了思想政治教育理论水平,丰富了思想政治教育内容。

"三个代表"重要思想、科学发展观理论同样是在回答、解决中国特色社会主义建设中一系列问题的过程中逐步形成发展起来的。为什么生产力提高、经济发展、社会进步,却存在下岗失业情况,甚至问题有时还很严重?为什么人们生活水平提高,收入增加,却贫富差距、收入差距拉大了?为什么科技取得巨大进步,人们征服自然、改造自然的能力增强,却造成人类环境恶化、生态失衡、资源短缺等问题?为什么加强物质文明建设、精神文明建设、政治文明建设、生态文明建设,强调人的自由全面发展,却存在人的精神失落、人性异化、人的欲望无限膨胀等社会现实?正是这些与人们生存发展切身利益相关的一个又一个具体现实问题缠绕、包围着我们,才迫使中国共产党人去思考、探究、解决,形成一个个具体问题具体分析的解决办法和理论。

在此基础上,进行整体把握与宏观研究,确保解决问题思路的正确性、理论的完整性和科学性,逐步形成科学发展观的基本理论。

习近平新时代中国特色社会主义思想就是在深入分析思考、研究解决我国发展的问题中孕育生成的,"是从当代中国发展的'现实逻辑'中产生出来的,是从对当代中国发展的'现实逻辑'产生的'中国问题',尤其是时代性课题的解答中产生出来的"[1]。问题是理论的生长点和逻辑起点,也是创新的起点。"理论创新只能从问题开始。从某种意义上说,理论创新的过程就是发现问题、筛选问题、研究问题、解决问题的过程。"[2] 以习近平同志为主要代表的中国共产党人面对中国之问、世界之问、人民之问、时代之问,长期执着于新时代坚持和发展什么样的中国特色社会主义、怎样坚持和发展中国特色社会主义,建设什么样的社会主义现代化国家、怎样建设社会主义现代化国家,建设什么样的长期执政的马克思主义政党、怎样建设长期执政的马克思主义政党等问题视域,创立了习近平新时代中国特色社会主义思想。长期以来,习近平强调要求增强问题意识,坚持问题导向,他的一系列新理念新思想新论断都是基于鲜明问题意识提出来的。基于"我是谁,为了谁,依靠谁"等问题意识,提出并积极践行以人民为中心的发展思想;基于民族与国家、中国与世界、人类与自然等问题,以及全球发展问题,构建了人类命运共同体思想;基于培养什么样的人,怎样培养人,为谁培养人等问题,提出了思想政治工作一系列新理念新思想新要求;基于举什么旗、走什么路、以什么样的精神状态、担负什么样的历史使命等问题意识,提出了坚定"四个自信"、树牢"四个意识",以及百年奋斗目标等新思想新要求,明确了以人民为中心的价值导向。

"问题意识"是连接思想与现实的脐带,是理论形成、发展和创新的起点和动力。问题意识的培育是一个循序渐进、有待逐步深化的过程。理论家在进行理论研究、创作过程中,依问题意识的深化发展而逐步提升理论。他们所关注问题的程度越深、所研究的问题越普遍,他们的思想认识越接近问题的真相和全部,他们的理论成果越能反映事物发展的内在本质和规律,理论所能解决的问题越具有广泛性、普遍性和科学性,实现了人的思想认识和理论水平的同步提升。

---

[1] 韩庆祥.现实逻辑—中国问题—治国理政[J].人民法治,2015(10):54.
[2] 习近平.在哲学社会科学工作座谈会上的讲话[N].人民日报,2016-05-19(2).

马克思主义、毛泽东思想、邓小平理论、"三个代表"重要思想、科学发展观、习近平新时代中国特色社会主义思想是思想政治教育的重要指导思想和教育内容。理论始于问题，思想政治教育理论同样如此。思想政治教育理论的学习与教育必须要在敏锐的问题意识中进行。一方面，理论学习体现在对理论内容形成的理解上。在对思想政治教育理论所反映的社会现实问题，回答和解决重大社会现实问题所具有的作用和意义，思想政治教育理论形成、发展的过程及其历史背景等问题有真正了解的基础上，不仅知其然，而且知其所以然，实现对思想政治教育理论的理解、认同、消化、吸收。过去，思想政治教育强调教育内容教条的讲授、机械的学习，缺乏对思想政治教育理论形成过程的问题视域和历史背景的了解，导致单纯囿于理论中某些个别的词句、结论、原理的现象。这些结论、原理的讲授者又不能或不愿很好地联系实际去回答、解决问题，脱离、疏远问题，致使思想政治教育理论学习的倦怠和教学的低效，以及思想政治教育在教风、学风、文风上的高谈阔论、脱离实际。教育者不愿意做深入细致的调查研究工作，无视教育对象的所思、所想、所需。由此可知，问题意识的培育是思想政治教育人性化的有效途径。

另一方面，问题意识的培育、思想认识的提升、理论水平的提高体现在循序渐进过程中。领袖人物、革命家、理论家的丰富的阅历、敏锐的洞察力、发现问题和思考问题的能力不是所有人都具有的，更不是可以复制的。每个人自身经历、能力、需要、知识结构不同，思考问题的程度、角度、内容、层次是有差别的。因此，教育对象不同，接受、理解思想政治教育理论的程度也会有差别。当然，这不是说可以放弃思想政治教育理论的崇高和对人的理想追求，而是要求从教育对象实际情况出发，以问题为切入点，通过对话、引导、循序渐进，不要强制和硬性灌输。教育不是"把灵魂里原来没有的知识灌输到灵魂里，好像他们能把视力放进瞎子的眼睛里去似的"[1]。教育内容因教育对象问题意识水平的差别而不同，这就是对胸怀祖国和人民、具有崇高理想的共产党员的要求是全心全意为人民服务，而对普通群众的要求是为人民服务的道理所在。

思想政治教育理论来源于思想政治教育实践。思想政治教育实践越发展，发现问题、分析问题、解决问题的视域就越宽广，人的思想认识就越深化，越能体现出人的思想真实性和可接受性。基于问题意识的实践所获得的经

---

[1] 柏拉图.理想国[M].郭斌和,张竹明,译.北京：商务印书馆,1986：277.

验越丰富、越新颖,人们获得经验、提高境界、提升理论水平的自觉性程度也越高。在此基础上形成的理论越科学,越能反映客观实际和人的思想实际,实现了基于"问题意识"的思想政治教育人性化的思想理论的提升。

第二节　问题索解：思想政治教育人性化之生活实际问题的情怀

问题,既包括思想理论问题,又包括生活实际问题。思想理论问题往往是由生活实际问题引起的,社会存在决定社会意识。离开社会环境和人的现实生活,人的思想品德的形成和发展是不可能的。然而,人们生活实际问题直接表现为物质生活利益关系问题。因此,"要研究人们产生行为的思想动机,就首先要关注包含着人们各种物质生活利益的实际问题。这既是历史唯物主义的逻辑起点,也是思想政治教育工作者的逻辑起点"[1]。要提高人们思想品德,并使其做到从认知到接受、从思想到行动的一致,就必须从人的实际生存境遇出发,关注和解决人们由各种物质利益诉求所产生的实际问题,体现思想政治教育人性化要求。

对于问题,日常生活中,人们时常从其贬义、消极方面去理解,把它看作与社会常理相左,与社会要求相背,比如"问题儿童""问题少年""问题学生"等,这不是积极面对问题,而是对问题进行回避、贬斥。人们时常以"近朱者赤,近墨者黑"提醒自己,提防他人。教育者对这些"问题对象"往往缺少耐心和细致,热衷于榜样、典型、赞歌。即使是对社会现实生活中客观存在的问题,不少教育工作者也缺少深入问题本质的热情、耐心、勇气和能力。他们不喜欢做艰苦的调查研究工作,热衷于不用动脑、不费力气的照本宣科教育活动。因此,要真正做到坚持把解决思想问题与解决实际问题结合起来,首先必须要有强烈的问题意识和问题情怀。人们经常讲志存高远,对高尚抱有情怀,对理想抱有情怀,对价值抱有情怀,对生活抱有情怀,但我们为什么不能同时脚踏实地,去思考问题、化解矛盾、解决困难,对问题抱有情怀,对困难抱有情怀,对矛盾抱有情怀?当然,问题情怀,不是要人们无事生非、制造矛盾和麻烦,更不是对祖国、社会和人民的反动,而是表示探讨、研究问题本质并

---

[1] 中共中央 宣传部宣传教育局,教育部社会科学研究与思想政治工作司,共青团中央党校部.《中共中央 国务院关于进一步加强和改进大学生思想政治教育的意见》学习辅导读本[M].北京:中国人民大学出版社,2005:139.

坚定地解决问题所具有的情感、心境、胸怀。其要求人们不回避矛盾,不畏惧困难,不遮蔽问题,拥有积极主动分析问题、回答问题、解决问题的热情、勇气和动力;不断地培养问题意识,以问题为切入点,关爱"问题对象",切实解决人们实际问题,克服思想政治教育教学中"上不搭天、下不着地"脱离实际的现象。

思想政治教育必须坚持解决思想问题与解决实际问题相结合,培养问题意识与问题情怀,关心人民群众生活疾苦,解决人民群众实际问题,满足人民群众正当物质利益诉求,这是思想政治教育人性化的现实选择和必然要求。解决实际问题体现马克思主义的思想政治教育本质要求。具体问题具体分析是马克思主义活的灵魂,具体问题就是来自社会生活中的实际问题,这要求我们必须坚持马克思主义的基本原理,一切从实际出发,实事求是,理论联系实际,从群众中来,到群众中去。坚持发展为了人民,发展依靠人民,发展成果由人民共享。把最广大人民的根本利益作为一切工作的出发点和落脚点,把人民群众利益落实在真切而具体的问题解决中。把问题放到特定阶段、特定对象、特定范围内加以具体考察、具体分析、具体解决,抓住思想政治教育要解决问题链条上的主要环节,做到有的放矢、针对性强。

解决实际问题是思想政治教育人性化效能提升的有力抓手。近些年,在坚持以人民为中心,全面落实科学发展观,坚持以人为本,实现全面、协调、可持续发展的中国特色社会主义理论探索和道路建设进程中,思想政治教育结合新形势的时代特征,不断探索,不断创新。其突出表现在强调人的主体性,彰显人的价值,尊重人的需要,肯定人的合理利益诉求,体现了人性化思想政治教育的基本要求。但这些观点、思想、主张,就目前的思想政治教育状况看,更多还是囿于宣传教育阶段,但关键是如何落实到具体实际行动中。理论讲千万,重在去实干。马克思以亲历的革命生涯体悟告诉我们:"一步实际行动比一打纲领更重要。"[1]理论是用来为实践服务的,是用来解决问题的,不是驾于生活之上的虚假空谈。如果理论因远离教育对象生活实际而变成空洞的说教,势必造成教育对象对教育内容的冷漠、逆反和抵触,导致教育活动效能低下的境地。如何提高思想政治教育效能,方法和途径很多,但必须找到最为有效的切入点,这就是解决实际问题。以实际问题的解决作为思想

---

[1] 中共中央马克思恩格斯列宁斯大林著作编译局.马克思恩格斯选集:第三卷[M].北京:人民出版社,1972:3.

政治教育人性化的抓手,具有客观性、可操作性、基础性和针对性。因为思想问题常常是由实际问题引起的,而且实际问题通常因时间、环境、条件改变而不断变化,彼时的问题不同于此时的问题。要提高思想政治教育实效,必须时刻关注教育对象由实际问题引发的思想变化动态,将实际问题找得好、找得准。通过实际问题的深度解决,实现思想问题解决的效能和程度的提升。

解决实际问题是思想政治教育人性化情感陶冶的基本环节。人是有属于自己的丰富的内心世界、情感世界的人,这种情感来自人的思想上的共鸣。通过实际问题的解决,形成思想上的共鸣,增强教育者和教育对象之间的情感沟通和情感互动效应。现代性社会的各种实际问题层出不穷,在很大程度上,它经常影响着教育对象的认知判断、情感生活,乃至于价值取向。如果教育者对这些问题置若罔闻,漠不关心,就会增加教育对象对教育内容的抵触情绪和对社会的对抗情绪。小问题变成了大问题,小矛盾导致大灾祸。我们要坚持解决思想问题与解决实际问题相结合,哪怕是细微的问题,也要相信细节决定成败,解决实际问题,满足人们的基本需要,提高人们活动的动力和精神力量,引起彼此情感上的融通和心理上的愉悦,在工作中亦会收到事半功倍的效果。即使有些问题因客观条件不成熟,暂时还不能够解决,也要相信态度决定一切。这就需要有解决问题的意识和情怀,向群众解释清楚,赢得群众的理解和支持。坚持解决思想问题与解决实际问题相结合,关注人们基本需要的满足和物质利益的实现,解决人的贫困问题、心理问题、就业问题、情感问题,是思想政治教育人性化的基本环节和重要途径。

一、贫困问题:思想政治教育人性化的生活关心

贫困问题是伴随人类社会发展过程中的一种客观现象,包括绝对贫困和相对贫困两种,它直接影响人的生命存活、生活质量、生活态度,进而影响人的思想行为、价值选择、道德认知。贫困问题是最大的实际问题、生活问题。要实现思想政治教育生活关心、人文关怀,就必须关注和解决人的现实贫困问题。

(一)贫困问题及其对人的思想变化的影响

现代性的发展、现代化运动致使人类生产、生活、思想观念等领域发生了整体性变迁、变革,改革开放、技术革命、生产力解放与发展使得物质财富获得巨大发展,人民群众的收入和生活水平不断提高,综合国力显著增强。"中国社科院对外公布2006年《世界经济黄皮书》和《国际形势黄皮书》。黄皮书

实测结果表明,中国在各大国中综合国力排名第六。"[1]"人均国内生产总值根据中国国家统计局网站显示由 1978 年的 381 元上升到 2005 年的 14 185 元。"[2]"2005 年底中国 GDP 为 2.23 万亿美元。"[3]中国成为全球第四大经济体。从 2010 年起,我国 GDP 总量超越日本位居世界第二,这些数据充分说明了我国改革开放后的生产力发展水平和经济发展实力状况。虽然我国已经成为世界第二大经济体,但我国人均 GDP 和发达国家相比差距还很大。

2021 年,我国已全面建成小康社会,消除了绝对贫困,相对贫困还将长期存在。从过去的贫困状况分析,可以使我们清楚地了解贫困对人的思想行为的影响。经济获得高速发展并不意味着贫困的消灭和贫富差距的缩减。相反,贫困问题日益突出,贫富差距更加扩大。贫困问题已成为一个严峻的现实问题和社会难题。这种贫困不仅表现在收入差距上,而且表现在贫富差距上。"一方面,城乡居民的绝对收入差距从 1978 年的 209.8 元扩大到 2009 年的 12 021.5 元;另一方面,相对收入之比也从 1978 年的 2.57∶1 到 2009 年扩大为 3.33∶1,年均扩大了 2.38 个百分点。""然而西部地区的城乡居民收入差距在 2009 年高达 3.79∶1。"[4]贫富差距上,基尼系数在不断攀升,自从 2002 年我国基尼系数达到 0.451 2 超出国际警戒线 0.45 以来,贫富差距在迅速扩大,贫者越贫,富者越富的马太效应不断扩张。社会极少数的人掌握着社会巨大财富。在农村,贫困现象较为普遍,虽然"农村贫困人口从 1978 年的 2.5 亿人下降至 2002 年 2 820 万人;农村贫困人口比例从 31.6% 下降为 3.5%。但农民收入增长缓慢,城乡差距又开始迅速扩大。"[5]"根据国家扶贫开发办公室提供的最新数据,在全国还有 3 000 万左右的农民生活在温饱线以下。"[6]在城镇,有相当数量的无业、失业、下岗人员存在。"截至 2004 年底已向社会释放下岗职工约 3 000 万人。""民政部公布的数据,2005 年 10 月份最低生活保障人口为 2 199.5 万人(980 万户,人均支出 70 元)","农业部的统计数据显示,到 2005 年为止,已有近 1 亿人的农村劳动力进入城镇就

---

[1] 申剑丽.中国综合国力排名世界第六[J].党政论坛,2006(4):24.
[2] 余后强,李玲.我国人均国内生产总值的预测分析[J].统计与决策,2012(4):104.
[3] 张泽森.对新世纪世界社会主义走势的几点看法[J].社会科学研究,2007(2):68.
[4] 吕炜,储德银.城乡居民收入差距与经济增长研究[J].经济学动态,2011(12):31.
[5] 成德宁.论城市偏向与农村贫困[J].武汉大学学报(哲学社会科学版),2005,58(2):258.
[6] 汝信,陆学艺,李培林.2002 年:中国社会形势分析与预测[M].北京:社会科学文献出版社,2002:8.

业,连同他们的家庭,在最近的10余年时间内,中国的城镇已经接纳了大约1.3亿人的农村人口"[1]。城镇贫困程度和贫困人口范围扩大。在地区上,东部地区和西部地区居民收入差距不断扩大。西部地区较为贫穷、落后。"国家统计局数字表明,1987年,东部地区人均GDP为4 487.3元,西部地区为246.08元;到2009年,东部地区人均GDP为40 599.98元,而西部地区为17 104.37元。22年间,东西部人均GDP差距由4 241.22元扩大到23 495.61元,增加了近6倍。"[2]由此说明地区性贫富差异程度非常明显。

造成贫困发生和贫富差距不断扩大的原因是极其复杂的。根据联合国开发署报告,贫困的实质是人的发展所必需的最基本的机会和选择被排斥。社会贫困者缺少基本的物质生活条件和参与社会活动的机会,缺乏获得发展所需的社会资本、信息资源。特别是随着现代化的发展和社会的不断分化,出现了不同的利益阶级、阶层。社会上层或富裕阶级对经济资源的垄断、就业机会的歧视和劳动力流动的限制,必然使得一部分处于不利地位的阶层、阶级日益贫困。可以说,在分化日趋严重的情况下,贫困主要是由人们的阶级或阶层地位所引起的。在贫困的直接原因中,当数收入问题,即没有收入或低收入。于祖尧研究员认为,由于我国收入分配的秩序混乱,加上分配规则不公,贫富分化加剧[3]。另外,在消费水平不断提高的今天,医疗、住房、教育等消费支出所占比重越来越大,成为人民沉重的"三座大山",加剧了人们的贫困状况。同时,风险社会中的诸多风险不时增添了贫困的诱发因素。

一方面是社会经济的巨大发展和人们生活水平的不断提高;另一方面是贫困差距不断扩大,贫困问题日益严重。人们的思想境界、道德水平并没因经济的发展和生活的改善而不断提高,有时却显出更大反差。贫困给人们思想变化带来了巨大影响。

一是贫困导致贫困者社会认同困难。社会贫困阶层由于他们的社会参与度和社会认同度不同,由此带来的思想认识上的变化也不同。"认同就是个人与他人、群体或模仿人物在感情上、心理上趋同的过程。"[4]其表明自己

---

〔1〕 田野.对我国城市贫困人群问题的思考[J].理论导刊,2007(2):24.

〔2〕 张彩霞,张世芳.我国居民贫富差距现状、问题、成因及对策分析[J].统计与管理,2012(1):83.

〔3〕 万青.共建和谐社会:中国贫困问题与反贫困实践全国学术研讨会综述[J].经济学动态,2005(10):116.

〔4〕 车文博.弗洛伊德主义原理选辑[M].沈阳:辽宁人民出版社,1988:375.

在社会中的地位、身份、形象和角色以及与他人关系的性质的接受程度。由于贫困阶层处于社会不利的生存境遇和生活条件,不断被排斥出主流社会而沉淀成底层阶层,缺少参与机会和利益表达渠道,缺少对社会的归属感和安全感,造成一定程度上与社会的分离,而不是与社会融合。贫困者出于自身生存、生活等眼前需要的考虑,对于政治理论、宣传教育缺乏热心、关心。虽然他们在思想行为上拥有改变贫穷的决心、信心、恒心、意志和动力,但在改变贫穷过程中对需要的满足和价值的追求上又表现出其思想认识的随机性与偶然性,在政治、思想、文化、道德、法律上难以与主流社会达成共识。由于发展所必需的最基本的机会和选择被排斥,贫困阶层,特别是农村贫困阶层,因共同的经历、感受,形成了一套属于自己的生活方式、价值观念、行为规范、话语体系和思想水平,这与社会上层、精英阶层、富裕阶层的思想认知水平存在诸多不同。如果不能真正了解广大贫困阶层人员面对什么样的生活处境、真正需要什么,不充分肯定他们思想行为上更关注实际、更讲究利益、更强调公正平等的合理性、正当性,那么就很难做到思想政治教育内容春风化雨般地进头脑、起作用。

二是贫困造成贫困者心理问题明显。人的心理问题的诱发因素很多,但贫困是诱发心理问题的最广泛、最主要、最基本的因素之一。虽然我国消除了绝对贫困,在我国相当规模的相对贫困人口中,因其社会地位的低下,生活的艰难、物质的匮乏,融入社会、参与社会、维持生存所必需的选择和机会遭受社会主流的排斥,他们深感焦虑和不安,极易产生自卑心理,并由此引发抑郁心理。一方面是内心渴望得到尊重、平等和尊严;另一方面是现实社会的排斥、冷漠和歧视。深感己不如人、寄人篱下的无奈与无助,某种程度上消解了自我价值和生存意义。这种内心的期望与现实的分裂和落差是导致心理失衡、失落、自卑的主要原因。如果一个人的贫困长期持续地伴随其生活,其极易产生自我贬低感、孤独无助感、自卑宿命感。贫困不仅引起人的自卑心理,而且容易引起人的仇视心理。特别是制度缺陷、分配不公、社会排斥等原因造成的贫困,容易导致人们对国家和社会的不满、怨恨情绪和对社会上富裕阶层的嫉妒、仇富心理。过去不断发生的以围攻、静坐、游行等方式对抗党和政府,乃至破坏社会公共财物和人身安全、扰乱社会秩序的群体事件,不少就是不满和仇视的宣泄。贫困的现实、卑微的身份,使他们对现行的政策、制度以及思想政治教育难以信服。要提高人的思想认识、精神境界,就需要从产生人的思想问题的根源出发,这根源就来自人的生活。思想政治教育必须关心人的贫困生活。

三是贫困致使贫困者生活艰难。贫困导致营养不良,患病率高,患病率高又导致医药费用负担沉重,严重影响人们的健康生活。"2009年,我国医院门诊病人次均医药费用为160元,住院病人人均医药费用5952元。一次住院费相当于城镇居民收入的1/3,是农民年人均收入的1.12倍!"[1]贫困还影响着人们精神、文化、教育、学习、生活。人们不仅需要物质生活,更需要精神生活、文化生活、教育生活和学习生活。为此,就要有文化消费、教育消费,以满足人们文化和精神上的追求。而且,现代科技一日千里,就业市场的竞争日趋激烈,对人的知识、技能、综合素质要求越来越高。因此,文化教育消费又成为贫困阶层又一巨大负担。许多贫困人员因其受教育程度低下,求职基本技能贫乏而难以再就业,这是他们逐渐被社会淘汰的主要原因。他们难以适应现代化的社会生活,导致生活方式单调、枯燥,思想行为上消极、无为,疲于在社会中游荡、奔波,缺乏生活的信心和勇气。要树立他们生活的理想,培养他们人生的自信,就必须切实去关心他们的实际生活,使他们理想、信念从生活信心、人生自信开始,使其感受到浓浓的人性关爱。

(二) 贫困问题索解:思想政治教育人性化的生活关心

贫困问题是人类生存和发展最现实、最根本的问题,也是导致人的思想发生变化的最直接、最基本的根源。思想政治教育要解决人的思想政治品德问题,绝不可以脱离实际、脱离生活。思想政治教育要真正体现人文关怀,必须回到生活中,关心生活,关爱生命,解决人的实际生活问题,特别是人的生活贫困问题。贫困问题不仅是经济问题,也是一个政治问题,更是一个社会问题。温家宝同志说得更客观、生动、明了。2012年5月19日晚,温家宝同志回到自己母校——中国地质大学(武汉)看望师生并做演讲时说:"一个领导人不懂得农民,不懂得占全国大多数的穷人,就不懂得政治,不懂得经济。一方面推动经济发展,一方面要努力推进社会公平正义,这是我们的目标。"[2]这种政治理念和贫民情怀的思想表达与温家宝几十年基层生活、艰苦环境工作所获得的体悟是分不开的。政治不是抽象的、空洞的,思想政治教育更不是抽象的、空洞的说教。思想政治教育之所以有效性、针对性不强,其中一个重要原

---

[1] 中共中央宣传部理论局.七个怎么看:理论热点面对面[M].北京:学习出版社,人民出版社,2010:38.

[2] 万建辉,于磊,黄磊.青年学生最宝贵的是有独立的思考[N].长江日报,2012-05-12(1).

因就是缺少从教育对象实际出发,去关心他们的生存、生活和发展,缺少脚踏实地去亲历、去了解、去体悟广大人民的困苦。要真正实现解决思想问题与解决实际问题相结合,首先要解决的就是最基本的生活贫困问题,体现思想政治教育的生活关心。这既是我党思想政治教育的优良传统,也是思想政治教育的时代要求。

革命战争年代,以毛泽东同志为主要代表的中国共产党人十分关心群众生活、注重解决群众贫困问题。这一思想在毛泽东同志于1934年1月27日在江西瑞金第二次全国工农兵代表大会上作的《关心群众生活,注意工作方法》的报告中有深刻的体现。他认为,要教育人民群众跟着党、相信党、拥护党,动员广大群众参加革命战争,"那末,我们对于广大群众的切身利益问题,群众的生活问题,就一点也不能疏忽,一点也不能看轻"[1]。当然关心生活问题,不是讲在嘴里,而是要落实在具体的实际行动中。毛泽东同志说:"要得到群众的拥护吗?要群众拿出他们的全力放到战线上去吗?那末,就得和群众在一起,就得去发动群众的积极性,就得关心群众的痛痒,就得真心实意地为群众谋利益,解决群众的生产和生活问题,盐的问题,米的问题,房子的问题,衣的问题,生小孩的问题,解决群众的一切问题。"[2]毛泽东在这篇文章中,为了教育广大党员干部充分认识到"关心群众生活,注意工作方法"对于革命工作的指导作用和意义,他通过不同的事例进行鲜明的对比加以正反说明。一个是汀州市政府。"汀州市政府只管扩大红军和动员运输队,对于群众生活问题一点不理。汀州市群众的问题是没有柴烧,资本家把盐藏起来没盐买,有些群众没有房子住,那里缺米,米价又贵。这些是汀州市人民群众的实际问题,十分盼望我们帮助他们去解决。但是汀州市政府一点不讨论。"[3]由于不能切实关心、倾力解决群众的实际生活困难,工农群众代表不高兴,结果,"扩大红军,动员运输队呢,因此也就极少成绩"[4]。不能得到广大人民群众的理解、支持,工作就无成效,任务难以完成。要做好群众的思想工作,动员群众,就必须和群众站在一起,为群众着想,为群众办实事。形成鲜明对比的另一个例子是两个模范乡——江西兴国县长冈乡和福建上杭县才溪乡。这两个乡政府从点滴做起,从细微入手,真心实意去关心群众的贫

---

[1] 毛泽东.毛泽东选集:第一卷[M].2版.北京:人民出版社,1991:136.
[2] 毛泽东.毛泽东选集:第一卷[M].2版.北京:人民出版社,1991:138.
[3] 毛泽东.毛泽东选集:第一卷[M].2版.北京:人民出版社,1991:137.
[4] 毛泽东.毛泽东选集:第一卷[M].2版.北京:人民出版社,1991:137.

困生活,把群众的安危冷暖放在心上。比如:"长冈乡有一个贫苦农民被火烧掉了一间半房子,乡政府就发动群众捐钱帮助他。有三个人没有饭吃,乡政府和互济会就马上捐米救济他们。去年夏荒,乡政府从二百多里的公略县办了米来救济群众。才溪乡的这类工作也做得非常好。"[1]正是由于这两个乡的党和政府对群众生活的深深关切,"长冈乡青年壮年百个人中有八十个当红军去了,才溪乡百个人中有八十八个当红军去了。……其他工作也得到了很大成绩"[2]。这两个事例告诉我们,能做到关心群众生活,解决群众实际困难,我们的方针、政策就会得到群众拥护,对群众的思想政治教育才会入心、入脑,群众才会积极响应党的号召,并在思想上和行动上同党和政府保持一致。相反,如果实际工作只是孤立地强调我们的"中心工作",思想政治教育工作中只是孤立地强调思想品德、政治方向的教育,"对于群众生活问题一点不理、不讨论",那么再重要的任务往往也难以完成,再好的教育内容也难以得到人们的理会,因为缺少群众基础、群众支持和群众响应。

解决贫困问题,关心群众生活,是我党在各个历史时期都必须强调的重要任务,同样是思想政治工作的重要内容。新的历史时期,虽然我国已全面建成小康社会,但贫困问题还不同程度地存在。思想政治教育要在关心群众生活、解决群众贫困问题的过程中实现人的思想转化、品德养成。葛启义是贵州省瓮安县一名少年,童年悲苦,6岁前,他的父母都去世了。爷爷奶奶仅靠一亩半山地糊口,生活极其艰难。家境的贫寒、教育的缺失造成了他某些思想行为上的不端。2008年6月28日,在打砸抢烧的瓮安事件中,他拿着汽油瓶冲进瓮安县政府大楼,"据说,他是第一个被抓的'暴乱分子'"[3]。对于只有15岁的"暴乱分子",如何处理、教育葛启义,在当时有着不同看法。但最后,"贵州省政府领导认为,这部分违法少年有的过去是'问题生',还有个别人因受蒙蔽恐吓被迫加入黑恶组织,一律送到监狱和劳教所,不仅增加了社会对抗性,而且他们的前途会受到影响,走上另一条人生道路"[4]。于是,党和政府对他进行耐心细致的思想教育工作,并将他作为瓮安县委常委、政

---

〔1〕 毛泽东.毛泽东选集:第一卷[M].2版.北京:人民出版社,1991:138.

〔2〕 毛泽东.毛泽东选集:第一卷[M].2版.北京:人民出版社,1991:137.

〔3〕 董伟,白皓.从"刁民"到人大代表:一位普通瓮安居民的人生轨迹[N].中国青年报,2012-05-10(5).

〔4〕 董伟,白皓.从"刁民"到人大代表:一位普通瓮安居民的人生轨迹[N].中国青年报,2012-05-10(5).

法委书记吴智贤的帮助对象。一方面做好他思想转化工作,用真情温暖他;另一方面吴智贤帮助他回到县里职业中学读书,学习职业技能。葛启义这次深受感动,备加珍惜。半年后,他制作卷帘门、铝合金门窗的手艺已经达到可独立门户的程度。吴智贤还亲自帮他拉了几个小活儿。"小老板"葛启义就这样诞生了。党和政府对葛启义的帮扶和教育工作并没到此为止。2011年12月,葛启义当选瓮安县人大代表,这提高了他的社会地位和政治地位。通过生活上的关心,使一个失去自尊、自信的人树立了自己的人生理想和生活信念,积极融入社会,参与政治,体现出思想政治教育的成效和价值。

实践证明,关心群众生活,解决贫困问题,充分彰显了思想政治教育人性化所具有的重要作用和意义。

第一,关心群众生活,解决贫困问题,有利于具体、客观、感性地理解思想政治教育的出发点。人的现实存在是思想政治教育的出发点,对于这种存在既要作全面的理解,又要做具体的分析,避免对思想政治教育出发点作抽象的或空泛的理解。人既是社会性存在,也是自然性(生命性)存在、精神性存在,决定了人的现实存在是有机的统一整体性存在。但前提是有生命的个体存在。对于社会贫困阶层来说,他们在关心自己生活、追求自己基本物质需要时,并不能说明他们对社会需要的否定和排斥。贫穷和富有的差别并不能反映人作为人的基本的差别。我们强调人性化、生活化思想政治教育并不等同于感性、直观、零碎甚至是庸俗的日常生活世界的常识、习惯教育,而是要求思想政治教育必须以人的现实存在为出发点,关心人的生存与发展,真正体现出思想政治教育作为人的存在方式的价值和意义。思想政治教育能否真正地成为人的一种存在方式,能否真正地进入人的生命个体,成为人的生命线,很大程度上取决于思想政治教育能否关心人的生活、关爱人的生命。以"社会需要"为出发点,容易忽视人的个体需要,以人的本质为出发点,容易忽视人的个体性存在。而以人的现实存在为思想政治教育出发点,就必须坚持一切从实际出发,从人的现实生存状况出发。当今社会,贫富差距扩大,各种风险可能发生,社会相对贫困人员还将存在,群众的衣、食、住、行和柴、米、油、盐等问题都是党和政府必须关心且必须解决的问题。关心群众生活,解决贫困问题,具体、客观地体现出思想政治教育从人的现实存在出发,坚持了把解决思想问题与解决实际问题相结合的方法原则。

第二,关心群众生活,解决贫困问题,有助于群众关心政治,参与政治,理解政治任务。在任何艰苦环境中,人为了生存,都不会畏惧生活,害怕困难,害怕的是党和政府不能代表群众,关心群众。无论是在革命战争年代,还是社会主义建设、改革时期,党和政府什么时候关心群众,代表群众,什么时候就会得到群众拥护和支持;什么时候远离了群众,轻视群众,人民群众什么时候就远离了政治。思想政治教育要实现维护统治阶级利益的目的,完成自己的政治任务,首先就必须做到代表人民的利益。毛泽东同志说:"要使广大群众认识我们是代表他们的利益的,是和他们呼吸相通的。要使他们从这些事情出发,了解我们提出来的更高任务,革命战争的任务,拥护革命,把革命推到全国去,接受我们的政治号召,为革命胜利斗争到底。"[1]首先是代表人民利益,然后才有人民对政治的参与与理解。中国特色社会主义现代化建设的今天,要依靠广大人民群众去完成政治任务,实现政治目标,就必须始终坚持代表最广大人民群众利益,始终把人民放在心中最高位置,解决人民群众急难愁盼问题,让人民群众亲身感受到改革开放所带来的实惠和利益。贫困问题得到解决,生活得到改善,从而提高他们关心政治、参与政治的积极性和主动性,使其真正理解党和政府在不同历史时期的各项任务。如果人们长期以来生活在贫困线上,或者社会贫富分化日益严重,差距越来越大,那么,无论政治任务多么崇高,政治目标多么远大,人们都会对政治缺少关心。因此,思想政治教育要实现其政治任务,完成其政治目标,就必须深入人民群众的生活实践中,解决贫困问题。

二、心理问题:思想政治教育人性化的精神关怀

现代社会的大转型、大融合、高风险,现代生活的快节奏、强竞争、高效率,引起社会巨大变革。人们所承受的来自工作、生活、竞争、社会交往方面的压力越来越大,造成人们的心理问题日益突出。如果人们积压的心理问题长期得不到有效的疏导化解,极易产生心理障碍、心理危机、心理疾病。因此,树立心理问题意识,解决人的心理问题,加强心理健康教育,既是做好思想政治教育工作、体现思想政治教育人文关怀的基本要求,也是全面贯彻党的教育方针、促进人的健康成长的重要保证。

(一)心理问题及其对人的思想行为的影响

(1)恐惧与担心心理。风险社会造成的诸如安全风险、失业风险、自然灾害风险、报复社会型风险等,科技发展的负面作用造成的人性的异化、市场

---

[1] 毛泽东.毛泽东选集:第一卷[M].2版.北京:人民出版社,1991:138.

经济不正当竞争造成的人际关系紧张、冷漠、尔虞我诈，这些社会现实中存在的风险性、威胁性因素反映到人的思想、心理中引起人们身心持续的紧张状态，使其产生恐惧和担心心理，担心哪天不幸降临到自己头上。面对瞬息万变的世界，任何一个方面都可能成为人们恐惧和担心的内容：健康状况、职务升迁、学业就业、社会生活等。当然，适度的恐惧和担心可以提高心理自我防御机制，避免可能到来的挫败或危险带来的伤害。但过度的或长期的恐惧与担心就会影响人们正常的学习、生活、工作，影响人们对事物的认知，导致人们思想上的消极和行为上的无为，表现为情绪低沉、暴躁、烦闷以及生理上的乏力、心慌、胸痛和神经质。

（2）焦虑与抑郁心理。面对风云变幻的市场经济，人的生存境遇面临诸多的机遇与挑战。人们承受的学业压力、就业压力、经济压力、婚恋压力以及人际交往压力越来越大，产生了紧张、忧虑、焦急的情绪状态，心理遭受危机和迷茫。他们担心落后而被时代淘汰，出现了生存焦虑、发展焦虑和人际关系焦虑。当人们过度焦虑，将不愉快的情绪压抑在自己的潜意识里，出现持续的情绪低落、悲伤、失望、兴趣下降，会导致人的心理抑郁。具有抑郁心理的人往往思维难以集中，缺乏理想和追求，缺少对自我价值和长处的肯定。他们隐藏自己，不愿交往，阻碍自我展现、自我实现。

（3）自卑与自负心理。自卑是指因把自己的能力、品质等自我评价降低而丧失自信，并伴有悲观失望、意志消沉等情绪体验的消极处世心理倾向。有自卑感的人往往表现出缺乏自信、情绪低落、谨小慎微、内心苦闷、回避交往、自我封闭、思想消沉、精神萎靡等。导致自卑心理的因素很多，地位、身份、职业，特别是经济状况，都可以成为导致人心理问题发生的因素。物质生活条件是人存在发展的基础，当人们处于贫困境地，整天只为稻粱谋，与社会快速发展和他人的高贵生活形成强烈反差，难免产生悲观失望、消极厌世、自叹不如的自卑心理。自卑的人不能积极面对竞争和挑战，消极看待未来前景，不能全面认识自我，还会对社会诸多现象作扭曲的解释和歪曲的评价。自卑并不必然影响人的自尊，相反，有时候更加注重自己的人格尊严，则又会出现另一个极端——自负，但又迫于自己生存现实以及与他人的差距，变得多疑、敏感、掩饰、易怒、猜忌，希望得到别人的尊重，希望改变自己的处境，在消沉中，却又表现出内心的顽强抗争。

（4）嫉妒与报复心理。嫉妒是在与他人的比较中，发现才华、名誉、地位或境遇不如别人而产生的一种怨恨或不满的情绪体验。嫉妒是一种较为普遍的心理情感,也是人性的特点。罗素认为,在通常人性的所有特点中,嫉妒是一种最不幸的情绪。现代社会收入差距不断扩大,贫富分化日益严重,城乡发展不平衡。特别是社会不公造成"官二代""富二代"拥有别人无法拥有的竞争、就业中的特权、资源,引起普通民众极为不满、妒忌乃至憎恨的心理。尤其是当一部分人生活极为贫困,境遇窘迫,基本利益遭受侵害,受到他人乃至整个社会的歧视和排斥,导致心理严重失衡,其中少数人就会因此产生妒忌或报复心理。投毒、爆炸、杀人、灭门、劫持等犯罪现象不少都是报复的表现。报复心理大多是因个人基本问题得不到及时解决而长期生活在压抑的环境中,造成心理失衡或变态的情绪反映。报复绝不是解决问题、化解矛盾的手段,报复心理有损于人的心理健康。人应该开阔自己胸襟,提高竞争实力,加强性格陶冶,培养崇高理想,克服报复心理。

  人的心理是人脑的机能,是人脑对客观现实的反映。人脑是心理、思维、意识的物质器官。人的心理、思想、精神是一个心智健全的人不可分割的组成部分。虽然人的心理和思想在表现形式和反映内容上有所不同。思想侧重于反映一定社会或阶级的意识,表现出社会性、政治性、阶级性特征。心理反映个人感觉、情绪、情感、兴趣、性格,或表现为孤独、自卑、抑郁、焦虑、妒忌、内向,或表现为积极、乐观、外向、热情、认同、合作等心理倾向,表现出个体性、差异性、波动性、独特性等特征,当然也不排除心理的共同性、统一性、稳定性特征。但本质上,人的心理和思想是一致的,都是客观现实在人脑中的反映。一个心理充满困惑和问题的人,很难保证思想认识和行为选择上的正确。人的心理健康与否,对人的思想形成有着很大的影响。人的思想是在知、情、意、信、行基础上发展起来的。人的心理不仅包括理性要素,还包括情感、意志、信念等要素。人的心理是人的思想形成、发展和稳定的基础,制约和影响着一定思想意识的发生和发展。心理健康的人在思想行为上往往表现出顽强的意志、高昂的斗志、崇高的理想、坚定的信念、执着的追求、良好的情感体验。思想的形成发展离不开人的心理因素影响。"但反过来心理又要受到思想的制约和调整……思想必须一定能够控制认识活动,驾驭情绪的变化程度和方向,调整动机目标的确定和意志的指向。"[1]发挥思想对心理的调节中枢的作用。一定思想意识决定着心理的内容和方式。心理与思想的

---

  [1] 张丹丹.心理与思想:谈高校思想政治工作与心理健康教育[J].科教文汇(上旬刊),2007(10):8.

辩证关系决定了思想政治教育与心理健康教育是相互促进、相互融合、相互制约的。思想政治教育必须关心、解决人的心理问题。

（二）心理问题索解：思想政治教育人性化的精神关怀

传统思想政治教育轻视、忽视心理健康教育，是因为传统社会里人们生活相对稳定，平均主义大锅饭形成人们利益共同体的相对稳定社会心理。心理问题不突出、不明显。现代社会的竞争性、风险性、趋利性、现代性、分化性、虚拟性的生成和发展，给人们心理发展带来巨大的冲击和振荡。心理问题、心理障碍、心理疾病日益突出并时有爆发，不断地影响、渗透到人们的思想行为中去，使得"改革开放和发展社会主义市场经济条件下，思想政治工作的环境、任务、内容、渠道和对象都发生了很大变化。如果不能适应这种变化，只是简单地重复过去的老方式、老办法，就难以收到好的效果，甚至适得其反"[1]。为了适应这种变化，思想政治教育必须结合人的生存实际，加强人文关怀的心理健康教育。党的十七大报告指出："加强和改进思想政治工作，注重人文关怀和心理疏导，用正确的方式处理人际关系。"把心理疏导、心理健康教育作为思想政治工作的一个重要方面予以高度重视，充分显示了心理教育在思想政治教育中的地位和作用。

改革开放以来，党和国家高度重视心理健康教育和心理问题的解决。1994年，《中共中央关于进一步加强和改进学校德育工作的若干意见》明确要求通过各种方式对不同年龄层次的学生进行心理健康教育和指导，帮助学生提高心理素质，健全人格，增强承受挫折、适应环境的能力。1995年《中国普通高等学校德育大纲》明确强调，德育的内容包括政治教育、思想教育、道德教育和心理教育四个方面，把心理健康教育作为高等学校德育的重要组成部分。2001年3月，教育部印发《关于加强普通高等学校大学生心理健康教育工作的意见》，对大学生心理健康教育工作的主要任务和内容，工作的原则、途径和方法以及队伍建设等方面做出了明确规定。2004年10月，中共中央、国务院印发《关于进一步加强和改进大学生思想政治教育的意见》，强调要重视大学生的心理健康教育，要求"开展深入细致的思想政治工作和心理健康教育。要结合大学生实际，广泛深入开展谈心活动，有针对性地帮助大学生处理好学习成才、择业交友、健康生活等方面的具体问题，提高思想认识

---

[1] 中共中央文献研究室.十五大以来重要文献选编：中[C].北京：人民出版社，2001：1042.

和精神境界。要重视心理健康教育,根据大学生的身心发展特点和教育规律,注重培养大学生良好的心理品质和自尊、自爱、自律、自强的优良品格,增强大学生克服困难、经受考验、承受挫折的能力"。党和国家制定各项政策、措施确保心理健康教育贯彻实施,正是基于当今社会转型人们出现各种心理问题的社会现实和落实以人为本的科学发展观的实践需要而采取的重大举措,也是开展人性化思想政治教育,不断提高思想政治教育有效性、针对性的必然选择。

第一,关心人的心理问题,加强心理健康教育,是基于"问题意识"的思想政治教育人性化的重要切入点。思想政治教育强调关注人的现实生存境遇,促进人的身心健康,这需要通过心理问题的切实解决让人感受到思想政治教育的价值。发挥心理健康教育在思想政治教育中的基础性作用。"思想政治教育活动必须从个体的心理层面的问题开始,把心理问题的处理看成是进行良好思想政治教育的起点和切入点。"[1]在解决人的心理问题中体现以人为本的教育情怀。以人为本主要表现在两个方面:一是以什么人为本;二是以人的什么为本。"以人的什么为本"的问题就表现在对人的生存发展所存在具体问题的解决上。只有这样,才能真正找到思想政治教育人性化的切入点以及以人为本的具体措施。面对风险、竞争、科技异化给人们带来的恐惧、担心心理,帮助人们规避风险,提高竞争实力,消除科技异化,克服恐惧、担心心理,就是以人为本;面对就业压力、贫困问题以及情感问题造成人们的焦虑、抑郁心理,帮助人们实现就业,解决生活贫困问题,克服焦虑、抑郁心理,就是以人为本。同样,实现社会公平、公正、共同富裕,克服人的自卑、妒忌和报复心理,就是以人为本。

每个人心理问题的诱发因素不同,这要求作为思想政治教育内容的心理教育必须找准切入点,具体问题具体分析,一把钥匙开一把锁,真正实现在人需要什么的时候知道"以人的什么为本"。通过客观、具体问题的切入,准确把握教育对象的思想脉搏和思想问题发生源头,对症下药,有针对性地开展思想教育工作,通过实际问题的解决实现思想问题的解决。在过去的思想政治教育形式中,缺少问题意识和对教育对象思想、心理问题的个体把握。这种缺少切入点和针对性的思想政治教育给人的感觉是照本宣科、不用思考、

---

[1] 佘双好.心理健康教育何以成为思想政治教育的研究领域[J].马克思主义研究,2007(3):90.

无须动脑、不做调查研究的教育是谁都可以做、都会做的工作,造成思想政治教育假、大、空盛行,社会认可度低。因此要做好思想政治教育心理健康教育工作,就必须找到问题的切入点。不要轻视这种细致的切入点工作,它最能反映出教育者的工作作风、工作态度。做好切入点工作,就会立即表现出教育工作的艰苦、细致、人本等特点。教育者必须深入基层,走进群众,及时发现、准确把握教育对象的思想心理问题,找准切入点,加强个别教育、个别辅导,减少心理压力,促进心理和谐、思想健康、精神高尚。如果不和教育对象深入接触、心理沟通和情感交流,就很难发现教育对象思想、心理症结所在,也就很难实现思想政治教育的人文关怀,或者只能是停留在教育者的口头上、书本上的呐喊。

第二,关心人的心理问题,加强心理健康教育,是基于"问题意识"的思想政治教育人性化的重要内容。人的"思想"、"精神"和"心理"是不可分割的整体。把"心"和"思"联系起来,便有了汉语中的"心思",把"心"和"神"联系起来,便有了汉语中的"心神"。人们经常说"心思缜密""心思不正"等,说明"心"和"思"是紧密地联系在一起的,很难说明哪部分是心理作用的结果,哪部分是思想的结果。同样,人们说"心神合一""心神不宁"等,就是说明"心"和"神"往往也是不可分离的。但是人们突出思想政治教育内容的思想性、政治性时,会有意识或无意识地去突出或放大思想政治教育内容的社会性、阶级性、群体性,这与强调和突出自我性、个体性、主体性的心理健康教育往往不十分吻合,从而人为造成思想政治教育内容和心理健康教育内容的隔膜,只关心人的思想政治问题,却忽视了人的心理问题,使思想政治教育缺少对现实中个人的考虑和关心。传统思想政治教育内容上是围绕解决受教育者的阶级立场、政治方向、价值取向、人生目标、社会道德规范和法律意识等方面的问题来组织的,突出人的社会属性、社会价值和社会存在。心理健康教育是根据教育对象生理、心理发展规律和特点,运用心理学、教育学以及心理咨询理论、技术、方法和手段对受教育者施加一定的影响,帮助他们培养良好的心理素质、化解心理矛盾、缓解心理压力、促进身心全面和谐发展的一种教育活动。心理健康教育内容主要是向教育对象普及心理健康教育知识,训练心理调整技能,树立心理健康意识,解析心理异常的现象,使其保持情绪稳定乐观,增强社会适应、应对挫折、人际交往能力,解决成长、成才过程中的学习、生活、交友、恋爱、求职、择业等问题,促进受教育者人格的完善和发展。它所实施的内容是对思想政治教育的补充和完善。

虽然思想政治教育以人为出发点和归宿,但更多的时候强调教育的原则、理性、刚性。心理健康教育从具体的个人的心理出发,突出教育的人性、个性、柔性等特征。传统思想政治教育重视人的理性思维对教育内容认同、接受的作用,忽视了主体心理运动的情感因素对教育内容认同、接受的影响。加强思想政治教育心理健康教育,有利于受教育者对教育内容的接受。心理健康教育不仅包含心理咨询、心理疏导、心理治疗等方面的内容,而且能从更为宽广的视域将人的思想、精神和心理等方面紧密联系起来看待和组织心理教育。这样使得思想政治教育的心理教育比传统思想政治教育在承认学生个体差异、问题境遇、现实要求的基础上更能围绕受教育者个性和谐发展、个体心理问题解决和健康人格塑造而有针对性地开展工作,体现思想政治教育人性化对人的尊重、理解和关心。在心理健康教育过程中,通过谈心、交流、对话,特别运用已广泛使用的规范的心理测试和心理咨询技能,真正了解教育对象诸如自卑、恐惧、抑郁等心理问题成因,跟踪人们心态变化,舒缓人们心理压力,使思想政治教育成为能够解决人们心理问题的心理需要、生命需要,促使教育对象养成自信自强、自我悦纳、积极向上的心理品质,能够热爱生命,善待他人,形成积极的心理素质和相对稳定的心理结构,这是一个人正确的思想观念、世界观、人生观、价值观形成的前提和基础条件。思想政治教育要解决人的思想问题,首先要解决人的心理问题。当然,人的心理素质养成、心理发展方向要受到其价值观、世界观、人生观的支配和影响,思想政治教育通过正确的道德准则、社会行为规范、价值观念对受教育者施加教育影响,促使受教育者认知、情感、情绪、意志、行为等心理内部矛盾的转化,使其形成符合一定社会要求的思想品德。如果心理健康教育缺乏正确的思想理论、价值观念的指导,容易导致迁就、迎合个人的兴趣,助长个人不合理的欲求或情绪体验,产生治标不治本等弊端。高尚的思想品质能促进健康心理的养成,健康的心理有助于高尚思想品德的形成,双方相互促进,相互补充,推动人的思想和心理趋向良性互动、和谐一致,实现人的和谐发展、科学发展。可以说,思想政治教育的心理教育拓展了思想政治教育内容,体现了思想政治教育内容的开放性、包容性,增强了思想政治教育的时代活力。

第三,关心人的心理问题,加强心理健康教育,是基于"问题意识"的思想政治教育人性化的一种有效方法。在思想政治教育发展史上,经过长期的理论研究和实践探索,已经形成了一系列行之有效的思想政治教育方法。然而,改革开放以后,传统思想政治教育方法受到了不同程度的挑战。面对日益复杂的思想问题,思想政治教育应该吸纳一切有助于解决人的思想问题的理论和方法。心理健康教育所运用的方法与思想政治教育方法有效结合,可以丰富、发展思想政治教育方法。

一是从以说理教育法为主到说理教育法和心理疏导法的有机结合。说理教育是思想政治教育最为普通的方法和传统优势。"但是这种思想教育方法是党在革命和建设时期,在一个相对封闭环境下,在党和政府权威和威信较高、社会主义思想政治处于明显优势地位,而人们思想政治观念相对比较单一的条件下形成的一种方法[1]。"教育者依据理论的权威进行照本宣科,通过说服、说理,摆事实,讲道理,以理服人,不是强制、压服。虽然说理教育法注重教育者与受教育者间的主体平等,反对强制、压服,但更多的时候是教育者掌握话语权和主导权,容易导致教育方法的灌输和说教,特别是对于那些有思想错误或有思想错误倾向的人来说,往往只强调依据理论权威进行批评、训斥,甚至羞辱,强迫受教育者改变原有的"错误"观念和看法,表现出方法上的强硬、生硬,缺少思想问题发生的心理分析或疏导,容易导致教育对象口服心不服。如果结合心理疏导的方法,就会提高方法的有效性。心理疏导、心理咨询更加注重双方的主体平等和情感的交流、倾诉,不仅体现出说理教育方法上的平等原则,而且体现出心理疏导方法上的关爱原则,让受教育者感到温暖的力量,自觉情愿地表达出自己真实想法和思想问题,形成教育者与受教育者间的情感共鸣。

二是从以灌输、"独白"为主到灌输、"独白"与平等对话的有机结合。传统的灌输方法是理论教育不可缺少的形式和方法,有其存在的合理性和必要性,但不能将这种方法绝对化和教条化,否则只能是教育者居高临下的独断、独白,一切听命于教育者的说教、指挥、宣扬,对教育对象的思想、心理问题采取的是一定程度上的强制、压服,不给教育对象情感倾诉、思想表达的机会,限制和阻碍教育对象思维发展。这导致思想政治教育内容难以入脑、入心。而心理健康教育突出教育者与受教育者间平等对话、双向互动关系。在面对面的个别交谈或集体咨询中,教育者耐心倾听、细致询问、认真观察,分享他们的痛苦体验,获得他们的信任;允许教育对象情绪宣泄,并对自己情绪产生的后果有正确的认知,使他们对自己思想矛盾、自卑、抑郁、焦虑等心理困惑

---

[1] 佘双好.从说理教育到心理疏导:思想政治教育方法的发展[J].思想理论教育导刊,2011(7):92-93.

产生原因有清楚的觉察;为他们出主意、想办法、排忧解难,并适时进行正确的引导,做到和受教育者打成一片,亦师亦友。最终,实现灌输、"独白"与平等对话的有机结合,用爱心和高超的教育艺术,去打动教育对象,解决他们的思想问题、心理问题。

三是从以"独角主唱"为主到独角主唱与角色扮演的有机结合。传统思想政治教育过于强化教育者的主导地位和主体作用,讲台变成了思想政治教育工作者主唱"独角戏"的舞台。教学内容、教学过程、教学方法完全由教育者一人设计、掌握。受教育者变成了不思、不想的"看客"或"听客"。讲台上教育者滔滔不绝,唯我独尊,讲台下受教育者心不在焉、各行其是。教育者不顾及教育对象的思想实际和心理需要,主导一切,包办代替一切,拉开了与教育对象间的感情距离、心理距离。思想政治教育独角主唱的方法不利于深入教育对象思想实际,缺少受教育者的主动参与和角色扮演。而心理健康教育的角色扮演可以弥补这种方法的不足。角色扮演是心理教育中一种常用的方法,它是一种情景模拟活动。"个体在想象中扮演他人的角色,以他人的观点看待问题,理解他人的处境和感觉,预测他人可能采取的行动及其对自己行动所做出的反应,通过这种方式,达到消解个体的心理困扰,促进其心理正常发展的目的。"[1]教育者与受教育者都积极参与角色扮演,在扮演中亲身体验和实践他人的角色,从而更好理解他人处境和内心情感,以利于发现问题症结所在,找到心理健康教育的突破点。角色扮演可以提高受教育者参与的积极性,增强他的主体意识,使其在模拟情境中宣泄和释放压抑的情感,排除心理困扰和障碍,在与他人的参与互动中感知自我,提高自我,接纳他人,这也是思想政治教育渗透教育、隐性教育的有效形式。必须坚持心理健康教育与思想政治教育有机结合,切实关心并有效解决由竞争、学习、贫困、就业、情感等方面问题给人们带来的心理压力和思想负担,提高他们的心理素质,消除其心理困惑,使其保持健康向上的心态,从而使他们正确处理好自我与社会的关系、自我与他人的关系,不断提高他们的思想认识、政治觉悟和道德品质。

三、就业问题:思想政治教育人性化的尊严关切

就业是指在一定年龄阶段内人们所从事的为获取报酬或为赚取利润进

---

[1] 莫雷.学校心理辅导技术专题之一:角色扮演技术在心理辅导中的应用:上[J].人民教育,2000(9):41.

行的活动。与就业相反的就是失业。失业是指具有劳动能力并有就业愿望的人处于没有就业岗位的状态。随着我国经济体制转轨,市场经济体制建立,就业竞争日益激烈,就业问题日益突出,对于我国这样一个世界上人口最多的发展中国家来说,妥善解决就业问题尤为重要。就业问题不仅关乎人的生计问题,而且涉及人的尊严问题。"无恒业者无恒产,无恒产者无恒志。"人的很多问题,包括贫困问题、心理问题,都或多或少、直接或间接地与就业问题相关,可以说,就业问题是带有整体性、根本性、综合性的问题。它对人的思想行为产生巨大影响,也是思想政治教育必须高度关注的问题。

(一)就业问题及其对人们思想行为的影响[1]

我国是农业大国,人口多耕地少。人口总数已超过14亿人,2021年,"我国居住在乡村的人口为509 787 562人,占36.11%"[2]。农村剩余劳动力要求寻找就业市场,解决就业问题,一旦市场不能提供足够的就业岗位,势必造成失业。在农村,随着工业化、城镇化、经济全球化步伐加快,农民,特别是失地农民越来越面临着巨大就业压力和失地风险。那种认为农民"就业靠土地,养老靠家庭""农民无失业"的传统观念在现代化发展过程中被改写。根据国务院发展研究中心社会保障制度改革研究课题组的研究,"20世纪90年代以后,将有就业愿望而未能就业的下岗和失业人员合并计算,中国城镇的真实年失业率在10%以上,1997年、1998年等年份,真实失业率可能高达13%—15%"[3]。2002年3月,"经济学家萧灼基在出席九届政协五次会议期间表示,我国城镇职工下岗后没有再就业的估计在4%左右,国内企事业单位的隐性失业者达7%—8%,加上官方公布的2001年底登记失业率3.6%,我国城镇失业率实际值已达15%—20%左右,并认为这样的估计保守"[4]。

在高校,随着招生规模的扩大,大学生就业制度从"统包统配"到"双向选择、自主择业"的改革以及我国经济结构调整、产业结构升级给经济形势带来的深刻变化,大学生就业形势越来越严峻,大学生就业难问题越来越突出。高校毕业人数又呈逐年递增趋势,从2018年到2022年五年间,全国毕业人

---

〔1〕 宇业力.社会转型期就业价值观的嬗变与重塑[J].前沿,2013(1):66-70.

〔2〕 国家统计局,国务院第七次全国人口普查领导小组办公室.第七次全国人口普查公报(第七号):城乡人口和流动人口情况[J].中国统计,2021(5):13.

〔3〕 国务院发展研究中心社会保障制度改革研究课题组,丁宁宁,葛延风,等.中国城镇失业保障制度改革的回顾与前瞻[J].管理世界,2001(1):82.

〔4〕 陈英乾.我国城镇失业问题及扩大就业的政策研究[J].山西财经大学学报(高等教育版),2005,8(1):72.

数分别是820万人、834万人、874万人、909万人、1076万人,2023年全国毕业生人数达到1158万人,比2013年全国毕业生人数699万人增长了459万人。如果按经济增长保持5%左右的速度,每年可新增500万个就业岗位,如果用来满足高校毕业生就业,可见全社会就业压力非同一般。如果包括上一年未实现就业的高校毕业生,那么每年实际需要就业人数远远超过当年的毕业生人数。这给高校毕业生带来巨大的就业压力和心理压力,由此,就业问题引发了人们一系列的思想问题和心理问题。

第一,就业道德问题。一是就业中的诚信缺失行为。应该说,当代大学生就业道德主流积极、健康、向上,但受经济大潮冲击和利益机制驱动,当代大学生就业中存在诚信缺失行为。为了提高自己就业竞争实力,有的编造、伪造虚假荣誉证书和各类等级证书,甚至修改专业成绩。就业中的违约、毁约时有发生,损害了用人单位的利益,影响了就业者的信誉和学校的荣誉。二是就业中的功利主义行为。不少求职者就业道德中表现出就业价值取向上趋于功利化、务实化。对实际利益的考虑多于对事业发展、社会奉献的考虑。不愿到急需人才的偏远地区、艰苦行业、基层单位去就业,使经济发达地区人才过剩,不发达地区人才难求。一方面是有岗无人,另一方面是有人无岗,造成人力资源浪费。三是就业中的不当竞争行为。由于就业竞争机制不健全,不公平、不道德的行为普遍存在,出现了权钱交易、以权谋私、恶意伤害、排挤对手等不正当竞争行为。有的求职者为了达到个人目的,对竞争者恶意伤害,使公平、公正、公开的竞争原则受到损害。四是就业中的享乐主义行为。有的求职者,特别是一些高校毕业生希望躺在父辈的摇篮里享受其创业的成果,害怕奋斗,畏惧艰辛,出现了"啃老族""傍大款""蜗居"等现象。

第二,就业价值观问题。自古靠农业立国的中国传统社会,人口绝大多数靠农业维持生计,人口迁徙少,就业相对稳定,较少谈及就业价值。传统就业价值观上表现为:一是生存型就业价值观。人们的生产目的只为求得生活、生存。就业价值表现为维持生计、家谱接续、缴纳赋税。劳动者局限在对局部生产资料的固定性、排他性占有和使用上,造成人们惰性和依附心理,缺乏激情、竞争和创新。在社会等级秩序结构中,不是就业能力匹配就业岗位,而是就业岗位先定就业价值,造成"学而优则仕"的社会现实。人们很难发现主体价值,发挥个体潜能,发展自我需要。二是革命型就业价值观。长期稳定的就业岗位、不变的工作程序,以及家国同构的社会格局造成人们对社会、国家的高度认同和依附。人们激情释放、创造力发挥、自我价值实现往往通过政治组织的"革命"性号召得以激活。强调政治挂帅和群众运动的革命斗争精神在一定时期内对人们的生产实践起到了积极性激发和人心凝聚作用,让人看到了社会作用和群体价值的强大。人们通过在平凡的工作岗位上的无私奉献和牺牲体现个人价值,从而形成了计划经济时期以团结奉献为核心的革命型就业价值观,这些精神值得提倡和发扬。但如果长期一味地以革命性的精神因素作为价值标准和生产动力,就会导致人的就业价值观的扭曲和漠视,因为它忽视了人的基本需要和发展需要。三是求稳型就业价值观。稳定历来是人们重要的价值目标和价值追求。为求稳定,祖辈的职业可能在子孙后代身上一代代延续着,后代享受着前辈积累的物质财富、家族声望和人脉资源。职业选择上,很少有人愿意去从事那些具有对抗性、创造性、冒险性的工作,心甘情愿地在稳定的工作环境、僵化的利益分配体系中获得安全感,享受"主人翁"的地位和权力。家庭包办孩子一切,对他们的生活方式、职业选择、发展路径实施全方位的影响,按照预设的模式对其进行修枝剪叶。人们乐于安土重迁、安于现状、安居乐业,很难说有多少人思考真正的就业价值所在。

在由传统社会向现代社会、计划经济向市场经济转变的社会转型过程中,改变了计划经济时代生产资料所有制形式和分配方式的单一形式,最主要的在于改变了社会利益结构和就业结构,既重视集体利益,也强调和突出个人利益。这对人们的就业价值观形成产生了巨大影响,出现了反映时代特征的就业价值观。一是功利型就业价值观。社会转型中最根本的当数利益结构的转变,人们生产就业不再只满足于自我生存、安土重迁和牺牲奉献,出现了由单一就业价值取向到多元就业价值取向的转变。人们开始强调就业的工作环境、劳动报酬和个人发展前景,关心为提高未来就业或再就业的竞争力所必需的资本积累(社会资本积累、文化资本积累和身体资本积累),看重金钱和财富的价值衡量标准,在价值目标选择、价值评价标准、价值实现手段等方面都表现出功利化倾向。不可否认,转型期出现的极端个人主义、拜金主义、享乐主义等错误价值倾向,是必须坚决摒弃的。但我们不能由此全盘否定人们对合理的功利价值的追求。合理的功利价值追求有利于生产积极性、创造性的调动和潜能的发挥,有利于在尊重、追求和实现个体价值中推动社会生产发展。二是利己型就业价值观。改革开放以来,西方个人主义、极端利己主义价值观念的侵蚀和市场经济中的逐利性、短期性等负面因素的影响,导致了利己型就业价值观的出现。专业选择、恋爱婚姻都以未来职业谋利、职场谋权、职务升迁、生活幸福为观照而作决断。把"学得好不如长得好,干得好不如嫁得好"当作生存哲学,信奉拜金主义、个人主义和享乐主义,只要能够谋取一己私利,就不择手段。有的个人、单位和企业利欲熏心,不惜以他人的利益、健康、生命为代价,以谋取高额利润,造成就业价值观严重的缺失和错位。三是求变型就业价值观。社会转型期,生产结构不断调整,创新创业不断发展,新就业增长点不断培育,为人们就业提供了更多选择机会,人们不再满足于一次就业定终身,干一行,爱一行,干到老,从一而终的就业观念。年轻人特别是受过高等教育的大学生,思想开放,接受新生事物快,有深厚的专业知识和较强的就业能力,勇于面对有一定对抗性、风险性的就业岗位。他们可能不断变换工作岗位,在求变的流动中实现个人价值最大化,最大限度挖掘个体潜能。有的在择业过程中或就业岗位上经过无数次挫折、失败和打击后,另起炉灶,创新创业。根据自身个性特点、兴趣爱好、知识结构和能力素质去识别、利用和开发机会,到社会上创业并创造价值,敢于冒险、首创和变革。

第三,就业心理问题。就业机制不健全、就业机会不平等等方面原因造成人们巨大心理压力和各种就业心理问题。一是自卑畏怯心理。有的人在求职过程中,由于家庭出身、社会地位、经济状况、学业成绩、就业能力等方面不如别人或处于劣势,缺乏自信心,产生自卑感,甘为人后。面对社会和用人单位有畏怯心理,缺乏勇气,畏惧竞争。在择业中表现出消极等待、悲观失望情绪,不敢正视现实,不愿主动展示自己的聪明才智。二是焦虑急躁心理。现代就业行业发展一日千里,不同产业就业收入的比较利益差强烈地刺激着人们对职业的比较、选择,一定程度的就业不公,各种就业信息的接受、鉴别、取舍不时困扰着人们。所有这些复杂的就业景象,使得求职者有时感到不知所措、无所适从,特别是那些进城打工的农民工进城后没能及时找到工作以及高校毕业生在毕业后一年半载都未能实现就业,难免产生焦虑急躁心理,缺少面对复杂多变社会就业形势的勇气。三是自负自傲心理。拥有合理的知识结构和扎实的专业知识的高校毕业生,特别是那些出身名校、专业好的学生,他们一般认为自己有知识、有能力参与就业竞争。家庭为了支持其完成学业,付出很多,出于成本回报理应进入效益好、工资高、福利好的工作单位。这使得他们不能正确对待主观就业理想和客观就业现实间的矛盾,过高估计自己就业能力,抬高自己就业心理预期,盲目追求"起点高、薪水高、职位高"的职业,表现出自负自傲心理。一旦求职遭受失败、挫折的打击,又表现出不满、悲观心理。四是从众依赖心理。当就业成为人们巨大压力和沉重负担的时候,人的就业思想容易受到普遍的社会思潮和社会观念的影响,缺乏个人主见,人云亦云。在专业选择、就业去向上盲目追求大多数人的就业意向和就业行为,不能根据自身的专业特长、兴趣爱好选择最能发挥自己聪明才智的工作岗位去就业。有的求职者在择业中缺乏独立意识和自主判断,更不用说去大胆地创新创业。他们不是凭自己的真才实学、竞争实力和努力奋斗去搏击职场,而是希望通过托关系、走后门、走捷径找到工作,甚至有的人为了找到理想单位,不惜做出有损人格、尊严的事情。

(二)就业问题索解:思想政治教育人性化的尊严关切[1]

就业是民生之本,不仅关系到人的生存,而且关系到人的尊严。一个人首先要能够从事某种职业、某项工作,通过自己劳动,获取报酬,维持生计,改善生活。同时,劳动者在劳动过程中创造价值,发挥潜能,享受劳动的喜悦,体验为社会创造财富和价值的成就感,实现有尊严的生活。解决就业问题、加强就业指导成了思想政治教育贴近生活、贴近实际、贴近对象的一种重要形式和途径,充分体现思想政治教育人性化的当代价值和意义。

第一,关心就业问题,加强就业指导,实现思想政治教育对人的尊严的关切。人是世界上最高级、最值得敬重的动物,就在于人要过有尊严的生活。人在实践过程中形成了属于人的道德主体意识、价值观念和心理、人格品质,表现出人是有尊严的存在。人的尊严内含着对人性的基本尊重。"人的尊严包含丰富的内涵:尊重人的权利,实现人的自由,满足人的需要,促进人的发展。"[2]而人的生产劳动就业是实现人的自由、满足人的需要和促进人的发展的基本保障,劳动就业权是人的基本权利。它充分体现了以人为本的基本要求。以人为本就是要充分肯定人的尊严,以人的尊严为本。

思想政治教育坚持以人为本,就必须在解决人们就业问题的具体实践中体现教育的人本性。深入开展就业指导、就业服务。改革人才培养模式,优化教学课程设置,打破不利于就业、创业的专业限制和学科间的壁垒,设置符合用人单位要求和学生个性特征的课程、专业;建立就业、创业实训基地,为学生将来就业积累实践经验和增强就业能力,提高学生专业技术应用能力,

---

[1] 宇业力,何苗,邵海军.论创业教育与思想政治教育[J].学术论坛,2009(3):191-195.

[2] 张三元.以人为本:以人的尊严为本:基于马克思主义人学的视角[J].思想理论教育,2012(9):23.

以适应未来岗位对职业综合能力的要求;制定特殊求职人员的帮扶制度,根据特殊人员的就业思想、就业能力、生活现状,制定特殊的帮扶制度,强化就业困难人员的就业援助,解决好就业困难人员、零就业家庭以及下岗失业人员就业问题,做好农民工就业工作,做好复员转业军人安置就业工作,加强妇女、少数民族群众、残疾人等就业工作。就业是民生之本,是社会稳定的基础。思想政治教育者必须把思想政治教育同就业政策教育、就业形势教育以及就业指导实践结合起来,注重开展个性化的就业指导,帮助他们从思想认识、就业能力、就业形势等方面进行客观分析,正确认识自我;在就业教育、教育指导中渗透思想政治教育,克服过去思想政治教育脱离现实、远离社会、远离实践等弊端。为此,在就业问题的解决和正确择业观、就业观、创业观的教育过程中,凸显思想政治教育对人的尊严的关切。

第二,关心就业问题,加强就业指导,实现思想政治教育对人的道德观的塑造。关心就业问题,实现社会充分就业,不仅仅是解决就业岗位,解决生活困难,而且要在就业过程中,不断加强就业道德培养和就业素质提升。一个人的就业不能只着眼当下,只顾眼前利益,而是要放眼长远。如果只顾眼前的个人或部门利益,那就难免会出现生产、就业中尔虞我诈、唯利是图、坑蒙拐骗、不讲诚信等就业道德失范行为。诚信向来被视为"进德修业之本""立人之道""立政之本"。一个不讲诚信的人终将会为社会所抛弃;一个不守信用的高校毕业生,也许能获得暂时的就业机会和眼前的个人利益,最终会因失信而付出代价;一个不讲诚信的生产企业,最终会被消费者抛弃,甚至因受法律制裁而变得倾家荡产。一个讲诚信的人,也许会损失眼前的或局部的利益,但收获的可能是更多的支持、更持久的就业机会和更大的发展空间。

思想政治教育要培养德才兼备、全面发展的高素质人才,就必须加强道德教育,特别是就业道德教育。首先,转变传统就业观念,加强就业道德教育。随着我国就业竞争压力的加剧,干部人事制度的改革,"铁饭碗"被打破,人才流动和再就业已成为普遍现象。人必须面对这种激烈的就业竞争形势,接受挑战。为了赢得这种竞争和挑战,要取信于人、取信于社会,培养高尚的道德情操和诚信理念。加强思想政治教育就业道德教育,并不是一味地去要求纯粹的自我牺牲、自我奉献,而是强调道德对人的生存、发展的长远意义和基础作用。"亚当·斯密指出'自爱、自律、劳动习惯、诚实、公平、正义感、勇气、谦逊、公共精神以及公共道德规范等,所有这些都是人们在前往市场之前必须拥有的'。"[1]虽然市场经济强调主体性、效益性、功利性,但市场经济更是诚信经济、法制经济。市场经济中的就业更注重人的诚实守信、遵纪守法、奉献协作精神。如果人类道德信仰崩塌,那么人类生存大厦就会倾倒,其结果必然是人类生存陷入危机。其次,强化道德净化机制,优化道德教育环境。在规范、公正的就业市场竞争中,大力弘扬正确的就业道德,让那些不讲诚信、就业道德缺失的人付出沉重代价,让讲诚信的人受益,不讲道德的人受损。在就业实践中,培育良好的社会就业道德教育环境。二十世纪五六十年代的道德主要是靠理想、信仰、革命性热情等精神性的要素这个动力系统来维持。市场经济条件下,出现了道德净化机制的松懈现象,人们在家庭和各种非正式团体中,接受的道德规劝减少了。过去就业、分配、入党要进行严格的道德审核,而现在却大为宽松或流于形式,不少用人单位或求职者由此付出巨大代价。思想政治教育要从促进人的社会就业、提高人的就业素质、实现人的全面发展、维护社会稳定角度出发,加强就业道德教育,营造良好的道德育人环境,弘扬艰苦奋斗和勇于奉献的精神。

第三,关心就业问题,加强就业教育,实现思想政治教育对人的就业价值观的指导。

基于社会转型引起的人们就业价值观的嬗变,有其历史的必然性、合理性。人们不再满足于就业中仅是求稳、求生存,而是谋发展;不再完全无视个人利益的牺牲与奉献,开始强调自我实现;不再不需任何积累而从事重复性生产劳动,而是需要加强社会交往、积累社会关系的社会资本积累,需要体魄锻炼、改进饮食睡眠、化妆整容以增强身体形态符合主流价值规定的个体就业竞争力的身体资本积累,需要文化修养历练、专业知识积累、个体人力资源提高的文化资本积累。所有这些必然导致人们价值观念的变化,从而对就业价值观产生较大影响。思想政治教育必须发挥价值观形成的指导作用,树立科学的就业价值观。

一是人本型就业价值观。马克思劳动价值论阐明了人的价值是能够创造价值的价值,是一切价值中最高的价值,它体现在人的劳动就业中。如果一个人不能实现充分就业,或被剥夺生产劳动权利,基本生存需要都没有得到保障,就根本谈不上什么人的价值实现和价值创造。为此,必须坚持以人

───────

[1] 赵建华.高校学生就业道德素养弱化成因分析及对策探索[J].教育研究,2011,32(3):65.

为本的就业价值观。国家、政府在保障社会充分就业中必须承担应有的责任和义务,彰显人的就业价值和意义。坚持能力素质本位的就业价值观,使得就业由于注重人的能力素质而真正回归到人本身,做到以人为本。坚决摒弃传统身份本位、关系本位、权利本位的就业观。二是发展型就业价值观。发展型就业价值观要求人们在对待就业的价值目标取向、价值评价标准以及价值实现手段等方面围绕人的自由全面发展做出正确的抉择。人们在择业过程中,不仅要将其看成赖以生存的谋生手段,更要将其看成图谋人与社会全面发展的重要途径。人的全面发展应包括人的需要、能力、个性全面发展和人的社会关系全面发展,人的生理和心理协调发展,人的物质需求和精神追求同步发展。在不断提高职业选择和自身个性、社会需求之间的契合度时,实现快乐就业,幸福就业,自由就业,而不是为了私利被迫就业,消极就业,焦虑就业。树立发展型就业价值观和幸福都是奋斗出来的思想理念,克服极端的功利主义、利己主义等错误的价值观,从而使人们在择业就业中,乐于奉献,敢于冒险,勤于创新,勇于创业。在充满竞争、风险的创业中,体验过程的快乐、奋斗的乐趣,实现个人价值与社会价值的统一。三是和谐型就业价值观。和谐社会是全体人民的奋斗目标,又是其价值追求。和谐社会中的全体人民各尽其能,各得其所而又和谐相处,实现社会充分就业,公平就业。杜绝因健康状况、男女性别、身体形态、民族宗教、户口户籍、身份地位等因素违反平等就业权的就业歧视行为。维护和实现基本的就业公平,实现社会主义和谐社会的价值诉求,以消除就业中愤世心理、悲观心理、焦虑心理、攀比心理和自卑心理,让人们在相对公平的就业环境中,实现人的生理发展与心理发展和谐统一,人的物质需要与精神追求和谐统一,人的就业竞争与就业合作和谐统一,人的知识、智能等理性要素与人的性格、兴趣、爱好、意志、愿望等非理性因素和谐统一,将人从片面的就业限制和束缚中解放出来。通过劳动就业真正地把自己目标和意志对象化为外在之物,在改造外部世界的劳动实践中彰显自由与和谐状态。思想政治教育人性化在关心人们就业问题、加强就业指导、提高人的就业素质、引导社会树立科学的就业价值观等方面体现了人文关怀,为社会树立良好道德规范,为人们培育正确的就业价值观提供了精神动力和价值导向。

第四,关心就业问题,加强创业教育,实现思想政治教育对人的主体性的提升。创业是就业的一种形式,是高层次的就业。随着经济发展和科技进步导致市场劳动力的剩余,就业岗位相对减少。创业教育已成为高等教育的重要内容。联合国教科文组织于1989年在北京召开的"面向21世纪教育国际研讨会"上正式提出"创业教育"这一概念,又称"第三本教育护照",主张"把事业心和开拓技能教育,即创业教育问题提高到目前学术性和职业性教育护照所享有的同等重要地位"。1995年,其又指出:"在'学位＝工作'这个公式不再成立的时代,人们希望高等教育的毕业生不仅是求职者,而且也是成功的企业家和工作岗位的创作者。"高等教育要注重培养学生的创业精神、创业能力、创业素质和敢于冒险、超前思维的品质。这是创业教育的内容,也是思想政治教育的内容。一个有着创业精神、创业能力和创业素质的人,往往都有着高尚的创业品格,这种创业品格体现在能够艰苦节约、诚信守法、磨炼意志、团结协作上。如果把这些创业品格教育与思想政治教育相结合,既实现了理想信念教育为创业教育与实践提供精神动力和正确导向,又实现了创业教育与实践为理想信念教育提供有效的载体和现实的条件,最终,实现思想政治教育为人的生存、发展服务的目的。创业教育能体现对教育对象的尊重与关爱,能贴近教育对象实际,能反映人性化、个性化教育要求。要培养具有开创性个性的创业教育,已成为思想政治教育的时代内容和有效载体,具有重要的现实意义。

  一是创业教育强调人的主体性地位的提升。作为主体的人,是以实践为其存在方式和本质的,通过创业教育与实践的对象性活动,可以充分地表现、确证和提升人的主体地位,表现人的能动性、自主性和创造性。创业教育强调对受教育者人格的尊重、个性的培养、学习主体地位的提升,以及独立的思考和自主判断、决断。特别是在知识经济时代,从事以个体或团体为单位的知识生产和传播的劳动者越来越多,他们的个体性更加凸显。这需要我们摒弃计划经济体制下以固定的绝对标准来"剪裁"和"扼杀"受教育者个性,造成无个性差异的培养模式;承认教育对象个体差异性,开发人的主体能力,创造一个让学生充分展示个性发展的创业教育环境,发扬学生个性中敢于竞争、冒险,敢为天下先的胆略,克服其人格上的从众性和依附性,提升人的主体性;让学生自主作出符合自身秉性、兴趣、爱好并且能够发挥自己潜能的职业选择,展现受教育者主体鲜活的生命活力、生命体验与感受。在这个创业教育舞台上,每一个人都会得到尊重和理解,学生可以自由展示有关创业的思路、观点、计划,主体得到加强,创新思维得到激发,创业能力得到培育,创业素质得到提高,从而实现创业教育与思想政治教育在人才培养上的相互促进、相互补充。

二是创业教育注重人的能动创造性的发挥。要创业就必须创建、创新和创造,并且做到首创,而不是跟随他人后面的重复。任何一个优秀的创业者一定是人格健全、品格优良的人,更是一个出色的创新人才。创新是对固有观念的一次颠覆性革命,它要打破常人奉为金科玉律的人生准则,体验到反逻辑带来的心灵震撼。创新是人的个性中最活跃的因素,是创业的源泉,它蕴藏于人的潜能之中,这种潜能不是上帝的造化,也不是自然界的恩赐,是人的长期的自然进化和社会进化的积淀,可以在个性得到充分发挥的创业实践活动中得到激发和唤醒。创业教育就是要激发和唤醒沉睡在人体中的潜能,让人提出创新创意,这样才能更好地拓宽商业视野,捕捉商业机遇,整合独特资源,开发新产品,开辟新市场,创造新价值。

三是创业教育关心人的实践过程的体验。当今世界,思想政治教育在实践中向生活回归已逐渐成为一种受到普遍认可的具有指导意义的观念。创业教育是一门实践性很强的学科,强调知识的运用、生活的体验。我国教育家陶行知提出"生活即教育",强调生活的教育意义,在生活实践中长知识、长才干。强调生活实践的创业教育有利于使思想政治教育从抽象走向具体、从书斋走向田野、从宏观走向微观、从统一走向个性,克服思想政治教育理想化、工具化、知识化倾向,使思想政治教育贴近生活、贴近实际、贴近对象。虽然创业教育是一种素质教育,但不管是素质的提升,还是能力的提高,都不是说教式的空谈,而是反映在点滴的细微之中,体现在生活实践中。创业就是要求人们放下身段,投入火热的生活中去,在实践中受锻炼、长知识、增才干。

四是创业教育促进人的"问题意识"的培育。没有问题意识的人是绝对不可能有创新创业行为的,而且人们关注的问题越是重大,在思考问题、解决问题时所蕴含的创新度也就越大。通过创业教育提高人的主体性地位的同时,促使人们对时代性、社会性、前沿性、现实性的真问题进行思考。既要考虑创业中的资金筹措问题、市场前景问题、产品销售问题、合作竞争问题、项目开发问题,更要考虑个人的兴趣爱好、能力匹配、职业生涯定向、未来发展方向、人生价值取向等问题。通过对问题的思考与解决问题的方法或路径的不断修正,不断提升自我,从而确立符合社会主流的人文和科学价值观,进而上升到理想信念,最终付诸实践。创业教育以"问题意识"为切入点,迫使人们去思考和探讨,思考和探讨的过程本身就是学习过程、教育过程、批判过程。在问题思考、解决过程中,在师生互动的个性化教学中,受教育者在潜移默化、春风化雨般形式中接受教育,教育者无需生硬的思想灌输和乱打棍子的"学阀"行为。因此,可以说创业教育通过人的主体性地位的提升、能动创造性的发挥、实践过程的体验和"问题意识"的培育实现思想政治教育对人的关怀和尊重,赋予了新时期思想政治教育强大的生命力和现实的针对性。

四、情感问题:思想政治教育人性化的生命关爱

现代思想政治教育要成为一种抵达心灵的教育,让受教育者真心、真实、真诚地接受教育内容,一定是在人的情感强烈参与下进行的。思想政治教育人性化转向的基本要求就是承认情感是人的生命的生存形式,是接受主体心理的核心内容,体现出教育对人的生命关爱和心灵观照。

(一)情感问题及其对人的思想行为的影响

情感是人在社会生活中对客观事物是否满足自己需要、愿望而产生的心理体验和主观感受,是构成人性非理性因素的重要内容,是对生命意义的切身感受和人生价值的强烈体验。它既可以喜悦、满足、愉快、接纳、认同、热爱、期盼等表现形式体现人的积极情感,也可以愤怒、憎恨、痛苦、拒绝、排斥、恐惧、失望、忧愁、悔恨、羞耻等表现形式体现人的消极情感。某种程度上,它体现客观对象与主体需要之间的关系。要做好新时代思想政治教育工作,必须深刻认识、准确把握现代人情感发生的深刻变化和存在的主要问题。

1. 家庭变迁与家庭情感隔膜

由于现代化、城镇化、市场化以及中国计划生育政策的影响,我国社会家庭关系、家庭结构都发生了巨大变化。传统中国是一个以农业和家庭手工业为主的经济结构和自给自足的生产方式占主导地位的国家。父权制占统治地位,家族主义盛行,家本位文化、家庭孝道文化色彩浓厚。注重婚姻关系中的生儿育女、传宗接代、家谱接续和光宗耀祖的重大责任和首要任务,强调亲子关系中的长幼有序、赡老扶幼、父严母慈、孝悌忠信、相互依存、和睦相处的伦理关系和伦理责任。但在今天,累世同居的家族主义大家庭正向以独生子女为中心的个体主义核心家庭转变,家本位文化受到个体本位的严峻挑战。更加追求个性、平等、自由的个人主义和更加强调个人成就、生活享乐的价值观和生活方式,强烈冲击着传统的家庭婚姻观念。人们的择偶观、婚姻观、生育观、离婚观和性爱观正发生着深刻变动,严重影响家庭成员的思想交流和情感维系。这些导致诸多家庭情感隔膜和情感问题发生,表现为:一是空巢家庭增多,家庭慰藉功能弱化。随着社会老年化的发展、流动人口的增加、家庭规模的缩小,以及独门独户的居住方式,导致了近年来"空巢家庭"的大量

增加,淡化了子女对老人的赡养和情感沟通的责任意识。老人一生大多历经风雨,饱经风霜,吃得了苦,受得了累,晚年的时候最容易出现的是孤独、抑郁、恐惧、焦虑等心理问题,所以他们特别在乎子女一句话的问候、一次回家的探望。然而,恰恰不同的是,现在许多年轻的子女或忙于事业、奔波于生计,或倾心于新生代的培养,无暇顾及或疏于对老人的精神交流和心理慰藉,导致代际间的情感疏离、情感隔膜、情感纠葛,亲子间的情感纽带逐渐松弛等问题的出现。家庭的尊老、敬老、养老功能逐步弱化,家庭的天伦之乐难以实现。

二是留守家庭增加,亲代的情感关爱缺失。传统的中国农业大国,农村人口占绝大多数。社会转型、体制改革、结构调整,产生了大量农村剩余劳动力,促成农村人口向城镇流动。"中国流动人口从1982年的657万人升至2010年的22 142万人,从占全国人口总量的0.6%升至16.6%。2010年,全国约有5 800万留守儿童。"[1]人口流动不断催生出由留守儿童、留守老人、留守妇女所构成的留守家庭。留守家庭的出现拉大了家庭成员之间的空间距离,弱化了亲代与子代之间的情感交流,引发了老人的抚慰与孝敬、夫妻间情感的经营与维系,特别是对子女的教育与培养等一系列问题,一定程度上影响了家庭的稳固,乃至社会的稳定。不少留守儿童在父母远离家乡的时候,往往由祖父母、外祖父母,乃至其他亲戚朋友的家庭负责,甚至处于无人看管境地。父母无法用自身认同的正确价值观和行为准则去感染子女。青少年在心理成长、情绪发展过程中,缺少塑造健康的情绪行为的家庭情境体验,缺失了一份父母的呵护和关爱,深感被极度冷落。现实中,他们会表现出孤僻、冷漠、内向、偏执、自卑、脆弱、消沉、易怒、绝望的情绪特征。甚至,有的青少年走上犯罪的道路,有的又因生活的无望而绝望。2015年6月9日,贵州毕节田坎乡村民张某某的4个孩子(最大13岁,最小5岁)在家服毒身亡。其中一个重要原因不能不说是父亲长年外出打工,母亲离家出走多年,四名留守儿童生活无人照管,情感无人关爱,才导致悲剧的发生,甚至悲剧发生后,"当地政府打过上百次电话,也发了无数短信,仍未能联系上孩子父亲"[2]。父母对孩子如此这般冷漠,不能不说是父母罪责。虽然这是一个极端的例子,但它折射出了中国留守家庭所表现出的诸多社会问题,也是党和政府义不容辞要解决的问题。

---

〔1〕 杨菊华,何炤华.社会转型过程中家庭的变迁与延续[J].人口研究,2014,38(2):38-43.
〔2〕 范春旭,程媛媛. 毕节四兄妹服药死亡 当地称并非因贫自杀[N].新京报,2015-06-12(6).

三是单亲家庭增多,家庭情感纽带松弛。当今,人们家庭观念变化、个体本位文化影响、社会流动加剧、维护婚姻的责任伦理意识淡薄、未婚或非婚同居现象严重、第三者插足等诸多原因,使得离婚率呈上升趋势,单亲家庭不断增加。由父亲或母亲一方与子女共同组成家庭,缺失了作为家庭、婚姻制度的真正作用和意义。"对于婚姻制度的意义,费孝通先生曾这样认为:它是人类种族绵延的保障,因为它既是合法生育的必要形式,同时也确定了双系抚养的模式,即一男一女合法地生育子女,并以约定永久共处的方式将子女抚养长大。"[1]夫妻间和睦相处、和谐共生是维系家庭情感纽带的基本前提和基础条件。然而单亲家庭结构不完整加剧了亲情的缺失和情感纽带的松弛。孩子不能完整地从父亲或母亲那里得到应有的爱抚和教育,将给孩子的生理、心理、学习、生活各方面带来不利影响,引发子女的紧张情绪和消极心理反映,导致情感发展片面,情感世界悬空,情感表达冷漠。如果长期发展下去,再加上认知能力、辨别能力、自控能力差,很容易导致交往的排斥性和社会的对抗性,以及人格扭曲,甚至诱发犯罪。单亲家庭子女违法犯罪的概率比健康家庭要高已成事实。

家庭是最基本的社会组织、细胞,从来就未曾独立于社会、国家之外,家庭结构稳定、家庭功能健全、家庭情感和睦,直接关系到民生幸福、社会稳定。中国自古就强调修身、齐家、治国、平天下的治理模式和执政理念,肯定修身、齐家对于治国、平天下的基础地位和作用。而家庭更多的时候是靠情感纽带维系的,因此情感理应成为思想政治教育的重要内容。

2. 社会变革与情感认同困境

大凡人类社会处于急剧变革、深刻转型时期,都会出现社会利益大调整,民众思想大解放,人的思维方式大变革,从而导致人的社会情感、民族情感的变化与转型。封建社会代替奴隶社会,改变了奴隶受奴役、被压迫的社会地位,奴隶不再作为奴隶主的物化工具任人宰割。随之发生的情感变化就是奴隶抛弃了奴役性、物化型的情感关系,一定程度上获得情感生存空间和社会地位。资产阶级战胜封建地主阶级,人们抛弃了封建社会人身依附型的情感关系,建立了"以物的依赖性"为基础的利益型情感关系。资产阶级"撕下了罩在家庭关系上的温情脉脉的面纱,把这种关系变成了纯粹的金钱关

---

[1] 唐灿.中国城乡社会家庭结构与功能的变迁[J].浙江学刊,2005(2):203.

系"[1]。社会变革引起人们的情感变化与转型,积极的情感变化又促进了社会的进步、发展。

1978年,中国进行了一场具有开创性、探索性的改革事业,这场改革是社会主义制度的自我完善和发展。人们对中国特色社会主义建设寄予了希望和信心,极大地激发了人们实现中华民族伟大复兴的热情和活力,凝聚了民族力量和民族精神,增强了民族情感和民族认同。这是主流,看不到这个主流,就会怀疑改革,迷失方向,误入歧途。同时,我们还必须看到改革中出现的各种矛盾和问题给人们的社会情感、民族情感带来了一定程度的伤害和影响。市场经济深化发展中的经济效益性、资本逐利性、交往功利性,诱发了物质主义、消费主义、拜金主义和极端利己主义的滋长和蔓延,金钱奴役了情感,情感成了金钱的附属品,造成了人与人之间关系和情感的异化。为了单纯追求经济效益,自然资源遭受疯狂掠夺,环境恶化,危及社会稳定、民众福祉、生命安全以及民族未来的发展;为了资本逐利本性,坑蒙拐骗屡见不鲜,尔虞我诈见怪不怪,假冒伪劣屡禁不止。从"三聚氰胺"到"问题酸奶",从"瘦肉精"到"速生鸡",从"毒生姜"到假羊肉,从"苏丹红"鸭蛋事件到染色馒头事件,问题食品频频曝光,不断危及人们生命健康,刺痛了人们的敏感神经,降低了人们对社会的认同度、信任度和安全感,结果是经济发展了,但这种发展却失去了人们对生命意义和生命情感的体验。特别是社会变革过程中出现的社会不公现象,伤害了人们的社会情感。城乡二元结构致使城乡居民在教育、医疗、养老等方面待遇差别较大,东西部之间、发达与不发达地区之间、少数民族地区和东部沿海地区的社会发展差距拉大,社会阶层利益分化严重。少数民族地区成员产生了"相对剥夺感"和不平等感,产生了不满情绪或对立思想,影响了民族情感认同。

社会变革的深度影响,对外开放的强力推进,特别是网络化的迅速拓展,进一步促成了全球范围内的相互开放,人们的思想、观念、意识、信仰、情感不断地融合、交流、碰撞。西方发达国家先进的科学技术、发达的生产力、丰富的管理经验、不断提高的生活水平给人们带来的民生幸福,使不发达国家、发展中国家人们对此产生了期盼、认同、赞赏、羡慕之情,而发达国家在发展过程中出现的消极、颓废、落后、腐朽的东西则被忽视、遮蔽了。拿自己的短处

---

[1] 中共中央马克思恩格斯列宁斯大林著作编译局.马克思恩格斯选集:第一卷[M].2版.北京:人民出版社,1995:274.

和别人的长处相比,盯着别人的优势和强势,埋怨自己的劣势和弱势,促使了消极情绪和不满心理的产生。特别是在改革和开放中出现的收入差距拉大、资源分配不公、社会保障不平衡、干部作风积弊和腐败现象严重等问题,更使少数人对改革产生了怀疑,对国家失去了信心。人一旦受挫,就把自己的情绪发泄到对国家、社会、制度的不满和憎恨上,不能理性看待社会主义制度的自我完善和发展过程中出现的矛盾和困难,淡漠了民族情感和爱国情怀,出现了情感危机。

社会变革影响了人的情感表达方式和情感认同。经过多重现代化、全球化和网络化的洗礼,人的情感表现出表达方式的多样性、表达内容的复杂性和表达途径的开放性等特点,人的精神生活更加丰富,人的精神需求更加强烈。在这样社会大转型、大变革时代,如何以人的情感教育作为有效切入点,不断拓宽情感沟通渠道,增进教育者和受教育者的情感交流,增强人们国家情感、民族情感、社会情感认同,克服消极情感、非理性情感对人的思想行为的影响,更应成为新时代思想政治教育工作者需要思考和解决的问题。

3. 交往变化与个人情感的缺失和失范

交往是人们实现其在物质、能力、信息、意义、思想、情感等方面的交流、交换、沟通、对话的实践活动。它既是马克思和恩格斯理解人及人的发展问题的核心概念,又是马克思主义哲学的重要范畴。交往是人的本质体现,是人类社会的存在方式。

交往是历史地发生、发展、变化的。马克思在其《1857—1858 年经济学手稿》中阐述了三大社会形态:人的依赖关系的最初交往形态、以物的依赖性为基础的人的独立性的第二大形态、建立在个人全面发展和他们共同的社会生产能力成为他们的社会财富这一基础上的自由个性的第三阶段。这一社会形态的划分,深刻体现了马克思关于以人为中心的人学思想和人的社会交往及其发展的理论。在人类发展的不同历史时期,生产力发展水平、生产社会化程度不同,决定了交往的程度、范围、目的、内容、形式等方面的变化。在以自然发生的人的依赖关系为基础的社会形态中,因生产力水平的低下,"人的生产能力只是在狭窄的范围内和孤立的地点上发展着"[1]。交往以自然发生的共同体为媒介。"人们对自然界的狭隘的关系制约着他们之间的狭

---

[1] 中共中央马克思恩格斯列宁斯大林著作编译局.马克思恩格斯全集:第四十六卷(上册)[M].北京:人民出版社,1979:104.

隘的关系,而他们之间的狭隘关系又制约着他们对自然界的狭隘关系。"[1]人们之间的社会交往和联系以地缘关系、血缘关系、性关系交往为纽带,"表现为人的限制即个人受他人限制的规定性"[2]。人依赖自然,依赖社会,依赖他人,在等级森严的宗法制度和封建制度下,"虽然个人之间的关系表现为较明显的人的关系,但他们只是作为具有某种社会规定性的个人而互相交往,如封建主和臣仆、地主和农奴等等,或作为种族成员等等,或属于某个等级等等"[3]。交往目的是维护社会秩序,巩固阶级统治,维持家谱接续。人的独立性、主体性、平等性、利益性尚未凸显,表现出人的交往的狭隘性、单一性和谋生性。作为生命的情感交流、情感体验遭受强烈的约束、限制。在听命于自然、听命于他人的生活中,实现情感寄托与诉求。

在"以物的依赖性为基础的人的独立性"阶段,随着资本主义技术进步,生产力发展,利益驱动,市场不断向世界范围拓展。资产阶级,由于开拓了世界市场,使一切国家的生产和消费都成为世界性的。"过去那种地方的和民族的自给自足和闭关自守状态,被各民族的各方面的互相往来和各方面的相互依赖所代替了。"[4]交往突破民族地域的界限,从狭隘、单一不断走向更加广泛、复杂,交往的独立性不断增强。马克思虽然肯定了人的独立性,但这种独立性以人对物的依赖性为基础,这里的物不仅指实物、人的劳动产品,而且指人的社会关系。人们的生产、交换、消费的社会交往成为人的社会存在的基本条件。人的劳动产品只有通过商品交换才能得到社会承认,实现它的社会价值。生产成了个人之间交往的前提条件,人的价值不是表现为目的,而是表现为手段,造成了人与人之间、人与社会之间、人与自然之间交往的异化。资本追逐利润最大化,"它使人与人之间除了赤裸裸的利害关系,除了冷酷无情的'现金交易',就再也没有任何别的联系了"[5]。在商品经济等价交

---

[1] 中共中央马克思恩格斯列宁斯大林著作编译局.马克思恩格斯全集:第三卷[M].北京:人民出版社,1965:35.

[2] 中共中央马克思恩格斯列宁斯大林著作编译局.马克思恩格斯全集:第四十六卷(上册)[M].北京:人民出版社,1979:110.

[3] 中共中央马克思恩格斯列宁斯大林著作编译局.马克思恩格斯全集:第四十六卷(上册)[M].北京:人民出版社,1979:110.

[4] 中共中央马克思恩格斯列宁斯大林著作编译局.马克思恩格斯选集:第一卷[M].2版.北京:人民出版社,1995:276.

[5] 中共中央马克思恩格斯列宁斯大林著作编译局.马克思恩格斯选集:第一卷[M].2版.北京:人民出版社,1995:275.

换原则下，就像马克思在《共产党宣言》中深刻揭露资产阶级那样，"它使人的尊严变成了交换价值"，"资产阶级撕下了罩在家庭关系上的温情脉脉的面纱，把这种关系变成了纯粹的金钱关系"[1]。由于交往的一方不是把与其交往的另一方视作与自己平等的主体，而是视其为实现自己的某种目的、满足自己的某种需要的手段、客体、物，从而表现出形式多样的交往关系的物化、异化：一是交往主体手段化。交往双方不能视对方为主体性、目的性、意义性存在，而是客体性、手段性、中介性存在，将对方及其活动成果视为手段和中介，以达到个人目的，实现自己利益。衣俊卿教授将其看作"最赤裸裸的或者残酷的畸形，例如主人和奴隶、统治者与被统治者、剥削者与被剥削者的关系"。"这种性质的交往会使人丧失价值、尊严、存在的理由，甚至肉体生命。"[2]从个人交往层面看，交往与否，首先要看交往对象于当下或未来能否给自己带来潜在利益。"天下熙熙，皆为利来；天下攘攘，皆为利往。"为了利益，交往不择手段，甚至为了将来的谋利，不惜重金进行情感投机、交往关系储备，人沦为交易手段或交易物而存在。从社会层面看，为了国家政党的利益、革命斗争的需要、组织目标的实现，完全不顾个人的利益、需要、尊严而牺牲他人。"当社会或人们把某些人从根本上视作手段，当某种需要和某种事业自身成为目的而把人降为手段，这种社会一定是不健全的。"[3]人感受不到生命存在的意义和价值，人便成了无情之物。

二是交往主体数字化。在现代社会工业化、自动化、网络化发展，生产高度依赖技术进步的背景下，由于现代化机器足够智能和灵便，人的生产劳动更加专门化、具体化、单一化。人被肢解成庞大机器体系中的零部件，特别是网络技术发展更是赋予个人的身份以虚拟性和数字化符号存在，人的言行举止通过二进制的语言转换，使得人以数字化方式在屏幕上传播。无论是现代企业，还是行政机构，在技术理性思维影响下，按照标准化、模式化、统一化、规范化原则，将人纳入层级分明的管理体系中。人被抽象化、单一化、原子化、客体化，"从而使主体变成为抽象的数字、符号、原子等等。相应地，人与人的交往沦为抽象原子或数字之间的无法真正沟通的交往"[4]。高度发达

---

[1] 中共中央马克思恩格斯列宁斯大林著作编译局.马克思恩格斯选集：第一卷[M].2版.北京：人民出版社，1995：274-275.
[2] 衣俊卿,孙占奎.交往与异化：关于现代交往的负面研究[J].哲学研究,1994(5)：17.
[3] 衣俊卿,孙占奎.交往与异化：关于现代交往的负面研究[J].哲学研究,1994(5)：19.
[4] 衣俊卿,孙占奎.交往与异化：关于现代交往的负面研究[J].哲学研究,1994(5)：20.

的现代技术致使技术理性张扬,突出强调技术性、实用性和目的性,割裂了事实与其价值的关系,削弱了主体独立判断能力和自主意识,消解了人的情感诉求、多样性需要、价值追求和个性化发展。

三是交往主体冷漠化。无论交往主体手段化,还是交往主体数字化,都使得人在理性的牢笼的束缚中变得冷漠、孤僻,人际关系疏离、对立。机械化、自动化生产将人被动地孤立在生产流水线上。正如匈牙利哲学家卢卡奇所认为的那样:"在这一方面,机械化也把他们分裂成孤立的、抽象的原子,他们的工作不再把他们直接地有机地结合在一起;由于禁锢他们机械抽象规律的作用,在日益扩大的范围内,他们成了中介。"[1]技术在人与人之间架起了一道无形的屏障,阻隔人际间的情感交流、心灵沟通。有血有肉的、有思想意识的人的社会关系被冰冷的物与物之间的关系取代,以语言为中介来表达人的思想、精神、情感的人际交往逐渐被强调物质利益、权力地位的人际交往取代。人们竞相逐利,彼此对立、敌视。马克思指出:"由于私有制把每个人孤立在他自己的粗鄙的独特状态中,又由于每个人和他周围的人有同样的利害关系,所以地主敌视地主,资本家敌视资本家,工人敌视工人。"[2]人的心灵没有归属感、安全感,留下的只是孤独和无助,失去了人之为人的生存意义和生活兴趣。

随着网络技术的快速发展和智能手机的普及使用,网络成为人们新的交往手段,给人们创造了新的情感交流空间。网络交往影响着人们的现实人际交往和情感表达形式,在给人们获取信息、学习知识、商贸往来、通信联络、情感表达等方面提供便利的同时,也带来网络交往中情感失范、心灵孤独等问题,从而使得因工业社会的机械化等而导致的人的情感缺失走向了因网络的虚拟化、去中心化而导致的个人情感失范。

第一,网络交往主体情绪宣泄现象普遍。交往主体在现实生活中常常会遇到人际交往障碍、社会支持缺失、社会尊重缺乏、社会生活挫折、社会资源配置不公、社会腐败滋生、个人情感抑郁等诸多问题,内心往往会表现出不同程度的不满、愤懑、抗争情绪,但主体的情绪表达总是要顾忌到社会影响、交往对象感受和舆论的约束。然而在无主题、无中心、无约束的虚拟网络空间

---

[1] 卢卡奇.历史和阶级意识:马克思主义辩证法研究[M].张西平,译.重庆:重庆出版社,1989:100.

[2] 中共中央马克思恩格斯列宁斯大林著作编译局.马克思恩格斯文集:第一卷[M].2版.北京:人民出版社,2009:72.

中,主体间的交往存在缺失道德规范约束的可能,不受社会条件限制和交往对象的"胁迫",享受着网络交往基本法则——"我的世界我做主"——给人带来的自由之声。原子化的交往主体将在社会生活中积压的私愤、怨恨、孤僻、压抑的情绪在网络上进行非理性化的宣泄和极端化的表达,说所想说,纵情发泄。有的还将充满情绪化、极端化的煽情言论,甚至是谣言传播到网上,发到朋友圈,形成网络公共话语和情感动员,制造网络"情感"氛围,致使网络交往主体间相互渲染、相互激发、相互影响,极易导致情感失范、网络抗争事件发生,如"石首事件"等。

第二,网络交往主体情感认同困难。网络给人们提供自由表达空间,可以因共同的议题,或是道德正义感而轻易地撩动彼此内心深处的情感之弦,形成情感共鸣,但因网络交往对象虚拟性、交往互动即时性而极具不稳定性和变动性。人们热衷于网络情感体验,但一离开网络,顿感情感归属的虚幻和漂浮。面对制度不公、劳资矛盾、房屋强拆、环境污染,我们可以扮演虚拟的政治家、政府官员,主持社会公道;面对社会吸毒、诈骗、盗抢、欺凌等犯罪现实,我们可以扮演大侠、侦探,维护社会秩序。网络交往主体易受网络情感渲染的影响。在看到一则有人因重大疾病、事故、被骗而陷入绝境的新闻后,极易产生情感共鸣,伸出援助之手。同情、募捐、声援成了情感表达的重要方式。当得知事实并非如此,甚至完全相反时,又有被欺骗的感觉,可能又成了声讨大军中的一员。网上"我"可以无所不是,但"我"究竟是哪个?"我"从哪里来,要到哪里去?"我"将会怎么样?情系何方?这些疑问容易导致自我情感认同困难、错位或失调。

第三,网络交往主体道德失范严重。网络交往遮蔽掉了现实交往中人们可以感知到的交往对象的真实身份特征。交往主体身份不确定性、交往形式开放性造成交往主体间的道德关系具有不稳定性。在网络世界中,道德规范约束松弛,道德自控力减弱,网络价值观念模糊,在现实中不敢做的事、不敢说的话,在这里却可以肆意妄为,网络成了少数人的"夜行衣"。骗财、骗色的网络诈骗,发泄怨恨、诋毁他人、制造新闻卖点的恶搞,窃取他人学术成果的网络剽窃,发表煽动性、侮辱性言论,通过侵犯个人隐私的人肉搜索而造成人身伤害的网络暴力,制造、传播、扩散虚假信息,引发网络群体性危机事件的网络谣言,都是网络道德失范行为的重要表现。

第四,网络交往主体心理孤独加剧。近年来,互联网络使用与个人的孤独感的关联性成了人们广泛关注的议题。研究发现"互联网会使使用者的社会卷入(social involvement)减少,心理幸福感(psychological well-being)降低,表现为孤独感和抑郁感增加"[1]。网络虽是一个自由、开放的交往平台,给人们提供一个心灵驿站,使人们按照自我意愿构建一个虚拟自我,尽情地宣泄生活中积郁的情绪,自由表达自己的思想观点,无论对错,都有可能得到他人的附和、认同、赞赏,彼此畅所欲言,倾诉心声。人们沉醉于构建虚幻、完美自我的幻象中,享受着尽情书写悲喜情愫的狂欢之乐,体验着强烈的获得感、成就感、认同感。但由于缺少对交往对象的真实了解,缺少对交往对象思想、观点的生活经验性认知,一旦离开网络,便是狂欢之后内心的空虚与寂寥;面对现实,就会自我不适,进入孤立无援、无处安身的境地。

网络交往造成的孤独,不仅表现为对虚拟交往的过度依赖,更表现为对现实交往的疏离。网络交往挤压了人的现实的物理交往空间,网络交往越久、越深,现实交往就越少、越浅。人们不愿打开内心世界与现实的人交流思想、情感,变成了日本学者野牧所形容的"容器人"。"容器人"希望摆脱孤独而与他人接触,但这种接触只是容器外壁的碰撞,是表面的、肤浅的,无法深入对方内心世界。如果一个人长期习惯于将现实中久抑的情绪频繁而自由地在网络中释放,长期下去,他就会不习惯于现实交往中所需的掩饰、深思、克制,就会造成现实人际交往困难和不适应、人际关系紧张、人际情感冷漠和疏离,人的内心体验越发孤独、焦虑。

(二)情感问题索解:思想政治教育人性化的生命关爱

作为人的认识基础上所产生的内心体验和主观态度的情感,是人类特有的基本属性和特征,也是人的接纳和认同行为的动力之源。积极的情感能够引导个体主体对自我生命的体认和珍爱,对生命意义的自觉和高扬,引人达观、明朗、向上,富有爱心、热忱、责任。一旦离开了情感,一个无论多么具有灵性、悟性、知性的人,都很难在现实世界中寻找到生存与交往的根基,而且容易造成对生命的漠视和沉沦。"生命情感关涉个体在世的一切作为,是建构个体人生的基础性质素。"[2]思想政治教育要实现提高人的思想道德素质、树立正确的人生价值观的目标,就必须注重对人的生命情感的化育、丰盈与提升,加强家庭情感、社会情感建设,找回缺失的情感,矫正失范的情感。情感教育既是思想政治教育人性化的重要内容,又是其必要环节,还是思想

---

[1] 周军,郑日昌,刘嘉.因特网使用与心理健康[J].中国心理卫生杂志,2002,16(10):665.

[2] 刘铁芳.生命情感与教育关怀[J].高等师范教育研究,2000,12(6):26.

政治教育的基本方法。

首先,注重家庭教育与家庭情感培育,促进情感态度和道德认知的良性互动。

家庭是社会的基本细胞,是人生的第一所学校,也是人的生活和社会角色养育的第一场域。家庭承担生命个体的养育,家庭教育理应担当生命情感化育的重要责任,对下一代的道德情感、价值观念和生活目标等诸多方面担负起教化的职责。

(1)增进家庭成员情感互动,培育积极的情感态度。一方面,作为长者、教育者,要用积极健康的情感情绪、乐观向上的生活态度、高尚健全的人格去感化、熏陶、启发家庭成员,彰显人格育人的感染力、说服力和渗透力。教育者以身作则,率先垂范,真诚执着,团结协作,使受教育者直接体验到积极情感带来的满足、愉悦、感动。这种人格力量能激发人的情感,开启人的心扉,暖化人的心结。另一方面,作为长者、教育者,积极组织、参与、发动家庭成员间的情感互动,使彼此间的一方进入对方的感受和意向性感受状态,设想自己处于对方境地而理解他人对情感、欲望、尊重的需要和渴望,克服因缺乏情感互动而带来的情感隔膜、亲情冷漠所造成的心灵伤害。无论是空巢老人,还是留守儿童,作为老人的子女、儿童的父母,都应该通过不同方式和途径常和家人保持密切的沟通和联系,营造平等对话式而非霸权式的家庭互动氛围;扮演好家庭成员角色,确保投入的时间、精力、资本,提高对家庭的归属感和亲密度。在家庭成员情感交流、心灵沟通和精神慰藉中,实现父母对孩子良好性格的影响和健全人格的培养,避免青少年因家庭互动缺失、家庭情感疏离、家庭关系紧张而向外寻求慰藉和补偿过程中出现的违背社会伦理或违法犯罪行为。

(2)营造和谐的家庭情境,促成良好的道德情感和道德认知的形成。情感是在特定的情境和场合中发展起来的。良好的家庭情境能给人愉快的情感体验。精心设计家庭情境,使受教育者在积极参与中形成良好的道德情感和道德认知。一是营造积极的家庭生活情境氛围。挖掘家庭生活中的教育主题,养成珍惜生活、珍爱生命的情感品德。生活即教育,"我们一开始生活,我们就开始教育着自己"[1]。随着现代家庭生活多元化、家庭联系网络化、家庭结构核心化发展,家庭生活情境对青少年思想品德形成的影响成了人们

---

[1] 卢梭.爱弥儿:论教育[M].李平沤,译.北京:商务印书馆,1978:13.

越来越关心的议题。家庭要在生活观念、消费观念、交往方式、娱乐方式、装修布置等生活方面潜心营造,精心设计,使孩子在特定的家庭生活情境中,在持续的关心、关爱、关注中,激起积极的情绪、情感体验,在参与互动中有积极的角色扮演,在耳濡目染中有高尚品德的熏陶,从而逐渐形成稳定的情感认知、价值取向,并将之逐渐内化、融到个性品格中。二是营造和谐的家庭话语情境氛围。家庭成员间的思想交流、情感表达总是通过必要的话语中介进行的,配之以语气、手势、表情、形体等,形成一定的话语情境氛围。家庭思想政治教育要加强心灵沟通,缩短心理距离,营造一种平等、探究谈论式的话语情境,强调探究过程中的参与、观察、思考、发现、体验,使受教育者体验受信任、被尊重带来的愉悦快乐,感受家庭伦理中的温暖、关爱、亲情、祝福,实现"视界融合"、心灵呼应、语境共享。如果家长滥用冷漠化、霸权式话语权威,动辄一副正襟危坐、不苟言笑、耳提面命、颐指气使的神情,容易将对方推向对立面,造成彼此对话的冲突、对抗、交锋。因此,父母要克服因忙于生计造成的焦虑、急躁等情绪给家庭情境氛围带来的负面影响,营造一种平等、自由、开放的话语氛围,开展有利于抵达心灵的教育,增进彼此间的信任,提高教育效果。三是营造健康的家庭文化情境氛围。要让孩子在良好的家庭文化氛围中接受熏陶,培育正确的价值观。家庭文化是家庭在物质文化、精神文化和伦理生活基础上形成的文化总和。它是启迪人的精神文化的家园。良好的家庭文化情境对成员的思想行为、道德情感、为人处事有较强的形塑功能。营造物质生活中科学、合理的消费文化、饮食文化情境,引导家庭成员在价值选择上认同勤劳节俭、反对奢靡浪费的思想观念,阻止媚俗性、攀比性消费;营造健康的家庭行为文化情境,形成良好的行为方式、交往方式和对事务的参与方式,尊师敬长、和睦相处、坦诚相待、豁达大度,遵守社会生活中的礼仪和道德规范,在人的一言一行中欣赏到生命礼仪中的善与美;营造家庭中健康的精神文化情境,形成积极的情感、坚强的意志、良好的风俗习惯、高尚的道德观念。在长期共同的家庭生活中,相互依赖、守望相助,形成较为一致的道德认知,促进良好家风形成。

(3)加强家庭教育,培育良好的家庭美德和道德情感。2015年2月17日,习近平同志在春节团拜会的讲话中指出:"家庭是社会的基本细胞,是人生的第一所学校。不论时代发生多大变化,不论生活格局发生多大变化,我们都要重视家庭建设、注重家庭、注重家教、注重家风,紧密结合培育和弘扬社会主义核心价值观,发扬光大中华民族传统家庭美德,促进家庭和睦,促进亲人相亲相爱,促进下一代健康成长,促进老年人老有所养,使千千万万个家庭成为国家发展、民族进步、社会和谐的重要基点。"[1]这深刻阐明了家庭建设、家庭教育、家庭情感、家庭美德在个人成长、国家发展、民族进步和社会和谐中所具有的重要作用。一是加强家庭教育,培育良好的家庭情感。家庭是我们每个人的灵魂所系、血脉所在、精神所依,人的情感发育最初是从家庭开始的。家庭教育需要牵引、升华人的家庭情感。社会的变迁、家庭结构的改变、家庭形态的变化,给家庭教育带来了诸多的新情况、新问题。如何开展家庭教育,增进家庭情感,是思想政治教育理论和实践研究的重要课题。我们要通过家庭教育,培育慈爱、孝爱、友爱、情爱的家庭伦理情感。很难想象一个缺失了家庭情感的人,会有积极的社会情感、民族情感、国家情感。当然,我们在强调家庭情感教育时,要注意处理好"慈"与"严"、"爱"和"教"之间的矛盾,做到慈训并重、爱教结合。如果基于血缘关系的爱慈过度,造成溺爱、偏爱、放任、纵容矫情,就会不利于下一代的健康成长。司马光在他的《家范》中指出,"'慈而不训,失尊之义;训而不慈,害亲之理。慈训曲全,尊亲斯备。'即父母只讲慈爱而不加训教,便失去了作为尊严的大义,只严加训教而不慈善,则伤害了骨肉相亲相爱之理。只有慈严结合,才具备了大义和亲情,是完整的家教"[2]。因此,我们在加强家庭教育的时候,要引导家庭情感、个人品德协调、健康发展。二是加强家庭教育,建设优良的家庭美德。中华民族历来以重视家庭教育著称,家庭教育历史悠久,源远流长,形成了丰富的家庭教育方法和家庭教育内容。在家庭教育内容中,突出强调家庭美德教育。提倡父慈子善、夫义妻贤、尊敬师长、兄友弟恭、诚实礼让、清廉宽厚、勤勉俭朴。当下,做好特殊家庭——留守家庭、流动家庭、单亲家庭、重组家庭、寄养家庭——孩子的家庭美德教育已成为需要全社会关心和解决的问题。要真正做到家庭教育与学校教育、社会教育有效对接和有机融合,强化家庭教育功能、学校教育作用和社会教育责任。打破传统家庭教育不受公共领域管辖的私人领域藩篱,处理好家庭教育中私人性和公共性之间的辩证关系。父母要不断改进教育理念,提升自身素质。在全社会大力倡导尊老爱幼、男女平等、夫妻和睦、勤俭持家、邻里团结的家庭美德教育,使留守、流动、单亲家庭的孩子感到家的温暖、生命的呵护和道德的力量。三是加强家庭教育,树立良好

---

[1] 习近平.在2015年春节团拜会上的讲话[N].人民日报,2015-02-18(2).
[2] 佘双好.我国古代家庭教育优良传统和方法探析:从家训看我国古代家庭教育传统和方法[J].武汉大学学报(社会科学版),2001,54(1):120.

家风。家风是无字的宝典,是无言的教育。家风是家庭价值观的体现,也是家庭文化的凝聚。2016年12月12日,习近平同志在会见第一届全国文明家庭代表时指出:"家庭不只是人们身体的住处,更是人们心灵的归宿。家风好,就能家道兴盛、和顺美满;家风差,难免殃及子孙、贻害社会。"[1]要通过世代的家庭道德教育、家庭文化建设的延续,涵养优良家风,使之沁入人的灵魂深处,进而形成正确的世界观、人生观、价值观。中国历史上许多思想家、教育家、政治家和英雄人物无不是在优良家风熏陶下成长、进步起来的。诸葛亮的"静以修身,俭以养德。非淡泊无以明志,非宁静无以致远"的诫子训,激励无数仁人志士对理想人格的追求;岳母刺字"精忠报国","岳飞魂"传颂千古;曾国藩"孝悌"治家,其后人英才辈出。新时代,思想政治教育必须把家庭教育作为家风建设的基础工程抓紧、抓好,以社会主义核心价值观为指导,涵养家风,淳正家风,增强家庭责任,凝聚家庭精神,增进家庭情感,使人们在优良家风滋养下健康成长。

其次,加强情感教育的理论研究和实践探索,增强对国家和社会的情感认同。

认同是一种复杂的思想认识、社会心理现象,是人们在社会交往、生活实践基础上通过理性反思而形成的心理上接受、行为上赏识、价值上趋同和感情上有归属感的过程,具有强大的行为内驱力。情感认同是因满足自身某些方面的需要,在对某一事物有了较深刻的认识和全面的了解基础上,从情感上对其产生了认可、赞同、接纳、满意、喜爱、追求的积极的心理态度。思想政治教育作为一种培育人、塑造人、关爱人的实践活动,要启迪人的美好心灵,提升人的精神生活,关爱人的生命情感。必须肯定情感教育在思想政治教育中的地位和作用,不断加强思想政治教育中情感教育的理论研究和实践探索,提高受教育者的情感认知和情感认同,增强思想政治教育的亲和力和感染力。

(1)加强情感教育的理论研究,建立情感教育有效机制。人的生命是情感性存在,要加强情感教育的目标任务、途径方法、机制和功能的研究。情感教育的目标任务就是要培养人们积极的情感体验和情感素养,提高人们情感认知能力和情绪、情感的调控能力,使人树立正确的价值取向和价值认同,促进健全人格的形成和人的全面发展。情感教育的体验机制就是受教育者在

---

[1] 习近平. 在会见第一届全国文明家庭代表时的讲话[N]. 人民日报,2016-12-16(2).

特定的情境和事件中,提高亲身的经历和感受,从而形成对相关情绪和情感的认识和感知的过程。情感和体验总是密不可分的,没有体验难以获得对生活意义的切实感受和对生活价值的深刻揭示。思想政治教育中的情感教育就是要通过这种体验去深刻把握生命情感的生成、发展,激发人们对美好事物的向往和对良好道德情感的认同。情感教育的生活机制是指情感教育贴近实际,贴近教育对象,贴近生活,在生活实践中开展体现人性化、生活化的教育过程。人的情感的生成与体验都是在社会实践中形成和发展起来的。因此,思想政治教育中的情感教育必须深入社会生活的各个方面,在现实的社会生活中丰富情感知识,发展情感品质,认知道德情感对于人的生活的意义和价值。情感教育的情境机制"是指教育者通过相关情境的创设,为受教育者提供更有效的教育氛围,促进受教育者认知和行为发生改变的过程和机理"[1]。教育者要根据思想政治教育规律、教书育人规律和教育对象成长规律以及思想品德形成的需要,根据教学内容的要求,创设主题鲜明、生动形象的教育情境,实现以境育情的教育目的。情境教育有利于受教育者身临其境、触景生情、耳濡目染地接受熏陶,激发情感认同,引发情感、思想的共鸣、共识。情感教育的认同机制是教育者在教育实践中,通过教育方法、教育过程的科学安排,促使受教育者从情感上对教育内容接受、肯定、认可、赞同、践行的过程。受教育者形成对教育内容的情感认同是将教育内容内化于心、外化于行的前提条件,这对教育内容设置、教育方法运用、教育过程安排提出了较高要求。在情感教育理论研究中,还需注重情感教育功能探索。情感教育具有激发人们斗志、唤醒人们对美好生活的向往和对生命的热爱与追求的动力功能;具有在积极情感指引下引导人们选择正确的道德行为、塑造善良道德品质的导向功能;具有协调认知和行为、社会整体与个人关系的调节功能;具有对受教育者的思想行为、价值取向、实践方向、认识过程作出选择的功能;具有以某种情感情绪状态对思想行为及其结果作出评价的功能。

因此,必须加强思想政治教育中的情感教育。通过情感教育的理论研究,建立健全情感教育的有效机制,充分发挥情感教育的作用。重视受教育者的情感体验,发挥情感的积极效应,正确处理好思想政治教育和情感教育的辩证关系,积极应对社会变革与转型中人们情感变化与对情感的需要。

---

[1] 徐志远,龙宇.现代思想政治教育中情感教育的机制和规律[J].思想教育研究,2011(4):13.

（2）加强社会主义核心价值观教育，增强情感认知与情感认同。党的十八大报告中指出："倡导富强、民主、文明、和谐，倡导自由、平等、公正、法治，倡导爱国、敬业、诚信、友善，积极培育和践行社会主义核心价值观。"[1]习近平同志指出："我们提出的社会主义核心价值观，把涉及国家、社会、公民的价值要求融为一体，既体现了社会主义本质要求，继承了中华优秀传统文化，也吸收了世界文明有益成果，体现了时代精神。"[2]消灭剥削，消除两极分化，最终实现共同富裕，这是社会主义的本质要求。虽然每个国家、民族都在追求富强，但我们讲的富强，首先是民富国强，最终目的是人民富裕。人民群众对美好生活的向往是中国共产党人的奋斗目标。其次是共同富裕，虽然允许一部分人通过诚实劳动和合法经营先富起来，但那是途径，最终目的是共同富裕。这能帮助人们正确看待改革开放过程中出现的发展不平衡不充分的问题，而且正被中国共产党人所认识并力求解决。党的十九大把我国社会主要矛盾概括为人民日益增长的美好生活需要和不平衡不充分的发展之间的矛盾。这增强了人们对中国特色社会主义建设的信心和对国家情感的认知、认同。我们的社会主义核心价值观与西方国家所谓的具有"普世价值"的自由、民主、平等、人权有本质区别。世界上不存在绝对的超历史、超阶级、超意识形态的"普世价值"，社会主义核心价值观旨在保证每个人在地位、权益、机会平等的基础上，获得均等的发展机会和公平的社会环境，人人共享发展成果。在少数资产阶级国家那样，少数人自由只是靠剥夺大多数人自由而获得的自由，平等机会只是富人、强者、不道德者才能抓住的机会。社会主义核心价值观的本质特征是人民性，体现的是以人民为中心的思想理念，追求的是全体人民的共同福祉。就业、教育、医疗、养老等民生工程建设，经济、社会、文化、政治、生态协调发展，精准扶贫、精准脱贫强力推进，全面建成小康社会，都取得了举世瞩目的成就。实施西部大开发、中部崛起、振兴东北老工业基地等国家发展战略，着力解决地区之间、城乡之间发展不平衡问题。这些实实在在的举措和成就让人们看到写在祖国大地上的社会主义核心价值观给人带来的变化，切实感受到社会发展给人带来的切身利益，增强了人们对改革的信心，加深了人们对国家、社会的深厚情感。

确立社会主义核心价值观就是要解决社会变革、中国式现代化建设过程

---

[1] 胡锦涛.坚定不移沿着中国特色社会主义道路前进 为全面建成小康社会而奋斗：在中国共产党第十八次全国代表大会上的报告[N]，中国青年报，2012-11-18(4).

[2] 习近平.习近平谈治国理政：第一卷[M].北京：外文出版社，2014：169.

中的精神动力、发展方向问题,凝聚全国人民的智慧和力量。在我国社会变革过程中,出现了信仰迷失,信念动摇,诚信缺失,道德失范,价值取向扭曲,利己主义和极端个人主义滋生、蔓延等问题。解决这些问题,需要大力发展生产力,健全完善各项制度,但根本上还是要解决人的世界观、人生观、价值观问题。如何加强社会主义核心价值观教育是摆在全党和全国人民面前的一项重大课题。要加强社会主义核心价值观基本内涵、科学理论知识学习和教育,提高理论知识水平,促使理智调控情感,克服消极情感。加强社会主义核心价值观教育既是思想政治教育的重要内容,也是思想政治教育中情感教育的有效途径、有力抓手、有效着力点。社会主义核心价值观体现了对人民物质需要、精神需要的满足,形成了人民群众情感认同的基础和动力。情感认同凝聚人心,维护稳定,激发创造力,促进认知和行为相互转化。因此,必须正确处理情感教育与社会主义核心价值观教育的关系,增强人民群众对国家、对社会的情感认同。

（3）加强情感教育的实践探索,积极探索情感认同的有效途径。情感总是在人的认识基础上产生的心理体验、主观态度。没有对事物的认识和体验根本产生不了情感。要获得认识和体验,就必须组织和参与教学实践、社会实践和基层实践。一是加强教学实践,增强情感认知和情感认同。思想政治教育过程不仅是知识传授过程,更是生命情感培育过程。单纯认知活动,难以获得对生命意义的体验和对教学内容的体悟。思想政治教育必须强化教学的实践环节。在课程改革中,将教学内容与社会变革的现实、社会生活的实际紧密结合起来,将教育教学工作不仅安排在课堂内,而且还要放到改革开放和社会主义现代化建设一线的大课堂中去。习近平十分重视实践教学的育人作用。他在谈到浦东、井冈山、延安三所干部学院的教学实践要求时,指出"要组织学员到这一伟大实践的第一线去学习","各级党校、行政学院和干部学院安排一些班次的学员到基层,围绕改革发展稳定中一些重要问题进行调研考察,开展现场教学"[1]。在教学内容的设置与安排上,既要注重基本原理、基本理论体系的构建,又要防止因教育教学理论和社会现实问题、教育对象思想实际问题的脱节而导致的"体系意识"压倒"问题意识"的情况发生。坚持在实践中发现社会矛盾和问题之源,提高受教育者的问题意识,这种问题意识又会促使其积极投身实践,找到解决问题的办法,即让受教育者

---

〔1〕 习近平.做好新形势下干部教育培训工作[J].理论探索,2010(6):6.

不是一味地抱怨、埋怨,而是投身实践,变革社会。实践教学中,鲜活的教学现场让受教育者了解到社会真问题、真实情,亲历发现问题,亲为感受问题,亲身思考问题。在与自身息息相关的社会生活与教学实践中,感受教学内容的可亲、可近、可信,感受社会制度、党的政策给人的温暖,形成强烈的社会情操,把国家富强、民族振兴、人民幸福的理想追求植入思想灵魂深处,增强对国家、社会、民族的深厚感情。

二是加强社会实践,增强情感认知和情感认同。人的思想意识、问题意识、情感认知都不可能是孤立自生的。首先源于人们的生活世界、社会实践。思想政治教育要创造各种社会实践机会,让受教育者了解社会,获得情感体验,全面、辩证看待社会变革中出现的诸如社会不公问题、贪污腐败问题、贫富悬殊问题、价值迷失问题、道德失范问题,了解事实的真相和本质;让其置身改革实践情境,感受改革的巨大成就、反腐败的巨大成果,增强思考、辨析、判断能力,克服失望、不满、厌世、反感、冷漠的消极情绪,并且获得分析问题、有效解决问题的热情、勇气和动力。思想政治教育工作者要善于组织开展形式多样、生动活泼的社会实践活动。文化、科技、卫生三下乡活动,支农、支教、支医和扶贫的"三支一扶"活动,参观文明新村、厂矿企业活动,走访英雄模范活动,开展志愿者服务活动、勤工助学活动,领导干部建立联系点结对帮扶活动,参观爱国主义教育基地、展览馆、博物馆、革命烈士纪念馆活动,都是很好的实践教育形式。2002年12月5日至6日,刚担任中共中央总书记不久的胡锦涛同志和中共中央政治局常委、中央书记处的同志参观西柏坡纪念馆、中共中央和解放军总部旧址,重温"两个务必"重要论述。2012年11月29日,刚当选中央委员会总书记不久的习近平同志和中共中央政治局常委的同志到国家博物馆参观《复兴之路》展览,提出了中华民族伟大复兴中国梦思想。2017年10月31日,党的十九大闭幕仅一周,中共中央总书记习近平同志带领中共中央政治局常委同志瞻仰上海中共一大会址和浙江嘉兴南湖红船,重温入党誓词,要求不忘初心、牢记使命、永远奋斗。这些活动都充分体现了党和国家领导人十分重视实践教育的思想。思想政治教育社会实践活动将人置于历史或现实的情境中,教育接地气、聚人气,增强主观感受,加深积极情绪体验。每一个人都应该始终把自己看作社会生活、政治生活、道德生活的主人,置身社会实践洪流之中,感受实践教育对于人生存、生活的意义,以及对自我完善的精神力量,增强对国家、民族的情感认同。

三是加强基层实践,增强情感认知和情感认同。基层实践最能培养对人民群众和社会的感情。1969年初,15岁的习近平同志开始了知青生活,参加农业生产第一线。修田、打坝、清淤、打井,办沼气池、铁业社、缝纫社、代销点。习近平青年时代是在农村、学校、基层一线度过的。这磨炼了其行事果敢、不屈不挠的坚强意志,培养了其艰苦朴素、吃苦耐劳的优良品格,增强了其独立思考、驾驭全局的工作能力,养成了其深入基层、为人民服务的工作作风。习近平强调深入基层调查研究和投身实践接受教育的重要。他任正定县委书记时,跑遍所有村,任宁德地委书记时,跑遍所有乡镇。他了解国情、社情、民情,关心民众冷暖,坚持理论和实践相结合、解决群众思想问题和解决群众实际问题相结合。正如他强调的"深入群众,深入基层,善于与工人、农民、知识分子和社会各界人士交朋友,到田间、厂矿、群众和社会各层面中去解决问题"[1],把思想教育做到人民群众的心坎上和现实生活中。他要求各级干部,尤其是青年干部要到实践中摸爬滚打,接受锻炼考验,陶冶情操,增长才干。2009年3月30日,习近平在全国培养年轻干部工作座谈会上强调:"要鼓励更多年轻干部到基层、到生产一线和艰苦地方去经受考验、成长成才。"[2]

习近平同志非常注重基层实践在青年成长成才中的作用,强调"青年要把艰苦环境作为磨炼自己的机遇,把小事当作大事干,一步一个脚印往前走"[3]。2013年5月4日,他在同各界优秀青年代表座谈时指出:"广大青年要不怕困难、攻坚克难,勇于到条件艰苦的基层、国家建设的一线、项目攻关的前沿,经受锻炼,增长才干。"[4]习近平寄语青年到基层实践中锻炼成长,还体现在他的诸多书信中。从2013年到2014年,习近平先后给华中农业大学"本禹志愿服务队"、大学生"村官"张广秀、河北保定学院西部支教毕业生群体代表、"南京青奥志愿者"一一回信。其中一个中心思想就是希望更多的青年到基层和人民中建功立业。"积极加入青年志愿者队伍,走进西部,走进社区,走进农村,用知识和爱心热情服务需要帮助的困难群众,坚持高扬理想、脚踏实地、甘于奉献,在服务他人、奉献社会中收获了成长和进步。"[5]选

---

[1] 习近平.之江新语[M].杭州:浙江人民出版社,2007:1.
[2] 李章军.习近平:以改革创新精神做好培养选拔年轻干部工作[N].人民日报,2009-03-31(1).
[3] 习近平.习近平谈治国理政:第一卷[M].北京:外文出版社,2014:174.
[4] 习近平.习近平谈治国理政:第一卷[M].北京:外文出版社,2014:52.
[5] 习近平.习近平给华中农业大学"本禹志愿服务队"回信[N].人民日报,2013-12-06.

拔大学生"村官"是接受基层锻炼、参与基层实践的有效形式,也是理论和实践相结合的重要途径。习近平希望大学生"村官"要"勤于学习、善于学习,在与农民群众摸爬滚打的交往中吸取营养、增长智慧。要勇于开拓、大胆实践,在建设社会主义新农村的伟大实践中经风雨、长见识、增才干"[1]。在给大学生"村官"张广秀的回信中说"希望你和所有大学生村官热爱基层、扎根基层,增长见识,增长才干,促农村发展,让农民受益,让青春无悔"[2]。读书学习是教育,社会实践同样是教育,将读书学习和投身实践辩证统一起来,体现了习近平思想政治教育的基层实践教育的基本思路和理念。

最后,加强交往式思想政治教育理论与实践研究,尊重教育对象的生命情感表达。

交往是人的存在方式和社会化的根本途径,在人获得其质的规定性中具有基础性和前提性的地位和作用。人的全面社会关系获得离不开交往实践活动,只有在交往实践活动过程中,才会有人的物质、精神、情感、思想、观念、语言等方面的相互联系、相互影响、相互作用,并形成一定的社会关系。交往倡导主体间的视界融合,强调共在场域的生活世界,突出方式方法的对话沟通,注重共享语境中的生命关爱。现代交往的变化给新时代思想政治教育提出了新的研究视角和实践途径。交往的当代视域和实践途径蕴含着新的思想政治教育理念和实践形态。借鉴马克思主义交往理论,加强交往式思想政治教育研究,开展富有成效的思想政治教育是时代的要求。

(1)交往式思想政治教育思维方式:主体间性思维。交往是一种关系性范畴,是主体与主体间一定的联系和关系。无论何种形式的交往,都是作为主体的人的交往,否则交往对象间不是主体间性关系,而是变成了统治与被统治、控制与被控制间的关系,也就谈不上交往的有效形成与全面展开。凸显主体间性关系的交往,在实践活动中形成主体间性思维,是对主体性思维的扬弃和发展。主体性思维是主客二分的对象性思维,强调的是主体对客体的控制、改造、塑造。受此思维影响,在认识教育者和受教育者的关系时,把两者看作主体与客体的对象性关系,把受教育者看作可以任意训练、控制、塑造的客体,降低或遮蔽了受教育者作为主体应具有的地位和价值,造成"无人"的教育和低效的教育。要消除这种主客二分对象性思维给教育带来的弊

---

[1] 李亚杰. 努力使大学生"村官"下得去待得住干得好流得动[N]. 人民日报,2008-12-23(1).

[2] 习近平. 习近平给大学生村官张广秀复信[N]. 人民日报,2014-02-14.

端，就要以新的思维方式正确认识、处理"人与人"的关系，承认每个人的主体地位、个体价值和正当需要。马克思主义交往理论可以为此新的思维方式提供智慧和启迪。马克思在《德意志意识形态》中先后使用了"个人之间的交往""和他人交往""互相交往的人们""世界交往"[1]等范畴。马克思赋予了人一种交往的本质属性和本质活动，强调人是交往关系性存在，进而导向人的关系性思维。人的思维随着交往的发展而发展变化，那些"发展着自己的物质生产和物质交往的人们，在改变自己的这个现实的同时也改变着自己的思维和思维的产物"[2]。人的思维直接影响交往关系的处理、工作方法的选择。关系性思维强调交往主体与主体的关系，实质是人本思维。在教育实践中，这种思维肯定教育者和受教育者都是主体性存在，强调在人格平等、彼此尊重基础上的交互主体关系。彼此间不再是单向式主导、单方面决定的关系，而是双向交流、互动、沟通的关系。

思想政治教育工作方法在主体间性思维影响下，强调教育者主导教育活动和受教育者思想道德构建都是自主活动，注重自我教育、平等对话、实践体验、问题导向教育的方式方法的选择与运用。在教育的目标任务认识上，肯定人的价值，重视人的全面发展，人的全面发展是在人的全面、丰富的社会关系中获得根基和重要内涵。"社会关系实际上决定着一个人能够发展到什么程度。"[3]然而，社会关系是在交往中生成、展开的。"一个人的发展取决于和他直接或间接进行交往的其他一切人的发展。"[4]思想政治教育必须观照人的全面社会关系的发展，在交往中和谐共生，在健康交往中彰显人的本质存在。"马克思交往理论认为交往不仅是主体间性关系，而且是人的本质性存在和发展方式，人的本质既根源于交往而又在交往中得以展现和确认。"[5]交往式思想政治教育必须以人的方式来认识人，解读人，关爱人。在社会进步和人的全面发展中实现思想政治教育价值。

---

[1] 中共中央马克思恩格斯列宁斯大林著作编译局.马克思恩格斯选集：第一卷[M].2版.北京：人民出版社，1995：115.

[2] 中共中央马克思恩格斯列宁斯大林著作编译局.马克思恩格斯文集：第一卷[M].北京：人民出版社，2009：525.

[3] 中共中央马克思恩格斯列宁斯大林著作编译局.马克思恩格斯全集：第三卷[M].北京：人民出版社，1960：295.

[4] 中共中央马克思恩格斯列宁斯大林著作编译局.马克思恩格斯选集：第三卷[M].北京：人民出版社，1960：515.

[5] 史宏波.简论马克思交往理论与思想政治教育[J].理论月刊，2013(10)：9.

(2) 交往式思想政治教育共在场域：现实生活。人的生存发展和主体间交往活动的展开都是在生活世界中进行的，在人的交往方式和交往行为认识中把握思想政治教育就是强调交往式思想政治教育的根基——生活世界。以"主体间性"为逻辑起点，以"生活世界"为现实场域的交往式思想政治教育是教育者和受教育者通过相互沟通与交流达成理解与共识，避免教育内容和人们生活相背离，以提高教育的亲和力和针对性。交往式思想政治教育引导受教育者在生活世界感受生存的意义和价值。一是实现教育内容与现实社会生活相结合。将受教育者置于蕴藏着生动、丰富、真实教育资源的生活场域中，感受教育内容和生活实际相吻合的教育情境给人带来的情感体验和生活乐趣，让其体验在普遍交往中因结成人与人相互依存关系、借鉴人类文明成果而不断发展的生存价值和生命意义。二是实现教育内容和受教育者生存境遇相结合。受教育者因家庭、身份、地位、出身、职业等不同的生活境遇，会表现出思想活动的多变性、差异性、选择性等特征，因而需要在真实的交往中观照受教育者的生活世界，让其体验生活世界中尊重、理解、信任、和谐的人际关系。三是实现教育内容与生活实践相结合。时代是思想之母，实践是理论之源。思想政治教育必须走进生活，深入实践，实现人与他人、社会、自然的深刻交往和广泛互动让人在交往中获得体验。正如马丁·布伯所言："我与你的对话不仅是言语上的你来我往，而是寓于'生活深处'的具体体验。"在真真切切的交往实践中，感知生活体验，领悟教育内容，锻炼道德能力，而不是视交往为拉关系、聚人脉、谋私利。

(3) 交往式思想政治教育媒介：共享语境。交往式思想政治教育需要借助"对话"进行。在合适的语境中，围绕特定的话语内容，教育者和受教育者互相沟通交流、启迪思想，促成双方的"敞开"与接纳。语言是交往的重要工具，因交往需要而产生。"语言是一种实践的、既为别人存在因而也为我自身而存在的现实的意识。语言也和意识一样，只是由于需要，由于和他人交往的迫切需要才产生的。"[1]法兰克福学派第二代的著名人物哈贝马斯所建立的庞大的交往哲学理论体系，特别强调交往理性的语言性特征，人们通过语言的沟通与对话达到相互理解和"共识"。他同时指出真实性、正确性和真诚性三项语言规范性要求。真实性聚焦话语的内容，内容反映客观世界的真实

---

[1] 中共中央马克思恩格斯列宁斯大林著作编译局. 马克思恩格斯选集：第一卷[M]. 2版. 北京：人民出版社，1995：88.

事物、事件、事态并为对方所理解。正确性强调主体间交往的规范。"认可给定的言语行为满足了规范的正确性。"(Habermas 2001:90)即言说者与听者能够在双方都承认的社会规范的价值中取得一致理解。"[1]遵守共同认可的社会规范,言说内容方可得到听者认同。真诚性聚焦交往主体主观世界的内心真实想法,通过言语主体自我的内在情感表达出自己的真诚的意愿和想法,从而取得主体间彼此的信任和接纳。

哈贝马斯语言规范性要求对交往式思想政治教育具有重要启示作用。教育话语必须体现教育内容的真实性、规范调节行为的正确性以及教育者意愿表达的真诚性。做到让有信仰的人讲信仰。具有真实性并且能够被真实地表达出来的语言,才具有说服力、吸引力,避免"命令性""控制性""灌输性"话语表达方式致使受教育者消极抵触或被动失语局面的发生,同时杜绝编造、捏造虚假信息,宣泄私愤,扰乱视线,混淆是非。

话语的构成与理解离不开语境,话语是在一定语境中产生和发展的。语境是文本意义阐释的重要依据。不同语境对话语表达方式、话语理解与接受以及教育效果有很大的影响。交往式思想政治教育要积极创设有利于思想交流、情感沟通的不同语境,以提高教育效果。对此,教育者要积极营造"问题情景""背景情境""网络情境",加强情境教学。一是问题情境。就是教育者依据教育内容,向教育对象提出需要回答的问题,将受教育者置于要探究的问题氛围中,引导其构建以解决问题为价值取向的数据材料、背景信息、心理氛围。问题情境中的教育有利于激发兴趣、激活思维、激励意志;有利于增强主体间交互性,因共同问题凝练共通话语,使受教育者在特定问题语境中有话可说、有话愿说、有话敢说;有利于在共商、共建、共享的语境中形成交互主体间合作关系、伙伴关系,从而提高教育实效。问题情境设置对教育者是一个挑战。教育者首先要对重大的理论问题与社会现实问题有着清醒的认识和把握,要有较高的"问题意识"水平,防止问题情境教学所围绕的问题是一些"没有意义的问题""伪问题""假问题"。教育者要敢于承认自己的不足和受教育者的反思能力和批判精神,将彼此共同置于问题情境中。二是背景情境。背景情境的设置要求将教育内容和特定的历史文化背景相结合,营造一种身临其境、感同身受的氛围。语言都是在特定的历史、文化、国情、风俗

---

[1] 刘志丹. 有效性要求:哈贝马斯对语言哲学的重大贡献[J]. 外语学刊,2012(3):8-9.

等因素影响、制约下形成的,富含特定的历史文化底蕴。没有对背景知识的一定了解,难以真正理解与之相关的语言、概念、事件。思想政治教育话语生成都有其特定的历史文化背景。如延安整风运动就是在太平洋战争爆发不久、日本侵略者对我国实行"三光"政策,我党受到严峻考验的国际背景和党内受到右倾投降主义、"左"倾冒险主义,特别是王明的教条主义影响,给党内带来思想上严重混乱的国内背景下而开展的思想教育运动。只有了解了这样的历史背景,才会融入爱国情感,敬畏生命,才会真正理解延安整风运动所蕴含的思想教育目的、历史意义。思想政治教育大多会涉及历史文化知识。因此教育者要善于结合教育内容营造背景情境,介绍相关历史文化背景知识,使受教育者更好理解和消化教育内容。三是网络情境。网络情境是一种基于网络技术而形成的信息系统,有其特定的情感意境和语言环境,深刻影响人们的交往方式。网络情境往往表现出自由、平等、开放、动态、互动的语言环境。网络话语主题切换快、话语形式转换快、话语主体变换快,表现出网络话语情境的开放性、集合性、虚拟性和主体化、去中心化、无序化等特征。网络语境开放性表现为话语交往突破了传统语言交流受制于国家、民族、地域、意识形态、时间空间等诸多因素的局限。人们在较为自由开放的空间直抒胸臆、畅所欲言。网络语境集合性表现为网络话语交往突破了耳提面命、颐指气使、言传身教的形式,信息传播集文字、图像、动画、符号、字母、音频、视频于一体,传播手段丰富多彩,给人带来多样化体验。网络语境虚拟性表现为网络话语交往打破了传统信息交流必须知晓对象真实身份或强调交往对象真实在场的限制。彼此隐匿个体化特征,用虚拟身份发表言论,抒发情感。网络语境主体化冲击了传统话语交往中主-客关系模式。每个人在网络中都可能成为话语主体,打破了传统教育模式中教育者鼎于一尊的权威地位,呈现出网络去主体化趋势。网络语境去中心化是由于网络话语的去主体化与开放性而表现出话语的接受和传播的发散性。网络话语呈现零散、琐碎状态,任何表达者都可以任意切换主题,话语内容表现出快餐式、随意性、多变性的无中心的碎片化特征,难以凝练鲜明的内容。网络话语无序化情境表现出网络话语交流突破传统语言交流的话语规则,呈现出自发、无序的离散状态,缺少话语内容的逻辑性和话语前后的连贯性。话语情境因主体的无序的跳跃性思维而被切割成诸多碎片,影响了话语全面、准确、富有逻辑的表达和传播。

话语交往必须借助于一定情境才能完成。只有在具体情境中,话语才能表达出较为准确的信息和意义。但是,话语交往时各方的情境可能不尽相同,要想交往交流成功,思想政治教育顺利进行,双方各自情境中必须有共同部分,形成共享语境。这也是交往式思想政治教育得以进行并取得实效的基础条件。因此,构建共享语境是做好教育工作的重要任务。

一是肯定交往需要,提高话语交往质量。人是在交往中存在的,不是单子式存在。思想政治教育必须承认教育双方共存于交往之中,两者拥有平等的话语权和发表意见的机会;必须让人真实感受到以话语为中介的真情互动,肯定话语交往在思想、政治、道德、心理教育中的重要价值和作用。教育者积极营造特定情境,通过语言刺激,调动思维,激发思考。同时注重增加话语交往的人数、话语交往时间,丰富话语交往情境、话语交往形式,不断提高话语交往质量。对于教育教学过程中那些不善表达、不愿表达的"弱势群体",教育者要敢于打破自己的话语权威和鼎尊地位,走进受教育者生活实际和内心世界。同时,教育者要优化专业话语体系,提升教育话语魅力,避免自说自话,坐而论道,在自由、尊重、互信、合作、创新的基础上,构建和谐交往关系,以达到集思广益、凝聚共识、合作进步的目标。

注重网络交往研究和网络话语建设。除了线下课堂教学、教材文本阐释外,要注重网络话语建设与创新。其一,积极参与网络话语交往,提高网络媒体素养。新时代的教育工作者既要有扎实的马克思主义理论功底,又要有熟练掌握、运用网络知识和网络技术的能力,推动传统媒体和新型媒体的融合发展。主动把主体性日益增强、生活范围日益分散化的教育对象在有效的话语引领下凝聚起来,通过微信、微博、QQ群、网站、论坛、电子邮件等传播形式参与网络交往,并对网络上各种讯息、表达进行全面的比较、详细的甄别、抽丝剥茧的分析,从而及时、准确把握受教育者的思想动态、心理状况,找到问题症结,以此为切入点,寻找共同话题,营造共享语境,有针对性地开展教育。其二,增强网络话语创新能力,提高网络话语吸引力。网络话语具有简练便捷、通俗易懂、诙谐幽默、生动新颖、娱乐活泼、讽刺批判等特点。网络思想政治教育要结合网络交往和网络话语的特点,梳理、归纳、创造出适用于表达和传递习近平新时代中国特色社会主义理论体系的网络话语词汇、网络话语句式、网络话语修辞等网络语体。用讲故事、举事例、引经典等话语方式讲清楚抽象理论、深奥道理;用大白话、大实话、大众化的语言等话语形式代替生硬、晦涩、恢宏的教育话语表达;用谈心式、对话式、聊天式的语气语态贴近教育对象生活实际,拉近彼此双方的距离;

实现传统单向灌输说教式话语向双向互动交流式话语转变。思想政治教育网络话语创新要大胆借鉴网络话语中健康、有益、合理的话语元素。教育者要主动参与网络生活，积极融入网络话语场域，及时掌握网络话语发展动态，适当地把具有时代气息的网络流行语引入课堂教学环节，选用网络热点评论和新闻事件作为教学案例和素材，用生活化、平实化、通俗化的话语阐释书本理论知识，以提高教育对象的兴趣和关注，增强话语的感染力和吸引力。在发挥中国优秀传统文化教育作用，挖掘文化传统中的话语资源时，要结合网络话语特点，配之以年轻一代喜闻乐见的新鲜灵动的表情包、动漫、音乐、图像、视频等元素，克服文本话语中刻板、抽象、封闭等问题，以达到提高人的注意力和思考力的目的。其三，强化网络话语引领作用，积极搭建网络共识话语平台。网络话语的自由平等性、去中心化、去主体化并不意味着思想政治教育话语权的消匿和教育者主导地位的缺失。"要加强网上思想舆论阵地建设，掌握网上舆论主导权，提高网上引导水平。"[1]网络思想政治教育话语贴近生活，但不失主导性、引领性。在克服因话语差异而导致话语阻隔的话语情境建设中，教育者要始终占据以正面话语引领多样的网络话语的主导地位。对网络中各种情绪化、极端化的宣泄、谣言，对中国特色社会主义意识形态的抨击、污蔑，对党和政府的恶意诋毁、恶搞，要敢于亮剑，敢于发声，敢于驳斥。如果没有教育者的话语引领，极易造成思想政治教育话语的混乱和西方话语霸权的滋生和妄为。

为此，必须加强正面引导、正面宣传，引导舆论走向；加强网络红色平台建设，打造网红课堂、网上互动社区、主题教育网站。以网络信息"碎片化"传播激发教育对象的兴趣，同时以理论研究成果"系统化"来武装教育对象头脑，从理论、成果、实践、生活等多个维度构建网络话语内容和话语表达方式；及时对网上的疑问予以高频次、简捷式、系列化回应，引领网络各类话题，使教育对象主动接受思想政治教育话语的主流表达方式，科学理性运用和传播网络话语，形成话语共识，促成话语共享。

二是尊重情感表达，营造情感话语氛围。语言是表达思想、传递信息、交流情感的主要工具，研究语言中的情感表达，有助于我们了解它们在思想教育、日常交往中所具有的功能。交往话语中是否充盈着情感因子会影响话语

---

[1] 胡锦涛.以创新的精神加强网络文化建设和管理 满足人民群众日益增长的精神文化需要[N].人民日报，2007-01-25(1).

表达效果和交谈氛围。随着社会的文明进步和人民对美好生活的期盼,人们对情感的需求越来越高。思想政治教育话语因情感的共鸣而易形成共生共识,促进教育对象在"共情—体验—共识—价值内化"的进程中实现情感和认知的互动和转化。教育者和受教育者间的情感话语交融促进双方彼此接纳、心灵沟通和共同体验,这是任何语言技巧和思辨能力无法企及的教育效果。交往式思想政治教育的教育内容和话语方式的组织要充分考虑教育对象的情感、心理等方面的需求。特别是随着网络技术的发展,面对面的现实世界交往正被越来越广泛的社交软件取代,情感"富翁"的网络世界和情感"负翁"的现实世界的裂隙正被拉大,要深刻洞察和准确把握教育对象的情感特征,特别是情感世界中的迷惘、困惑与挣扎,及时捕捉教育对象的思想现实、情感需求和心理问题,用充满情感的话语感化充满迷茫的矛盾心理。广大教师要尽量带着积极饱满的热情讲学,广大教育工作者要多用诸如快乐、惊讶、赞赏、欣慰、自豪等正面情感话语来激励和鼓舞教育对象,同时辅之以合适的语调、面部表情、身体姿势等态势语言,强化正面情感表达。合理控制、适当减少诸如愤怒、厌恶、悲伤、焦虑等负面情感话语。需要强调的是,同时也要敢于直面教育对象的各种问题,特别是其醉心于虚幻网络,不愿面对现实,造成网络狂欢之后内心的空虚与寂寥背后的心理问题、社会问题。教育者要能用充满情感的话语拉近与教育对象的距离,走进教育对象的心灵,担负起人性的关爱。充满情感的话语要体现其亲和性、互动性和生活性。

话语的亲和性就是要体现话语的真诚和善良,让教育对象在自由、尊重、平等、理解的思想政治教育话语氛围中,接收激励、鼓舞、忠告和建议,避免因语言过于冷漠、晦涩、空洞缺乏情感而使教育对象失去学习兴趣。但也要避免因话语的亲和性而使其失去理论性,坚决反对那种认为重视理论会使教育变得枯燥、僵化,从而为迎合教育对象,刻意去追求语言的娱乐化、时尚化、游戏化,脱离教育本质要求的错误做法。思想政治教育话语亲和力来自教育者的人格力量和真理力量,教育者要能够构建起自己精深的理论体系和知识体系,明道、信道然后传其道,将理论讲准、讲深、讲透,为人所信服。话语的互动性就是要求教育者和受教育者间能够架起平等对话、真情沟通的情感桥梁,做到相互尊重、彼此倾听、互传意愿。缺乏情感的话语交往极易导致对话受阻。受教育者封闭自己心扉,既不愿讲,也不愿听,友好的双方关系与和谐的对话氛围难以形成。教育者要放下身段、放平心态、放低姿态,尊重受教育者的主体地位,树立与受教育者平等互动的话语理念;消除话语霸权和言辞暴力，让教育双方能够彼此走进对方世界，传情达意。话语的生活性就是要求思想政治教育话语贴近受教育者生活实际。语言源于社会实践和人民生活。科学化、系统化的马克思主义理论也是对其所处时代的社会实践、人民生活的高度概括和凝练。今天的马克思主义基本理论教育离不开当今社会实践中形成的鲜活生动的话语来诠释。严肃的政治话语、文件话语、权力话语要在情感的融入下经过生活化、大众化、通俗化的话语转化，使受教育者易于接收和认同。思想政治教育工作者要善于从人们日常生活中提炼和选择接地气、有生气、聚人气的话语内容，让话语内容与教育需要、个人生存发展需要充分结合，以贴近受教育者生活实际的教学语言回应他们的重大关切，用马克思主义中国化最新成果解答与教育对象密切相关的实际问题，展现教育话语的生活魅力，体现话语对人的生命意义和生命价值的尊重。

三是注重体验教育，打造实践话语路径。体验式教育强调教育对象的积极参与、主动思考和情感投入，在生动的实践场域和鲜活的生活背景下，实现受教育者和理论知识内容的互动，进行价值构建、话语的生长和创新，提高思想认识。实践是话语形成、生长、创新的源泉和动力。毛泽东同志深邃的思想理论和生动的话语风格主要来自他的亲身革命实践和亲自参与的社会调查。他指出："调查就像'十月怀胎'，解决问题就像'一朝分娩'。"[1]1930年5月，毛泽东在《反对本本主义》一文中首次提出"没有调查，就没有发言权"这一论断，突出调查研究、亲身实践赢得话语权的重要途径。在我党革命、建设和改革的不同历史时期，能够赢得人民群众心声、具有长久生命力的话语无不来自最生动的生活实践。毛泽东同志之所以能够运用"星星之火，可以燎原"这样充满磅礴激情的话语表达当时的革命形势，就是因为他亲历大革命，领导武装起义，参与农村革命根据地建设实践，亲眼看到许多地方工人罢工、农民暴动、士兵哗变、学生罢课所展现出来的中国革命力量后才能发出火热一样的话语，给人以信心和斗志。毛泽东同志之所以能提出"农民运动好得很""农民是中国无产阶级的同盟军，贫农是中国革命的中坚力量""没有贫农，便没有革命。若是否认他们，便是否认革命"[2]这些论断，是因为他于1927年1月4日至2月5日亲自对湖南湘潭、湘乡、衡山、醴陵、长沙五县进行了32天的社会调查和实地考察才能得出这些重要结论，这也是他始终坚

---

[1] 毛泽东.毛泽东选集：第一卷[M].2版.北京：人民出版社，1991：110.
[2] 毛泽东.毛泽东选集：第一卷[M].2版.北京：人民出版社，1991：110.

持调查实践是认识和理论来源、"说群众懂得的话"的人生体悟。他曾指出："如果我们没有学会说群众懂得的话,那么广大群众是不能领会我们决议的。"[1]习近平同志十分强调话语创新的实践路径。他许多大白话、大实话、大众化的语言都来自自己的基层实践、社会调研和实际考察。他十分关心百姓生活、民众疾苦和民生幸福,就是因为他从1969年到1975年,在陕北梁家河农村度过了7年知青岁月,深知中国农民的冷暖与甘苦,这对他话语特点产生了深刻影响。2013年11月3日,习近平同志到湖南十八洞村考察,在这里首次提出"精准扶贫","明确提出'不栽盆景,不搭风景''不搞特殊化',但也不能没有变化"[2]。2013年4月8—10日,习近平深入海南渔村渔港特色农业产业园、国际邮轮港等地考察调研,他强调:"小康不小康,关键看老乡。"[3]这些话语贴近百姓,贴近生活,温暖人心,拉近了与"老乡"的距离。正是通过亲身体验和实践调研,才能表达出这些既让老百姓听得懂,感染百姓,又体现深邃思想的话语。正因为习近平深入实际调查研究,看到环境污染、生态破坏给经济社会发展带来的巨大问题,才会提出"绿水青山就是金山银山""既要绿水青山,又要金山银山"这样的话语表达和思想认识。正因为习近平在实际生活中看到了有的人"对共产主义心存怀疑,认为那是虚无缥缈、难以企及的幻想;有的不信马列信鬼神,从封建迷信中寻找精神寄托"[4]等现象,他提出"理想信念坚定,是好干部第一位的标准。是不是好干部首先看这一条"[5]的论断。同时他形象地将理想信念比作共产党人精神上的"钙"。"没有理想信念,理想信念不坚定,精神上就会'缺钙',就会得'软骨病'。"[6]这样的话语表达既形象生动,又切中时弊。

新思想、新话语从实践中产生,教育工作者要真正做好自己的本职工作,使自己的教育话语充满感染力、亲和力,就必须深入实际,体验生活,参与调研,说人们愿意听、听得懂的话。1941年5月19日,毛泽东在延安高级干部会议上作的《改造我们的学习》报告中指出:"就要使同志们懂得,没有调查就

---

[1] 毛泽东.毛泽东选集:第三卷[M].2版.北京:人民出版社,1991:831.
[2] 汪晓东,张炜,颜珂,等.总书记带领我们"精准脱贫"[N].人民日报,2018-10-05(1).
[3] 黄晓华.美丽篇章藉春风——习近平总书记考察海南纪实[N].海南日报,2013-04-13(1).
[4] 习近平.习近平谈治国理政:第一卷[M].北京:外文出版社,2014:414.
[5] 习近平.习近平谈治国理政:第一卷[M].北京:外文出版社,2014:413.
[6] 习近平.习近平谈治国理政:第一卷[M].北京:外文出版社,2014:15.

没有发言权,夸夸其谈地乱说一顿和一二三四的现象罗列,都是无用的。"[1]必须打造好话语的实践路径。其一,积极参与社会实践,努力开展调查研究。实践的内容和形式决定了话语的内容和风格。不同教育对象,要区别对待,学生有学生的特点和思想,工人、农民、军人、商人也是如此。要提高教育的针对性和实效性,就必须参与到他们生活中去,了解他们,掌握他们,这样才能实现话语融合,语境共享;否则就像党八股一样不分对象,照本宣科。毛泽东同志讽刺党八股"为什么不看对象乱弹一顿呢""简直是老鸦声调,却偏要向人民群众哇哇地叫"[2],结果只能是遭到受教育者的抵触和反感。"因此,我们需要时时了解社会情况,时时进行实际调查。"[3]在实际中发现问题、解决问题,坚持问题导向,创新理论教育话语,取信于人民。诚然,深入实际调查研究重在深入,不是走马观花、蜻蜓点水,不是为了出出镜、露露脸,不是坐在车上转,隔着玻璃看,而是全身心投入,找到问题症结。做到能说出群众语言,讲出群众故事,拉起群众家常,让群众听得懂,记得住,用得上,这样的话语才能入耳入脑入心。

其二,坚持群众路线,学习群众语言。群众是生产实践和变革社会关系的主体,也是话语生成与创新的主体力量。群众在实践中积淀宝贵的直接经验成为话语创新的活水源头,而且群众的社会实践和社会生活随着时代发展和科技进步不断发展,群众的话语在不断丰富和发展。"人民的词汇是很丰富的,生动活泼的,表现实际生活的。"[4]习近平同志善于讲大众话语,注重向群众学习语言。他指出:"群众的思想最鲜活、语言最生动。深入群众,就来到了智慧的大课堂,语言的大课堂,我们的文件、讲话、文章就可以有的放矢,体现群众意愿,让群众愿意看、看得懂,愿意听、听得进。"[5]。学习群众语言有利于宣传群众,联络群众感情。"其实语言背后是感情、是思想、是知识、是素质。"[6]脱离群众,无视群众语言,难免官话套话连篇,陷入"自说自话""自弹自唱"的困境,就会出现"与新社会群体说话,说不上去;与困难群众

---

[1] 毛泽东.毛泽东选集:第三卷[M].2版.北京:人民出版社,1991:802.
[2] 中共中央文献研究室.毛泽东文集:第一卷 一九二十年一月~一九三七年六月[M].北京:人民出版社,1993:836.
[3] 毛泽东.毛泽东选集:第一卷[M].2版.北京:人民出版社,1991:115.
[4] 毛泽东.毛泽东选集:第三卷[M].2版.北京:人民出版社,1991:837.
[5] 习近平.努力克服不良文风 积极倡导优良文风[J].求是,2010(10):3-7.
[6] 习近平.之江新语[M].杭州:浙江人民出版社,2016:146.

说话,说不下去;与青年学生说话,说不进去;与老同志说话,给顶了回去"[1]的状况。话语交往难以为继,思想认识难以同频共振,思想教育难以奏效。只有学习群众语言,运用人民性的话语表达方式,方能创生出联通着人的思想、感情和灵魂的话语形式,解除彼此间心灵的阻隔,启迪对人的生命、自由和本质的追寻,受教育者才能更好地接收和认同教育内容。

其三,倡导实事求是的话语风格,增强话语的有效性和亲和力。话语的力量不仅在于其思想的深刻性,还在于其风格的事实性、现实性和多样性。实事求是是毛泽东思想的灵魂和中国特色社会主义理论体系的精髓,也是思想政治教育话语建构的认识论基础。教育话语无论多么美妙和炫丽,如果缺失了事实,就很难打动人,说服人。我们参与实践,组织调查,主要目的是弄清事实,了解真相,掌握第一手资料,做到有的放矢,理论与实际相结合,主观与客观相统一。毛泽东在《反对本本主义》一文中指出:"我们说上级领导机关的指示是正确的,决不单是因为它出于'上级领导机关',而是因为它的内容是适合于斗争中客观和主观情势的,是斗争需要的。"[2]也就是说上级领导机构的指示内容是现实需要的。只有主观思想和现实存在的客观事物相符合、相一致,才能形成科学的理论、决策,才能更好地解决问题,赢得群众信赖。

民主革命时期,我党曾因将苏俄化的马克思主义教条化、模式化,在话语表达上出现脱离中国革命实际的八股风格的空话、官话,与广大人民群众接受的实际和需要相脱离,不仅影响了党的理论发展,而且阻碍了党群血肉联系。思想政治教育工作者、各级领导干部特别是高级领导干部如果长期脱离实际,会变得心中无数,说话不着调,一问三不知,造成工作被动局面,或重大失误。毛泽东同志十分清醒地认识到这一点,他在1961年1月中共八届九中全会中提出搞一个实事求是年时说:"抗日战争时期,解放战争时期,我们做调查研究比较认真一些,注意从实际出发,实事求是。""但是建国以来,特别是最近几年,我们对实际情况不大摸底了,大概是官做大了。我这个人就是官做大了,我从前在江西那样的调查研究,现在就做得很少了。今年要做一点,这个会开完,我想去一个地方,做点调查研究工作。不然,对实际情况

---

[1] 习近平.干在实处 走在前列[M].北京:中共中央党校出版社,2006:419.
[2] 毛泽东.毛泽东选集:第一卷[M].2版.北京:人民出版社,1991:111.

就不摸底。"[1]不了解实际情况同脱离群众一样,就没有说话权,即使说了也说不到点子上,说不到要害处。教育者不了解受教育者的实际情况,不了解他们的需求、愿望,很难把教育工作做下去,只能是哇啦哇啦乱说一气,这是一种不负责的态度。习近平同志能做到摆事实、举事例、讲故事、列数据,展现出实事求是的习式话语风格,就是因为他一向坚持实事求是的工作作风。说话结合实际、切合实际、符合实际,语言贴近实际、贴近对象、贴近基层,话语有声有色、有根有据、有血有肉,这是与他丰富的亲身经历、善于调查研究、勤于读书学习分不开的。正因为习近平特别注重深入实际、了解实情、倾听实话,才能说出"让老百姓呼吸上新鲜的空气、喝上干净的水、吃上放心的食物、生活在宜居的环境中、切实感受到经济发展带来的实实在在的环境效益"[2]这样关注民生幸福的生活化、大众化的话语,展现大国领袖的人民情怀和责任担当。他告诫领导干部要"从思想和感情深处把人民群众当主人、当先生","讲符合实际的话不讲脱离实际的话,讲管用的话不讲虚话,讲有感而发的话不讲无病呻吟的话,讲反映自己判断的话不讲照本宣科的话,讲明白通俗的话不讲故作高深的话"[3]。如何做到有感而发,做好自己判断,就是要求坚持实事求是的工作作风。这种既反映实际情况,又具有鲜明群众语言特征的话语,才有直指人心的力量,思想政治教育话语才有亲和力、说服力。

（4）交往式思想政治教育方法：对话沟通。社会交往增强了人的主体间性思维,同时给我们提供了认识和分析问题的方法论和认识论启示。主体间性实质上就是交往对话,主体间性思维凸显了对语言、沟通、交流、理解、对话的关注,体现了交往式思想政治教育的主要价值取向,即关注当下生活实践,关心人的生活现实,关爱人的存在本身。交往式思想政治教育在教育的方式方法上突出平等对话与沟通理解。

对话不仅反映了人与人之间的对话关系,构成了人的存在本质,而且体现了人的思维方式从对象性思维向关系性思维的转换,同时给予人们观察事物、处理问题的方法论指导。对话方法在古今中外教育思想史上一直存在。中国古代孔子主要通过对话言说的方法,在师生互动中进行传道、授业、解

---

[1] 毛泽东.毛泽东文集：第八卷 一九五九年一月～一九七五年七月[M].北京：人民出版社,1999：235、237.

[2] 习近平.习近平谈治国理政：第二卷[M].北京：外文出版社,2017：210.

[3] 习近平.努力克服不良文风 积极倡导优良文风[J].求是,2010(10)：5.

感,实现对受教育者的启思益智。古希腊著名思想家苏格拉底对年轻人的教育方法也是对话(精神助产术),而且实现了人们从关注自然向关注人本身的视界转换,凸显了教育的人性光辉。对话教育法的实现必须要具有民主平等的思想观念、沟通理解的思想意识和情境氛围的科学设置。

民主平等是交往对话的前提和基础。交往式思想政治教育主体的生命健康、全面发展、追求幸福等权利应该是平等的,也即人格尊严的平等。这与思想政治教育实现人的自由全面发展的目标是一致的。有效的教育、对话的促成,必须建立在平等、尊重的人性基础之上。尊重彼此的生命意义和个体价值。"对话总是意味着对话者作为独立而完整的个体投入到对话过程之中,意味着教化者和被教化者之间作为生命个体的同等价值,意味着受教个体作为'具有充分价值的言论的载体',不只是教化者'语言讲述的对象'。"[1]唯有如此,才能激发受教育者对话的积极性、主动性和对话意愿,使得对话双方敞开心扉,互相"接纳"与倾听,既乐于发表自己的看法,又愿意倾听对方的表达,进而达成新的理解,生成共识意义。

平等对话不是将教育者预置在道德权威高地对受教育者进行居高临下的强权控制和"我讲你听"的填鸭灌输,而是表现为教育者和受教育者之间平等的"你与我"的关系,实现教育内容的"独白"者向平等互动的"对话"者转变,从而改变教育过程中缺失平等的控制状态、教育话语上缺少尊重的强权心态、教育活动中缺失互动的静止形态。当传统主体性思维占据主导地位,受"主—客"关系中表现出的以"自我"为中心的能动性和占有性的影响,在思想政治教育中强调教育者的主体地位、主导作用和对受教育者的控制、塑造,缺少对受教育者的个性、差异、情感的尊重。当然,平等不是平均,不是无差别对待,而是要在尊重受教育者性格、心理、知识、能力差异的基础上,摒弃等级压制、人格歧视和思想强迫的教育方式,在平等的交流中,敞开心扉,走进对方内心世界。每个人原有的思想认识和固有知识在彼此交流中融合汇通,共同进步。

沟通理解是交往对话的核心要素。主体间交往行为就是通过语言中介而达成相互理解、沟通、交流的活动。理解不仅反映在哲学层面上把握事物本质与规律的理性思维能力,而且体现在思想、心理活动过程中的知、情、意

---

[1] 刘铁芳.生命的叙述与倾听:试论道德教化的对话性[J].华东师范大学学报(教育科学版),2004,22(3):1.

的统一。"理解的过程既不止于认知过程,也不止于情感的过程,它所投入的是全部人格因素。"[1]一个人理解能力的大小、理解意愿如何,不仅关涉他的知识结构、理论水平,还在于他是否具有关爱生命的情怀、欣赏宽容的精神和懂得倾听的魅力。实现沟通理解,必须解除在主客二元对立思维影响下形成的"教师中心论"或"学生中心论"导致的理解的阻隔。"以教师为中心"强调教师在课堂上传授知识的主导地位,课堂成了教师搬运知识的场所,学生是接受知识的容器,突出师生交往过程中教师的独白表演,学生只是配合表演的"群众演员",教师的判断代替学生的理解,至于学生对知识是否真正接收与理解,却在教师的教育目标和教学评价之外。因理解、沟通桥梁的缺失,学生对知识学习的抵触蜕变成了对教师的抵抗。随着教育改革的深化发展和学生主体性的高扬,出现了"学生中心论",思想政治教育课堂上对话教学变成了"多者言说"的热闹景象。教师的主导地位和引领作用被弱化。可以看出,无论"教师中心论"还是"学生中心论",都是一方对另一方的抑制,无法实现彼此的理解,导致师生交往关系紧张、交往行为的异化和交往对话的阻隔。

思想政治教育主体(教育者和受教育者)的理解既表现在主体间的理解、主体与文本的理解,还表现在主体的自我理解。教育者对受教育者的理解,要求教育者能宽容受教育者因成长环境、知识结构、理解水平、思想境界等个体因素而对某一问题不同的理解和诠释,但这并不意味着教育者放弃自己的责任和作用,而是需要更好地了解受教育者需要纠正的错误,让受教育者认识、理解自己存在的理解误区和思想问题。在真正理解的基础上,通过交流对话接收正确的思想观念,展示对话的开放性、包容性。受教育者之间的理解与对话也是思想政治教育不容忽视的问题。由于在情境、身份等方面的相似性,他们易于达成彼此间的同情、体谅、协调、支持、宽容、倾听。教育者对于他们之间的对话与理解应予以足够的关注和重视,激发朋辈间的自我建构和相互间的积极影响,并加以适度的指导和引导。

教育者和受教育者对文本的理解直接影响教育对话方法的运用和教育效果的提高。一方面,理解活动实际上就是文本与理解者之间的一场对话。没有对文本内容的理解,理解活动变成无稽之谈,教育对话可能成了漫无边际或信口开河的胡言乱语。教育者没法将跑题、偏题的对话拉回到所要研究

---

[1] 鲁洁.道德教育的当代论域[M].北京:人民出版社,2005:68.

的教育内容上来,反映了教育者的知识恐慌。另一方面,理解主体不能固化在文本所厘定的结论上,只管照本宣科。文本都有特定的历史视域、问题视域和情境视域,需要理解者结合当下社会现实问题,提出问题解决之道,实现文本历史视域和当下现实视域的融汇。如果将理解局限于对文本客观知识的占有和复制,缺少对现实的研究,缺少对教育对象心理健康、人格健全和精神提升的关照,就不是真正意义上的理解,反映了教育者的本领不足。

  自我理解也是一种重要的理解形式。人不仅是生命的存在,更是一种意义和价值的存在。人不仅要有"我是什么样的人"的客观理解,还要有"我应该成为什么样人"的意义和价值的理解。认识自我是哲学探究的崇高目标。通过自我理解,发现自己对他人、对社会的作用和价值,发掘自己的潜能和创造力,反思自我存在的缺点和不足,展现人性的善良意志。将"自我"作为理解、研究对象的"客我",敢于向自我发问,同自己对话,更好地进行自我审察和自我判断,以期达到自我学习、自我教育、自我提高目的。

  情境氛围是教育对话的重要环节。营造适合的情境氛围是取得对话教育实效的基础条件。为此,必须在三个方面下功夫。其一,营造宽松自由的对话氛围。在平等尊重的基础上,用人与人之间的信任、理解、融洽、交流代替彼此的冷漠、隔膜、猜忌、焦虑。教育工作者要鼓励教育对象大胆表达自己的看法,哪怕是不恰当、不准确的也应予以欣赏和引导。如果教育者推崇话语权威,教育对象"察言观色",对话氛围紧张,很难开展真实对话、有效教育。当然自由不是任由无原则的混淆是非,宽松不是纵容无底线的对社会的反动。如果不敢旗帜鲜明地对错误说"不",就会造成极端个人主义、自由主义的蔓延,失去思想政治教育对人的培养的目的和存在的意义。其二,创设激发需要的对话情境。对话的发生是因为对对话的需要。比如在人们合作交往的情境中,引发交往实践中关爱他人、成就自己的对话,能激发对话的兴趣和热情。创设环境污染,人类遭受大自然报复性惩罚的教育情境,就是从人类自身生存需要出发,引发加强生态文明建设,保护大自然的教育对话。生活世界是激发对话需要的重要场域,也是人的品德、品质生成的主要领域,最能体现受教育者的利益诉求。人的生活世界所反映的问题最能触动人的灵魂,最容易引起人们的交流对话。在此情境下展开教育,情感受到激发,心智得以澄明,理性获得提升,精神得到引领,实现人的理性与非理性的辩证统一。其三,创设生动细致的对话场景。生动细致的场景具有渲染气氛、感化人心的作用,优雅、整洁、开放的布局会给人愉快、积极的感觉。开展思想政治主题教育,可以结合教育内容,对场地、时间、教育对象等要素进行精心设计安排,还可配以音像、视频、文字、声音、语言、情景模拟等表现方式助推、催化教育对话开展。在利用红色教育基地、改革开放展览馆等实践基地情境教育教学时,不能流于走马观花式的形式,而是要在组织者精心设计下,通过此情此景感染,进行深入的交流、对话、思考。把历史人物、历史事件、历史意义结合起来,让受教育者获得真切的感受、深刻的教育。

人是交往性存在,对话是人的生命的一种存在状态。随着改革的深化、开放的扩大、全球化和广泛交往的发展,对话日益成为一种重要的领导方法、学习方法、教育方法。当然,对话教育法越来越成为深入开展思想政治教育工作的一种行之有效的方法。对话教育法就是教育者和受教育者在民主平等、宽容和谐、尊重信任的情境氛围中,以言语、倾听、沟通、理解、提问、反思等对话方式进行双方互动交流、思想碰撞、意义共享、视界融合、行动协调,以提高思想认识、政治觉悟和道德品质的一种方法,是体现教育对人的主体性、创造性的尊重,对人的生活化、人性化的关爱的教育方法。克林伯格指出:"在所有的教学之中,进行着最广义的'对话'。……不管哪一种教学方式占支配地位,这种相互作用的对话是优秀教学的一种本质性的标识。"[1]在他看来,教育都直接或间接地采取了对话形式。对话是交往式思想政治教育的一种基本方法。主要表现为:

一是问题式对话法。问题是对话的核心,问题对话是以搜集问题、提炼问题为切入点,以解决问题为落脚点,提高思想认识的对话活动。正是由于问题引起思想困惑、疑虑、矛盾,因此必须以问题为切入口,坚持问题导向,围绕问题展开对话。首先是提炼问题。有了问题才会思考,有了思考才会有看法、观点,有了看法、观点才会在宽容、和谐的对话氛围中表达观点,寻求对话。教育者既要提炼出教育内容中的重点、难点问题,又要深谙受教育者的思想动向、思维倾向、心理状况、性格特征,设计出有探索性、可参与性的问题。其次是引导受教育者发现问题,思考问题。通过问题引起受教育者参与探究的兴趣,找到问题式对话的突破口,探索解决问题的有效路径。就像是双向互动的苏格拉底式对话,在问题对话中,通过引人入胜的矛盾论证,教育者敏锐发现问题的症结,发现对方不成熟、不正确甚至是偏激、极端的思想认识、道德认知、价值取向。进而,在倾听、尊重、理解的对话氛围中,让受教者

---

[1] 钟启泉.对话与文本:教学规范的转型[J].教育研究,2001,22(3):36.

接受教育者循循善诱的挑战、询问,通过揭示客观事实与其错误信念的矛盾,从而修正受教者的错误,达到教育目的。最后是解决问题。通过对话,探究问题,互相学习,共同成长。问题和问题意识往往是理论研究的激活点、知识创新的生长点,同时也是人才成长的沃土。只有在问题、矛盾、困难、挫折的情境中磨炼,才能锻炼人,成就人。人不能只会做太平官,只会做温室中的花朵。问题解决过程中还要能构建新知识,提升新境界,获得真理性认识,而不是寻找现成的知识答案。二是讨论式对话法。讨论式对话法就是对话主体间就某一理论问题或实际问题各抒己见,展开讨论、对话,进行知识和思想的交流、沟通,从而实现求得正确共识,提高思想认识的一种方法。这种方法的选择和运用是对人的思维方式方法的考验,人的思维方式方法决定了人的教育方式方法。讨论式对话法是人的关系性思维的体现。讨论对话主体间的关系是"你—我"关系,而不是"主—客"关系,要表现出对对方的尊重和理解。彼此因问题结成共同体,共同学习接受教育。教育者不再以知识权威者身份对受教育者任意做出武断的批评,而是通过商谈、论辩、对话、论证的形式,说明自己观点符合普遍的社会规范,以求得认同。讨论式对话法还体现出人的开放性思维。新时代,人们的思维方式、生活方式和行为方式已广泛融入当今社会现代性、多样性、全面性、开放性的普遍交往之中,人们道德取向、价值观念、思想情感的多元多样导致思想观念多元化发展。中华民族几千年各种道德观念的碰撞、融合,以及人类历史上文明发展所积淀的优秀理论资源给人道德理论思考以广阔的空间和广泛的依据,对话应持有开放的话语空间,让受教育者在他们真正关心并愿意努力投入的话题中全程参与,既紧扣教育内容,又结合受教育者兴趣,特别是他们多维的生活内容,积极开展讨论对话。同时,对于受教育者因知识、经验、性格差异而表现不同的认知水平应持包容和开放的态度。受教育者知无不言,这样可以更好地在问题讨论中进行抽丝剥茧、鞭辟入里的探究,在逐渐暴露出既有观念的狭隘或偏颇中,循循善诱,因势利导,在共同探究、讨论中,导向更加全面深入的认识。三是辩论式对话法。就是教育者根据教育目标要求,设计专门辩题,让持不同观点、看法的对话双方面对面地争鸣、辩驳,各抒己见,以实现交流思想、锻炼思维、探究真知、增强共识的教育方法。这种形式一般较适合于有争议的教育内容,如性善论与性恶论之辩、身体健康与心理健康哪个更重要、关于恋爱道德中大学生谈恋爱是利大于弊还是弊大于利等。对话也是辩证法,辩论式对话法体现人的辩证思维性。辩论对话是对话双方从各自对事物或现象的理解、认识出发，阐释自己观点，双方存在差异、矛盾甚至对立。如果双方完全一致，就没有辩论的可能和必要了。但这种矛盾、对立不是自以为是，将自己的观点、思想、立场强加于对方，强迫对方服从，更不是水火不相容的对抗，而是要在辩论中实现思想观念的碰撞融合，实现对立统一。矛盾是事物的发展动力，只有在话语犀利、针尖对麦芒的激烈辩论中，才能激发主动思考、批判、倾听和反思，探究事物真相。对话既没有外在压力，也没有内在强制，完全是在自由、自律的状态下进行的平等对话。辩论不是议论发牢骚，不是争论分高低，而是不断揭露对方观点中片面化、情绪化、极端化的表达，明辨是非，在辩论中获得关于事物的真理性认识。

第四章

人的全面发展：思想政治教育人性化的最终目的与价值旨归

基于问题意识的思想政治教育人性化以人的生成为基本根据，观照人的现实生存境遇，坚持解决思想问题与解决实际问题相结合。它立足于人的现实存在，深深扎根于现实生活中，但绝不拘泥于、限定于现实，体现出在人类理性基础上对人未来的理想、信仰、目标的追求。人的伟大在于思想，思想的伟大在于超越，在于对价值、意义、发展的认识与追求。这不仅要求思想契合现实，更要求思想超越现实。马克思说："光是思想力求成为现实是不够的，现实本身应当力求趋向思想。"[1]引导现实、现存"趋向"于人的和谐、人类解放和人的自由而全面发展的"思想"，应当成为思想政治教育人性化的根本使命和价值旨归。

第一节 人性、人性和谐与人的全面发展

一、人性与人性和谐

（一）人性假设及其局限

人性是人在社会实践中表现出来的与动物相区别的人的共同具有的特

---

[1] 中共中央马克思恩格斯列宁斯大林著作编译局.马克思恩格斯选集：第一卷[M].3版.北京：人民出版社,2012：11.

有属性,是人性的多层次、多方面属性的矛盾复合集、属性集。人性"包括人的天性与习性、动物性与文化性、自然性与社会性、理性与非理性、主体性与客体性、个性与群性、目的性与手段性、能动性与受动性、有限性与超越性等"[1]。在人类历史发展和实践活动过程中,由于不同的社会制度、经济关系和文化背景,对人性的理论探索和现实思考出现过诸多人性假设。它往往是根据时代发展特征、人的某种倾向性以及理论研究者自身的世界观而对人性进行的应然定位,体现出人性假设的单面性、倾向性、理想性等特征。

1. 人性善恶假设

中国性善论者当首推儒家创始人孔子,他没有明晰人性善恶之分,但从他的人性可变以及"德治"思想中体现出人性善的人性假设。儒家先贤孟子明确提出人性善假设,指出"人性之善也,犹水之就下也。人无有不善,水无有不下"。"仁义礼智,非由外铄我也,我固有之也,弗思耳矣。"在西方哲学史上,苏格拉底强调人的理性本性,试图探索人类深处的"善"的普通灵魂,明确肯定理性知识在人的道德行为中的决定作用。"善出于知,恶出于无知""无人自愿作恶"是苏格拉底的著名推论命题。柏拉图把善看作万物之源、人类本性,把追求最高的善——善的相作为人生重要目标。亚里士多德同样认为,人的本性在于理性,理性是人性最完善的体现。通过理性能动性对情感、欲望的"过滤"和德化,使人成为具备完满德性的"善良之人"。与人性善假设不同的是另一个极端观点——人性恶的假设。儒家代表人物荀子从人的自然属性出发,认为人性是恶的。"人之性恶明矣,其善者伪也。"人性表现为欲求、欲望。欧洲中世纪宗教神学强调人性恶假设,人类祖先亚当和夏娃在"伊甸"园偷吃禁果,对神犯了罪,这种罪传给了他们的后裔,于是人类生而有罪。罗马教父奥古斯丁认为只有上帝是至真、至善、至美的。人必须向至善的神祈求恩典,遵守神的戒律,通过救赎才能脱离苦难。基督教的"原罪说"和"救赎说"隐含着一种人生来具有作恶倾向的意蕴,体现出人性恶假设。近代思想家们在政治学、教育学以及国家起源等学术理论中,大都以人性恶假设为前提。霍布斯认为人性本恶,他假设了"人对人像狼"一样的自然状态:由于私欲、贪婪、卑劣,人们之间经常会出现猜疑、竞争和作战的情况。自私、残暴、好斗、避害都是人的本能。人的自然状态就是"每个人对每个人的战争"。休谟也秉持人性恶的观点。他一般是在人的知性、情感和道德视域谈论他的

---

[1] 李翠荣.人性和谐问题探究[J].社会科学家,2010(12):99.

人性观。休谟认为自然赋予人无限欲望,人类的自然性情是自私的,渴望自我保全生命,他认为,人们的自私和贪恋是劳动的唯一动机。外物的不稳定和资源的有限激起人的自私,引发了利益的争夺和人与人之间的矛盾。当然,除了性善、性恶两个极端假设外,还有告子的性无善恶假设、世硕的性有善有恶假设,以及董仲舒在综合孟子、荀子人性论思想基础上而提出的"圣人之性""斗筲之性""中民之性"的"性三品"说。

性善恶论者所谓的性往往都把性看作与生俱来、先天就具备的,导致人性假设的先验性。他们不能在人的社会生活中看到人性的历史生成性、变化性,导致对人性先入为主的理解和片面的假设。

2. 经济人假设

近代以后,由于科技进步和生产力发展,经济学日益成为人们研究的重点学科,在政治学、经济学的结合中探讨经济人假设也应运而生。"经济人"假设是迄今为止最有影响力的人性假设,它是由西方经济学鼻祖亚当·斯密在《国富论》和《道德情操论》两本著作中提出来的。亚当·斯密认为"经济人"的特性在于自利性,在经济活动中可能会完全追求个人利益最大化而不顾及其他人。"我们每天所需的食物和饮料,不是出自屠户、酿酒家或烙面师的恩惠,而是出于他们自私的打算。"[1]"他只是盘算他自己的安全;由于他管理产业的方式目的在于使其生产物的价值能达到最大程度,他所盘算的也只是他自己的利益。"[2]当然,斯密在强调"经济人"自利本性的同时,也肯定了理性的地位和作用,人的行为是有意识和理性的,而且他在《道德情操论》中又充分肯定和强调了人的同情心。

"经济人"假设,不仅在经济学界,而且在政治学界、管理学界甚至教育学界都产生了重大而深远影响。它充分表明个人利益与需要有其合理性和正当性。当人类还处于物的依赖性阶段时,从自我生存出发最大限度地追求经济利益不能不成为人们的必然选择。但是,当"经济人"假设把人的自利性当作人的本性,将追求利益最大化看作人们活动唯一目的时,就暴露出这种人性假设的诸多弊端:把人性的自利性看作先验的、天生的,否认人性的生成性和可变性;否认环境(自然环境、社会环境)和教育对人性变化的影响;忽视

---

[1] 斯密.国民财富的性质和原因的研究:上卷[M].郭大力,王亚南,译.北京:商务印书馆,1972:14.

[2] 斯密.国民财富的性质和原因的研究:上卷[M].郭大力,王亚南,译.北京:商务印书馆,1972:27.

群体发展、人类发展对个体发展的作用和意义;轻视人的精神价值和社会价值。

3."社会人"假设

针对"经济人"假设的弊端和不利影响,美国哈佛大学教授、行为科学早期代表人物梅奥率研究小组在霍桑工厂进行了长达十年之久的著名"霍桑试验",提出"社会人"理论,对自利"经济人"假设进行了逐步修正。其提出人是"人际关系存在"的观点,这与马克思关于人的本质是一切社会关系总和的观点有着类似的地方。梅奥依据实验结果提出三条原理:第一,人是"社会人"。人除了金钱、工资报酬、工作条件等物质需要外,还有社会、心理方面的需要,寻求人与人之间的友情、安全感、归属感和受人尊重、认同,应注意从社会、心理等方面满足工人高层次的需要。第二,在正式组织中还存在非正式组织。人在组织内部工作过程中,必然会发生工作外的联系,这种联系会加深他们间的了解,增进他们间的情感,进而使其达成某些共识,形成非正式群体并有其特殊的行为规范和思想特点。它对人际关系和生产率的提高有很大的影响。第三,"新型的领导能力在于使正式组织的经济需求和非正式组织的社会需求取得平衡"[1]。这就是处理正式组织与非正式组织、经济需求与物质需求相互关系的能力。人的生活、活动性存在不局限于工作中的正式组织,还存在于各种非正式组织中;人的需要不局限物质方面,人不是机器,也不是纯粹的动物,而是有思想、有情感、有人格的活生生的"社会人",有社会需要和心理需要。为此,处理好这些"组织"间、"需要"间的关系成了领导能力、领导水平的重要体现。

"社会人"假设克服了"经济人"假设忽视人的社会心理、情感、欲望、尊重等需要的弊端,但同样也暴露出自身的局限性:"社会人"的人性假设强调社会、心理、情感、尊重等因素对人的思想、行为的影响,但在认识、理解和处理这些因素时,没能从人的社会实践活动看到这些因素的可变性、相对性和辩证性,从而导致对人性的抽象性理解;"社会人"的人性假设在强调人的社会关系性存在时,往往忽视人的个性主体性存在,没有把人看作有价值观念、有思想、有个性的人,静止、片面、孤立地理解人的社会性,缺少对人的社会性与个体性、"社会人"与"经济人"辩证统一认识的视界;"社会人"假设是基于管理行为、管理方法改进而提出的关于人的理论,通过对人的行为管理,达到对

---

[1] 张耀灿,陈万柏.思想政治教育学原理[M].北京:高等教育出版社,2001:19.

事和物的有效控制,目的是提高人的积极性和生产效率,而不是为了人的发展,从本质上说不是出于对人的关爱,把人看作手段而非目的。

4. "道德人"假设

如果说"经济人"假设强调人的自然性,"社会人"假设关注人的社会性,那么"道德人"假设所张扬的是人的精神性。"道德人"假设是亚当·斯密在其名著《道德情操论》中提出的,人具有自利的本性,同时也具有利他的意识,必须遵守基本道德规则。"如果没有基本的道德规则的话,社会将会崩溃。"[1]他把道德规范由低到高划分为精明、正义和善行三个层次,认为每个人的道德可以具体表现为同情心和正义感。它们分别近乎性善论中的"恻隐之心"和"是非之心"。休谟也基本将自己的道德学说建立在情感主义基础上,认为"同情是人性中一个很强有力的原则"[2]。"人性中除了有利己的一面外,还有利他的一面。同情原则是产生利他性情感的基本原则,道德感便是由同情原则产生的。"[3]"道德人"假设强调人的利他意识、道德理性和精神提升。

"道德人"假设在防止"经济人"将人的自私自利本性走向极端的同时也暴露出自身的局限性。"道德人"假设如果过于强调人的道德性、精神性存在,容易忽视人的基本需要和现存境遇,追求大公无私、无畏牺牲、灭私兴无。"道德人"的人性理论或建立在抽象的人的情感基础上,或建立在天生先验的"同情心""正义感"基础上,不能从人的社会环境和生活实践中去认识人的道德的社会性和阶级社会的道德阶级性;"道德人"假设存在脱离人的生活实际的倾向,导致"道德人"的理想性、空想性明显。"虽然现实中并不排除'道德人'的存在,但这种'道德人'不论是在人类整体的比例上,还是在个人行为的概率上都属于非常态的少数。因此,将人看作'道德人'只是一种善意的空想。"[4]

5. "文化人"假设

"文化人"假设的创立者为德国哲学家、现代新康德主义代表人物卡西尔。他说:"我们应当把人定义为符号动物(animal symbolicum)来取代把人

---

[1] 斯密.道德情操论[M].蒋自强,钦北愚,朱钟棣,等译.北京:商务印书馆 1997:92.
[2] 休谟.人性论:下册[M].关文运,译.北京:商务印书馆 1980:620.
[3] 黄济鳌.休谟的政治哲学及其人性基础[J].广西大学学报(哲学社会科学版),2004,26(6):14.
[4] 冯务中,李义天.几种人性假设的哲学反思[J].社会科学家,2005(3):10.

定义为理性动物。只有这样,我们才能指明人的独特之处,也才能理解对人开放的新路——通向文化之路。"[1]"符号人"是"文化人"的表现,而"文化人"才是"符号人"的本质。人是"文化的动物"比人是"政治的动物"更能反映出人的本质。20世纪80年代西方企业文化运动蓬勃发展时期,"文化人"的人性假设被提出来。美国加州大学的日裔美籍学者威廉·大内1981年发表了《Z理论——美国企业界怎样迎接日本的挑战》一书,通过考察、比较日美两国企业的不同,分析企业管理与文化的关系,提出具有代表性的企业文化理论,强调人的"文化"性存在,人是文化的产物。"文化人"假设认为人是有思想、有情感、有价值观的,人的心理和行为受人的价值观的影响和决定。价值观是文化的核心,文化是社会的思想灵魂。人的一切活动,包括经济活动、政治活动、思想教育活动都要受到民族国家、社会组织文化思想、价值观念的影响。通过文化的创新与培育,可以实现对人的价值观和人格的塑造和培养,提高人的积极性和主动性。改进技术、更新设备、制定合理的规章不是提高生产力的唯一方法,这种见物不见人的思想观念缺少对人的精神文化特性的重要作用的认识。人是文化的产物,同时又是文化的创造者,"文化人"突出了人的主体性地位和创造性作用。

"文化人"假设触及人性深处,但也显示出其局限。"卡西尔用'符号人'否定'理性人'。""文化人"假设理论形成于企业管理科学中的"文化人",强调人的认知属性、文化非物质性,容易夸大人性的易变性、自为性;不能从物质文化、制度文化、精神文化等方面进行综合的、全面的认识和研究,从而实现对人性的全面把握,容易导致只注意抓住人性的某一个侧面加以绝对化、片面化、抽象化研究;"文化人"在强调人的文化性、精神性的时候,却忽视了人的自然性和生活性。

6."自我实现人"假设

"自我实现人"假设理论是20世纪50年代由美国心理学家马斯洛、阿吉里斯和麦格雷戈提出来的。马斯洛于1943年在其所著《人类动机理论》一书中将人的需要按由低级到高级依次分为生理需要、安全需要、归属与爱的需要、尊重需要和自我实现的需要,首次提出"自我实现人"这一概念。他认为人的需要是多层次的,人们在基本需要得到满足后,会追求更高层的需要,最终实现自我价值、自我发展。"自我实现人"假设说明为了追求自己需要的满

---

[1] 卡西尔.人论[M].甘阳,译.上海:上海译文出版社,1985:34.

足,大多数人能够自我控制和自我指挥,发挥自己的想象力和创造力,保持个人和组织的协调、统一。

"自我实现人"假设是与人的需要紧密联系的,人性需要倾向极度扩张,如何实现人性的"需要"与"满足"以及满足的程度如何,将是构成"自我实现人"假设一个重要的现实问题。"自我实现人"假设还表现出缺乏对人性的社会性认识。

7. "复杂人"假设

"复杂人"假设理论是20世纪60年代末70年代初由组织心理学家沙因等人针对"经济人""社会人""自我实现人"等人性假设理论的局限性,或者说是在综合"经济人""社会人""自我实现人"等人性假设的基础上而提出来的人性假设理论。"复杂人"假设认为:① 人性是复杂的、多变的,表现出人性多方面的复合体。人的需要和潜力随着时间的推移、年龄的增加、环境的变化、地位的改变以及人与人之间关系的改变而不断变化,这些变化致使人类不断产生新的需要的动机。② 人在同一时期内有多种需要和动机,它们相互作用,结合成一个统一体。"由于需要和动机彼此作用并组合成复杂的动机模式、价值观和目标,所以人们必须解决自己要在什么样的层次上去理解人的激励。"[1]③ 由于人的需要不同、能力各异,对不同的管理模式或教育方式各有不同的反应或要求,因此管理活动甚或教育活动中,不存在适合于任何时代、任何组织和任何个人的普遍的、行之有效的管理模式、教育方式。坚持因人而异、因事而异、随境而异,一切从实际出发、关注人的个性化特征和生存境遇,不论是在管理活动还是教育活动中,这都是必须认真处理好的中心议题。

"复杂人"假设极力克服诸多人性假设中存在的片面性、抽象性、静态化等局限性。但是它把人的各种属性都当作人的本性来对待,缺少对人性的本质性认识和综合性把握,从而导致对人性的认识和对人的教育与管理走中庸、调和的道路,在分析问题、处理问题时,难以抓住问题的本质和矛盾的主要方面。

人文社会科学往往都在不同程度上以人性假设作为其理论构建的基础。教育,不管是其理论建构还是实践活动,都建立在某种人性假设的基础之上,

---

〔1〕 胡小萍.西方人性假设理论的演变及其对学校管理的启示[J].中小学校长,2012(2):51.

并基于不同的人性假设,形成了不同的教育理论与教育方法。思想政治教育同样如此。思想政治教育要做好人的教育和管理工作,不能不对人性做基本的假设或判定。没有人性恶的假设,就难以获得思想政治教育对人性的改造、教化、提升的认识和追求;没有人性善的假设,就会缺少对人性的张扬和期待;没有人性假设,思想政治教育就会缺少对人性的依靠力量,教育成了教育者的主观任意和统治者的自我意愿。人性假设作为一种价值取向的人性预设,对人的思想行为具有导向作用。同时,人性可以通过思想政治教育不断地得到提高、丰富、完善和发展,进而不断地促使人性的和谐。

由于人性假设是人们依据一定价值取向对人们在历史活动中表现出来的某些方面、规定、层次、倾向加以夸大和固化而形成的人性理论,难免带有片面化、孤立化、理想性和先验性。任何一种人性假设都难以获得对人性客观、准确、完整、有机的认识和把握。如果思想政治教育人性化囿于诸多不同的人性假设中一种或几种的争论,难免会导致思想上的混乱、片面和实践上的偏差、歧途。思想政治教育对人性的化育必须从人性的各种属性的有机整体上促进人性和谐,以期实现思想政治教育目的。

(二)人性和谐的内涵及其价值

人性假设理论的形成与发展既受到生产力发展水平、生产方式形式、科技进步状况的制约,又受到人们认识人性的价值取向、认识人性的角度和方式的影响。作为万物的精灵,人是最复杂的存在,作为多种属性的属性集,人的属性是有机的整体。人性的各种属性是人性的组成部分,人性假设为我们认识这些组成部分提供了理论基础,光拥有了这些部分还不足以使我们正确认识人性,必须将各部分有机统一起来,形成整体。同样,只注重人性整体性认识,却忽视人性基本属性的掌握,则会缺乏针对性,陷入空洞。就像我们认识整体与部分、一般与特殊的相互关系一样,恩格斯在《社会主义从空想到科学的发展》中指出:"虽然正确地把握了现象的总画面的一般性质,却不足以说明构成这幅画面的各个细节;而我们要是不知道这些细节,就看不清总画面。为了认识这些细节,我们不得不把它们从自然的或历史的联系中抽出来,从它们的特性、它们的特殊的原因和结果等方面来逐个地加以研究。"[1]当我们能对人性的诸多属性要素的特点、特性有了较为全面的认识,就为我

---

[1] 中共中央马克思恩格斯列宁斯大林著作编译局. 马克思恩格斯选集: 第三卷[M]. 北京: 人民出版社,1972: 417.

们从整体上认识人性创造了条件,而且有利于实现人性属性的有机统一与和谐共生。认识人性的最终目的是实现人性和谐和人的全面发展的价值追求。

人类文明是由人类创造的,经济社会发展是由人类实现的,社会和谐也是靠人来完成的。要实现人类社会的发展与和谐,首先是人的发展与和谐,而人的和谐首要是人性和谐。人性和谐有其深刻的内涵。

1. 人的自然属性、社会属性和精神属性的和谐统一

对于人性的探索,人们一旦跳出理论上的冥思与假设,进入社会生活实际,并且不局限于狭隘的个人或组织的利益,以现实的个人为出发点,对人性进行多方位、多视角、多层次的透视,就会发现人不仅有物质需要,还有社会交往需要,更有精神的需要,表现出人的自然属性、社会属性、精神属性的有机统一与和谐共处的必要。削弱、否定任何一个方面都会造成人的残缺、不完整。人的自然属性是人的生物性、动物性。它是人的社会性、精神性的存在的前提和基础;社会属性是人的本质属性。"自然界的人的本质只有对社会的人说来是存在的;因为只有在社会中,自然界对人说来才是人与人联系的纽带,才是他为别人的存在和别人为他的存在,才是人的现实生活和要素。"[1]这说明人的自然性和社会性必须协调统一、和谐共生才能真正地体现出人的属性。精神属性是人的最高属性,是人之为人、人区别于动物的本质属性。人失去了精神属性,必然降格为一般动物或植物人。过分夸大精神性存在和道德人假设,就会脱离人的生存境遇,漠视人的各种需要和正当利益诉求。马克思关于人性的理论并没有局限于人性假设理论,就在于从现实的个人出发,在社会生活范围内探讨人性,从人与自然的关系、人与社会的关系、人与自身的关系中探讨人的自然属性、社会属性、精神属性,并期望人类社会实现这三种关系的和谐和人性的和谐。人性和谐既是思想政治教育追求的目标,又是指导思想政治教育各项活动的基本准则和要求。长期以来,我们往往不注重人性属性的协调、统一与平衡:或过于强调人的自然属性,滋生享乐主义、纵欲主义、拜金主义;或过于凸显人的社会性,抹杀人的个性、主体性和创造性,强调人的"工具性"而忽视人的"目的性";或过于夸大人的精神性,无视人的合理需要和正当利益,任意拔高人,把人从现实生活中抽象出来。如此严重的人性失谐,造成了人的片面发展,甚至畸形发展。

---

[1] 中共中央马克思恩格斯列宁斯大林著作编译局. 马克思恩格斯全集:第四十二卷[M]. 北京:人民出版社,1979:122.

2. 人的动物性与文化性的和谐统一

人是动物进化的结果,作为动物的人具有与生俱来的动物性,如生存、需要、食欲、情欲、性欲、自我保护等动物本能的生理属性和心理属性。但是,肯定人的动物性即自然性,绝不能降低人性。人不能脱离社会实践和社会生活,不能脱离自己创造的、传承的文化。人是自然的产物,同时也是文化的产物,人与文化是不可分割的统一体。兰德曼认为,人是文化的创造者,又是文化的创造物。任何人所属的民族、国家在其形成和发展过程中都形成了属于自己的文化——物质文化、制度文化、精神文化。不同的民族都有属于本民族的习俗、语言、信仰、艺术、法律、价值观等文化特征,使人性深深烙上民族的文化性。这种文化性赋予人精神的内涵、自由的向往和价值的追求。自由是文化的灵魂,价值观是文化的核心。

人的文化性使人获得脱离人的动物性的本质,但人不可能完全脱离人的动物性,该本质也不是动物性基础上的机械叠加。要真正实现人性和谐,就必须实现动物性、文化性的协调发展。和谐社会建设进程中,需要文化——物质文化、制度文化、精神文化——的和谐发展,作为文化创造者的人的和谐与人性和谐必然成为社会和谐、文化和谐的重要前提和基础。每个人都有自己独特的文化性,尊重人的文化性,就是尊重人的主体性和创造性。人的动物性必然受到社会制度、法律文化、价值观念等因素的制约,不能无视人的动物性,又不能屈从人的动物性。人类就是要不断追求不同于动物的人的自由、价值、幸福与创造,即人的文化性,促进人的动物性与文化性的和谐统一,实现人的发展。既反对以人的动物性对人的文化性的排挤,又反对以人的文化性对人的动物性的压迫,要实现人的动物性与文化性的有机统一。

3. 人的理性与非理性的和谐统一

这是突出人的精神世界的和谐。理性和非理性都是人性的组成部分,属于人的精神属性。理性是人们借助于概念、判断、推理等逻辑手段和方式,经过分析、整理、思考,认识事物的本质以及事物之间的必然联系所表现出来的人所具有的知识、智力、智能。人的理性能力表现为:认识客观世界,并且创造新世界的能力;认识客观事物的本质、规律,并用来指导和规范自己行为的能力;制定并自觉遵守社会行为规范,控制和把握自我的能力。"理性存在于人们求真、求善、求美过程中。相应地,理性的表现方式也可以分为三种:认知理性、价值理性、审美理性。"[1]非理性因素是主体内在所具有的个别性和独特性的心理因素,如本能、动机、欲望、情感、意志、信念、信仰、习惯等。非理性因素在人的认识活动中既可能有其积极因素,也可能有其消极因素。我们要克服传统理性主义对非理性因素基本上持排斥态度的错误倾向,正确认识非理性作为理性的必要补充,对人的认识活动的发动与停止、对主体认识能力的发挥与抑制所具有的控制和调节的作用:积极的情感给人的认识活动以活力、动力和生气,给人以求知欲和好奇心,给人以认识对象的正确选择。列宁说:"没有人的'感情',就从来没有也不可能有人对真理的追求。"[2]意志给人的认识活动以推动力量、支撑力量和调控力量。"在人的认识活动中,意志以目的性和自觉性的特点把理智和情感、冷静和激情统一起来,用理智调控情感,又用情感、热情激活理智,从而使主体能在极端困难的条件下,排除外在的和内在的干扰,甚至承受一定的痛苦或牺牲,去实现自己的目的和理想。"[3]

理性因素与非理性因素,是人的意识中的两个相互作用、相互影响、相互联系、不可分割的因素。必须坚持两者的和谐统一。一方面,理性居于主导和支配地位,失去理性的支配和控制,非理性主义必将把人的需要局限于生理需要、欲望满足,导致社会中的贪婪、腐败、凶杀、失信、邪教、抢劫、吸毒、恐怖活动、侵略战争等非理性行为,在人的思想上造成价值观的扭曲和人生观的堕落。另一方面,非理性是理性的必要补充,在人的认识和各种心理活动中具有重要作用。否定非理性作用,将理性极端化,无限扩大理性的作用,抬高理性的地位,将导致传统理性主义的抽象人性论,漠视人的情感、需要,贬低人的动物性。把人当作工具,而非目的,必将导致一系列的非人性行为。因此,在任何情况下,都必须坚持人的理性与非理性的和谐统一。理性主导、引导非理性,为非理性确定其方向和道路,非理性为理性提供调控作用和动力支撑,两者和谐共生。实现精神属性中理性与非理性的共处、协调、统一是人性和谐的重要内容。

人性和谐要求克服人性假设的价值偏向。在人性诸种假设中都其片面性、局限性。为了克服这种片面和局限,必须坚持唯物史观指导下人性属性

---

[1] 陈志尚.人学理论与历史:人学原理卷[M].北京:北京出版社,2004:267.
[2] 列宁.列宁全集:第二十五卷[M].2版.北京:人民出版社,1988:117.
[3] 李秀林.辩证唯物主义和历史唯物主义原理[M].北京:中国人民大学出版社,1995:348.

的辩证统一思想,强调人性的自然属性、社会属性与精神属性,人性的动物性与文化性,人性的理性与非理性等方面的辩证统一。只有实现人性和谐,才能体现人的自由、幸福与尊严,才能体现人性需求的目的性和工具性的对立统一,才能体现人与人、人与社会、人与自然、人与自身关系的协调与融洽,才能体现人的文化生存意义和多元文化的和谐共存,才能体现社会发展与人的自由全面发展的价值目标。

二、人性和谐与人的全面发展

发展是事物的前进、上升和进步,"人的全面发展"思想是马克思主义的最高命题和终极价值追求。"所谓人的全面发展,是人以一种全面的方式,也就是说,作为一个完整的人,占有自己的全面的本质。"[1]马克思在《1844年经济学哲学手稿》和1845年《关于费尔巴哈的提纲》中就表明了人的全面发展的思想和立场,并在《德意志意识形态》《共产党宣言》《资本论》等著作中作了深入而全面的论述。在《共产党宣言》中,马克思强调未来社会中"每个人的自由发展是一切人的自由发展的条件"[2]。在《资本论》中指出,未来社会是一个"以每个人的全面而自由发展为基本原则的社会",是一个"自由人联合体"[3]。

由此可见,"人的自由而全面发展"是马克思一生革命实践和理论研究的最高理想和强大动力。我们必须完整、准确地理解、领会其内涵。

(一)"人的全面发展"理论的科学内涵

马克思关于"人的全面发展"理论主要表现在人的活动充分发展、人的能力全面发展、人的素质综合发展、人的社会关系丰富发展、人的个性自由发展等方面。

1. 人的活动的充分发展

马克思一生都积极投身于伟大的社会实践活动洪流中。正因为如此,马克思总是能从现实的人、人的活动中,而不是从人的出身、地位上,来理解人、

---

[1] 中共中央马克思恩格斯列宁斯大林著作编译局. 马克思恩格斯全集:第四十二卷[M].北京:人民出版社,1979:123.

[2] 中共中央马克思恩格斯列宁斯大林著作编译局. 马克思恩格斯选集:第一卷[M].2版.北京:人民出版社,1995:294.

[3] 中共中央马克思恩格斯列宁斯大林著作编译局. 马克思恩格斯全集:第二十三卷[M].北京:人民出版社,1972:649.

人的本质和人的发展,并将实践视为人的存在方式,人必须在全面而充分的活动中获得生存、发展。人的活动应是全面而丰富的——劳动活动、生产活动、政治活动、交往活动、文化活动等。劳动构成人的产生、创造、发展的首要条件。如果一个人被剥夺劳动、生产、就业,所谓人的能力、自由、社会关系、主体性等方面的发展都将成为虚无。人的活动形式和内容越丰富、越全面,就越能克服有限活动给人的发展造成的片面性、贫乏性,增强人们改造自然、改造社会、改造自身的能力。马克思不仅从当下实际出发,认识活动对人的发展的作用和意义,而且能对未来理想社会关于人的活动作出美好的憧憬。"在共产主义社会里,任何人都没有特殊的活动范围,而是都可以在任何部门内发展,社会调节着整个生产,因而使我有可能随自己的兴趣今天干这事,明天干那事。"[1]人们可以不再受分工、身份、地位、职业、性别等条件的限制,每个人按自己的兴趣、爱好、禀赋自由地从事物质的、政治的、文化的等活动,实现人的价值。因此,人的发展必须建立在人的活动的全面而充分发展的基础上,它构成人的发展的前提条件。

2. 人的能力的全面发展

人的能力发展是人的全面发展的重要内容和使命。马克思认为:"任何人的职责、使命、任务就是全面地发展自己的一切能力,其中包括思维能力。"[2]恩格斯同样认为能力的发展是人全面发展的重要任务。他认为:人的全面发展就是要"使社会全体成员的才能得到全面发展"[3]。"每个人都无可争辩地有权全面发展自己的才能。"[4]人的能力包括体力和智力、潜在能力和现实能力、劳动能力和交往能力、自然能力和社会能力。强调人的能力的全面、充分发展在人的全面发展中的作用,体现出人的能力本位思想。人通过自己的能力彰显人的价值,这实际上是对资本主义社会资本本位、身份本位、特权本位的否定,克服资本支配下的生产劳动使工人变得在经济方面的赤贫、体力方面的畸形、智力方面的愚钝和呆滞、行为方面的粗俗等异化

---

[1] 中共中央马克思恩格斯列宁斯大林著作编译局.马克思恩格斯全集:第一卷[M].2版.北京:人民出版社,1995:85.

[2] 中共中央马克思恩格斯列宁斯大林著作编译局.马克思恩格斯全集:第三卷[M].北京:人民出版社,2002:330.

[3] 中共中央马克思恩格斯列宁斯大林著作编译局.马克思恩格斯选集:第一卷[M].北京:人民出版社,1972:224.

[4] 中共中央马克思恩格斯列宁斯大林著作编译局.马克思恩格斯全集:第二卷[M].北京:人民出版社,1979:61.

现象。

3. 人的素质的综合发展

马克思针对资本主义劳动异化现象,工人处于受屈辱、被奴役、被蔑视的处境,强调人的能力充分发展和人的全面发展。但马克思并不唯能力说,在人获得解放和主体性地位后,强调能力发展,同时强调人的精神提升和人格完善,强调体力、智力、精神、道德、心理、政治等综合素质的协调发展。实际上,马克思关于人的全面发展,某种程度上强调了人的素质综合发展。单从能力来说,没有综合素质的保障,能力既可以成为人类进步的因素,同样,也可以成为社会灾难的原因。人的综合素质提高,不仅关涉到社会发展的进程、动力,而且影响社会发展的方向和前途。特别是随着生产力日益发展,人类文明程度日益提高,人的素质综合发展在人全面发展中越发显示出其意义和价值。今天,在推进中华民族伟大复兴的新征程上,必须大力加强人的综合素质教育,提高人的综合素质发展水平,促进人的全面发展。

4. 人的社会关系的丰富发展

人是有意识的活动性存在,人们在活动中形成各个领域、各个方面、各个层次的人与他人、人与社会的关系:经济关系、政治关系、文化关系、阶级关系、法律关系、道德关系、伦理关系等。人在社会关系中存在,也在社会关系中发展。"社会关系决定着一个人能够发展到什么程度。"[1]人的社会性构成人的本质和人性的主要方面。原始社会,人在狭隘的地域形成人对人的高度依赖,人的社会关系未能得到丰富发展;奴隶社会、封建社会形成人对奴隶主、封建主的人身依附关系,人的社会关系孤立、狭隘地发展。资本主义由于私有制和旧式社会分工而导致的异化,使人同自己产品异化,同自己的生命活动过程异化,同自己的类本质异化。因此,要实现人的社会关系的全面、丰富发展必须克服异化现象,"必须推翻那些使人成为受屈辱、被奴役、被遗弃和被蔑视的东西的一切关系"[2]。把人的社会关系从资本主义制度中解放出来,实现由片面、封闭、贫乏的社会关系向全面、开放、丰富的社会关系转变,人们将在丰富而全面的社会关系中获得全面发展,并对他们的社会关系实现全面的占有和共同的控制。

---

[1] 中共中央马克思恩格斯列宁斯大林著作编译局.马克思恩格斯全集:第三卷[M].北京:人民出版社,1979:295.

[2] 中共中央马克思恩格斯列宁斯大林著作编译局.马克思恩格斯选集:第一卷[M].2版.北京:人民出版社,1995:9.

5. 人的个性的自由发展

在人的需要中,自由是人性最深刻的需要,马克思十分重视人的"自由自觉的活动"在人的发展中的重大作用。个性是体现人的心理倾向和心理特征的个人的特殊性,实现人的"自由个性"是马克思毕生为之奋斗的最高目标。马克思关于人的发展思想突出的就是"自己的个性"和"自由的发展"。人的个性自由而充分发展是人的全面发展的综合表现和最高目标。人的发展离不开对人的个性的充分肯定与张扬。张三元教授认为,个性的内涵主要体现在两个方面:"一是自主性,即自我决定,自我做主,人是自己的主人。二是创造性。创造性是自由个性的最高表现,也是人的生命活动的最高表现形式。"[1]如果把个性看作一个与他人和社会格格不入的东西,磨灭人的个性,扼杀人的创造性,人的发展就成了一句空话。要实现人的全面发展,就必须肯定和发展人的个性,发挥人的自主性、能动性、独特性和创造性。正确处理好人的全面发展和个性自由发展的相互关系。"一方面,人的全面发展是个性发展的前提和基础,没有全面发展的个性发展是一种片面化的畸形发展;另一方面,人的个性发展是全面发展的主旨和核心,没有个性发展的全面发展是一种没有深度的发展。"[2]因此,在实现人的全面发展的道路上,必须把人的个性的自由发展放在更加突出的地位上,培养人的自由个性和独立人格,丰满人性,促进人的发展。

(二)人性和谐与人的全面发展

世间万物无不处在运动、变化、发展过程中,遵循着客观规律。人类社会同样也是如此。但人的发展绝不是消极、被动的发展,而是在客观规律基础上体现人的强烈目的性的发展,这种目的深深烙上人性印记,体现着目的中人性真正意义的回归。"人的发展是马克思一以贯之的思想,然而是什么理念支撑马克思提出了人的发展诉求?人的发展价值取向的立论前提是什么?有学者认为:'人的一切活动,人类社会和人类历史的一切现象,都建基于人的本性,表现着人的本性。'(高清海)……复归或实现人性是马克思追求人的解放和发展的动力之一,是其人的发展之价值诉求的理论依据。"[3]人的发

---

[1] 张三元.以人为本:以人的尊严为本:基于马克思主义人学的视角[J].思想理论教育,2012(9):25.

[2] 余玉花,陈洪连.科学发展观与人的发展目的:兼论思想政治教育的目的[J].合肥工业大学学报(社会科学版),2006,20(4):76.

[3] 陈夏新.人性与人的本质及人的发展[J].哲学研究,2010(10):14.

展不是片面、畸形的发展，必须是全面的发展，人的全面发展要符合人性的要求，符合人性和谐的要求。

人性的自然属性、社会属性和精神属性的和谐统一，要求人的发展是全面发展，而不是人性假设中某些方面的片面发展。二十世纪六七十年代，我国一度突出人的政治性、社会性、阶级性存在，阶级斗争扩大化，把人看作政治斗争的工具、阶级专政的对象。思想政治教育完全成了政治附庸，割裂了人性的自然属性、社会属性、精神属性的辩证关系，人性失谐；无视人的基本生存需要、发展需要，造成人的片面发展和人性扭曲。20世纪80年代后，我国实行改革开放，社会主义市场经济处于初创时期，市场经济中诸多负面因素一度被过度发大。"经济人"人性假设过度张扬，人与人之间关系冷漠，人与自然关系紧张，自然资源被过度开发、掠夺，人类赖以生存和发展的生态环境遭到严重的破坏，人的发展受到来自多方面的限制、影响和破坏。中国共产党人正是在总结人和社会发展的经验与教训的基础上提出和谐社会建设、中国式现代化建设的目标任务及其基本理论、指导思想。强调人与人之间、人与自然之间、人与社会之间、人与自身之间关系的融洽与和谐，必须是人的自然属性、社会属性、精神属性的和谐统一，在人性和谐基础上实现人的全面、协调、可持续发展。

人的理性和非理性的和谐统一要求人的发展还需要做到精神的和谐发展。理性既表现为对人性的确认，又表现为对人性的约束。在人的发展过程中，人的任何实践活动都不能脱离理性的指导和约束，失去理性必将导致非理性的恣意妄为、是非不分、社会混乱，导致人的精神上无家可归的境地。而过度张扬人的理性的"理性人"却泯灭人的一切欲望和情感，这都是因为理性与非理性的矛盾与冲突带来人性的片面化发展以及人的片面化发展。因此，人的全面和谐发展必须是人性的理性与非理性的和谐发展。

第二节 人的全面发展：思想政治教育人性化的最终目的与价值旨归

人的自由全面发展理论是马克思主义人学理论的重要组成部分，又是思想政治教育人性化的指导思想和价值追求。通过思想政治教育实现思想转化、品德提升、人性完善，为完成各项任务提供理论指导、精神动力、思想保障，最终实现人的和谐发展、科学发展、全面发展的价值目标。

一、思想政治教育人性化为促进人的和谐发展提供思想保障

思想政治教育人性化可以通过调整人的思想行为、协调人性需要、调适人的心理,从而促进人的思想和谐发展、人性和谐发展、心理和谐发展。

(一)思想政治教育人性化调整人的思想行为,促进人的思想和谐发展

和谐是诸多因素差异之间的统一和协调,是事物内部要素之间及事物之间相互依赖、相互依存、相互统一的关系,也是事物发展的基本条件。人的发展必须是人的和谐发展。在人的和谐发展过程中,思想和谐发展起着基础和灵魂作用。思想是行动的先导,"行动的一切动力,都一定要通过他的头脑,一定要转变为他的愿望的动机,才能使他行动起来"[1]。但行动的正确,必须依靠思想的正确、科学、和谐作保障。没有思想上的和谐统一,即使表面上行动一致,往往也可能是"同床异梦",难以获得理想的结果。当然,思想和谐并不意味着思想上的同化、调和、折中、迎合,而是体现着思想上矛盾、斗争、差异的和谐。没有思想上的矛盾、斗争、差异,就没有也不可能有思想和谐发展的存在与必要。

人的思想最具有复杂性、隐蔽性、变化性、矛盾性的特征,受社会条件、历史发展、时代特征的制约和影响,甚至某事件中暂时的情感、意志、需要都随时可以引起思想上的变化与波动。从事不同职业、专业的人员,往往受其职业、专业的影响,形成不同的思想观念、思维模式和观察问题、思考问题的方法方式,如科技人员的科技伦理思想、人文社会科学工作者的人文思想、政治家的政治思想等。他们形成的思想都会有所侧重,有时还会有所偏颇,影响了人的思想和谐发展。因此,只有在更宏观的视野中、在整体的思维中,才能统筹把握人的思想和谐发展。思想政治教育人性化正是在这方面可以做到从人的思想实际出发,既尊重人、理解人,又引导人、转化人,促进人的思想和谐发展。

正因为人的思想中存在差异、矛盾、对立、冲突、斗争等不和谐因素,影响人的思想和谐发展,才需要协调、调整这些不和谐因素,实现人的思想的有矛盾的和谐、有差异的和谐、有冲突的和谐。由于人的思想不容易直观,难以把握,促进人的思想和谐发展不能简单地依靠打棍子的学阀作为、强硬的说教

---

[1] 中共中央马克思恩格斯列宁斯大林著作编译局.马克思恩格斯选集:第四卷[M].北京:人民出版社,1972:24.

灌输行为、简单的行政管理行为,或是单纯的物质奖励就能奏效。将人的思想作为工作对象的人性化思想政治教育为促进人的思想和谐发展提供思想保障。思想政治教育以其思想观念、政治观念、道德观念、法纪观念以及正确的世界观、人生观、价值观形成思想政治教育思想并指向人的思想。人的"原有思想与思想政治教育思想之间就会失去平衡,出现矛盾运动;当思想政治教育与其他工作发生交往,思想政治与其他工作之间也会失去平衡,出现矛盾运动"[1]。思想政治教育在处理这种失衡和矛盾时,必须处理好两个方面的问题:一是思想政治教育对促进人的思想和谐所具有的地位和作用;二是思想政治教育促进人的思想和谐的有效性。对于第一个方面,思想政治教育是促进人的思想和谐的重要途径和手段,发挥着思想和谐的调整、保证、转化、导向的作用。毛泽东同志十分重视思想作风建设、思想转化工作、思想和谐发展。他多次开展整风运动,认为:"整风就是整顿思想作风和工作作风。"[2]即批判几种错误的思想作风和工作作风:一个是个人主义,还有一个是宗派主义。其实,就是加强思想政治教育,促进思想和谐健康发展。为了防止物质上的腐化、奢靡,或精神的颓废、堕落,邓小平同志提出"一手抓物质文明,一手抓精神文明"两手抓、两手都要硬的思想。这充分体现他高度重视关于人的物质思想、精神思想和谐发展的思想。人不能光想着物质上富有,放弃思想上拥有。1989年3月,他面对复杂的社会思想问题,认为:我们在十年中最大的失误在教育,主要是思想教育。1989年6月,邓小平说:"我与广东同志谈,要两手抓,一手抓改革开放,一手抓严厉打击经济犯罪,包括抓思想政治工作。就是两点论。但今天回头来看,出现了明显不足,一手比较硬,一手比较软。一硬一软不相称,配合得不好。"[3]这说明邓小平同志既重视人的思想辩证和谐发展,又十分强调思想政治教育在人的思想和谐中的地位和作用。

从当前社会成员之间"贫富差距"扩大、党内腐败现象时有发生等现象来看,原因是多方面的,但在思想源头上正是人们严重的物质主义、利己主义的思想的影响,是思想失谐的结果。如果在长时间内,只有人与人之间思想的交锋与对立,没有人与人之间思想的交融与和谐,人们各抒己见,各执一端,

---

[1] 孙其昂.思想政治教育的和谐之维[J].河海大学学报(哲学社会科学版),2008,10(2):7.

[2] 毛泽东.毛泽东选集:第五卷[M].北京:人民出版社,1977:419.

[3] 邓小平.邓小平文选:第三卷[M].北京:人民出版社,1993:306.

就很难实现人与人之间的和谐以及人与社会之间的和谐。"文化大革命"结束后,正是因为首先在思想上进行了拨乱反正,把全党和全国人民的思想重新统一到马克思列宁主义、毛泽东思想上来,促进人的思想、党的思想健康、和谐发展,实现了全党工作重点的历史性转移,所以才推动了社会发展和人的发展。党的十六大以来,面对国际国内政治、经济、文化、社会、生态、军事等一系列新情况、新问题、新任务,中国共产党高度重视思想凝聚、思想统一,在全党开展了以实践"三个代表"重要思想为主要内容的保持共产党员先进性教育活动、党的群众路线教育实践活动、"三严三实"专题教育、"两学一做"学习教育、"不忘初心、牢记使命"主题教育、党史学习教育、"学习贯彻习近平新时代中国特色社会主义思想"主题教育等系列集中性学习教育活动,为统一思想,凝聚共识,增进和谐,为社会主义现代化强国建设奠定了坚实的思想基础。思想政治教育就是要经过思想与思想的交往、交流、沟通,实现原有思想视界的拓展、思想矛盾的化解、思想境界的提升,从而达到思想和谐发展的目的。

对于第二个方面,思想政治教育促进思想和谐发展的有效性问题,实际上就是教育的方式方法问题。思想政治工作不同于社会实践中诸如经济工作、政治工作、科学试验等其他具体工作,这些其他具体工作的方式方法可以强硬、颠覆性、不留余地转化、消解矛盾与对立。而思想政治工作必须考虑到人的思想的隐蔽性、变化性、属人性等特点,实施人性化的思想政治教育,否则难免出现口是心非、言行相悖、表里不一的思想行为。我党早期思想政治教育发展史上,曾依靠残酷斗争、无情打击、思想清洗、意志革命等手段来解决人的思想分歧问题,结果不但没有解决思想问题,反而给人们留下了思想政治工作是政治斗争工作、思想政治教育力量是异己力量的不良记忆。一般人认为,成长于中国民主革命风起云涌、阶级斗争残酷激烈、各种社会思潮纷呈的激荡时代的毛泽东思想政治教育给人以革命、斗争的印象,其实毛泽东同志十分重视人的思想教育、思想转化工作的方式与方法,坚持认为要做好思想工作必须了解人的思想,要了解人的思想就必须让人表达自己的思想。他要求:"不惧怕批评和自我批评,实行'知无不言,言无不尽','言者无罪,闻者足戒','有则改之,无则加勉'。"[1]如果不能认真倾听并正确对待不同的思想表达,搞一言堂,万马齐喑,就很难了解人们的真实想法,很难进行有效

---

[1] 毛泽东.毛泽东选集:第三卷[M].北京:人民出版社,1966:997.

的思想教育与转化工作。"知无不言,言无不尽"这是人们进行思想上平等交流、对话、沟通的基本前提,让人们尽享说话的权利和机会。在此基础再进行团结—批评—团结,最终实现思想上的统一与和谐。毛泽东坚持思想文化艺术领域的"百花齐放,百家争鸣"方针,就是为了反对教条主义、思想僵化和文化专制主义。他在1956年4月28日召开的中央政治局扩大会议上说:"艺术问题上的'百花齐放',学术问题上的'百家争鸣',我看应该成为我们的方针。"[1]这为思想政治教育提供了科学的方法论指导。

(二)思想政治教育人性化协调人性需要,促进人性和谐发展

思想政治教育要对人性进行研究和探讨,可以在人性假设中获得理论支撑。人性假设往往构成人文社会科学领域对人的思想行为分析的逻辑起点。基于管理学的人性假设理论,实际上是在承认人性基本判定的基础上,为了提高效率,改进工作方法,对管理对象的基本需要和思想行为动机进行判定。思想政治教育既是教育活动,也是一种管理活动,也需要对教育对象的人性做出基本判定,尊重人性的基本需要。人性假设的许多理论给思想政治教育人性化以诸多启发和借鉴。

1. 人性假设理论:思想政治教育人性化的启发与借鉴

第一,人性假设理论的思想政治教育个体价值的肯定及启发。思想政治教育价值包括社会价值和个体价值,是社会价值和个体价值的有机统一。思想政治教育个体价值是思想政治教育的属性和功能满足个体需要、实现个体目的、促进个体发展所产生的一系列效益关系。为克服过于强调传统思想政治教育的社会价值而忽视思想政治教育个体价值的弊端,人性假设理论为此提供了理论依据和实践指导。"人性假设意味着教育为自己确立了以人为根基的基本立场,这一立场决定了教育基本信仰和方向,而不会轻易受社会或其他因素的影响和干预。"[2]"以人为根基"的人性假设的意义在于肯定人的价值性存在,特别是人的个体价值存在和生命意义。学者谢庆认为,不同的人性假设对思想政治教育个体价值的相应内容方面有着启发意义。他通过"'经济人'假设理论与思想政治教育个体价值中的物质价值;'社会人'假设理论与思想政治教育个体价值中的人际关系价值;'自我实现人'假设理论与思想政治教育个体价值的精神享受价值;'复杂人'假设理论与思想政治教育

---

[1] 中共中央文献研究室.毛泽东文集:第七卷 一九五六年一月~一九五八年十二月[M].北京:人民出版社,1999:54.

[2] 薛晓阳.一种基于人性假设的教育思考[J].阅江学刊,2009,1(4):65.

个体价值的多样性和多变性"[1]等四个方面的讨论,阐述了人性假设理论对认识思想政治教育个体价值的启发作用。思想政治教育必须承认人的个体价值。在中国传统人性假设里,占主导地位的是性善论。虽然荀子主张人性恶论,但其最终目的是实现道德教育的"化性起伪",通过外在的规范和约束去恶从善,最终达到人性善的社会理想。所以,不管是"性善论"还是"性恶论",最终追求的目的相同,就是要求人们服从自然、适应社会、顺应天人合一。在人们长期的服从、适应、顺应中,造成了人的依赖、依附、守旧。个人价值依附于社会价值,个体利益服从于集体利益,个体主体意识顺从于群体主体意识。受此影响,传统思想政治教育忽视个人的需要、利益,过于强调思想政治教育社会价值与功能,忽视思想政治教育个体价值,抑制了个体的独立发展和创造能力、创新意识的培养。

人性假设的不同理论为我们认识、开发思想政治教育个体价值提供了启发和借鉴的作用。"经济人"假设强调人的自利本性,有利于我们克服思想政治教育过于强调其社会价值,而忽视其个体价值的弊端,而这种个体价值在"经济人"视域中表现为思想政治教育个体价值中的物质价值,即思想政治教育中对人的物质需要的肯定与满足。个人凭自己的能力素质、劳动创造奉献社会的同时,拥有获取满足自己正当需要的个人回报、个人利益的权利。"社会人"假设强调人是人际关系的存在,人不仅有物质利益需要,更有情感、安全感、归属感的需要。这一理论启发了思想政治教育个体价值中的人际关系价值、情感价值的必要。思想政治教育必须在营造和谐的人际关系、创造良好的社会生存环境、促进个体身心健康发展等方面发挥重要作用,通过培养个体良好思想素质、道德品质、政治信仰,形成人与人之间宽容、忍让、谦逊、向上、互助、友爱、合作的良好人际交往关系,彰显个体存在的价值和意义。"社会人"假设还强调人的情感存在,人的情感渗透在人的思想、心理各个方面,不同的人往往表现出不同的情感需求,体现出教育对象情感的个体特征。思想政治教育个体价值的情感价值是指思想政治教育满足个体情感需要所产生的价值。这要求尊重人的情感需要,缓解、消除人们紧张、苦闷、急躁、焦虑、孤独、压抑等情感情绪,营造宽松、舒适、悠然的教育环境,让人们情感得以释放、情绪得以发泄,使个体积极融入社会,并在社会中,通过个体价值实

---

[1] 谢庆. 人性假设理论与思想政治教育个体价值[J]. 重庆文理学院学报(社会科学版), 2009,28(6): 195-197.

现而获得自我的充分发展,从而实现思想政治教育个体价值的积极意义。

基于同情心和正义感的"道德人"假设关注人的思想行为中的同情、利他、正义与善行。这有利于我们正确认识和高度重视思想政治教育个体价值的精神价值,即思想政治教育满足个体精神需要所产生的效应和价值。精神属性是人的根本属性。离开人的精神存在,就无谓人的个体存在。人可以在物质极度匮乏、环境极其恶劣的情况下生存,但不能没有自己精神、意识而生存。一个人的能力有大小,社会贡献有多少,但不能丢掉自己的精神和人格。"一个人能力有大小,但只要有这点精神,就是一个高尚的人,一个纯粹的人,一个有道德的人,一个脱离了低级趣味的人,一个有益于人民的人。"[1]毛泽东同志同样表达了精神对人的个体存在的意义,个体在现实中立足自我,但人是有理想、信仰的,人又在精神中超越自我,人对有限性的超越和对无限性的追求表现出个体精神性存在的价值和意义。思想政治教育满足个体精神需要,首先就要承认、肯定个体的精神价值。这样,我们就能够理解被誉为"雷锋传人"的普通工人郭明义,为什么在家庭生活并不富裕的情况下,累计为"希望工程"捐款10余万元,先后资助180多名特困生,20多年,累计无偿献血6万多毫升这些感人之举背后所折射出的精神力量;就能够理解那些为了他人生命、国家、集体利益不惜牺牲自己生命的英雄模范所体现出的榜样力量、人格魅力。英雄人物、模范人物的奉献、牺牲的真正动因不是"感官的快乐""物质的抚恤",而是他们的精神追求和理想实现。思想政治教育必须大力弘扬、广泛宣传模范人物的高尚精神,引导、感召人们奋发向上。此外,思想政治教育要帮助人们树立崇高的理想和坚定的信念,提升个体精神境界,不断实现自我超越,体验精神给人带来的快乐、享受和幸福,实现个体价值与社会价值的有机统一、个体发展和社会发展的和谐一致。

第二,人性假设理论的思想政治教育需要满足的认同及启发。人性假设是基于人的需要和动机而作出的关于人性的基本看法,它立足于人的现实性、社会性以及人的需要的多样性、层次性。"经济人"的物质利益、经济利益需要,"社会人"的感情、心理、安全、归属、尊重的需要,"道德人"的正义、利他、善行、同情、伦理的需要,"文化人"的情感、价值观、精神的需要,都说明了人不能离开丰富多样的需要而生存。这启发了现代思想政治教育必须在合理的范围内、科学的人性观指导下肯定和尊重人的基本需要,这不仅是人的

---

[1] 毛泽东.毛泽东选集:第二卷[M].北京:人民出版社,1966:621.

生存需要，更是人的发展需要。"任何人如果不同时为了自己某种需要和为了这种需要的满足而做事，他就什么也不能做。"[1]历史上的政治统治中，对人性的认识，除了"性善论"较长时期获得主流地位外，关于人性，值得称道的恐怕并不多。特别是唯恐把人性与需要、利益联系起来，因为人性的张扬而对人的思想认识、政治统治、社会稳定、文化一统产生消极影响。思想政治教育极力回避、否认人性思想、人性理论。如果是在政治专断、文化专制的年代，根本谈不上什么思想政治教育对基于人性基本需要的满足的认同与肯定。思想政治教育仅限于道德、精神、政治等形而上的空泛说教，完全不顾人们现实生活中物质利益、情感需要。虽然出现过借助于政治狂热而使全民道德水平整体大幅度提高的现象，但回复到人的现实生活世界、回复到人的真实面貌，很快发现这种现象所表现出的假象难以持久，并且严重损害了思想政治教育的声誉和价值。

人性意味着人的存在依据和人性关爱，思想政治教育不可能对此刻意回避或视而不见，而是要求从人的现实生存境遇出发，深刻关切人的现实生存需要、心理需要、情感需要、交往需要。只有从人们最现实、最直接的需要的满足着手，才能把握人们的思想脉搏，从源头上找准思想政治工作的切入点，在受教育者的合理需要得到满足的条件下，激发其积极向上、刻苦、勤奋、创新、利他、奉献的热情，激励其向更高理想目标迈进，引导受教育者将内在的物质需求转化为外在的报效祖国、服务人民的实际行动。值得注意的是，认同、肯定人的需要的人性化思想政治教育，并不是无原则地迁就、满足人的需要，而是把人的需要同人的科学发展、社会的和谐发展紧密联系起来。思想政治教育人性化尊重人性的需要，但不迁就人性的需要。这是思想政治教育人性化的根本要求和正义之举，否则，将会丧失思想政治教育的基本原则，失去思想政治教育人性化的存在价值和根本意义。

第三，人性假设理论的思想政治教育层次性要求的启发与借鉴。"自我实现人"的人性需要的层次性与"复杂人"的人性需要的多样性、变化性有利于我们客观认识教育满足人需要的层次性、多样性和教育对象的层次性。既要正确认识和充分肯定人的需要，也要了解需要的内容。任何个人或群体生存发展过程中，都会产生各种不同的需要，个人或群体的需要与社会对这种

---

[1] 中共中央马克思恩格斯列宁斯大林著作编译局.马克思恩格斯全集：第三卷[M].北京：人民出版社，1979：286.

需要的满足及满足的程度不同存在矛盾,这种矛盾反映到人们头脑中,必然会影响人们的思想认识。而且随着原有需要的解决,会产生新的需要,又会出现新的矛盾,于是又会产生新的思想认识。思想政治教育必须从人的需要、再需要等不同层次的需要中了解人的思想实际和需要的内容,不致使教育工作错位和无效。思想政治教育必须根据不同的教育主体需要,确定不同层次的思想政治教育目标、教育内容,使思想政治教育做到有鲜明的层次性和具体的针对性。思想政治教育层次性原则必须坚持由低级到高级上升发展的要求,满足低层次需要是为了实现高层次需要,最终目的是实现自我价值和人的自由而全面发展。

思想政治教育层次性还表现为教育对象的层次性。"复杂人"假设表明不同的人有不同的需要,即使是同一个人在不同的时间和不同条件下的需要也是不同的,这表明人的层次性、差异性——需求差异、个性差异、思想差异。尊重差异是思想政治教育分层次教育的前提。教育必须根据教育对象的需要内容、思想水平,划分层次,分类指导,分类教学,使教学内容、教育方法、教育目标适合不同的教育对象,使思想教育更加人性化、人本化。

2. 人性假设理论的扬弃:思想政治教育人性化的功能发挥与价值实现

思想政治教育强调不仅要尊重人性需要,更要促进人性和谐。人性需要极其复杂,人性假设最初是出于管理和效益需要而在微观层面上作出的诸多关于人性的理论和观点,带有明显的局限性和片面性。如果思想政治教育人性化囿于人性假设中的某种或某些理论,就会难以跳出人性假设局限性的窠臼。对于人性假设理论,既要汲取其有益思想,又要摒弃其糟粕,充分发挥思想政治教育整合、导向、调节与转化功能,实现思想政治教育人性化促进人性和谐发展的价值和作用。

第一,思想政治教育人性化促进人的自然性、社会性、精神性的和谐发展。人性组成要素只有既保持合理张力,又保持和谐共生,使人性各要素在整体上保持协调、统一、相对稳定的美好状态,才能实现人性的和谐发展。但要做到这一点,单靠人性自身调节难以实现,必须发挥人性化思想政治教育的作用。思想政治教育承认并满足人的合理需要,但这种满足是有原则的满足。在市场经济中,在具体某项的管理活动中,或一般性的教育活动中,为了某项暂时目标的完成、某方面效益的一时提高,可能会出现暂时性的单纯经济利益、物质需要的激励和刺激,完成短期内的发展。而思想政治教育必须着眼于人的长远发展、全面发展,必须努力克服人性假设中诸多局限性。纠正、克服人性弱点正是思想政治教育人性化发挥作用的地方,把人性需要限定在人性和谐视域内,促进人的物质需要、社会需要、精神需要的和谐统一。而这三个方面的需要在人的现实生活中往往存在矛盾、对立、斗争。思想政治教育通过观念的宣传和引导、利益的分配和调整以及行为规范的监督和执行而进行三个方面需要的调整和整合,提高人的需要的发展水平,遏制人的需要的恶性膨胀,改变不合理的需要偏好和异质的需要观念。这种改变时常带有强制性,"这种强制性就是迫使那些异质观念和行为改变其倾向性而为这个阶级的意识形态所涵化、认可、接受,就是对社会个体思想与行为的同化和支配"[1]也即促进人的社会化。个人参与社会生活、社会交往,通过交互活动习得知识技能和行为规范,成为一个社会成员。一个人从"生物人"通过社会化,才能成为"社会人"。思想政治教育促进人的社会化过程中,引导人们正确处理个人利益与社会利益、特殊利益与共同利益、个人需要与社会需要间的关系,并以高尚的道德情操和精神信仰引领人的正当利益需求,体现人的精神性的价值和作用。思想政治教育要帮助个体树立正确的世界观、人生观,以及科学的理想、信仰和信念,丰富人的精神世界,促进人的精神生命力、创造力的生成和发展,在满足人的精神需要的同时,使其与人的物质需要和社会需要相互协调、相互统一、相互转化。在思想政治教育人性化的引导下,让精神力量变成物质财富,合理的物质激励变成创新、创造的精神动力,实现思想政治教育人性化对人的自然性、社会性和精神性的和谐发展的促进作用。

第二,思想政治教育人性化促进人的动物性与文化性的和谐发展。人是文化的创造者,也是文化的创造物。美国人类学家拉尔夫·林顿认为:"文化是指任何社会的全部生活方式……没有无文化的社会,甚至没有无文化的个人。"[2]从广义上来讲,文化包括社会生活各个方面,有物质文化、精神文化、社会制度文化,人的文化性有三个方面的内容。其一,作为文化创造物的人的文化性必然包括自然性,即生物性、动物性。承认人的吃、喝、性等生理需要以及安全需要,就是承认人的文化性的自然性,即动物性、生物性。从广义上说,人的文化性内在地包含了人的动物性。其二,在人创造着文化并被文化创造着的过程中,人以社会生活、社会交往的实践作为其存在方式,赋予人

---

[1] 周如俊,苏云升.优化思想政治教育的社会整合功能[J].党政论坛,2006(2):37.
[2] 恩伯,恩伯.文化的变异[M].杜杉杉,译.沈阳:辽宁出版社,1988:29.

的文化性的自然性以特定社会意义的社会规定性。同时,人的文化性必须突破个体局限性而赋以社会意义,才有真正存在的价值。因此,人的文化性蕴含并彰显了人的社会性。其三,文化是人类劳动的产物,是体现人的意识、智慧、想象力和创造力的成果。文化体现了物质成果、物质形态。"但文化内容本质上却属于精神性质的。因为,作为文化存在的物质是按照人类的自觉意识创造的,是包含了人的思维作用的。"[1]这种文化内容的精神性体现了人的文化性的精神性。因此我们可以说,人的文化性承载着人的自然性(动物性)、社会性和精神性,是三者的统一。在人类社会早期,生产力比较落后,生产关系比较简单,人的文化性不够丰盈,人的动物性明显,社会性、精神性较为简单。随着人的社会实践能力的增强、科技的发明、生产力的发展、物质财富的增加,人的文化性的社会性和精神性越来越表征着人的文化性的质的规定性,体现着人所必然具有的精神性、社会性的需要。狭义的文化一般是指以人的价值观为核心的精神系统。人的文化性发展必然越来越体现出对人的自然性的改造和辩证否定。

要认识人、教育人,就必须肯定人是文化性存在的人。人的文化性决定了思想政治教育文化性的存在必要性和存在价值。思想政治教育文化性越来越受到人们的肯定和重视。沈壮海教授认为:思想政治教育不仅是一种政治现象,而且"是一种文化现象,以特定文化成果的传递、传播、践行等为基本载体,以个体由'自然人'、'生物人'向'社会人'、'政治人'、'文化人'的发展为基本取向,是'文化化人'现象的特殊表现形式"[2]。思想政治教育通过"文化化人",承认人的动物性,同时又不断地推动人的动物性辩证发展到新的阶段,实现人的动物性和文化性的和谐发展,彰显了思想政治教育文化的价值和功能。

一是文化的引领功能。"思想政治教育文化引领功能是指思想政治教育主体及其活动对一定时期、一定社会的文化的建构、塑造和导引的作用、影响、能力及其结果。"[3]思想政治教育文化较之于一般意义上的文化在思想上、精神上、政治上更具方向性、引领性、指导力、影响力,它通过影响教育对象的价值、信念系统从而实现对教育对象思想行为产生深刻的作用和影响。用社会主义核心价值观塑造人们时代精神,正确处理好人的物质文化、精神

---

[1] 陈安金.人的自然性和文化性关系辨析[J].浙江社会科学,2003(5):137.
[2] 沈壮海.关注思想政治教育的文化性[J].思想理论教育,2008(3):4.
[3] 刘先进,李经纶.试论思想政治教育的文化引领功能[J].求实,2007(5):86.

文化和制度文化相互间的关系,发挥思想政治教育文化对人的文化性存在与发展的引领和导向作用。传承和发扬中国优良传统文化,借鉴和批判西方外来文化,继承、创新和发展马克思主义文化,让一切有利于生产力发展的思想文化和智慧资源竞相迸发,促进并引领人类物质文化大发展、大繁荣。思想政治教育文化以其正确的价值观、合理的社会伦理规范以及民族精神、时代精神引领、提升人的精神追求;以其政治性、阶级性和它的党性引领、指导人类精神文明建设与多元文化和谐发展,抵制、改造各种腐朽、落后的文化,努力创造有利于人的精神文化形成和发展的文化环境。思想政治教育文化以其文化心理、文化观念、文化思想、文化精神、文化信念,引领、推动人类社会制度文化的产生、形成和发展。制度文化在物质文化、精神文化建设与发展中起着中介和桥梁作用,它是促进人的公平、正义、自由发展的重要保证。

二是文化的整合功能。"所谓文化整合,是指在一定历史时期,特定组织通过某种方式和手段,在容纳多种文化因子的基础上确立共同的思想信仰和价值观念,使一定群体成员在保持各自立场、看法的前提下,树立群体成员对组织的基本思想与价值认同,以增强社会的凝聚力和有序性的过程。"[1]当代社会文化形式、文化内容,以及人的文化属性纷呈多彩。不同国家、不同民族、不同种族和不同宗教信仰等的文化间的碰撞和融合,政治文化、经济文化、社会文化间的相互作用与影响,人的文化性的自然性、精神性和社会性间的相互联系与促进,使得文化的多元、多变、多样直接或间接地影响人的生存和发展。为了发挥文化对人的发展的积极作用,客观上需要强化思想政治教育文化的整合功能。其一,是思想政治教育文化的系统整合功能。思想政治教育将文化各组成要素联系成一个有机的整体系统,使其相互依存、相互联系、相互作用。虽然各文化组成要素都有其存在的必要和强化的理由,如人的文化性的自然性、社会性和精神性都极力维护各自的发展或扩张,但必须在保持文化系统正常发展的前提下进行,这需要思想政治教育文化立足整体和全局,增进系统的统一协调,促进人的文化性和谐发展。其二,是思想政治教育文化的目的整合功能。思想政治教育文化目的是继承人类一切优秀文化成果,提高人的思想道德素质,促进人的自由全面发展。在思想政治教育文化目的的统领下,按照人和社会的发展需要,思想政治教育对不同类型的文化要素进行选择、甄别、优化和整合,以形成与社会主义核心价值取向一致

---

[1] 朱志刚.论思想政治教育的文化整合功能[J].理论学刊,2007(11):93.

且各具特色的文化整体。既使人的文化性组成要素达到整体的优化、协调，又使不同的社会成员思想文化行为保持一定的协调和某种的统一，以实现人的文化发展的目的性、价值性、工具性、手段性的统一。

三是文化的选择功能。当今，物质文化、政治文化、精神文化、社会文化等日益多样、多极、多元、多变，社会主流文化和各种亚文化相互激荡、碰撞、融合，对人的文化生成和发展产生巨大影响。通过思想政治教育文化引领功能，引导人们对现代多元文化进行正确的甄别、选择、吸收。张耀灿教授等指出："思想政治教育具有鲜明的目标指向和价值取向。它不是单纯地传授信息和思想观念的活动，而是要求教育者在'信息输入'时自觉按照社会主导的价值体系进行文化选择，过滤文化环境中与思想政治教育良性运行相抵触的文化要素，同时输入积极的文化要素，以保证文化环境与思想政治教育的一致性。"[1] 思想政治教育文化选择功能主要表现在两个方面：其一，肯定性的积极选择。思想政治教育要积极选择、接纳、吸收、借鉴人类一切优秀文化成果，做到"一切有利于加强我国社会主义文化建设的有益经验，一切有利于提高我国人民精神境界的文化成果，一切有利于发展我国社会主义文化事业和文化产业的管理方式，都要积极研究借鉴"[2]。通过思想政治教育文化建设和发展，不断改进人的文化结构，优化文化化人的人文环境，丰富、发展人的文化性。其二，否定性的批判选择。文化对人的影响既有积极的，又有消极的。思想政治教育对先进文化做出肯定性的积极选择的同时，对消极文化不能被动无为，而需要主动出击，积极应对，以防范和抵御各种腐朽落后的文化观念侵蚀人们的思想。文化的形成与发展总是伴随着文化各种构成要素中的积极的与消极的、先进的与落后的等要素的相互作用、相互影响。在比较中而存在，斗争中而发展。思想政治教育对腐朽、落后文化的批判和抵制同样是促进人类文化发展的重要途径。

强化思想政治教育文化建设，就是使人获得先进文化，肯定人的文化生存价值，满足人的文化需要。但在过去的很长时间里，思想政治教育却忽视了其文化性，淡化了人的文化性存在。忽视人的文化性存在和人的文化价值，即忽视人的价值观对人的存在意义的引导和启发，必然会导致思想政治教育成为目中无人的教育。肯定人的价值观对人的存在和发展的意义，就是

---

〔1〕 张耀灿，等.思想政治教育学前沿[M].北京：人民出版社，2006：446.

〔2〕 胡锦涛.始终坚持先进文化的前进方向 大力发展文化事业和文化产业[N].人民日报，2003－08－13(1).

肯定人的文化性存在。"纵观思想政治教育所面临的价值合理性的怀疑和质询,很大程度是由于思想政治教育忽视人的文化性,一度片面重工具价值轻个体价值、重政治服务轻精神导向,导致文化性弱于政治性。"[1]加强思想政治教育文化的建设,关心人的文化生存境遇,实现思想政治教育人文化、人性化的价值关怀和人文观照,有利于促进人的文化性和谐发展。

第三,思想政治教育人性化促进人的理性与非理性的和谐发展。人是理性动物,同时也是非理性动物。作为人的精神属性的理性和非理性双方既相互矛盾对立,又相互依存统一,共同构成人的精神生活的全部内容和活动方式。它们的存在、发展状况直接影响人性精神性的和谐状况。人性化思想政治教育是促进理性与非理性和谐的重要途径。

一是思想政治教育人性化促进人的理性和谐发展。现代性的发展,越来越体现出主流意识形态的理性化。人的工具理性和价值理性的作用及其相互关系在现代人的实践观念中日益成为不可回避的话题,并直接影响人的精神生活和价值选择。思想政治教育作为一项精神塑造活动,理应顺应现代性要求,在不断提高人的理性认知能力、发挥人的理性精神、促进人的理性和谐发展中发挥积极作用。

工具理性是人类为了实现其目的而理性地选择、采用的一切手段、方法,以便预测人们行为及后果是否合理的过程。马克斯·韦伯将数学形式等自然科学范畴所具有的量化与预测等理性计算的手段,用于检测生产力高度发展的西方资本主义社会人们自身行为及后果是否合理的过程,叫作"工具理性",它注重追求功用、利益、效率。工具理性无限扩张,取得绝对地位时,容易造成理性对人生意义与人的价值的忽视,从而使其凌驾于人的价值理性之上,压制人的价值理性。因此,承认人的工具理性的同时还要发展人的价值理性。"价值理性是人们自身本质的导向。人在特定的社会存在中,受其价值观指导,形成对人生价值的领悟,及对人生终极意义的追寻,由此产生头脑中的理想自我。"[2]价值理性体现了以人的需要、发展为出发点来调节人的行为的精神力量,促进人们对人的幸福、人的意义、人的社会责任等问题的思考,具有目的性、主体性、批判性等特征。但当价值理性无限扩大,走向极端时,会因缺少工具理性的支撑而失去现实基础,价值理性必须建立在社会存

---

[1] 周琪.思想政治教育文化问题研究的再思考[J].学校党建与思想教育,2007(8):27.
[2] 魏小兰.论价值理性与工具理性[J].江西行政学院学报,2004,6(2):63.

在与生产力发展的基础上。价值理性与工具理性互为存在的基础和条件,决定了双方必须和谐共生,这也是人精神和谐发展的必要条件。

思想政治教育必须充分肯定工具理性的地位与作用。当下部分人在追求人的自由、个性、价值、解放时,为了避免思想政治教育造成人的工具化,对思想政治教育工具理性进行纠偏,却走向了另外一个极端,无限夸大价值理性的地位和作用,否认工具理性的作用,忽视了对人的关于事物本质与规律认识的教育,同时倡导思想政治教育无意识形态化,弱化了思想政治教育功能。思想政治教育必须正确认识人的工具理性。通过思想政治教育对人的精神形态的塑造、控制而形成精神形态工具理性,以达到某种实践目的所运用的具有工具效应的中介手段、方法。充分肯定工具理性(技术理性)在推动人类社会发展、生产力进步中所发挥的积极影响和正面作用,加强工具理性对政治生活、经济生活、社会生活的影响力和控制力。

思想政治教育肯定人的工具理性的作用,必然蕴含了其工具理性的价值和作用。工具理性要求思想政治教育必须为统治阶级政治统治、经济利益服务,宣扬占统治地位的统治阶级的意识形态,促进社会的良性运行、有效管理和人的自由全面发展。思想政治教育是按照国家的主流意识和核心价值观而设计的对受教育者进行教化的技术,促进符合一定社会或阶级要求的思想品德的形成。在对人的教育培养的内容、目标、方法上,必须体现思想政治教育工具理性的有用性、功效性和利益性。如果忽视工具理性,必然削弱思想政治教育作为政治工作、经济工作"生命线"的地位与作用。诚然,在强调、重视思想政治教育工具理性时,绝不能将其导入极端化。众所周知,工具理性追求功效、有用和利益,采取价值中立立场。如果把人的理性推崇到"至高无上"的地位,片面追求工具理性,必然导致科技异化,把人当作工具、手段,而非目的。见物不见人,必然导致人性扭曲和社会畸变,或整个社会的病态发展。同样,思想政治教育工具理性的偏执和极端,会放大教育的政治性与阶级性,把人变成政治斗争的工具,忽视人存在的生活性、人文性,忽略理性对于人生意义、人性关爱的"价值理性"。因此,思想政治教育要强调工具理性,更要关注价值理性。

拥有理性的人可以自由地运用理性作出判断、选择,免于完全受制于外在的控制、误导、诱惑,自主地作出符合人的需要的价值选择、价值判断,彰显价值理性的作用。价值理性凸显的是人的主体性、目的性、批判性。在价值理性视野中,它强调人生活世界的人文性和意义性。这是我们实施思想政治教育人性化的必然选择。通过思想政治教育对人的价值理性的牵引,引导人们通过价值理性对价值问题的理性思考,对人生存意义的探索,对真善美的追求,对人性世界的关怀。正确认识自由、平等、博爱、人权、正义、理想对于人的生存和发展的价值和意义,让健全的人格尊严、独立的思考能力、自由的表达精神和批判的创新精神在正确的价值理性引领下不断成为人自我发展、自我超越的内在需要和外在动力,实现人的自我价值和生存意义。价值理性就其本质,是作为主体的人对自身价值和存在意义的自觉理解与反思。思想政治教育要通过价值观教育,不断地提高人们这种理解与反思的水平,克服思想政治教育工具理性所造成的对人的价值、意义的忽视。思想政治教育强调人的价值理性,同样蕴含了思想政治教育价值理性。思想政治教育价值理性就是要求思想政治教育活动必须尊重人格尊严,坚持人是目的的基本原则,促进人的意义性生成和自由全面发展。

当然,思想政治教育强调人的价值理性必须在坚持人的工具理性与价值理性相统一中进行,以防止将人的价值理性极端化。在改革开放、市场经济大潮中,人们竞相追逐效益、利益、价值,价值理性一度被无限放大,造成思想政治教育价值理性走向极端。把思想政治教育等同于"一般教育"或单纯的"人的教育",否定思想政治教育的阶级性、意识形态性。看不清思想政治教育促进人的发展,满足人的需要是通过提高人的思想道德素质、引领人的精神文化发展、满足人的政治需要来实现的。因此,思想政治教育必须坚持人的工具理性和人的价值理性的融合与统一。以工具理性为基础,以价值理性为引导,承认工具理性的价值与作用。科学技术是推动社会生产力向前发展的巨大力量,通过思想政治教育提高科技主体的思想道德素质,增强科技主体的社会责任感和历史使命感以及自我约束力,更好地实现工具理性和价值理性的和谐与统一。

二是思想政治教育人性化促进人的非理性和谐发展。理性在人的精神生活、社会实践和人的发展中,起着决定和主导作用。但人的非理性的欲望、情感、意志、信仰对人的认识和实践起着重要的调节和补充作用,影响人们的思维方式和行为方式。思想政治教育既要促进人的理性和谐发展,又要不断对人的非理性因素进行优化,促进非理性因素和谐发展。

思想政治教育人性化调控人的欲望。欲望、需要是人的生存和发展本能的心理反映,体现人类基本的原始动力和价值追求。"人的欲望是现实性和超越性、有限性和无限性、物质性和精神性的统一。"[1]人的欲望,既有高级的、正确的、进步的、合理的欲望,也有低级的、错误的、颓废的、不合理的欲望。进步的、合理的欲望在人的实践活动、价值追求中赋予人旺盛的精力、积极的热情和强大的动力。颓废的、不合理的欲望在人的现实生活中致使人为了欲望的满足而不择手段,屡屡突破道德底线,从而危及社会和他人的利益。思想政治教育必须发挥对人的欲望的优化、调节作用,充分肯定人的正确的、合理的欲望,摒弃过去那种通过扼杀人的欲望的方式来进行道德教化的行为,发挥欲望非理性因素在思想政治教育中的积极作用。同时,坚决遏止颓废的、错误的欲望。因此,必须加强思想政治教育对人的欲望的正确引导、调节作用,把人的欲望引导、调节到既符合社会现实又促进人的发展的轨道上来。

思想政治教育人性化调节人的情感。情感是人性的重要组成部分,是主体对客体是否符合自己需要而作出的感受和领悟,是人的认识活动、实践活动的催化剂和动力源。它总是渗透于人的精神活动和实践活动中,正因为如此,思想政治教育必须重视人的情感作用,加强对人的情感的调控。非理性的情感因素具有影响或决定人们精神、心理发展方向的能动作用,要尊重人的情感作用,培育积极、健康的情感;消除、转化、扼制人的消极、悲观的情感、情绪,控制人的非理性的情感冲动。这需要教育工作者在教育活动中坚持以情感人、以人为本,做到思想政治教育内容的组织、活动过程的开展到处渗透着教育者的情感因素,使教育者和受教育者形成情感认同、情感共鸣、情感交融、情感和谐。

思想政治教育激励人的意志。意志是最高层次的非理性因素,表现为开拓创新的进取心、坚持不懈的恒心、顽强拼搏的毅力、永不言弃的自制力。人们通过意志的目的性和自觉性对自我意识、自我情感进行调节和控制,对符合自身和社会发展需要的思想政治教育内容表现出高度的认同和践行的坚定意志。意志引导受教育者的思想认识、实践行动具有鲜明的目的性和正确的方向性。一个人的意志越坚强,他的自我调节、自我控制和自我监督的能力就越强,反之就越薄弱。意志在思想政治教育过程中所具有的导向、控制和保障作用,决定了思想政治教育优化非理性因素、肯定人的理智作用的必

---

[1] 沈大光.论人的非理性因素与思想政治教育[J].济南大学学报(社会科学版),2007,17(6):38.

要性。思想政治教育培育人坚忍不拔的意志,就是要求人们在践行社会主义核心价值观、提高思想品德水平、争取人的自由而全面发展的过程中,始终保持高昂的斗志、顽强的意志。顺境时不懈怠,逆境时不气馁。在人的一生成长、发展过程中,会受到主观因素和外部环境等多方面的干扰、阻挠和限制,甚至要忍受剧烈的痛苦和必要的牺牲。如果意志薄弱、情感脆弱,就有可能退让、气馁、放弃、失败。如果加强思想政治教育,培育人的思想品德意志,锤炼人的道德意志能力,在思想政治教育中激励受教育者运用意志对人的情感、情绪因素进行控制,使受教育者拥有积极的情感、高尚的品德和正确的目标,并保证人的实践活动能够坚定不移地朝着既定目标发展,保障个体行为自觉符合社会规范需求,争取更多社会支持,抵制那些妨碍目标和任务实现的各种因素的诱惑和干扰,人就能够不断地接近成功、走向成功,从而体现出思想政治教育激励人意志的作用和功效。

  思想政治教育培育人的信仰。信仰是人类特有的一种精神现象,是人的非理性组成要素。信仰直接影响主体的价值判断和价值选择,因为信仰是个体在"一种共同目标期待之基础上所共同分享或选择的价值理想或价值承诺"[1]。信仰具有高于一般知识的稳定性。人们某种信仰一旦形成,就不会轻易改变,然而这种稳定性不是绝对的,科学的信仰应该具有与时俱进的品格。而且,信仰有正确与错误、层次高与低、科学与盲目之分。科学、正确、高层次的信仰有利于人们进行正确的价值选择、价值实践,并激发人们为实现价值目标所需的持久的动力和坚强的意志;错误的、盲目的信仰会导致人们盲目相信、狂热崇拜而误入歧途。思想政治教育就是要人们认识到信仰在人的精神生活和社会实践活动中所具有的重大作用,认识到必须通过教育塑造和引导符合社会和人发展需要的科学的正确的高层次的信仰,使人们对共产主义信仰,中国特色社会主义共同理想,科学的价值观、人生观和道德观等从知晓与理解到认同与接受,然后内化升华为信念信仰,最后外化为人们自觉的行动指南和持久的精神动力。这种内化、外化过程表明:信仰既不是与生俱来,主观自生的,又不是一蹴而就,随意雕琢的。思想政治教育必须结合人的生存现实和生活需要,让人感到信仰对于人的社会生活和精神生活所带来的作用和价值。通过对信仰内容的人性化教育,让人们对某种理论观点真正知晓和理解,再在生活实践中加以体悟、感知,从而激发人们对这种理论、思

---

[1] 王玉樑.理想·信念·信仰与价值观[M].西安:陕西人民出版社,2001.361.

想观念的信仰需要，而不是外界强加的需要，自觉地认同和接受，最后指导人的实践。在这过程中，思想政治教育对信仰的形成和发展起着培育和激发的作用，而且可以提高人们对信仰的甄别、选择的能力。通过思想政治教育用马克思主义的世界观、人生观、价值观指导人们的思想行动，确立马克思主义信仰的主导地位和主导作用，克服因信仰危机或信仰迷茫给人的发展造成的消极影响。思想政治教育对激发人的信仰、构建社会主义核心价值体系，负有义不容辞的责任。

思想政治教育充分肯定并积极发挥人的理性主导作用和非理性的调控、补充作用，努力促使人的精神生活中的理性和非理性相互促进、相互补充、相互配合、和谐共生，促进人性和谐发展，最终为人的自由全面发展创造条件、奠定基础。

（三）思想政治教育人性化调适人的心理，促进人的心理和谐发展

在全面加强中国特色社会主义现代化建设，推进中华民族伟大复兴的征程中，塑造自尊自信、理性平和、积极向上的社会心态，给思想政治教育提出了新的时代课题。思想政治教育人性化要在调适人的心理、促进人的心理和谐上发挥自己的重要作用和功能。

心理和谐要求人的心境沉稳自然，心态理性乐观，心胸豁达包容，心情积极愉悦。随着社会转型、社会风险、社会竞争的加剧，人们在学习、工作、生活及交往中产生的心理问题日益突出。解决人的心理问题，促进人的心理和谐，在当今社会有着重大的现实意义。首先，心理和谐是人的全面发展的重要内容。心理和谐的人，就能以理性平和的心态去处理人际关系、社会关系，推进人的社会关系和谐发展；就能提高人的认知水平，激发人的情感，激励人的创新欲望，从而能提高人的思维能力、自我调控能力和处理问题的能力；就能优化人的综合素质，促进人与自身和谐发展。其次，心理和谐是社会和谐的重要内容。人的各种和谐关系的建立都是以心理和谐为基础的，只有心理和谐，才能迎接社会各种挑战，直面多元、多样的社会现象，辩证看待和正确处理改革和发展过程中的成就与问题，积极融入社会，与社会共命运；才能协调好各种利益间的矛盾与冲突，营造良好的人际关系、和谐的环境氛围；才能以良好的心理素质和适应能力自觉遵守社会的价值准则和行为规范，促进社会安定有序。再次，心理和谐是思想政治教育工作的重要目标。心理教育不只是基于心理问题、心理疾病、心理治疗的"应急""救火"，更是促进人的心理和谐健康发展。心理和谐有利于人的能力的培养与发挥，有利于思想政治教

育目标的实现,有利于心理构成要素的良性循环、协同发展。最后,心理和谐是思想政治教育有效性提高的重要基础。人的心理状况和思想行为是紧密关联的。心理是思想形成和稳定的基础,思想是心理发展的升华和调节中枢。心理和谐的人,他的认知、情感、信念、意志等心理构成要素往往会处于协调、统一、平衡、自然的状态,不断形成合力机制,使思想政治教育顺利开展,从而提高思想政治教育有效性。

人的心理和谐在人的全面发展、和谐社会的建设、思想政治教育工作目标的实现及其有效性的提高等方面,具有基础性的地位和作用。必须大力加强心理和谐教育,充分发挥思想政治教育人性化在促进人的心理和谐中的作用。

第一,加强思想政治教育人性化教育,促进心理和谐机制建设。一是加强人性化思想政治教育促进心理和谐的教育机制建设。人的思想和心理都是对客观现实的反映,都是在实践中形成和发展起来的。但思想一经形成便具有相对稳定性,而人的心理却表现出自发性、表象性、被动性、情绪性特征,很多时候需要通过思想教育加强指导、引导,通过理性逻辑进行规范、运思。人的心理现象发生、心理问题产生都有其诱发因素,如果能通过人性化思想政治教育加以引导,让人们正确认识到这些诱发因素,并不断克服不利因素,保持良好的心态、平稳的心境,就能不断地促进心理和谐。现代人,特别是青年以及大学生心理不和谐的诱发生因素很多,如:学习上造成的学习倦怠、学习焦虑等学习心理障碍;恋爱上出现的功利、私欲、试婚等恋爱心理障碍;消费中出现的攀比消费、畸形消费、刺激性消费、高消费和浪费性消费等不健康消费心理;就业中出现的不满心理、悲观心理、焦虑心理、从众心理、自负心理、自卑心理、攀比心理、依赖心理等就业心理问题。这些问题的存在是造成人的心理不和谐的主要因素,这种不和谐既有客观现实的原因,又有思想观念上的原因。对此,必须加强思想政治教育,引导人们树立正确的学习观、恋爱观、消费观、就业观。充分肯定和发挥思想政治教育对于心理和谐教育的中枢调节作用。坚持具体问题具体分析,针对不同的心理问题,结合个人的性格、气质、个性等人格心理倾向与心理特点,开展人性化思想政治教育。分析导致心理失谐的因素,寻找解决心理问题的途径。不断克服心理障碍,提高心理和谐的知识素养,用乐观、平和的心态面对问题,用理性、妥善的方式处理矛盾,在全社会营造一个崇尚和谐、共铸和谐社会的心理氛围。

二是加强人性化思想政治教育促进心理和谐的干预机制建设。现代社会,一些迷惘的人们奔走于生计,无暇顾及自己和他人的内心世界,导致存在的心理问题长期得不到疏通和化解。为此,思想政治教育人性化实践必须深入到人们的现实生活实际,在掌握大量材料的基础上,加强思想政治教育心理教育、心理疏导,建立健全心理危机干预、预警机制,做到及早发现、有效预防。建立个人心理疏导档案,把心理教育工作作为思想教育常态化工作,坚持不懈地做实、做细,通过专业课程、专题讲座、咨询辅导等形式开展行之有效心理健康教育,使心理困惑、心理障碍、心理疾病等心理问题在发生前就能得到有效的干预、控制、缓解、化解。建立教育者与受教育者心理沟通、交流工作机制,加强对教育对象各种心态的监测、评估和预警,及时发现心理问题信息,避免不良心态积累恶变。引导人们正确地调整心态、调控情绪、调适人际关系、调节利益关系,树立自信、自强、乐观、理性、友善的心态。加强教育对象的情感慰藉和心灵关怀,促进人的心理和谐发展。

第二,加强思想政治教育人性化研究,引领心理组成要素协调统一发展。人的心理包含了认知、情感、信念、意志、行动五个心理要素。心理和谐与否,很大程度上取决于心理组成要素是否处于协调统一状况。通过思想政治教育提高人们对社会规范、道德原则的理解和领悟,提高人们的认知能力、认知水平。思想政治教育把情感作为人的发展的重要领域之一,予以足够关注,发挥人的情感在人的心理活动中的熏陶感化、沟通共鸣作用。强调积极情感在促进心理和谐中的重要作用,克服消极情感在心理活动中的不利影响。思想政治教育培养人的信仰,给人以强烈的精神动力和稳定的心理素质,实现人的认知、情感和意志的统一。思想政治教育激励人的意志,使人表现出克服心理困惑和障碍的坚强毅力。思想政治教育调节人的心理,通过知、情、信、意等心理要素相互作用,最后转化为实际行动。人的心理要素知、情、信、意、行是相互联系、相互影响、相互制约、相互渗透和相互促进的。"知是情、信、意的基础,也是行的先导;情是知、信、意的催化剂,也是行的推动力;信是知、情、意的合金,也是行的内在动力和精神支柱;意是知、情、信的体现,也是行的杠杆;行是知、情、信、意辩证运动的外在表现和最终结果,又是强化和巩固知、情、信、意的基础。"[1]通过人性化思想政治教育对人的心理组成要素的调节、引导、发挥、激励,引领人的心理要素均衡发展和有效转化,从而使其处于平衡自然、协调统一的状态,实现心理和谐发展目标。

---

[1] 张耀灿,陈万柏.思想政治教育学原理[M].北京:高等教育出版社,2001:84.

第三,加强思想政治教育人性化实践,注重心理和谐的环境建设。人的心理状态不仅受到内部诸要素的影响,而且受到外部环境的制约。人们生存的政治、经济、文化、社会、生态等因素对人心理的发生、发展都会产生巨大影响。思想政治教育通过提高人们思想道德水平,优化环境,提高人民心理和谐水平。政治和谐是人们心理和谐的保证。要积极营造民主法治、公平正义的政治环境,公平正义是人们的心理和谐的着力点和支撑点。如果没有民主法治和公平正义,那么政治生活会失衡而混乱,权力会因失去约束而膨胀,导致人们的心理失衡。只有实行民主法治、公平正义,营造和谐的政治环境,人们才会心情舒畅,获得政治的参与权、表达权、监督权、知情权,进而促进人的政治心理和谐。经济和谐是人们心理和谐的基础。人的心理和谐与否直接受到人的需要、利益的影响。建设经济和谐环境,就是要做到经济制度体现公平正义,利益分配合理公正。如果整个社会贫富悬殊、收入差距严重扩大、资源分配不公,必将导致整个社会心理失衡。必须加强全社会的公平正义教育,解决分配不公问题。"初次分配和再分配都要处理好效率和公平的关系,再分配更加注重公平。"[1]做到利益关系基本协调、利益层次基本相容和利益分配基本适度。不断缩小贫富分化和收入差距,减小人们因收入分配差距悬殊造成的心理落差。"只有把收入分配限制在合理的差距的范围之内,不管社会成员身居何处,人们的心理感受才会趋于平衡。"[2]文化和谐是人们心理和谐的精神支撑。大力加强思想政治教育文化环境建设,弘扬民族的、科学的、大众的文化,坚持百花齐放、百家争鸣方针,坚持物质文明、政治文明、社会文明、生态文明和大众文化协调统一、和谐发展。丰富人民群众的文化生活,不断改善文化环境,满足人民群众日益增加的文化需要,提升人们精神生活质量,促进人们心理和谐。社会和谐是人们心理和谐的重要保障。思想政治教育按照"民主法治、公平正义、诚信友爱、充满活力、安定有序、人与自然和谐相处"的和谐社会建设要求,加强和谐社会思想教育。社会实现了公平正义,人们思想道德境界提高了,社会治安状况改善了,社会保障健全了,公共服务、公共管理水平提高了。人民幸福指数提高了,人们的心理自然安宁而和谐。

---

[1] 胡锦涛.高举中国特色社会主义伟大旗帜,为夺取全面建设小康社会新胜利而奋斗:在中国共产党第十七次全国代表大会上的报告[N].人民日报,2007-10-15(1).

[2] 李爱军.论政治心理和谐长效机制的构建[J].湖南医科大学学报(社会科学版),2008,10(4):14.

二、人的全面发展：思想政治教育人性化最终目的和价值旨归

马克思把人的发展过程概况为三个阶段：人的依附性关系阶段、以物质依赖性为基础的人的独立性阶段、建立在个人全面发展和他们共同的社会生产能力成为他们的社会财富这一基础上的自由个性阶段。人类发展经历了第一个发展阶段，正处于第二个发展阶段，坚持以人为本的思想政治教育人性化，促进人的发展，绝不仅仅是立足于人的现实发展，而且要着眼于人的长远发展、全面发展。一方面，思想政治教育人性化以人的自由全面发展为最终目的；另一方面，以人的自由全面发展引领思想政治教育科学发展的价值取向、价值实现。

（一）人的全面发展：思想政治教育人性化的最终目的

人的全面发展理论为思想政治教育人性化提供了科学理论根据，人的全面发展实践是思想政治教育人性化的最终目的。

1. 人的全面发展理论：思想政治教育人性化重要理论根据

思想政治教育理论规定了思想政治教育目标的确定、内容的组织、方向的选择、任务的制定和方法的运用。在思想政治教育的形成和发展过程中，马克思主义的关于阶级斗争学说、人的本质学说、无产阶级历史使命理论、群众观点和群众路线理论、政治与经济关系原理、社会存在与社会意识关系原理都成为思想政治教育学的直接理论依据。但在不同历史时期，受政治、经济、文化、社会、生态建设的目标和任务的不同的影响，思想政治教育所选择的理论依据有所倚重。传统思想政治教育受社会主义革命和社会主义建设初期的目标和任务的影响，强调人存在的政治性、阶级性和社会性。人的价值、人的生存、人的发展往往处于从属地位。

在物与人的关系上，强调物质对意识、社会存在对社会意识、自然规律或社会规律对人的目的的决定作用。在思想意识领域，强调唯物与唯心两条哲学路线的对立与斗争，在非此即彼的对立思维中划清界限，突出"物"对"人"的统治和决定作用。

在发展观上，肯定和强调物的发展，而忽视人的发展；把人纳入物的范畴，人以物化的形式得以表现和确证。"认为人的发展需要通过'物'的发展来体现，而人们生活水平的提高和生存环境的改善也就等同于人的发展，因而，社会进步程度也以经济发展水平来衡量。在这种情况下，'物'的发展取

代人的发展。"[1]物的发展处于主导地位,人变成了物的发展的条件和手段,只具有工具价值,思想政治教育培养的人必须以物的发展为目标,为物的发展服务,出现了"见物不见人的现象"。特别是在强调政治斗争和以阶级斗争为纲的年代里,把"人"的问题看作资产阶级专利,谈"人"色变,忽视了人的价值和人的发展。

在社会主义和资本主义的关系上,注重政治意识形态领域的对立和斗争,把社会主义和资本主义看作"有你无我""你死我活""水火不容"的两大对立阵营,坚持凡是敌人反对的我们就拥护,凡是敌人拥护的我们就反对的思想。在这种思想认识、思维方式的影响下,对于资本主义强调人的地位、作用、发展,关注人的民主、权利、自由,肯定人的需要、利益、价值,开发人的潜能、智慧、个性,我们总是采取谨慎的态度,或加以回避,或主动排斥。当然,对于资本主义腐败、没落的东西,必须要有清醒的认识,特别是防止西方资本主义对社会主义进行西化、分化的图谋。但是对于资本主义社会所创造的属于人类共同文明的成果,应当加以合理的甄别和吸收,而不应将其当作"姓资"予以一律排斥。在经济全球化、政治多极化、世界一体化日益深化发展的大潮中,世界范围内的思想意识日益交流、碰撞。思想政治教育应具有宽广的视界,吸收人类一切优秀文明成果,把人放在更加突出的地位上,以促进人的全面发展为历史使命。

在生产力和生产关系上,生产力是最革命、最活跃的因素,生产力决定生产关系,生产关系相对保守,生产关系对生产力有反作用。过去在对生产力的生产资料和劳动力的认识和处理上,强调生产资料的生产、再生产及发展。虽然看到人在生产资料生产、再生产及发展中的决定作用,但只关注人在物质生产中的工具价值,忽视人的自身生存、发展的意义和价值,人依赖于物而存在;只关注劳动力生产、再生产价值的多少,不关心劳动力创造价值时对自身发展状况和生存境遇的改变与完善。在对生产关系的认识和处理上,强调与资本主义社会的对立与斗争。生产资料所有制上,坚持与资本主义私有制对立的公有制;在经济体制上,坚持与资本主义市场经济体制对立的计划经济;在分配制度上,坚持与资本主义按资分配对立的按劳分配为主。片面地从生产关系的角度来理解社会主义,用"一大、二公、三纯"的方式来建设社会

---

[1] 韩庆祥,亢安毅.马克思开辟的道路:人的全面发展研究[M].北京:人民出版社,2005:11.

主义和教育人民。放大集体、社会、国家的地位和作用，忽视个人发展的作用、价值，个人的发展淹没在集体、社会发展中。思想政治教育所培养的人必须满足"一大、二公、三纯"的社会主义需要，个人发展需要、价值追求被排斥，被漠视。

随着我国的社会转型、市场经济的建立、世界一体化的发展、思想观念的解放、科学发展观的落实，原有的以"物"为中心的发展观就必然被以"人"为本的科学发展观取代，充分认识到人的全面发展是社会主义社会的本质要求。这充分体现了马克思主义关于人的全面发展理论的科学思想，奠定了现代思想政治教育的理论基石。

现代思想政治教育理论基础中，马克思主义关于人的全面发展理论具有重大的理论和现实意义。在全球化、现代化、人本化高歌猛进的当今社会，坚持把人的全面发展理论作为现代思想政治教育主要的理论依据，充分表现了思想政治教育工作者在认识人、把握人、对待人、教育人中所具有的高贵的人文气质、宽广的胸襟、恢宏的视界和长远的目标。不因政治、经济、文化、社会、生态文明建设发展过程中某项具体任务和目标的转移而把思想政治教育当作传声筒、附属物，尾随其后，应声附和，把人当作碎片化、工具化、功利化的人加以训导。只有这样，才不会将人的地位和价值降低到物的地位和价值；才不会将思想政治教育促进人的全面发展功能降低为一味屈从于经济、社会发展的功能；就不会以牺牲人的需要、个性、能力和社会关系的全面发展为代价换取经济、社会的局部的暂时的发展。马克思主义关于人的全面发展理论在思想政治教育基础理论体系中具有基础性、根本性的地位。马克思主义思想政治教育所培养的无产阶级的、具有社会主义和共产主义所需要的思想品德的人，一定是其能力、素质、个性、社会关系各个方面发展的人，以人类的解放、人的能力，特别是劳动能力的开发、人的全面发展为其崇高使命和最高目标。只有坚持把马克思主义关于人的全面发展理论作为现代思想政治教育的理论基础和指导思想，才能实现思想政治教育与人的全面发展的辩证统一：用人的全面发展思想理论引领现代思想政治教育的实践活动和价值追求，以现代思想政治教育为人的全面发展提供动力和精神支持。思想政治教育在不同历史时期和社会现实面前，始终应以人的全面发展为其根本目的，以人的全面发展理论为其理论依据、理论支撑。

2. 人的全面发展：思想政治教育人性化的最终目的

思想政治教育目的是思想政治教育活动中最根本的问题，它规定着思想政治教育的方向和内容,蕴含着思想政治教育的价值旨归。目的是人的目的,人都是有目的地生存着。目的范畴是人的主体性存在与发展的确证。恩格斯指出:"在社会历史领域内进行活动的,是具有意识的、经过思虑或凭激情行动的、追求某种目的的人。"[1]人们从事思想政治教育活动必然体现思想政治教育目的,追求思想政治教育活动的预期结果;但在对思想政治教育目的的认识和理解上,会受到社会历史发展条件的影响,随着历史发展变化而变化,同时,更会受到人们认识事物的思维方式的影响。

思想政治教育目的既有最终目的,又有具体目的。具体目的的制定应结合受教育者思想实际状况,体现人是目的的思想。由于每个受教育者的思想基础、政治觉悟、道德修养、教育程度、生存境遇、发展要求、个人需要等方面的不同,表现出了受教育者的个体差异性和层次性,思想政治教育目的的确立必须结合受教育者的具体状况,考虑受教育者的实际需求。这既是思想政治教育人性化的要求,又是思想政治教育人性化的体现。当然,思想政治教育目的更要服从于、服务于社会发展的需要和党和国家的奋斗目标。人类社会发展的不同历史时期,对人才的培养和要求有所不同,党和国家在不同历史阶段的具体奋斗目标也不同。这些都决定了思想政治教育要根据社会发展需要和不同阶段的具体奋斗目标来确定自己的目的。现阶段,中国共产党正领导全国人民进行中国特色社会主义建设,以中国特色社会主义为共同理想,努力把我国建设成为富强、民主、文明、和谐、美丽的社会主义现代化强国。因此,"为社会主义现代化建设服务,为人民服务"理应成为现代思想政治教育目的。只有结合具体对象、目标、任务,才能使思想政治教育目的真正落到实处,不至于因目的过于笼统和空洞而流于形式,才能提高思想政治教育的效果。

形成于特定社会历史发展时期的,服务于特定对象、目标和任务的思想政治教育具体目的具有多元性和历史性特点,但它们都必须服从于思想政治教育最终目的,思想政治教育最终目的具有一元性和根本性特点。它对不同历史时期的,针对不同对象、目标和任务而制定的思想政治教育具体目的具有统领、引导和规范的作用。缺少这种作用,思想政治教育目的就会变动不居,"必将与社会亦变亦趋、随波逐流,甚至与社会的消极面同流合污"[2];思

---

〔1〕 中共中央马克思恩格斯列宁斯大林著作编译局.马克思恩格斯选集:第四卷[M].北京:人民出版社,1995:247.

〔2〕 张耀灿,曹清燕.思想政治教育目的的人学思考[J].广西教育学院学报,2008(2):3.

想政治教育就会丧失自己独立存在的本体价值和意义价值,从而迷失方向,失去根基。因此,准确理解、恰当定位、科学制定思想政治教育最终目的,既是制定思想政治教育具体目的的依据,又是有效开展思想政治教育活动的前提条件,还是思想政治教育理论发展的必要保证。

那么思想政治教育最终目的是什么呢?人的自由全面发展是思想政治教育的最终目的。对这个问题的思考和认识是一个逐步深化和发展的过程,是人们在长期社会实践、生活实践中得出的结论。当人处于"人的依赖关系"的发展阶段,由于人对人的完全依赖和对自然的敬畏,思想道德教育追求的是人的基本生存、生活和对大自然的适应,人与物融为一体,谈不上人的发展。当人处于"以物质依赖性为基础的人的独立"阶段,人既表现出对"物"的依赖性,又表现出人的一定程度的独立性。特别是市场经济活动中,人的能动性、自主性、主体性不断提高。思想政治教育开始审视人的价值、人的意义。思想政治教育目的不仅追求人的生存,而且要追求人的发展,只不过这种发展在资本主义生产关系下表现为人的片面发展、畸形发展。由于资本主义生产资料私有制和劳动异化的存在,资产阶级以牺牲大多数人的发展换取自己优先发展的垄断权。但与前资本主义社会相比,人的发展状况有了很大进步。在人类发展第二阶段,生产力进步,市场化日益完善,现代化不断发展,人的主体意识、主体地位、主体能力、主体价值日益增强和提高。人们对未来理想社会满怀愿景,期望建立在个人全面发展和他们共同的社会生产能力成为他们的社会财富这一基础上的自由个性的发展阶段,即人的个性自由全面发展阶段。思想政治教育目的不仅要体现立足于当下的实然性,而且要体现展望未来的应然性,追求生命存在与发展的自由、个性、意义、价值,突出人的全面发展的需要。思想政治教育以人的自由全面发展作为自己的最终目的,既是历史发展的必然选择,又是未来发展的理想追求,既符合人的本性,体现人性的科学精神,又符合社会发展的需求,反映思想政治教育一元性的最终目的与多元性的具体目的的有机统一。

过去,由于生产力发展水平的限制和物性思维方式的影响,思考和认识人的全面发展问题上存在两种倾向。一种倾向是见物不见人,强调社会规律、自然规律对人的发展的决定作用。"把马克思主义仅仅解释为物质决定论或社会决定论以及阶级斗争学说,人的自由、平等和全面发展以及人的个性、价值问题被搁置一边。"[1]以社会发展代替人的发展,以社会需要代替人的需要,以物的尺度作为衡量社会发展的标准,人的发展以物化的形式表现在社会发展中。另一种倾向是抽象地谈论"人"。离开人的实际生存境遇和现实生活需要抽象地谈论人的存在与发展,把人看作可以脱离物质生活基础和现实生存条件的不食人间烟火的圣人,人丧失了发展的需要和人性的根基。空谈人的发展,奢谈人的自由。受这种认识倾向的影响,传统思想政治教育目的完全取决于社会革命、社会建设、社会需要,单纯以一定社会发展需要作为思想政治教育活动的出发点和归宿,作为确定思想政治教育内容的根本依据,甚至作为思想政治教育的最终目的,形成了社会本位的思想政治教育目的观。在这种目的观的指导下,有其局限：一是容易模糊思想政治教育最终目的和具体目的的界限。社会需要、社会稳定、社会发展在任何时候都是思想政治教育的一个重要目的,坚持这种目的观,在任何时候都不会犯错,即使犯错也是不用任何个人承担责任的集体犯错。正是基于这一点,人们很容易把社会需要看作思想政治教育的最终目的,看不到社会发展与个人发展的辩证统一关系,个人需要、个人价值被忽视。二是容易混淆思想政治教育工具价值和目的价值的关系。不可否认,思想政治教育维护统治阶级的统治和利益,维持社会稳定与治理,维系社会生存与运转,促进社会整合与和谐,提升人的境界与素质,具有工具性价值,把人作为客体,作为物,或作为手段,为实现社会本位的思想政治教育目的服务。但进一步追问,这种工具性价值实现后的最终目的和意义是什么,即思想政治教育的最终目的是什么。如果思想政治教育失去其目的价值,遮蔽了人,把人看作他人、社会和自然的奴仆,那么思想政治教育最终会丧失其存在的意义。思想政治教育最终目的只能是为了人,实现人的自由而全面的发展,其依据表现为：

一是思想政治教育以人的全面发展为目的,是人类历史发展的必然要求。人类历史发展的早期,生产力落后,人依附人,或依赖于物,强调群体力量和社会的作用,思想政治教育倡导人对自然的适应和对社会的顺应,人的主体性处于泯灭、蒙昧或被遮蔽状态,人的发展依附于自然发展和社会发展。随着生产力快速发展和科技巨大进步,以物的发展、经济的增长作为衡量发展的标志,正越来越被以人的发展为标志代替。社会发展、经济增长不是最

―――――――
[1] 韩庆祥,亢安毅.马克思开辟的道路：人的全面发展研究[M].北京：人民出版社,2005：4.

终目的,最终目的是人的自由全面发展,人们征服自然、改造自然、创造社会财富也是为了人的发展。如果因为单纯追求经济增长指标而破坏生态导致大自然对人类的报复,最终危及人的生存和发展,那么这样的社会生产发展、经济增长不是人的发展所需要的。正是在这个意义上,我们说社会发展、经济增长必须以人的现实生存和长远发展为前提,人类社会发展的最终目的是人的自由全面发展,这决定了思想政治教育的最终目的是人的全面发展。

二是思想政治教育以人的全面发展为目的,为思想政治教育提供正确方向和强大动力。在人类社会的不同发展阶段,思想政治教育具体目的有所不同,都有其合理性、正当性、必要性,但随着社会发展、时间推移,又会暴露出其局限性、过度性、特殊性。这就需要有一个最终目的为每一个具体目的指明前进方向,引领人们做出符合历史发展方向的价值取向和理想追求,体现思想政治教育目的的超越性、批判性和理想性,使每一个具体目的都是为实现最终目的创造条件而存在,不使思想政治教育在社会的随波逐流中受到牵制和破坏。坚持以人的全面发展为目的,可以为教育活动提供强大动力,促进人的自由而全面发展,满足人的需要,开发人的潜能,尊重人的个性,极大地激发人的热情和勇气,调动人的积极性和创造性,使人民群众真心实意接受传授的基本理论,从而使思想政治教育理论转化为认识世界和改造世界的强大动力。

三是思想政治教育以人的全面发展为最终目的,是思想政治教育人性化的最终要求。思想政治教育人性化以人的生存为其根本依据,立足于人的现实生存境遇,关注人的生活,以问题意识为切入点,不断解决人的生存与发展问题,满足人的基本需要,维护人的尊严,尊重人的个性,提高人的素质,营造人类精神家园。思想政治教育人性化立足于当下的现实,但绝不满足于现实,而是在现实基础上不断超越,不断推进社会一步步向更高的阶段前进,最终实现人的自由全面发展,这才是思想政治教育人性化的本质所在。以人的自由全面发展作为思想政治教育最终目的正好契合了思想政治教育人性化的要求。思想政治教育目的是最终目的和具体目的的统一、绝对性与相对性的统一、理想性与现实性的统一。它既不可以是脱离现实的空想,也不可以沦为抱有其他目的的人去任意宰割的工具,而是始终将"人是目的"作为着眼点、着力点,造就自由和创造性的独立人格,促进人的社会关系全面发展,保障人对自己全面本质的占有,彰显生命的意义和人性的光辉,体现人性化思想政治教育的真正价值。

（二）人的全面发展：思想政治教育人性化的价值旨归

思想政治教育人性化应当以马克思主义人学理论为指导，彰显思想政治教育人性化在实现人的全面发展中的引领与协调、解放与开发、激励与塑造、尊重与理解所具有的价值。

1. 引领与协调的价值

人的全面发展离不开物质生活发展和精神生活发展，也离不开政治生活、文化生活、社会生活以及生态环境的发展。人们追求物质生活总是趋向于无限的欲求与奢望，渴望物质和财富的积累，不择手段疯狂追逐财富，导致尔虞我诈，道德沦丧，贫富分化，生态破坏，精神失落，使本来作为人生存和发展的基础和条件的财富异化为统治人的力量、阻碍人发展的工具，失去了财富背后的生命价值和人性意义。造成这种现象一个主要原因是人们没有形成正确的财富观、价值观，这就需要发挥人性化思想政治教育的引领与协调作用。物质生活发展是人的生存和发展的基础和条件，人性化思想政治教育承认和肯定人的正当的合理的物质需要与满足，但如果这种需要与满足发展成过度膨胀的物质欲望和财富攫取，以牺牲大部分人的发展为代价，以换取少数人的发展，导致人性的失落和泯灭，就是走向了思想政治教育人性化的对立和反面。思想政治教育人性化需要引领人们树立正确的物质财富观，坚持反对将物质金钱作为衡量人的发展、人的价值的主要尺度和标准，反对以资源浪费、环境污染、生态破坏、牺牲他人为代价换取奢华的物质享受和物质生活发展，反对物质生活发展与精神生活发展的分离与失衡。

思想政治教育人性化引领人的精神生活发展，就是要促进人的物质生活发展和精神生活发展的协调统一，充分认识精神生活发展对于人的全面发展的价值和意义。在社会转型和市场经济发展的过程中，出现了与人的发展不相符的精神生活问题。精神生活的物化：一些人对金钱财富的贪婪和膜拜，对物的无度追逐成为人的活动的根本目的，人与物的关系被彻底颠倒，"伴随人的物欲无限膨胀的同时是人的精神生活的贬值和俗化，人的东西隶属于他的动物性的东西，精神让位于物欲，物成为精神的主宰"[1]，造成人的精神生活的物化。精神生活的污染：改革开放、思想解放、观念变革带来一些负面的影响。不少文化作品在追求效益、吸引眼球时，夹杂淫秽、色情等不健康思想，各种娱乐场所影像厅、游戏厅、歌舞厅、桑拿浴场披着文化外衣，暗地里涌

---

[1] 姜国峰.当代人精神生活的物化问题及其扬弃[D].长春：东北师范大学，2009：11.

动着股股浊流。大众文化、快餐文化形式简单,内容浮浅粗俗。西方各种腐朽落后思想观念、意识形态不断输入渗透。各种社会思潮、政治思潮不断涌入,社会上以权谋私、卖官鬻爵、权钱交易、贪污受贿时有发生,消费主义煽动民众无节制的消费欲望。所有这些都在侵蚀人的精神灵魂,腐蚀人的精神生活,造成人的精神生活污染。精神生活的失落:当今社会一些人在追逐奢华的物质财富、物质享受时,不要良心和道德的约束,在追求民主时,不要法制的约束,在追求自由时,不要纪律的约束,结果反而失去了人的自由、价值、尊严,在他们的欲望得到满足的时候,却发出了"我是谁""我要到哪里去""我要做什么,我能做什么"的呐喊。人们在满足感官刺激之后,却失去了精神世界。在物化和异化中出现了精神危机、精神空虚,政治信仰迷茫,理想信念模糊,价值观念扭曲,诚信意识淡薄,社会责任感缺乏,艰苦奋斗精神淡化,团结协作观念较差,心理素质欠佳,最终导致精神生活的失落。

精神生活的发展是人的发展的灵魂,是人的全面发展的一个重要方面。思想政治教育人性化需要引领人的精神生活,适应新时代发展的要求、现代社会的开拓精神与创新精神、转型社会的挑战精神与进取精神、风险社会的冒险精神与担当精神、和谐社会的人本精神和献身精神,表明现代人的精神生活日益厚重与丰满。思想政治教育须具有强烈的问题意识、高尚的问题情怀,以人的精神生活的物化、精神生活的污染、精神生活的失落等问题为切入点,把颠倒的人与物的关系给颠倒回来,把人的精神生活从单纯的财富追逐、物欲满足、利己思想中解放出来,激发人的精神生活动力,提升人的精神生活质量,满足人的多样化精神追求,充实人的精神生活内容,防范人的精神生活空虚、精神生活危机和精神生活污染,用中国特色的社会主义精神文明引领人的精神生活建设和发展,促进人的精神生活和谐健康发展。

思想政治教育引领、协调人的关系和谐发展。前资本主义,人们以地缘、血缘关系为纽带,人的生存和发展隶属于原始社会的氏族共同体或奴隶社会、封建社会的不同等级的阶级集团。人与人之间的关系处于统治与被统治、奴役与被奴役、占有与被占有的关系阶段。"无论个人还是社会,都不能想象会有自由而充分的发展,因为这样的发展是同个人和社会之间的原始关系相矛盾的。"[1]随着生产力的发展和资产阶级统治地位的确立,"资产阶级

---

[1] 中共中央马克思恩格斯列宁斯大林著作编译局.马克思恩格斯全集:第三卷[M].北京:人民出版社,1972:485.

在它已经取得了统治的地方把一切封建的、宗法的和田园诗般的关系都破坏了。"[1]资本主义使人获得更为全面丰富的关系性存在。每个人直接或间接地同整个世界的生产发生实际联系,打破人际交往关系中的职业局限、血缘局限、地域局限、民族局限和信仰局限。但资本主义社会"把人的社会关系转化为物的社会关系,人的能力转化为物的能力"[2],"使人与人之间除了赤裸裸的利益关系,除了冷酷无情的'现金交易',就再也没有任何别的联系了"[3]。在人与自然关系上,人们为了财富的积累、经济的增长,对自然资源进行疯狂的开发、掠夺、破坏。人类作用于自然,结果是大自然回馈人类巨大的反作用力,资源枯竭、生态失衡、环境恶劣,人与自然关系恶化,严重阻碍人的发展。资源稀缺、利益差别又造成人们经济活动、社会交往的冲突、争斗不断加剧,影响了人的社会关系的和谐发展。

人的各种关系性存在、发展状况如何,越来越直接或间接地对人的发展产生巨大影响。人的社会关系的丰富发展是人的自由全面发展的一个重要内容。如何实现人的关系的全面、丰富、和谐发展,已成为人思考的重大议题。除了各种规则、制度促使人们共同遵守行为规范和行为准则以实现人的关系良性发展外,思想政治教育也是实现人的关系发展的有效途径和重要形式。坚持思想政治教育以人的自由全面发展为最终目的,要正确处理好人与物的关系。通过思想政治教育对人的利益进行调整,正确处理好个人利益和社会利益、个人需要和社会需要的关系以及各阶层、各团体之间的利益关系;通过思想政治教育提升人的精神面貌和综合素质,丰富、融洽人的政治关系、经济关系、社会关系、文化关系等各方面的关系,实现人们对他们社会关系的全面占有和共同控制,在全面而丰富的社会关系中,提高人的发展水平和发展程度;通过生态文明建设,形成合理消费的社会风尚,营造保护生态环境的良好风气,让人们充分认识到环境问题已将每个人的命运与全人类的命运紧密地联系在一起。这必然要求人们树立尊重自然、顺应自然、保护自然的生态文明观念和人类命运共同体意识。通过思想政治教育对人与自然关系的协调,实

---

[1] 中共中央马克思恩格斯列宁斯大林著作编译局.马克思恩格斯选集:第一卷[M].2版.北京:人民出版社,1995:274.

[2] 中共中央马克思恩格斯列宁斯大林著作编译局.马克思恩格斯全集:第四十六卷[M].北京:人民出版社,1979:104.

[3] 中共中央马克思恩格斯列宁斯大林著作编译局.马克思恩格斯全集:第一卷[M].2版.北京:人民出版社,1995:275.

现人与自然的和谐发展,为人的全面发展创造良好的生活环境、自然环境。

2. 解放与开发的价值

思想政治教育人性化的重要使命和价值理想就是要解放和开发人的社会关系、人的能力、人的个性,促进人的全面发展,克服人的畸形化、片面化发展。

解放和开发人的社会关系。马克思注重将人从异己对立的社会关系给人造成的限制和束缚中解放出来。"任何解放都是使人的世界和人的关系回归自身。"[1]思想政治教育人性化克服以物的发展衡量人的发展,颠倒人与物关系的错误倾向,把人从狭隘的物的依赖关系中解放出来。思想政治教育是人的一种实践活动、一种精神性实践活动,而且是主体间性中平等的活动,每个人可以平等地同其他个人,进而同其他不同地区、民族、国家的精神生产进行普遍的交流,形成广泛的社会交往,解放、开发出人全面和丰富的社会关系,克服以往社会关系的局限性和狭隘性。而且思想政治教育通过提高人的思想觉悟、陶冶人的道德情操,促使人们形成趋同的思想观念、价值理想,增强人类命运共同体意识,造就良好的人际关系和融洽的社会关系,克服社会关系的对抗性、矛盾性,以实现马克思强调的联合起来的个人共同占有、控制和支配他们的社会关系。

解放和开发人的能力。人的全面发展需要人的能力充分发挥与发展,而教育是解放、开发人的能力的一个重要途径。一是教育,包括思想政治教育使人获得知识、素质。只有学习和掌握人类长期实践中积累起来的知识,才能提高人们运用知识的能力,才能为人们进一步创新知识提供基础,才能培养、开发人的高素质的专门劳动能力。"要改变一般的人的本性,使他获得一定劳动部门的技能与技巧,成为发达的和专门的劳动力,就要有一定的教育和训练。"[2]虽然知识不能等于能力,但没有知识的学习和积累,很难谈得上能力的开发与培养。没有素质的提高,很难谈得上有能力的正确运用与发挥。二是思想政治教育人性化可以使人获得多方面的活动能力和劳动技能。因为它强调实践活动对于教育的作用和价值,强调人的活动性、关系性存在,倡导教育同生产劳动相结合,同工农群众相结合。人们在生产实践、科学实验和变革社会关系实践中接受教育,锻炼能力,开发智慧,提高活动能力、交

---

[1] 中共中央马克思恩格斯列宁斯大林著作编译局. 马克思恩格斯全集:第三卷[M]. 北京:人民出版社,2002:189.

[2] 中共中央马克思恩格斯列宁斯大林著作编译局. 马克思恩格斯全集:第二十三卷[M]. 北京:人民出版社,1972:195.

往能力和劳动技能。"教育将使年轻人能够很快熟悉整个生产系统,将使他们能够根据社会需要或者他们自己的爱好,轮流从一个生产部门转到另一个生产部门。因此,教育将使他们摆脱现代这种分工给每个人造成的片面性。"[1]这使人的思辨能力、活动能力、创新能力等多方面能力得到发展。

解放和开发人的个性。人的个性发展是人的本质力量发展的集中体现,也是人的全面发展的本质特征和根本内涵。马克思的自由个性主要体现在自律性、自由性、自主性和创造性等方面。韩庆祥教授等认为,从内容上看,个性主要包括:"一是个人倾向特征。包括人的需要、动机、兴趣、理想、信仰和价值观等。二是个人心理特征。包括气质、性格和能力等。三是个人的社会人格特征。它主要指个人的道德风貌、习惯、社会形象、社会角色和其他精神状态,反映了个体的社会认可和评价水平,是不同个人之间互相区别的重要标志。"[2]充分肯定人的个性自由发展在人的全面发展中的地位和意义,这对思想政治教育提出了更高的要求,给新时期思想政治教育带来了机遇,同时又给传统思想政治教育带来了挑战。

长期以来,传统思想政治教育在人的个性解放、开发和培养上存在一定局限,主要表现为:过于强调人的社会价值,忽视人的个体价值;过于看重学习成绩,轻视人的实践能力的培养;过于强调思想政治教育社会服务的工具价值,忽视思想政治教育人的个性发展的目的价值;过于强调教育对象对社会的依赖性、服从性,忽视教育对象的独立性、创造性;过于重视知识的学习与积累,轻视人格的塑造与完善。这种思想政治教育培养模式导致了人缺乏主见、能动,盲目随从、跟风,思想政治教育人性化就是要改变这种传统教育模式,解放、开发人的个性,实现人的个性自由发展。

第一,肯定人的个性化发展需要。人的需要能充分体现个性倾向性特征,能激发人的热情、活力、潜能,不同的人有不同的需要内容,体现了需要的层次性、差异性。思想政治教育人性化就是要尊重人的丰富多样的个性化需求,从人的需要出发,把人从片面的社会性需要、统一性需要、整体性需要中解放出来,更要把人从单纯追逐享乐主义、个人主义、拜金主义的物质需要中拯救出来,通过实践教育,创造个性,生成个性,发展个性。通过个性化教育,

---

[1] 中共中央马克思恩格斯列宁斯大林著作编译局.马克思恩格斯选集:第一卷[M].2版.北京:人民出版社,1995:243.
[2] 韩庆祥,亢安毅.马克思开辟的道路:人的全面发展研究[M].北京:人民出版社,2005:145.

提高人主宰自我命运和实现自我解放的能力,让人们在个性教育中找到个性发展、才能发挥的独特领域,找到自信、自尊,并在对需要的追求与满足中发挥才智、开发潜能。因此,要推动个性化发展,而不是磨灭个性,让人丧失展现个性的创新意识和创新能力,跟随社会和他人,碌碌无为,长恨不已。

第二,尊重人的个性化价值选择。每个人的价值选择、价值观念、价值理想都体现了人的个性特征。当今社会,思想大活跃,观念大碰撞,文化大繁荣,价值观念日益多元化,这驱使人们积极思考、甄别、批判、选择,作出有利于个性化发展的价值选择,以实现自己的人生价值、人生目标。思想政治教育要建立在人性基础上,肯定人这种个性化的价值选择,以利于人在适合个性发展的道路上创造价值。2012年中共十八大江苏最年轻的代表石磊20岁时从清华大学毕业。在出国深造、进名企、考公务员等众多选择面前,他选择了一条令身边所有人都吃惊的发展道路,去农村,做一名大学生村官。他说:"我毕业时,所在的宿舍一共8位同学,3位出国深造,2位去了中科院读研,另2位到外企和国企,只有我是'非主流'。其实当时的想法特别简单,追求理想比物质待遇更重要,到农村当'村官'很有意义,我就报名了。"[1]石磊这种所谓"非主流"的价值选择,体现了他不畏艰苦、乐于奉献的就业价值观和自主的价值选择,即在农村、在艰苦的环境中充分发挥自己的专业特长、聪明才智,锻炼自己的工作能力,实现自己的人生理想和人生价值。

第三,解放、开发人的主体性地位。主体性是指人作为活动主体在对客体的作用过程中表现出来的自觉能动性、创造性和自主性。人的个性自由,从本质上体现了人在实践活动中的主体性地位。主体的自主性是人能发挥主观能动性和创造性的前提条件。如果人对自己做不了主,失去独立性、自主性,处于完全依赖、服从的关系中,就根本谈不上人的个性自由发展和人的全面发展。当今社会,市场经济日益完善,网络社会飞速发展,为人的主体性提升、主体意识增强提供了强大的物质经济基础和网络技术支撑。现代思想政治教育必须顺应人的主体性发展要求,尊重受教育者个性的独立性、差异性、自主性的存在,克服思想政治教育中过于强调教育者的主体地位、主导作用,忽视受教育者的主体地位,强调受教育者对教育者的绝对服从、顺从、听从,从而导致受教育者失去独立、自由、自控、自决的权利等弊端,建立"主体—主体"平等交往、双向互动的主体性思想政治教育模式。在双向互动的

---

〔1〕 孙昌銮.石磊:我向总书记汇报大学生村官工作[N].北京青年报,2012-11-10(2).

教育活动中,激发受教育者理论思维的批判意识、反思意识、问题意识。培育创新精神,提高受教育者主体地位,使思想政治教育过程转化为自我教育过程,即自主认知、自主体验、自主抉择、自主践行,培养一种融自由性、自律性、创造性、自主性于一体的道德人格。在思想政治教育中,提高受教育者思想道德素质、科学文化素质,增强其自信、自强、自律意识,提高其社会参与能力和社会实践能力,也就必然提高了人的主体性存在水平。主体性思想政治教育就是要唤醒人的主体意识,开发人的主体能力,承认人的主体价值,尊重人的主体地位,促进人的主体性生成和自由个性发展,实现思想政治教育人性化提高人的主体性价值的目的。

当然,解放和开发人的价值,尊重人的个性化发展需要、人的个性化价值选择、人的主体性地位,最终目的是实现人的自由全面发展。但不能一味无原则强调人的个性自由、无限放大和夸大人的主体地位与作用、放弃马克思主义一元化指导思想而导致思想政治教育和思想道德发展上的个人中心主义、个性自由主义,使得人的发展与中国特色社会主义发展方向背道而驰;否则,那就完全违背了思想政治教育人性化初衷,严重损害了思想政治教育。因此,必须正确处理好人的主体性发展与社会发展、人的全面发展的关系,清醒认识到人的个性解放、开放与培养的目的是实现人的全面发展。

3. 激励与塑造的价值

激励,就是激发、鼓励。通过对物质、精神、情感、心理等方面的需要的满足与肯定,激发受教育者产生奋发向上的积极行为动机,充分调动人们的积极性、主动性和创造性。物质需要是人的生存发展的第一需要。邓小平同志指出:"如果只讲牺牲精神,不讲物质利益,那就是唯心论。"[1]离开物质利益的满足、物质生活的发展来谈人的全面发展,无论设计得多么美妙、华丽、绚烂,也只能是空中楼阁,虚无的发展。因此,思想政治教育必须坚持物质利益原则,满足人性的基本物质性需要,通过物质激励,激发广大人民群众中国特色社会主义建设热情。当下社会,人们的住房、教育、医疗、养老等生活成本不断攀升,相对贫困人口还将存在,如果对这些基本问题熟视无睹,再动听的理论说教也难以奏效。

人是精神性的存在,有精神追求和精神生活发展的需要。离开人的精神生活的发展,片面地谈人的物质生活发展,必然导致人的物化和精神异化。

---

[1] 邓小平. 邓小平文选:第二卷[M]. 北京:人民出版社,1994:146.

人的美好精神生活并不一定完全依赖于物质生活。在物质生活极度匮乏的年代,仍然不影响人们精神的高尚和精神生活的丰富。随着生产力巨大发展,物质生活水平极大提高,人的精神境界、思想认识、道德水平理应随之发展,精神生活需要的程度更加强烈,精神生活需要的层次更加多样,但现实生活并非完全如此。物质生活的发展并不代表精神生活的提高。思想政治教育必须满足人的精神生活需要,坚持物质激励和精神激励相结合,并以精神激励为主的原则。通过表扬、给予荣誉等手段激发人们积极性。开展各种文化活动,塑造高尚人格,满足人民日益增长的精神文化需求。"以科学的理论武装人,以正确的舆论引导人,以高尚的精神塑造人,以优秀的作品鼓舞人,不断提高全民族的思想道德素质和科学文化素质,努力培养造就有理想、有道德、有文化、有纪律的社会主义公民。"[1]

人除了物质需要、精神需要,还有情感需要、心理需要。情感需要是人的最基本的心理需要。它直接影响人的精神生活的质量和对生活意义的理解。因此,思想政治教育重视物质激励、精神激励的同时,还应关注对人的情感激励。人的情感既需要思想政治教育对其予以尊重和理解,又需要通过思想政治教育对其加以改造、优化。思想政治教育情感激励作用就是尊重他人,尊重自我,以情感激励情感,以人格培育人格。教育者与受教育者平等沟通,心交心,心贴心,了解受教育者情感问题、心理问题发生的原因,并不断解决问题。要给人的情绪、情感发展提供通道,而不是压抑、扼杀人的情绪、情感。在情感教育中达到对受教育者春风化雨般的感化和熏陶作用,做到"以情感人""情通理达"。为什么同样的理论教育、思想工作,有的人做得入情入理、入耳入脑,为人接受,有的人做得生硬教条,空洞乏味,不为人所接受,甚至造成人们逆反心理。这除了个人的人格魅力和真理力量外,一个重要原因,恐怕就是教育者是否深入受教育者的生活实际和思想实际中去,是否考虑到受教育者的切身感受、情感需要,是否做到情真意切、以情感人、情理交融。人的情感健康发展是人的全面发展的一个重要方面。思想政治教育人性化要发挥情感激励、情感教育在人的全面发展过程中的巨大作用,培育出情感丰富、情感健康的人,同时对消极情感、悲观情绪进行正面的引导、激励。对于怀有消极、悲观情绪的人,更要善于和他们做朋友、做知心人,进行情感沟通,共同探讨,达成共识,进而培育其乐观精神,塑造其美好心灵和高尚人格。

---

〔1〕 江泽民.江泽民文选:第三卷[M].北京:人民出版社,:2006:85.

人的物质需要、精神需要、情感需要、心理需要是不可分割的综合统一体。但对具体人而言,需要的重点不同,需要的内容也有层次之别,这决定了激励内容的重点、层次的不同。物质生活贫乏的人,可能看重物质激励,当然这并不等于他们缺少对精神的追求。富有的人,注重的是精神激励。物质激励对于贫困者是"雪中送炭",而对于富有者顶多是"锦上添花"。遭受情感困惑、情感挫折、情感打击的人,更多需要的是情感激励、情感疏导。因此,思想政治教育人性化要结合每个人的需要实际、情感状况、发展实际,综合运用物质激励、精神激励、情感激励等手段,突出激励的重点和层次,体现以人为本的思想政治教育激励机制,满足人们对幸福生活的追求和促使自我价值最大程度的实现。

4. 尊重与理解的价值[1]

21世纪是关注人的主体地位、弘扬人的主体性的世纪,是强调创造、创新、创业的世纪,是促进人的全面发展的世纪。在人的实践、人的发展过程中,个性的张扬、主体性的发挥、能力特别是创新能力的施展,往往都会体现出独特之处,即敢于在颠覆常规和推陈出新的创意中,凸显自己的鲜明个性,但常常难以获得人们的理解和尊重。然而,事实上,往往正是人的这种个性化品质,激发人的个性潜能、创造力,推动人类发展和社会进步。思想政治教育要培养中国特色社会主义的建设者和接班人,就应该肯定人的个性在人的发展和社会进步中的作用,充分尊重人、理解人。

第一,尊重和理解人的个性在人的发展中的潜能的价值。潜能通常是指个体身体、智能、心理等素质存在的发展的可能性。不同的个体,在不同的发展阶段上,其潜能的优势不同,体现了个体潜能的丰富性、差异性和独特性等特征。潜能往往隐藏在鲜明而独特的个性里面。潜能的开发与个性的张扬和发展是密不可分的。教育者的任务就在于尊重和"培养一个人的个性并为他进入现实世界开辟道路"[2]。思想政治教育人性化需要尊重个性、研究个性、发展个性,尊重人的个性中的潜能价值,尊重人的兴趣、爱好,尊重个性的差异和独到之处,尊重与理解人们根据自己的意愿、潜力和天赋所作出的自主发展的选择。人的潜能表现出不同方面的优势和价值。有的表现出"帅才"之能;有的表现出"干将"之能;有的表现出艺术家、画家的天资;有的表现

---

[1] 宇业力.就业思想政治教育价值论略[J].教育与教学研究,2018,32(12):28-29.
[2] 俞啸云.为了开发青少年的个性潜能:国外个性教育综述[J].当代青年研究,1992(6):21.

出企业家、创业家的潜质。恰恰是因为他们的个性以及蕴含其中的潜能,他们各有特长,各自作出自主发展选择。思想政治教育人性化就是要在尊重和理解的基础上,将人的潜能牵引出来、将人的个性解放出来,为人的发展开辟道路。顾明远教授等认为:"人的全面发展不是平均发展,只有个性的充分发展才能达到全面发展。"[1]如果因为传统思想政治教育过于强调统一的教育内容、单一的灌输教育方法、高度的思想禁锢而限制人的独立思考,扼杀人的个性和潜能,不仅不利于人的发展,而且严重地阻碍了人的发展。

第二,尊重和理解人的主体性在人的发展中的创新的价值。人的生存和发展一刻也不能离开人的实践。人的实践,不是像大自然那样年复一年,日复一日,跟随前人后面的简单复制和重复,而是需要不断地创造和创新。唯有如此,才有人的发展和社会的进步,才能展现人的主体性。德国哲学家卡西尔特别注重人的实践活动的创造性和人在创造文化中的存在。他认为:"人的本质是永远处在制作之中的……真正的人性无非就是人的无限的创造性活动。"[2]正因为人的创造性活动,人才获得主体性地位,创造性是人的主体性的最高表现。也正因为人的主体性地位的获得,才有创新的动力和前提。思想政治教育要培养创新人才,必须尊重人的主体地位、主体意识。如果没有人的主体地位,人会失去独立性和参与性;如果人没有主体意识,就不能意识到自己的主体能力、主体价值,不敢有自己的奇思妙想,人的能动性、创新性和超越性就会被抑制、扼杀。思想政治教育必须尊重每个人的独立性和自主性,尊重人的主体意识的发挥和主体性地位的发展。

思想政治教育必须尊重人的创新意识和问题意识。创新往往表现出有与众不同的灵感和幻想,反思和批判传统,挑战权威和现实,敢于标新立异、"离经叛道",敢为天下先等特征,然而这些一般不为众人所尊重和理解。思想政治教育培养创新人才,必须尊重人的创新精神和创新意识。如果扼杀创新型人才,不仅是个人的损失,而且是整个国家、民族乃至人类的损失,这也违背了思想政治教育目的。创新来自对问题的发现、思考和解决,创新意识本质上可以归结为问题意识。人们关注的问题越是重大,思索问题、解决问题所蕴含的创新度也就越大。思想政治教育要在民主、平等的沟通和交流中,充分尊重人的问题意识,在问题的发现和解决中,实现创新,这不仅提升

---

[1] 顾明远,孟繁华.国际教育新理念[M].2版.海口:海南出版社,2003:205.
[2] 卡西尔.人伦[M].甘阳,译.上海:上海译文出版社,1985:5.

了人的思想境界,而且实现了人的价值和人的发展。

第三,尊重和理解人的能力在人的发展中的本位的价值。人的能力可以表现在很多方面,生产劳动能力、创造创新能力、发明和运用知识的能力等。尊重人的能力就是尊重劳动、尊重知识、尊重人才、尊重创造。人的价值通过实践中创造价值而得以充分地体现。思想政治教育要积极提倡能力素质本位的价值观。在现实生活中,不少人认为发展并不是,至少不完全是靠自己的能力而取得的。"要么崇拜'关系本位',认为'人情关系'比制度、原则更重要;要么崇拜官本位,认为权力高于一切;要么崇拜'金钱本位',认为金钱能使鬼推磨。"[1]他们往往把人情关系、权力和金钱看作谋取生存和发展的重要手段,从而导致人格的缺失、自主性的丧失。思想政治教育人性化要在全社会倡导并大力弘扬尊重劳动、尊重知识、尊重人才、尊重创造。要深刻领会"四个尊重"的核心是尊重人的劳动,本质是尊重人的价值,充分认识到劳动、知识、创造在人的全面发展中的价值和意义。激发主体劳动创造价值的活力和创新的动力,释放蕴藏在人民群众中的巨大潜能,调动一切积极因素,团结一切力量,促进社会和人的发展。

第四,尊重和理解人的情感在人的发展中的动力的作用。作为人的精神性构成因素的情感是一种极富活力的生命形式,是人类生命的本质力量。离开情感的生命会毫无生机和活力,人生会暗淡无光。情感对人的行为乃至对人的发展有着巨大的动力作用。斯宾诺莎认为:"人的某一情欲或情感的力量可以那样地超过他的一切别的行为或力量,致使他牢固地为这个情感所束缚住。"[2]费尔巴哈把理性、情感、意志看作人的本质力量,看作决定和推动人的行为的精神动力。虽然他没有认识到人的情感的动力作用发生的现实的实践基础条件,但深刻揭示了情感对人的思想行为所产生的巨大动力作用。马克思主义在实践基础上,深刻揭示了情感是实践的动力源泉。积极、健康、丰富的情感因素在实践中内化为人的精神素质,成为强大精神力量,推动人的实践活动和认识活动。坚持以人为本、以人民为中心的思想,无论是日常管理工作,还是思想政治教育工作,都应广泛重视情感作用。要为人们营造愉悦、兴奋、充满激情的心境和有利于人性内部潜能开发的心理氛围,发挥情感在人的思想认识、精神信仰和实践活动中的动力作用。

---

〔1〕 韩庆祥,亢安毅.马克思开辟的道路:人的全面发展研究[M].北京:人民出版社,2005:237.

〔2〕 斯宾诺莎.伦理学[M].贺麟,译.北京:商务印书馆,1983:175.

第五章

思想政治教育人性化的原则与方法

原则,就是指说话或行事所依据的基本法则或指导思想;方法,就是指那些用来实现某一活动目的的具体步骤、程序、途径、方式和手段。方法就是工具,是联系主体和客体的关系因素、中介因素。思想政治教育人性化原则,就是指在思想政治教育人性化实践活动过程中,正确处理好各种矛盾和关系必须遵循的法则或标准;思想政治教育人性化方法,就是教育者为完成一定的思想政治教育任务,达到思想政治教育人性化目的对教育对象进行思想政治教育过程中所采用的一切方式、办法或手段的总和。面对思想政治教育人性化的目的和任务,面对不同的教育内容、教育客体、教育环境,必须要有与之相适应的思想政治教育人性化的方法。

第一节 思想政治教育人性化的原则

思想政治教育人性化原则主要表现为:主导性和主体性相统一的原则;平等与对话相结合的原则;关爱与尊重相促进的原则;显性教育与隐性教育相统一的原则;宽容与信任相一致的原则。

一、主导性与主体性相统一的原则

主导性即方向性和规定性,具有指导、引导、领导、统领的地位和作用。在我国社会主义现代化强国建设中,经济建设是党的中心工作,而意识形态工作则是一项极端重要的工作。思想政治工作具有主导的性质、地位。它是经济工作和其他一切工作的生命线。毛泽东同志指出："思想工作和政治工作，是完成经济工作和技术工作的保证，它们是为经济基础服务的。思想和政治又是统帅，是灵魂。"[1]这阐明了思想政治教育工作对其他社会工作的主导作用。如果缺失了这个"统帅""灵魂"，就会造成经济工作和其他工作的损失与思想意识上的混乱。1989年，邓小平同志针对当时国内国际形势的发展变化曾指出："十年最大的失误是教育，这里我主要是讲思想政治教育，不单纯是对学校、青年学生，是泛指对人民的教育。"[2]思想政治教育的主导性，本质上就是马克思主义思想理论教育的主导性。作为政治上层建筑和意识形态领域的思想政治教育具有鲜明的思想性、政治性。为了保证思想理论和政治路线的正确并体现一定政党和阶级的意志，必须坚持主导性原则，特别是思想政治教育内容的主导性，用马克思主义、毛泽东思想、邓小平理论、"三个代表"重要思想、科学发展观、习近平新时代中国特色社会主义思想作为教育的中心内容，武装头脑；用马克思主义一元化指导思想主导人的多元、多变、多样的思想发展。对受教育者在政治方向、政治立场、政治观点、政治纪律和政治鉴别力等方面的政治价值选择，在理想、信念和精神境界等方面的信仰价值选择，在是非、善恶、美丑、荣辱等方面的道德价值选择进行科学的指导和引领，把各种不同的思想和言论引向正确、健康的轨道。

　　思想政治教育主导性确立了教育者在教育中的主导地位和主体作用。教育者是马克思主义理论和社会主义核心价值观的宣传者，是社会主义意识形态和精神文明的传播者，是受教育者思想和灵魂的引领者、理论和知识学习的指导者、人生前进方向的引导者。在教育目标任务的制定、教育内容的组织、教学方法的选择、教学活动的安排、教学改革的创新等方面都起着主导和决定作用。思想政治教育人性化虽然强调教育者和受教育者之间相互尊重理解、平等对话，但绝不是毫无原则的不分彼此，相互迁就，而是要在重大政治原则、政治方向上站稳立场，主导、统领思想政治工作健康发展。

　　诚然，强调教育者的主导地位，并不意味着对受教育者主体地位的否定。不能因为要肯定教育者的主导性、主体性，就把教育者视为唯一的主体性，忽视受教育者在教育过程中的主体性和主体作用；不能因为要突出强调主体

---

〔1〕中共中央文献研究室.毛泽东文集：第七卷 一九五六年一月～一九五八年十二月[M].北京：人民出版社，1999：350.

〔2〕邓小平.邓小平文选：第三卷[M].北京：人民出版社，1993：306.

（教育者）对客体（受教育者）的有计划、有目的改造、塑造活动，强化思想政治教育的知识性和教育者的权威性，就把受教育者看作消极被动地接受教育者规训的教育客体，在政治地位和人格上缺少与教育者的平等地位，缺乏独立性和自主性。现代思想政治教育的视界转换，肯定思想政治教育教育者和受教育者都是主体的主体间性关系。"主体间性思想政治教育是指两种关系的统一，一种关系是教育者与受教育者都作为思想政治教育的主体，二者构成了'主体—主体'的关系；另一种关系是教育者与受教育者二者都是思想政治教育的主体，是复数的主体，他们把教育资料作为共同客体，与教育资料构成'主体—客体'的关系。"[1]在这两种关系的统一中，教育者和受教育者之间不是简单的"输入—接受""刺激—反映""主体—客体"关系，而是一种相互作用、相互影响、相互沟通的交往互动、平等对话、共在共生的关系。主体间性思想政治教育体现了对人格、尊严的尊重，把受教育者当作主体人而非客体物来对待，体现了教育人性化、科学性、合理性。

思想政治教育既要坚持主导性原则，又要坚持主体性原则，做到主导性和主体性相统一。习近平同志在2019年3月18日主持召开的学校思想政治理论课教师座谈会上强调："要坚持主导性和主体性相统一，思政课教学离不开教师的主导，同时要加大对学生的认知规律和接受特点的研究，发挥学生主体性作用。"[2]思想政治教育主体之间的差异性是贯彻主导性与主体性相统一的前提和基础。主体之间不仅有年龄、性别、生理和心理的差异，而且有家庭背景、社会阅历、生活经验的差异，更有兴趣爱好、个性特点、文化素养、道德水平的明显不同。思想政治教育既要尊重个性，承认差异，切勿片面追求一致和统一，又要加强思想性、方向性的主导和统领；既要防止运用一个模式、一种方法和一成不变的教学内容培养"千人一面"的人才，又要防止一千个人有一千种道德的道德相对主义现象。因此，要注意全面把握受教育者认知规律、接受特点、思维方式、价值取向等方面的差异，培养受教育者的个性品质，提升其精神境界、生命质量和人生价值，展示主导性和主体性相统一原则对于增强思想政治教育亲和力和有效性所具有的意义和价值。

思想政治教育目标、任务、内容和方法的制定与落实构成了主体性和主导性有机统一的实践基础。思想政治教育工作者必须落实立德树人这个根

---

[1] 张耀灿,等.思想政治教育学前言[M].北京：人民出版社,2006：359.
[2] 习近平.习近平谈话治国理政：第三卷[M].北京：外文出版社,2020：331.

本任务，根据国家的教育方针和社会发展需求，坚持育人目标导向——全面提高人的思想道德素质和科学文化素质，培养担当民族复兴大任的时代新人、德智体美劳全面发展的社会主义建设者和接班人。同时要结合受教育者个人的实际情况和接受能力，将目标分解为个人目标和社会目标、国家目标，以及近期目标和长远目标，有目的、有计划地引导、教导受教育者明确学习目的和人生发展方向。教育内容上，在始终坚持社会主义意识形态的主导地位、马克思主义理论的中心内容、爱国的主旋律的前提下，应当结合受教育者的思想现实，凸显其关注的社会现实问题、思想困惑问题，尊重受教育者的主体需要，采用目标导向与需求导向相结合的原则，激发其能动性和创造性。教育方法上，以激发受教育者的主体性、主动性、参与性为目标，选择和设计教育教学方式方法，彰显教育方法选择和运用对人的主体地位肯定和人的主体作用发挥所应有的作用，体现"主导性"与"主体性"统一于思想政治教育全过程的工作要求。

二、平等与对话相结合的原则

无论市场经济中的交往主体，还是政治生活中的活动主体，以及网络社会中的虚拟主体，人们的独立意识、自主意识、主体意识、平等意识日益增强，这也构成人与人之间交往的基本条件。当今，平等作为社会主义核心价值观的重要内容受到高度重视。平等原则是思想政治教育必须遵守的基本原则。过去一段时期来，往往把教育者看作教育主体，把受教育者看作教育客体，把教育者和受教育者一开始就放在不平等的地位上。教育者把自己看作思想理论的权威者、先进知识的拥有者、教育活动的主宰者、教育对象的控制者，高高在上，受教育者处于机械接受知识的被动状态。这种不平等的关系导致思想政治教育过程中主体向客体进行强制性、单向性的灌输。"强制性意味着教育者与受教育者地位的不对等和关系的等级化。"[1]完全无视受教育者的兴趣爱好、接受能力，致使受教育者失去发言的权利、表达的机会和问题思考的空间。双方处于积极主动与消极被动、控制与被控制、压服与顺从的关系之中。"教育者居于上位，受教育者居于下位，其地位是不平等的。这种不平等性就可能导致受教育者被边缘化，乃至'人学空场'。"[2]受教育者失去

---

[1] 张耀灿，郑永廷，吴潜涛，等.现代思想政治教育学[M].2版.北京：人民出版社，2006：277.

[2] 张耀灿，等.思想政治教育学前沿[M].北京：人民出版社，2006：366.

了对教育活动的主动参与、积极互动和对理论知识的主动理解、主动接受的兴趣和动力,思想政治教育效果自然不会理想。

平等是文明社会进步的价值追求,是马克思主义所追求的理想和目标。平等和尊重构成了新型人际关系的核心和灵魂。美国教育学家、思想家多尔指出:教师在师生关系中的地位是"平等中的首席",教师的作用没有被抛弃,而是得以重新建构。"首席"说明教师无疑是一个领导者,但"是内在于情境的领导者,从外在于学生情境转化为与这一情境共存,不是外在的专制者"[1]。坚持平等原则是历史唯物主义群众史观和社会主义本质的内在要求,也是我国社会主义政治制度的根本性质决定的。思想政治教育人性化坚持平等原则,必须做到:

第一,坚持和完善民主集中制。受教育者拥有参与权和发表意见、建议的权利。贯彻平等原则,不搞一言堂和满堂灌。不能对持不同意见或反对意见的人妄加"抓辫子、打棍子"。毛泽东同志曾在《工作方法六十条》中指出:"以真正平等的态度对待干部和群众。必须使人感到人民之间的关系确实是平等的,使人感到你的心是交给他的。……人们的工作有所不同,职务有所不同,但是任何人不论官有多大,在人民中间都要以一个普通劳动者出现。绝不许可摆架子。一定要打掉官风。对下级所提出的不同意见,要能耐心听完,并加以考虑,不要一听到和自己不同的意见就生气,认为是不尊重自己。这是以平等待人的条件之一。"[2]教育者要能在平等基础上"切实做好体察民情、了解民意工作,倾听群众呼声,关心群众疾苦,把群众的呼声作为作风建设的第一信号,把群众的需要作为作风建设的第一需求"[3]。对人民的意见、要求进行有效的收集、整理、反馈、沟通,既有民主,又有集中,使教育更好入脑、入心。

第二,充分尊重受教育者的主体性。教育者和受教育者在身份、人格、尊严上都处于平等的主体地位。"思想政治教育中的'交互主体性'就是要使交往共同体中的每一个人都作为平等的主体而存在,充分发挥其学习的主观能动性,并为师生间创造文本理解的对话平台,以实现哈贝马斯所讲的'主体之

---

[1] 燕良轼.解读后现代主义教育思想[M].广州:广东教育出版社,2008:167.
[2] 中共中央文献研究室.毛泽东文集:第七卷 一九五六年一月~一九五八年十二月[M].北京:人民出版社,1999:345.
[3] 习近平.之江新语[M].杭州:浙江人民出版社,2007:263.

间的理解和一致',从而创造一个意义的世界。"[1]当今,人的平等意识和独立意识日益增强。随着网络技术的迅速发展,信息以极低的成本、极快的速度在极大的空间中传播,人们获取信息、学习知识更快速、便捷,有时受教育者掌握了为教育者所不了解的相关信息和知识。受教育者凭自己的知识和经验,形成了自己对一些社会问题、社会现象的思考和看法,并且还会用一些带有鲜明个性的思想、看法去说服、影响教育者,不再对教育者顶礼膜拜,盲目接受灌输。这打破了教育者的话语霸权、统治中心地位。因此,要随着主体意识日益增强,主体能力日益提高,实现更大程度上的平等。

第三,充分发挥受教育者的主观能动性,达到自我教育目的。人的平等权利和平等地位,既不是天生拥有,也不是别人施舍的。教育者教育、引导受教育者,不单纯是知识传授,更主要的是授以学习方法,激发受教育者的主观能动性,使其在纷繁复杂的社会现象和社会思潮中,透过事物现象看清事物的本质和规律。不仅如此,还需进行思想认识的能动创造性的反映活动,形成符合主体需要和社会需要的思想观念、政治观念和道德规范。思想政治教育人性化就是要求受教育者把自身作为认识和改造的对象,把自我看作具有强烈目的追求的人,不断培养自我学习、自我认识、自我内化、自我改造、自我发展的能力。要突出强调每一个人的能力的发展和实现,注重自我主观能动性的发挥。如果失去了人的这种主观能动性,人就会失去人在实践基础上的认识能力,也就会丧失人的主体意识和平等地位,结果只能是受教育者始终处于被动和服从地位。把平等作为至高的价值和信仰,为人们提供了强大的精神动力,彰显了人安身立命的价值。

对话是人与人在精神上的相遇,从而实现心灵启迪、视域融合、思想创生。法国哲学家、教育家雅斯贝尔斯指出:"人与人的对话是思想本身的实现和真理的敞亮,任何中断这种你与我的对话关系均使人类萎缩。"[2]哲学解释学强调人与人之间关系的存在是理解和对话关系的存在。人都以自己的完整、独立人格与对方发生关系,生成更为丰富的人性和更为完美的人格,造就积极的人生态度和情感体验。对话是一种交往原则和思维方式,是与单向硬性灌输和粗暴强制压服相对立的教育方式和思维方式。要坚持平等原则,主张消除人与人之间的对立,将人看作一种关系性存在,教育者和受教育者

---

〔1〕 叶湘虹,李建华.论思想政治教育中的平等与对话[J].湖南师范大学社会科学学报,2007,36(1):55.

〔2〕 雅斯贝尔斯.什么是教育[M].邹进译.北京:生活·读书·新知三联书店,1991:34.

在民主、平等、开放的环境中进行有效的理解与沟通、对话和互动。思想政治教育人性化坚持对话原则，必须做到：

第一，坚持开放性原则，突出问题指向。改革开放日益发展，国际交流合作日益频繁，具有交互性、开放性的互联网快速发展，给人们思想观念带来持续深刻的影响，社会意识和社会价值观念呈现多样化发展趋势，社会开放程度越高，对话、合作的时代发展特色越鲜明。社会开放性是思想政治教育开放性的现实基础。自党的十一届三中全会以来，中国走出了自我封闭、保守僵化的发展模式，实行对外开放，而且"中国开放的大门只会越开越大"[1]，开放程度越来越高。思想政治教育人性化离不开对人的思想活跃性、观念的开放性的准确把握和深刻认识。须坚持问题导向，开展有效对话。对话是对话双方的"敞开"和"接纳"。哲学家、教育家马丁·布伯认为："真正的人生应该是对话人生。因为在对话人生中，人转向他人，是一种敞开的、友善的态度，而独白人生是人在自说自话，不把自己的存在和他人的存在融合为一起。"[2]对话的开放性，首先表现在对话内容的开放性。内容是围绕思想政治教育的目标、任务、内容展开的，但在教育者和受教育者的对话、受教育者与文本对话中，对话内容要向受教育者的生活实际、生活经验以及生命生成开放。要聚焦受教育者关注的社会热点、难点、重点问题，找准学生与文本对话的切入点，实现受教育者对对话内容的自我认识、自我释义和自我认同。其次，对话方法的开放性。对话方法不再固守某一种或某类方式方法，根据内容和教育对象实际，开放式综合运用启发式对话法、讨论式对话法、情境式对话法、案例式对话法等。启发式对话法要求教育者根据教育内容，灵活运用各种教育手段，不断地提问和对话，激发受教育者的思维能力和思考问题的积极性。讨论式对话法要求根据特定的讨论议题，在教育者和受教育者、受教育者与受教育者之间开展交流、互动、对话、探讨，打开思路，让不同思想观念撞出智慧火花。情境式对话法就是要求教育者根据教育内容和受教育者认知水平，将教育者置于能够引起其关注、激发其学习兴趣的特设的情境中，开展交流、互动、对话。案例式对话法就是教育者将与教育内容密切相关的、为大多数人所熟知的、具有鲜明的先进性和典型性的案例，引入教育教学

---

[1] 习近平.习近平向首届跨国公司领导人青岛峰会致贺信[N].人民日报，2019 10-20(1).

[2] 何光全.教育：向生命生活开放：马丁·布伯对话教育哲学与成人教育实践[J].开放教育研究，2006(6)：46.

讨论、对话环节,通过对话,挖掘案例所蕴含的深刻内涵和教育意义。当然,对话的方法很多,这里重点不是讨论各种对话方法的内涵,而是意在强调对话方法的运用应持有开放态度,突破陈规俗套,提高教育实效。最后,问题的开放性。在某种意义上可以说,如果没有问题,或提不出真问题,就不会有真正的对话。思想政治教育对话所围绕的问题应坚持开放性原则。开放性问题设计不仅源于对文本内容的凝练,而且要对受教育者的实际生活问题、社会热点和重点问题进行提炼。教育者要能在对话中不局限于固定标准答案,发挥受教育者的主体作用,倾听其心声,在鲜明问题指向中,有的放矢,关怀其成长。开放式问题对话教育本着以人为本的教育理念,着眼于受教育者的积极参与和情感体验。

问题除了开放性特征外,还具有鲜明的指向性特征。思想政治教育具有鲜明的意识形态性和政治性,对其开放性问题的研究和实践既要打破过去认识的顾虑和偏差,又要限定特定界限,坚持原则。对话内容不漫无边际、随心所欲,要能让受教育者在解决问题中主动建构知识,提高认识,形成符合社会需要的价值观念。

第二,坚持差异性原则,彰显生命关怀。差异性是对话展开的前提和基础。人的个性特征千差万别,即使同一个人在不同的成长历程中也会因生活阅历、教育程度、环境影响的差异而呈现出思想、认识、立场的多种多样的风格。没有人的思想观念和价值立场的差异和分歧,就不可能有真正意义上的对话。没有差异性存在的对话,本质上不过是同义反复、同声复制而已。对话要充分考虑受教育者的知识水平和对具体环境的感觉、理解。要承认人的思想境界的差异性和人的认识水平提高需要一个渐次的过程,而不是强调推动彼此认识、理解的完全一致。伽达默尔认为:"一个人对另一个人的理解不可能达到与被理解者的完全符合,这是不言而喻的……在相互理解中从未发生过差异消失于同一性中的事。如果有人说,人们互相理解某事,这绝不是说,一个人完全同意另一个人的论点。"[1]

在一定范围内,允许差异性的存在,并承认差异,意味着对价值多元主体的尊重和理解、对挑战甚至反对自己观点的容忍、对人的个性化的认可;意味着对生命的关爱和生命活力的张扬。作为生命的个体存在,不可能在平等对话中只有一种声音,否则参与对话的各方只能是某种观念的传声筒,从而失

---

[1] 伽达默尔. 伽达默尔集[M]. 邓安庆,等译. 上海:上海远东出版社,2003:31.

去生命存在的个性价值。"巴赫金认为,在对话的作品中,相信有可能把不同的声音结合在一起,但不是汇成一种声音,而是汇成一种众声合唱;每个声音的个性,每个人的真正个性,在这里都能得到完全的保留。"[1]尊重差异的对话,既不能追求绝对一致,高度统一,又不能各唱各的调,各吹各的号,而是通过语言对话,达到思想和精神层面的对话,帮助教育对象肯定正确的东西,完善不足之处,纠正错误认识,实现视域融合、和谐共存,形成一部多声部的生命交响。

三、关爱与尊重相促进的原则

"关爱"一词中的"关"的内涵有:关怀、关心、关切、关注、关照等。"爱"的内涵有:慈爱、仁爱、博爱、厚爱、抚爱、互爱、友爱、忠爱等。关爱既可表现为教育者在认识和感受上对受教育者的同情、关怀、悦纳与喜爱,又可表现为教育者在行为上因对受教育者的生存、价值、发展的尊重、欣赏而做出的种种努力和奉献。人文关怀是思想政治教育人性化的核心维度和本质要求,即尊重人的主体地位和个体差异,关注人的生存方式和发展需要,关心人的生命意义和人性优化,维护人的价值与尊严,激发人的主观能动性和主体创造性,提升人的道德情操和人格境界,促进人的自由全面发展。人文关怀和思想政治教育人性化高度契合,紧密关联。一是目标的共同性。两者都以满足人的生存发展需要,促进人的自由全面发展为目标,在思想上引领人,在精神上塑造人,提高人的德性修养,构筑人类精神家园,同时,尊重人的精神需要,关注人的精神成长,提升人性深处的精神品质和人格期待。二是价值的同一性。人文关怀和思想政治教育人性化,都以真善美的价值追求贯穿于理想信念教育、道德情操陶冶、优秀思想文化素养培育等各个方面,突出人的价值主体和价值尺度。人既是思想政治教育的核心,也是人文关怀的主旨,围绕"人"展开的思想政治教育就是一种独特的人文关怀。以人为主体,要求思想政治教育的全过程必须渗透"人"的理念,体现人的价值,运用人性化的手段对"人"施加有效的影响[2],表现出对人生命的永恒的终极关怀。三是终极使命的一致性。人文关怀和思想政治教育人性化在基本内涵、工作要求、实施方法、实现途径等方面可能有所不同,但两者都肩负着关爱人的生命意义、促使人

---

〔1〕 徐夫真. 论对话教学的三个基本原则[J]. 当代教育科学,2008(17):34.
〔2〕 孙瑛辉. 人文关怀:思想政治教育发展的重要维度[J]. 东北师大学报(哲学社会科学版),2015(2):160.

的价值实现、建构人的精神家园、促进人的全面发展的终极使命。离开了终极使命和目标,往往容易导致教育走偏、走形、走样。带着这种使命意识,思想政治教育主体间进行平等的生命共建,教育者进入受教育者的生命世界,用自己的关怀心灵去促进受教育者对意识世界和未来发展的追求,彰显思想政治教育人性化的人文关怀和生命关爱。

思想政治教育人性化坚持关爱原则,必须做到:

第一,坚持党性和人民性相统一的原则。坚持正确政治方向,站稳政治立场,同时要坚持以人为本,以人民为中心的工作导向,这是保证思想政治教育人性关爱的正确方向。教育者在任何时候都代表特定阶级利益,为特定阶级、政党利益服务,具有鲜明的思想性、政治性和意识形态性。人文关怀、生命关爱首先不能偏离思想政治工作为政党政治服务的根本目标。只有维护好政党的权威,巩固好党的政治基础,才能使党关爱人民、捍卫人民的根本利益的力量更加可靠、更加持久、更加强大,实现好、维持好、发展好广大人民群众的根本利益,才能始终坚守好中国共产党人为中国人民谋幸福的初心和使命。当然,思想政治教育人性化的人文关怀、生活关切、生命关爱,既不是资产阶级利己主义价值观中"温情主义"的虚伪的关爱,也不是对错误、缺点、问题无原则的溺爱与迁就。

第二,坚持个性发展与全面发展相统一的原则。人作为具有目的性、主观能动性的生命个体,有多样化的需求和个性化的思想。关爱就要关注个体的生存和发展,让每个个体的主观能动性得到充分的发挥、独特人格得到合理的张扬。不同的个体存在在社会中都有出彩的机会,而不是淹没在集体和社会整体的洪流之中。关爱要能够关照到人的生命发展阶段表现出的不同的生理、心理的特征和需要。同时,人的个性发展必须融入社会发展需要中。社会发展需要全面发展的人,要使人在德、智、体、美、劳等方面都得到全面的发展。人的全面发展是个性发展的前提和基础,而个性的健康发展又会促进人的全面发展。思想政治教育人文关怀,就要让受教育者在真诚的关爱中追求自我个性发展和全面发展的和谐统一,在激发人的发展欲望、弘扬个性的基础上,让受教育者养成良好的道德品行。

第三,坚持工具性教育和目的性教育相结合的原则。马克思主义哲学认为:人既是主体,也是客体;人既是社会财富的创造者,又是社会财富的享受者。因此,在人类社会发展过程中,现实的个人既是目的,同时又是手段。人的工具性和目的性这两种特性,要求我们全面认识和正确处理好人的社会价值和个人价值的关系：一方面，个人通过创造性劳动来满足社会和他人的需要，体现人的社会价值；另一方面，个人通过创造性劳动从社会和他人那里获得尊重和回报，构成个体的自我价值，即个人价值。现代思想政治教育既要肯定人的社会价值，又要承认人的个体价值。人不仅是教育的工具，也是教育的目的。发挥思想政治教育功能，实现思想政治人文关怀，就要突出强调思想政治教育的工具性价值和目的性价值的统一。思想政治教育的工具性价值，是指思想政治教育维护统治阶级利益，巩固阶级统治地位，保障社会稳定，促进社会发展所具有的作用，突出社会的价值主体地位。思想政治教育的目的性价值，是指思想政治教育满足个体需要，促进人的个性发展和全面发展所具有的作用，突出了个体的价值主体地位。思想政治教育人文关怀不否认其工具性价值，而是强调工具性价值的最终归宿是目的性价值，体现了思想政治教育实现人的全面发展的功能。

关爱离不开对受教育者的尊重。尊重，就是尊重人的主体地位和人性需要，尊重人的人格和尊严，尊重人的基本权。具体表现为：

第一，尊重人的主体地位。要充分肯定受教育者在教育实践活动中的主体性价值和主体性地位，肯定人的自由、自主、自觉、主动、能动的创造性活动。尊重人的主体性和主体地位，不是一般的思想政治上和理论研究中的问题，而是要求在教育实践中培养和发挥受教育者的主体性，尊重受教育者的主观能动性，增强他们的自我教育、自我管理、自我服务的能力。尊重受教育者的参与性，教育教学实践活动中，无论是问题的探究、对话的组织，还是教育内容的组织与理论知识的学习，都要增强受教育者的主人翁意识和参与意识；尊重受教育者的个体性，就是要承认人在性格、兴趣、爱好、智力、能力上具有个别差异性；尊重受教育者的能动创造性，就是要承认并正视他们的个性差异，激发他们的生命活力和创造潜力。思想政治教育人性化就是要培养并尊重人的主体性在人的发展中的创新价值。

第二，尊重受教育者的正当需要。马克思主义把人的需要分为生存需要、发展需要和享受需要三个层次。人的需要是人的行为的目的和动机的内在根据和动力之源。在生理学和心理学中，需要被定义为"有机体内部的一种不平衡状态，它表现在有机体对内部环境或外部生活条件的一种稳定的要求，并成为有机体活动的源泉"[1]。人们总是基于自己的需要，作出各种行

---

[1] 彭聃龄.普通心理学[M].4版.北京：北京师范大学出版社，2012：370.

为,需要是人的思想产生、发展的根源。作为马克思主义理论体系主要组成部分的人的需要理论是思想政治教育人性化工作的坚实的理论基础。现代思想政治教育构成人的一种存在方式,其中一个重要内容就是思想政治教育能坚持尊重、肯定、实现人的正当需要。要根据不同的人和人在不同时期对需要的要求,找到思想问题发生的根源。然而,并不是所有的受教育者都能意识到人对思想教育的需要,能意识到思想政治教育对满足人的需要所具有的价值和功能。为此,关注受教育者的正当需要成为思想政治教育人性化实践的重要议题。分析、研究受教育者的具体特点和正当需要,选择丰富、生动的教育方法和手段,把握他们的思想发展状况,以实现现实个人需要和社会需要的和谐发展。

第三,尊重人的权利和尊严。尊严是人之为人的基本品质,肯定了人的独立而不可侵犯的身份或地位,体现了人所具有的不可剥夺的人性和内在价值,包含了对人的平等、自由、自立、自主等内在价值的概括和认可,反对歧视和不公正的待遇。2010年3月5日,温家宝同志在政府工作报告中指出:"我们所做的一切都是要让人民生活得更加幸福、更有尊严,让社会更加公正、更加和谐。"[1]人必须过有尊严的生活,树立正确的尊严观,做到自尊,才能收获他人的尊重,才能使自己高尚起来。马克思指出:"尊严就是最能使人高尚起来,使他的活动和他的一切努力具有崇高品质的东西,就是使他无可非议,受到众人钦佩并高于众人之上的东西。"[2]

现实中,由于社会发展的负面影响,少数人的尊严观的扭曲和迷失现象严重。一是拜金主义的尊严观。迷恋利己主义、享乐主义、拜金主义等腐朽的生活方式,把追求奢华的物质生活和过度的攀比消费当作人的尊严表现形式。正如休谟所说:"没有东西比一个人的权力和财富更容易使我们对他尊视;也没有东西比他的贫贱更容易引起我们对他的鄙视。"[3]有的人错误地认为只要拥有了大量的财富和巨额的金钱,就会拥有属于自己的尊严。财富、金钱是尊严的象征。抱有这种尊严观的人,往往对财富和金钱顶礼膜拜,贪得无厌,完全匍匐在金钱脚下,结果是失去了人性和做人的尊严。二是权

---

[1] 温家宝.政府工作报告:在第十一届全国人民代表大会第三次会议上[J].中国乡镇企业,2010(4):14.

[2] 中共中央马克思恩格斯列宁斯大林著作编译局.马克思恩格斯全集:第四十卷[M].北京:人民出版社,1982:6.

[3] 休谟.人性论[M].关文运,译.北京:商务印书馆,1980:394.

力至上的尊严观。权力被异化成了谋取功利和财富的工具,人把权力看成了人的身份、地位的象征,看作尊严的标志,错误地认为有了权力就有了尊严,就可以颐指气使,发号施令,呼风唤雨,为所欲为。在满足自我的虚荣心和自尊心的同时,可以忽略、损害他人的尊严和价值,甚至不惜牺牲自己的尊严去换取权力和利益,丧失自己的人格尊严。三是个人主义的尊严观。突出个人的利益、价值、自由、尊严,以自我为中心,导致个人至上,忽视他人的价值和尊严,或是过度自负,唯我独尊,漠视他人,或是过度自卑产生扭曲心理,侵犯他人尊严、自由与生命健康。个人主义尊严观容易把个人主义发挥到极致,不惜牺牲他人、社会利益,来维护个人利益,不能很好地处理自尊和尊他之间的关系。

人的尊严是平等的,必须把尊严观教育和思想政治教育联系起来。思想政治教育人性化尊重人、塑造人、理解人、关心人,尊重人权,维护人的尊严,发展人的个性,促进人的全面发展。所有这些,都和人的尊严教育内容是相通的。所以人的尊严教育和人性化教育具有内在的联系性和内容的一致性。思想政治教育不断加强人性尊严、人格尊严、生命尊严教育。加强人性尊严教育就是要肯定人的理性,表现出人的自主性、主体性、独立性。人不为金钱和利益所奴役,彰显人性理性尊严的光辉。同时尊重人的情感、意志等非理性尊严的需要。加强人格尊严教育就是要让人们知道,作为具有独立性、主体性的人所拥有的价值、地位、尊严和品质区别于其他动物,具有独立人格的人是自由的、平等的。要从迷恋于财富、金钱、权势的依附型人格中走出来,不断提高自己的道德人格、独立人格。加强生命尊严教育就是让人们知道,生命是独一无二、不可取代的,既要珍爱自己的生命,也要关爱他人的生命,正确认识生命意义和生命价值。在感受生命幸福之时,充分认识到有尊严的幸福才是人生最高的幸福。

思想政治教育人性化的关爱原则必须以尊重原则为基础。一方面,尊重是关爱的基础,没有尊重就没有关爱。关爱不是教育者对受教育者实施的任意左右和控制,不是教育者施与的恩惠与怜悯,否则关爱就变成了吝爱、宠爱,人失去了自我和尊严,不利于人的成长和发展。另一方面,关爱是尊重的基本需要,缺少关爱的尊重是空洞的尊重,关爱是为了人的发展,尊重也是为了人的发展。在人的全面发展这个根本目标上,应该做到关爱原则和尊重原则的相互促进、相互作用。

四、显性教育和隐性教育相统一的原则

显性教育和隐性教育是思想政治教育中的两种基本方式。它们既相互区别,又相互补充。"所谓显性教育,是指充分利用各种公开手段、公共场所,有领导、有组织、有系统的思想政治教育方法。"[1]其具有鲜明的目的性、规范性、时效性、公开性、强制性的特点。隐性教育就是教育者为达到一定的教育目标,充分挖掘、利用各种有效的资源、环境,并将教育渗透到受教育者日常的工作、生活和环境中,从而实现对受教育者潜移默化的影响的一种教育方式。具有教育过程的开放性、教育目标的潜隐性、教育内容的渗透性、教育形式的间接性、教育活动的趣味性和教育对象接受的自主性等特点。显性教育和隐性教育并不是非此即彼、相互孤立的两种思想政治教育方式,更不是可以简单叠加,而是相互促进、相互补充、相互作用和相互影响的教育方式。习近平2019年3月18日在主持召开的学校思想政治理论课教师座谈会上提出"坚持显性教育和隐性教育相统一"的论断,这是思想政治教育守正创新的基本原则之一,也是提高思想政治教育有效性的基本要求。

(一)显性教育:思想政治教育主导地位的鲜明底色

思想政治教育的方式多种多样,方式的选择和运用根据不同时代的特点和国家与社会的具体情况而定。目前我国思想政治教育是以显性教育为主导,占主导地位的显性教育成为新时代思想政治教育的鲜明底色。

显性教育方式占主导地位是中国共产党人思想理论教育的鲜明特点。中国共产党自成立那天起,就有自己鲜明的政治主张、奋斗目标、价值观念,坚守为人民谋幸福、为民族谋复兴的初心和使命。建立人民民主专政国家,把人民对美好生活的向往作为自己奋斗的目标,始终坚持和践行社会主义核心价值观,不隐瞒自己的观念、政见和意图。正如《共产党宣言》庄严宣告的那样:"共产党人不屑于隐瞒自己的观点和意图。"[2]中国共产党人组织思想政治教育活动,都是理直气壮、旗帜鲜明地表明自己的态度,坚守信念不松懈,坚持真理不动摇,提高站位不含糊。毛泽东指出:"我们必须坚持真理,而真理必须旗帜鲜明。我们共产党人从来认为隐瞒自己的观点是可耻的。我们党所办的报纸,我们党所进行的一切宣传工作,都应当是生动的,鲜明的,

---

[1] 王瑞荪.比较思想政治教育学[M].北京:高校教育出版社,2001:287.
[2] 中共中央马克思恩格斯列宁斯大林著作编译局.马克思恩格斯选集:第一卷[M].北京:人民出版社,2012:435.

尖锐的,毫不吞吞吐吐。这是我们革命无产阶级应有的战斗风格。"[1]可见,显性教育方式与马克思主义理论教育要求是一致的。思想政治教育者通过显性教育方式,明确教育目标、教育内容、教学计划以及所要达到的教育成果,培养社会主义建设者和接班人。

显性教育方式占主导地位是思想政治理论课落实立德树人根本任务的基本要求。习近平指出:"办好思想政治理论课,最根本的是要全面贯彻党的教育方针,解决好培养什么人、怎样培养人、为谁培养人这个根本问题。"[2]在人才教育和培养问题上,必须态度明确,立场鲜明,充分发挥好思想政治理论的显性教育作用。充分认识思想政治理论课在全部思想政治教育中的特殊地位和关键作用。"我们办中国特色社会主义教育,就是要理直气壮开好思政课,用新时代中国特色社会主义思想铸魂育人,引导学生增强中国特色社会主义道路自信、理论自信、制度自信、文化自信。"[3]因此,要坚持习近平新时代中国特色社会主义的指导思想,牢固树立中国特色社会主义理想信念。充分发挥思政课在人才培养中的主渠道、主阵地作用,加强思政课建设,体现出显性思想政治教育所肩负的最高使命。

显性教育方式占主导地位是思想政治教育理论发展的历史必然。马克思主义是在无产阶级反对资产阶级的革命实践斗争中产生的,马克思、恩格斯的毕生事业是与无产阶级革命斗争紧密联系的,他们积极参加和指导工人运动,进行反对资本主义制度、争取工人阶级解放的阶级斗争,创立了无产阶级政党和马克思主义理论。马克思主义理论具有鲜明的思想性、政治性、理论性和阶级性。坚持马克思主义思想理论,就必须坚持显性教育的思想政治教育原则。我们必须深刻理解马克思主义的科学内涵,体验马克思主义的逻辑魅力和真理力量。自从马克思主义传入中国,便与中国革命、建设、改革事业相结合。思想政治工作一以贯之地发挥着"生命线"的作用。在坚持、创新马克思主义的过程中,将马克思主义和中国实践相结合,创立了毛泽东思想、邓小平理论、"三个代表"重要思想、科学发展观、习近平新时代中国特色社会主义思想等一系列既与时俱进又一脉相承的科学理论体系。这是我们党的指导思想,是维护好、发展好最广大人民群众利益,建设中国特色社会主义现代化强国的根本保障,其在任何时候都是显性思想政治教育内容。偏离这个

---

[1] 毛泽东.毛泽东选集:第四卷[M].北京:人民出版社,1991:1322.
[2] 习近平.习近平谈治国理政:第三卷[M].北京:外文出版社,2020:328.
[3] 习近平.习近平谈治国理政:第三卷[M].北京:外文出版社,2020:329.

指导思想就会导致党和人民事业的巨大损失。当今时代,以美国为首的西方国家相互勾结,奉行单边主义、保护主义、孤立主义和霸权主义,对我国实行政治、经济、贸易、科技等诸多方面的围堵,企图遏制我国发展。对此,我们必须保持清醒的头脑,坚持社会主义办学方向,用马克思主义理论武装全党全国人民,站稳中国特色社会主义脚跟,实现中国特色社会主义共同理想。

(二)隐性教育:思想政治教育人性化紧扣时代要求的实践选择

长期以来,显性教育一直是我国思想政治教育的主要方式。改革开放以来,特别是进入21世纪以后,传统思想政治教育方式方法受到巨大挑战,并显示出一定的局限性。一是由于社会环境的改变,影响人们思想观念形成发展的因素日益复杂多变。一般来说,影响人的思想观念形成发展的社会环境因素越复杂、多变,对思想政治教育方式方法的挑战就越大,变革要求就越强烈。显性教育不能完全适应思想变化的要求,隐性教育则显示出一定的合理性和有效性。改革开放以前,思想政治教育环境相对稳定、单一。改革开放特别是进入21世纪以来,社会从封闭状态走向不断扩大开放、交往的状态,西方各种社会思潮、思想文化、价值观念和生活方式随着经济全球化、政治多极化、文化多元化深化发展,被裹挟在人的日常生活的洪流中。同时,市场经济发展、社会急剧转型、社会风险不断生成,为多样化社会思潮提供了发展的温床,给教育带来较大影响。二是教育对象的变化对思想政治教育方式提出更高要求,隐性教育显示出一定优势。革命战争年代,鼓舞斗志的革命性口号容易引起共鸣,凝聚共识。显性教育就会表现出鲜明的作用和价值。从思想政治教育发展历史看,"一般情况下,世界社会主义运动处于低潮时期,是西方资本主义的思想文化的影响力较大的时期,也是我国社会主义现代化事业面临突出风险和挑战的时期,我们的思想政治理论课显性痕迹便会相对较为明显"[1]。改革开放以来,时代的变迁、社会的变化,带来的是人的思想观念的深刻变动。人的社会关系不断丰富、活动领域不断变化、个体角色不断切换、社会交往不断扩大,这使得人的思想更加开放、多元、多变。这对于强调计划性、直接性、组织性、统一性、灌输性的显性教育而言,就会使其显示出一定的局限和不足。隐性思想政治教育则相应有了强大的发展空间和更多的基础条件。三是互联网技术的发展给思想政治教育方式选择带来了

---

[1] 杨增崟.显性教育与隐性教育相统一的实践辩证[J].学校党建与思想教育,2019(7):13.

机遇和挑战。网络全媒体时代,各种网络媒体给人的生活、学习、工作、交流带来了极大便利。教育者可以充分利用网络平台进行即时、互动的显性教育。但面对鱼龙混杂、良莠不齐的舆论信息和出场人物,不是每一个人都有足够的判断力和甄别力。网络舆论阵地利用得好,就能发挥它的显性教育或隐性教育的重要作用;反之,就可能给思想政治教育带来负面影响。丰富的网络资源可以给受教育者提供几乎所有的知识需求,教育者传授知识的权威性受到极大的挑战,思想政治理论课的主导地位受到冲击。"在这个碎片化阅读和即时通信盛行的时代,传统显性教育课堂一直在改革中创新,却始终或多或少面临吸引力不够的压力。"[1]

因此,在强调显性教育的同时,要注重隐性教育,坚持思想政治教育人性化的隐性教育原则,有其客观必然性和现实意义。首先,坚持隐性原则有利于发挥隐性教育的隐蔽性、开放性和自主性等特点的优势,克服显性教育的局限性。隐蔽性是指思想政治教育目的、内容通常隐蔽在受教育者的社会活动、日常生活之中,以间接的方式,使教育对象在无意识、非特定心理反映中接受影响和教育。这不同于显性教育中的强制性专门灌输和生硬性公开说教。开放性是指思想政治教育的载体、方式不受特定时空的控制和制约,在广泛的社会交往、多样的社会环境、丰富的实践活动中,展现隐性教育的开放性、多样性。人的活动、环境、交往都是开放的,必然导致在其中的教育的开放性,这不同于传统显性教育以课堂、课本为载体,在规定的时间、固定的地点进行集中统一的封闭式教育(虽然课堂封闭式教育同样存在隐性教育资源,但那是极其有限的)。自主性是指在开放性、超时空限制的隐性教育中,受教育者在教育活动中自主选择、自愿参与、主动接受。这不同于传统显性教育中教育者凌驾于受教育者之上的权威式训导和强制式高压,使受教育者不再处于被动、被抑制的地位。其次,坚持隐性原则是尊重教育对象的主体性要求。隐性思想政治教育强调受教育者自主选择、主动参与、独立思考,根据自己的思想实际作出自主的判断和取舍。隐性思想政治教育能够从受教育者思想实际和发展需要出发,提高教育对象的主体地位、主体意识和判断是非的能力,克服因强制灌输而导致的逆反心理和对抗情绪。最后,坚持隐性原则是提高教育实效性的要求。传统思想政治教育凸显、放大显现教育的

---

[1] 曹金龙.关于新时代思想政治教育显性教育和隐性教育相统一的思考[J].思想理论教育,2019(12):58-63.

功能,受教育者缺少自主选择空间,处于消极、被动地位,致使思想政治教育感染力小、实效性低。如果在显性思想政治教育的同时,结合隐性教育,通过直观、形象、生动、具体的隐性教育形式,弥补显性教育的不足,那么必将增加受教育者在隐性教育活动中的愉悦性、情感性、体验性,使受教育者积极、主动地认同、接受、择取、整合、内化教育内容,并将之外化、自觉践行,从而极大地提高教育效果。

在思想政治教育过程中,如何实现隐性教育原则呢?

第一,加强文化环境建设,打造隐性教育平台。文化环境是开展隐性思想政治教育的重要载体,对人的思想品德起着潜移默化、润物无声的陶冶作用。在开放的社会生活中,山清水秀的自然生态环境、优美文雅的人文环境对人的思想健康发展发挥着潜在的、桃李不言的隐性教育效果。为此,必须大力加强物质文化环境、精神文化环境、制度文化环境建设,打造隐性教育平台。加强物质文化环境建设,融自然景观与人文景观于一体,使人身心愉悦、精神振奋。各种建筑的风格、布局,自然环境的美化等物质环境积淀和承载着历史、传统文化和价值观念等思想政治教育资源。要充分开发和利用好自然资源、红色资源、文化资源、体育资源、科技资源、国防资源、企业资源的育人功能,以陶冶人的情操。加强精神文化环境建设,营造丰富多彩的文化氛围,培养受教育者良好的思想政治品德。坚持正确健康的先进文化引领人的思想发展。充分发挥榜样在隐性教育中的示范作用。加强校园文化、企业文化、社区文化的建设,在满足人的精神文化需求中实现隐性教育。通过各类的文化广场活动、美术展览、文学艺术欣赏、经典著作阅读、文艺表演、体育活动等形式,寓教于境、寓教于情、寓教于乐,丰富人们的精神生活,提高人们的文化修养,使其追求真善美,摒弃假恶丑,让人们在愉快、轻松、激情的情绪体验中接受教育。加强制度文化环境建设,建立健全各项法律法规、规章制度。提高教育的规范性、科学性、民主性,使受教育者感受到人权保障和社会公正制度执行所带来的温暖,特别是在人性化制度、规章制定和执行中能够对受教育者的价值观念和行为起到潜移默化的引导作用,使其在健全的制度文化环境中提高自我教育、自我管理、自我服务的能力,这就是一个有效的"隐性教育"过程。

第二,发挥教育者人格力量,凸显人格感染作用。人格反映一个人的生理、心理、思想、认知、情感、道德等方面的状况。有人格,才有吸引力,"亲其师,才能信其道"。教育工作者要通过自己高尚的人格所体现出来的尊严感、荣誉感、价值观、道德观和良好的政治素质、心理素质,在与受教育者平等的交往、对话、沟通中,对受教育者起到率先垂范、潜移默化的熏陶和感染作用。高尚人格的熏陶、感染比硬性的道德说教、强制的道德灌输更能满足受教育者的情感、心理上的需求,更容易拉近与受教育者之间的情感距离、心理距离和思想距离。只有这样,才能在轻松愉快的教育情境中,激发人的潜能,陶冶人的情操,提高人的认知能力。为此,教育者必须丰富自己的学识,提高自己的学识魅力;注意自己的仪表,提升自己的高雅气质;加强道德修养,提高道德感染力。特别是那些理论功底扎实、学术涵养深厚的教育者、理论家展示他们博古通今、学贯中西、旁征博引的学识的时候,传递的不仅仅是知识、学问,还有他们那一丝不苟、求真务实、勤奋求学、止于至善的学术人格魅力和儒雅高贵的精神气质。这是非常有效的隐性教育。正如李镇西所说:"课堂的魅力就是教师的魅力,而教师的魅力主要就是学识的魅力。教师在讲台上一站,就要让学生感到你有一种源于知识的人格魅力。"[1]离开知识的富有去谈能力、素质和创造,去谈智慧、高尚和伟大,难免会给人以哗众取宠、虚无缥缈的感觉,更谈不上所谓的显性教育或隐性教育。

第三,强化实践体验,发挥实践的隐性教育功能。思想政治教育发挥实践的隐性教育功能,就是将教育寓于各种生动、直观、形象的社会实践中,受教育者在实践中进行自我角色体验,享有与其角色相适应的权利,履行相应的义务,并遵守相应的行为规范,增强自我主体意识和主体责任。受教育者通过体验他人角色,深刻理解他人的责任、权利和生存意义,站在他人角度观察和思考问题,体验人与人之间相互理解、相互包容的价值。在诸种社会实践中,深入社会,接触实际,体验生活,在耳濡目染的亲身体验中认识社情、国情、党情,感受改革开放和中国特色社会主义建设成就,在实践中激发爱国情感。由于隐性教育无论是内容上,还是方式上,涉及受教育者生活的不同层面,实践性特点鲜明,容易引起思想上的共鸣,因此隐性教育易于为人所接受。

(三)融合统一:显性教育和隐性教育辩证统一的实践理路

显性教育和隐性教育是各具特点的两种不同教育方式,统一于思想政治教育的整个过程。在教育过程中,它们既不可以做简单的机械叠加,又不是

---

[1] 宋德发.讲授的弦外之音:显性讲授中的隐性教育[J].现代大学教育,2020(3):42-46,112-113.

非此即彼、互不相通的教育方式。新时代思想政治教育教学改革创新,增强教育的时代性、实践性,必须促进显性教育和隐性教育的融合统一。这需要厘清显性教育和隐性教育两者间的关系,增强教育感染力;提高教育工作者的综合素质,增强教育的亲和力;促进思政课程和课程思政同向同行,增强协同育人的合力。

第一,厘清显性教育和隐性教育两者间的关系,促进优势互补,增强教育感染力。显性教育和隐性教育在教育的途径、方式以及取得的效果上存在明显的差别。但两者相互联系、相互补充,在一定条件下是可以相互转化的。显性教育是隐性教育的前提和保障,显性教育决定隐性教育的内容。隐性教育是显性教育的助攻和强化,影响显性教育目的的实现和效果的提升。在同一思想政治教育过程中,显性教育和隐性教育交织在一起,共同发生作用。如课堂教学中的知识讲授是典型的显性教育,而教学中的教育者学术人格、道德人格魅力、治学教学态度、仪表举止形象、与受教育者间的人际关系情况,都可表现出隐性教育的内容。同样,如果隐性教育能够得到不断的重视、强化,也会成为显性教育。

显性教育和隐性教育是统一于思想政治教育活动中的两个方面,只是教育方式和教育特点各具特色,很难说孰优孰劣,关键是要在尊重人的成长规律的基础上,从理念上厘清两者的关系。究竟是突出显性教育,还是突出隐性教育,究竟如何更好地实现显性教育和隐性教育融合统一、优势互补,要根据时代发展的不同特点和人的思想发展需要。不能将显性教育或隐性教育的任何一方加以绝对化、极端化,否则容易给人造成思想政治教育是"专门的人干的专门的事"的认知错觉——专门的人在专门安排的时间、相对固定场所,按照预定或规定的教学计划和内容,开展程序化的思想政治教育,无须观照教育对象的具体情况和实际需要,也不必开动脑筋,开拓创新,只需看书本教,按规定办,照文件做。所以,出现无锡锡山区有关人员于2019年5月28日在幼儿园组织开展"学生涉黑涉恶"调查一事就不足为奇了。幼儿学生几乎没有涉黑涉恶的权力和能力,要求幼儿园填写"学生涉黑涉恶"调查报告,折射出少部分国家机关干部、教育部门工作人员的形式主义工作作风,给教育造成了负面影响,给学生带来了心理阴影。显性教育绝对化强化了教育者的管理型、领导型、权威型、主导型的任务角色,忽视了对教育对象的关心、关爱、关切。随着时代发展,特别是受西方教育方式的误导,突出强调隐性教育的地位和作用,甚至用隐性教育来代替显性教育,则导致另一极端的出现。

西方发达国家思想政治教育方式较为隐蔽,注重隐性教育方式的应用,这不是说他们就比我们文明,而是因其发达的经济实力、复杂的外来人口和多种族文化等因素综合影响才形成的。如果将隐性教育绝对化,就缺失了教育的主导性、规范性、科学性和权威性,动摇了思想政治教育根基。思想政治教育要做到有效、有力,做到关爱人、尊重人,必须促进显性教育和隐性教育相融合、相统一、相补充。

第二,提高教育者的综合素养,释放活力,增强教育亲和力。这里的教育者不仅包括思政课教师,而且包括其他课程教师,不仅包括专职思想政治教育工作者,而且包括其他所有人员。显性教育和隐性教育的融合、统一,对教育者知识、能力和综合素质提出了更高要求。显性教育特别强调教育者的学识素养,要求其拥有渊博的学识,做到"腹有诗书气自华"。如果不学无术,空洞无物的心灵鸡汤即使听起来天花乱坠,也只是给人夸夸其谈、哗众取宠的感觉,教育效果难以奏效。隐性教育注重教育者挖掘隐性教育资源的能力,开展教育教学、社会实践活动的能力,实现教材体系向教学体系转化的能力等各种能力素养。虽然满腹经纶,但说不出、讲不明、道不清,更无法将知识转化成解决问题的能力,教育者存在能力不足的问题,教育亦难以收获成效。显性教育和隐性教育融合统一,把思想政治教育当作每一个人的职责,需要人们综合素养的提高,特别是需要思想政治素养这个前提保障。现实中经常看到这样的现象:学校里的学生出现不遵守纪律、学习不积极、行为习惯不好等现象时,授课教师找班主任、辅导员"告状",反映情况。当然,这的确是班主任、辅导员的工作职责之所在,但作为授课教师也不能置身事外,把教书和育人割裂开来,似乎自己只有教书之职,无育人之责。"在思想政治理论课教师的同行交流中,过去经常听到这种抱怨:自己辛辛苦苦扶正的学生'三观',其他教师的一句话就'毁'了。"[1]这都反映了部分教师责任意识、育人意识不强,思想政治素养有待提高。

教师是显性教育和隐性教育融合统一的主要实施者和具体操作人。教育者的育人意识和人文关怀是实现显性教育和隐性教育融合统一的前提和基础。广大教育工作者要筑牢理想信念之"根","要有仁爱情怀,把对国家的爱、对教育的爱、对学生的爱融为一体,心中始终装着学生,让思政课成为一

---

[1] 胡大平.坚持显性教育和隐性教育相统一 全面提升高校立德树人水平[J].思想理论教育导刊,2019(7):81.

门有温度的课"[1]。在培养有理想、有本领、有担当的时代新人的各项教育事业中,不断释放自己的青春活力,形成万众一心、同向同行的显性教育和各司其职、多姿多彩的隐性教育相互促进、相互融合、相互补充的教育工作局面,不断增强教育者对受教育者的亲和力和吸引力。

第三,推进思政课程和课程思政同向同行,形成协同育人的合力。思想政治理论课是落实立德树人根本任务的关键课程,发挥着思想政治教育主渠道主阵地的功能和显性教育作用。始终明确思想政治理论课是显性课程的定位。习近平同志指出:"思政课要做思想政治教育的显性课程。有人提出把思政课变成隐性课程,完全融入其他人文素质课程中,这是不对的。我们办中国特色社会主义教育,就是要理直气壮开好思政课。"[2]在思想政治教育发展史上,我们有过深刻教训,出现过思政教育与思政课程的弱化、虚化、边缘化现象。因此,必须强化思政课程鲜明的意识形态本质和显性的立德树人功能。教育人民把爱国情、强国志、报国行自觉融入坚持和发展中国特色社会主义、建设社会主义现代化强国、实现中华民族伟大复兴的奋斗之中。思政课作用不可替代,思政课教师队伍责任重大,要切实担负起思政课程的立德树人作用,以思政强基铸魂,及时用党的创新理论武装受教育者头脑,打牢成长成才的科学思想基础,培养担当民族复兴大任的时代新人。

虽然强调思政课在思想政治教育中的主导地位和显性教育作用,但它却不是思想政治教育中的唯一课程。科学、完整的思想政治教育必须把受教育者的思想培育融入每一门课程。"要挖掘其他课程和教育方式中蕴含的思想政治教育资源,实现全员全程全方位育人。"[3]发挥课程思政的隐性教育作用,树立课程思政理念。近几年来,提出"课程思政"理念,就是要挖掘思想政治理论课以外其他课程和教学方式中所蕴含的思想政治教育资源,发挥其思想政治教育功能,从而达到课程承载思政,思政寓于课程的目的。虽然其他课程主要是专业知识教育课程,但同样蕴含了思想引领、价值塑造、生命关爱、社会责任等诸多的教育资源。如人文、艺术学科课程包含传承文明、关爱人性、尊重人才等方面的优秀文化成果,以其优美的文学形式和丰富的生活内容陶冶人的性情,塑造健全的人格,是最具影响力的隐性教育。医学学科和生物学科在突出疾病预防与治疗、身体健康发展、医疗技术进步等学科教

---

[1] 习近平.思政课是落实高校树人根本任务的关键课程[J].求是,2020(17):6.
[2] 习近平.思政课是落实立德树人根本任务的关键课程[J].求是,2020(17):14.
[3] 习近平.思政课是落实立德树人根本任务的关键课程[J].求是,2020(17):14-15.

育中,蕴含了生命伦理、生命关爱、生命价值等教育内容。其他课程的任课教师要精心准备,融知识性与价值性、科学性与思想性于一体,把所教专业课程的思想政治教育资源自然巧妙地融合到知识教学体系中,发挥其他课程隐性教育的作用,做到把思想政治教育贯穿教育教学全过程,实现全程育人、全员育人和全方位育人。立德树人不仅是思政课教师的任务,也是其他课程教师的责任。"其他各门课都要守好一段渠、种好责任田,使各类课程与思想政治理论课同向同行,形成协同教育。"[1]在其他课程的隐性教育中,受教育者受到了"潜移默化""润物无声""桃李不言,下自成蹊"的效果。

坚持显性教育和隐性教育相统一的原则,就是要求思想政治教育理论课程的显性教育和其他课程的隐性教育融合统一。要防止思政课和其他课程各自为政、各说各话、相互脱节现象,从而提高课程育人意识、育人能力。思政课程和课程思政可以相互补充,但不可以相互替代。加强课程思政建设,既不是要把其他课程变为思政课程,也不是要削弱甚至取代思政课程,而是要构建思想政治理论课、专业课、通识课三位一体的思想政治理论教育课程体系,树立课程思政理念,增强育人意识,发挥课程教育教学中显性教育和隐性教育同向同行的协同效应。

五、宽容和信任相一致的原则

宽容在《现代汉语词典》里的解释为"宽大有气量,不计较或不追究"[2]。《辞海》将宽容定义为"宽恕,能容人。宽大有气量,不计较或不追究"[3]。《大不列颠百科全书》中把宽容定义为"允许别人有行动和判断自由,对不同于自己或传统观念的见解的耐心公正的容忍"。宽容是对人的主体性的尊重和对人性的守护,既是人的一种美德,又是人的一种价值取向。它表现出来的是一种人生态度、一种道德境界。思想政治教育人性化的宽容原则是指思想政治教育工作者对受教育者的主体性、个性和需要的尊重与理解和对受教育者的过失、缺点等的宽恕和容忍的原则。其实质就是承认受教育者思想行为的多变性、包容受教育者思想观念的多元性、肯定受教育者思想认识的有

---

[1] 习近平.习近平在全国高校思想政治工作会议上强调 把思想政治教育工作贯穿教育教学全过程 开创我国高等教育事业发展新局面[N].人民日报,2016-12-09(1).

[2] 中国社会科学院语言研究所词典编辑室.现代汉语词典[M].修订本.北京:商务印书馆,1996:733.

[3] 夏征农.辞海[M].上海:上海辞书出版社,2001:829.

限性、尊重受教育者思想创新的求异性、认可受教育者人性的差异性。坚持宽容原则对思想政治教育人性化有着非常重要意义。

第一,宽容原则突出人的主体性存在。宽容不仅是教育者对受教育者"个体真实性"和"生命个体"的承认,而且是对人的主体性存在和人的价值的凸显。思想政治教育人性化首先就是要将有血有肉的生命个体看作具体的真实性存在,而不是把个体简单归类于某种一般性的共相,更不可以否认受教育者的鲜明个性而将其视为可以任意进行知识灌输的器物。每个人在其尊严、人格、价值、个性上都体现出主体性存在。"任何对个人自由和尊严的损害都属非法,任何使个人还原、通约成某种原则或教条的做法都是欺骗,任何企图削平人的个性的力量都是僭越,任何只能让个人说'是',不能说'不'的强制性力量都应颠覆。"[1]具有宽容意识和宽容精神的教育者应该承认受教育者的"个体真实性"和主体性,这是体现宽容的最为根本的尺度。缺失了宽容原则,教育者往往强词夺理、唯我独尊、以势压人,给人以"高处不胜寒"的感觉,受教育者则唯唯诺诺、唯命是从、俯首帖耳,给人以"顺人者昌,逆人者亡"的畏惧。可以说意大利科学家、思想家布鲁诺死于火刑架的事实,就是人类不宽容行为的真实写照。

肯定人的地位和主体性存在,就是要求每个个体生命的独特性和丰富性不能被任意抹杀,人的个性和差异性不能被随意剪裁。基于人性宽容,不再把人的理性绝对化,将其看作可以达到无限真理的境地;不再把人的道德纯粹化,将其看作可以达到无限圆满的境地;不再将人的价值神圣化,将其看作可以达到无限完美的境地。"金无足赤、人无完人。"人的思想认识和行为方式上存在过失、错误在所难免。思想政治教育要能容人之言,容人之过。容人之言就是允许受教育者情感表达、畅所欲言,对激进,甚至偏见和抱怨的言论能够谦和倾听、包容接纳和循循善诱。在不违反原则的情况下,对于不同于自己的观点,甚至是反对的过激言论,不进行非人性化的打击报复。肯定差异的存在,有差异,才会有宽容,才会有尊重,但尊重不是指向差异,而是指向人的自主性和主体性。缺乏宽容意识的人,往往带有强烈的偏见、成见,自我中心意识浓厚,自以为是,总觉得"众人皆醉我独醒,举世皆浊我独清",带有强烈的主观臆断和主观偏好。树立正确的角色意识和权威意识,就是不能时时、处处都扮演警官、法官和裁判官的角色,充当知识、理论、道德、文化、理

---

[1] 贺来. 宽容意识[M]. 长春:吉林教育出版社,2001:145-146.

想的布道者,听不得真话、实话和知心话。思想政治教育绝不是空谈阔论,堵住他人之言,就万事大吉了。这种看似坚持原则,正统说教,不会犯错的做法,其实是缺少担当的极为不负责任的行为。容他人之言,既是他人表达思想、舒缓情绪、释放压力的过程,也是了解对象思想状况的重要途径。如此,才会更好地交流、沟通、对话,缩短彼此间距离,推动思想政治教育深入开展。容他人之过,就是教育者要承认受教育者需要的多样性和人性的差异性,宽恕他人的缺陷、不足或过错,容忍他人的个性、自由、权利和生活空间。"尺有所短,寸有所长""人非圣贤,孰能无过",不能因为有过,就被贴上标签,成为抓辫子、扣帽子、打棍子的对象,把受教育者无谓地推向自己的对立面,甚至是把自己人推向敌人的阵营。人在实践中难免会有这样那样的过失、过错,关键是能否认识到错误并加以改进,从而让其成为人成长过程中的"宝贵财富"。孔子说:"过则勿惮改。"(《论语·学而》)这就是教育者的任务。如果不能正视自己的过错,或者认识到错误,又不愿改正错误,那就是孔子所说的:"过而不改,是谓过矣。"(《论语·卫灵公》)宽容原则坚持容他人之过,但不是迁就、放纵他人之错,而是要不断激发他人努力改正错误的决心和信心。

第二,宽容是主体间性的深层品质。宽容是交往关系和谐发展的基本保障,是交往式思想政治教育有效开展的基本要求,宽容承认"人的主体性""个体真实性",消除"主—客"二元对立人际关系形式。教育者和受教育者是彼此间人格平等、互相尊重的"主体间性"关系。要想得到别人的尊重,就得尊重别人,要想别人把自己当人看,就得把别人当人看,要想别人关爱自己的生命和权利,就得关爱别人的生命和权利。绝不允许为了"自我"而去牺牲、挤压、控制"他我",提倡彼此间的平等对话、尊重理解,"它反对'你死我活'的斗争哲学,提倡真诚、开放、积极的交往理性"[1]。

宽容原则是人际交往的一个基本原则,在人际交往中,"己欲立而立人,己欲达而达人"(《论语·雍也》)、"己所不欲,勿施于人"(《论语·颜渊》),体现了平等、尊重的人际交往要求。儒家的"仁者爱人""忠恕之道""恻隐之心""宽则得众"(《论语·阳货》)、"躬自厚而薄责于人,则远怨矣"(《论语·卫灵公》)等思想观念,都充分体现了"主体间性"的宽容、和谐的人际交往原则。"不能容人者无亲"(《庄子·庚桑楚》),不能容人的人没有亲近的人,别人走近不了你,你也走进不了别人。然而人都是社会之人,都有与人交往、建立人

---

[1] 贺来.宽容意识[M].长春:吉林教育出版社,2001:151.

际关系的需要。没有人际交往和人际关系的和谐发展,就没有个体和社会的发展,作为做人的工作的思想政治教育更无从谈起。

交往式思想政治教育首要的是教育者和受教育者建立起彼此信任、和谐、亲近的人际关系。不同教育对象的世界观、人生观、价值观存在差异,如何做好他们的教育工作,如何和他们建立有效的人际关系,进行有效的人际交往,这就需要有宽容之心,去接纳对方,而不是通过强权去挤压、拒斥对方。宽容是缓和、消除矛盾,建立和谐人际关系的重要前提,是建立平等、尊重、欣赏、合作、对话的人际关系的基础,也是有效开展思想政治教育的基本条件。

第三,宽容原则尊重人的创造性,有利于人的创新精神和创新能力的培养。有本领的时代新人和社会主义建设者必须是有创新意识、创造能力的人,这是人才培养题中应有之义。宽容教育对创新人才培养具有重要作用。教育既有培养创造精神的力量,也有压抑创造精神的可能。具有创新性、开拓性的思想一开始往往总是被看作"异端邪说",那些"异端邪说"者们往往也就成为最早受难者。如果对人的个性肆意扼杀,对异己的力量实施强行暴政,对蕴含创新发明的奇思异想强力压制,对人的生存空间任意挤压,对人的尊严无端伤害,我们就有可能失去许多天才和发明家。"陶行知先生严厉警戒那种既为人师、不该糊涂的先生:'你的教鞭下有瓦特,你的冷眼里有牛顿,你的讥笑中有爱迪生'(《糊涂先生》)。"[1]教育者不能够守护受教育者烂漫天性和个性活力,不懂得满足教育者的兴趣、欲求、爱好,不知道如何扬其长,宽容其失败、挫折,就很难被称为合格的思想政治教育者和高明的教育家。"不宽容使创造力蒙难。而宽容则使创造力如岩浆奔涌,生气焕发。"[2]在一个宽容的社会里,一个人独特个性得以孕育并得到尊重,而这种独特个性往往是人的创造精神和创造潜能得以充分实现的基本前提;在不宽容的社会里,因个性的泯灭而使创新潜能遭遇扼杀的命运。宽容能够克服偏见,打破束缚,化解嫉妒,消除猜忌,鼓励创新,允许试错,能够对"不守成规""特立独行""异想天开""独树一帜"等思想行为持宽恕、容忍的态度,使创新思维获得不竭动力和源泉。宽容予"不守成规者"以容忍,就是对其想象力、创造力的解放。思想政治教育人性化就是为创新思想的培育、创新人才的培养营造宽容的环境,从而推动社会发展。缺失了宽容创新,整个社会就会落后、颓废,

---

[1] 潘涌.论陶行知的教育诗[J].华中师范大学学报(人文社会科学版),2012,51(2):129.

[2] 贺来.宽容意识[M].长春:吉林教育出版社,2001:28.

陷入死寂的荒漠之中。

在思想政治教育人性化中坚持宽容原则，必须力求做到：

第一，加强宽容教育，树立宽容意识。坚持宽容原则，要有宽容意识和宽容精神。宽容作为一种美德，一种智慧，一种修养，一种胸襟，一种行为准则和生活态度，可以通过宽容教育来养成。宽容教育，一是对受教育者不压制、不排挤、不伤害的教育。宽容就是尊重差异性，保护多样性。不压制人的奇思妙想、兴趣爱好，使得教育更加注重培养受教育者的独立性、创造性和好奇心。不排挤弱势群体和异见者，不强迫受教育者不加反思性、批判性思考来接受某种思想观念；不伤害人的人格与尊严。宽容和承认异见是不可分割的统一体，宽容行为的达成，取决于人承认、理解异见的能力和尺度。对一些犯错或出现过失的人，以各种方式歧视、排挤、打击、伤害，会造成人的自尊受伤、心理失衡、充满敌意，甚至做出失常的极端行为。二是对生命的尊重与赏识。宽容教育是一种爱的教育，多一点宽容，少一点冲突。人类历史上曾因缺失宽容，对那些所谓"异端"学术、异见者和异己行为，睚眦必报，涂炭生灵，社会充满专制、仇恨、压迫、混乱，乃至战争。只有宽容才有可能减少摩擦和冲突，带来理解、和谐，产生对生命的敬畏。凡是需要宽容的地方，往往都存在分歧、差异、矛盾、冲突、对立。认识这些问题并给予宽容，对教育者也许并不难，但如何在这些消极因素背后发现其积极因素，并给予欣赏，对一名思想政治教育工作者来说是一种智慧的考验。陶行知"四颗糖"的故事或许对我们有所启发。陶行知发现一个孩子用泥块砸自己同学，便当即制止，并让他放学后到校长办公室。当发现犯错孩子已等在门口，陶行知掏出一颗糖送给他，因为孩子准时到达，而陶行知迟到了。接着陶行知掏出第二颗糖，因为陶行知当时不让孩子打人，孩子住手了。陶行知奖给孩子第三颗糖是因为调查中发现，孩子砸人是因为他们欺负女生，这是有正直因素的。当孩子因心情复杂哭了，说："你打我两下吧，我错了，我砸的不是坏人，是我同学呀。"于是陶行知掏出第四颗糖，因为孩子自觉意识到了自己所犯的错误。陶行知的教育不仅体现了一种关爱、宽容、信任教育，更难得的是一种赏识教育，发掘人性的积极因素，给予充分的肯定和赏识，彰显宽容的力量。三是对宽容践行能力的提升。宽容教育不是空洞说教，只有将宽容美德和现实生活直接结合，将宽容信念外化为社会生活中的宽容行为，方能显示宽容教育的作用和价值。宽容教育的成效必须接受宽容实践的检验，并不断提升宽容践行能力。现实生活中，不少人对宽容的内涵、宽容的价值有充分的认识，但在需要宽容的实际行为时,不能做出符合宽容要求的实际行动,或者只希望别人对自己的过失、错误给予宽容,而不能真诚地给予别人宽容。宽容意识强,宽容意愿和能力不足。

第二,优化社会环境,营造宽容氛围。社会环境对一定社会的宽容精神培育和宽容文化氛围的营造有重大影响。文化源于一定的经济、政治、社会的发展,随着经济、政治、社会变化而变化。同时文化环境对人的价值观念的形成和思想行为的发生具有重要作用。必须大力加强社会主义文化环境建设,培养和践行民主、自由、平等、公正、法治的社会主义核心价值观。民主观念、平等思维、公平意识、公正原则是人的宽容意识、宽容精神、宽容行为得以蕴生的重要条件。越是先进、包容、接纳、开放的文化,就越能尊重人的自主性、独立性活动,就越能促使人的创造力发挥和创新性发展。中国历史上春秋战国时期、新文化运动时期,以及意大利文艺复兴时期所显示的社会进步与发展,无不说明了文化环境对良好宽容生态建设的巨大影响。宽容的文化氛围对创新性人才的培养同样有着重大作用。人的创造力竞相迸发,敢于冒险,敢为人先,敢于创新,勇于竞争。因此,要坚持宽容原则,在全社会营造宽容失败的创新文化环境。

加强舆论环境建设,发挥社会舆论的积极作用。"所谓社会舆论,是指一定社会群体通过思想或观点的某种总和而表现出来的对某一社会现象、个人思想和行为所持的态度。"[1]社会舆论环境对宽容生态建设、宽容文化塑造具有重要作用。舆论环境在一定范围内表明了公众对于某些事物或思想行为的一致态度和意见。思想政治教育通过正确的舆论导向,加强宽容的舆论宣传,特别是注重网络舆论环境中舆论宣传教育的作用,在全社会形成一种鼓励人独立思考、自主创新、自由表达、宽容失败的一种舆论氛围。舆论上对夜郎自大、墨守成规、排斥异己、独断专行、制造仇杀的行为保持强烈谴责的高压态势。坚决抵制低俗、庸俗、媚俗等消极社会舆论对人的思想行为的影响,充分发挥积极的社会舆论环境对宽容意识培育、宽容实践发展的重要作用。

第三,强化宽容的边界意识,坚持有限度的宽容原则。宽容是迄今为止人类所发现的化解矛盾、增进理解的极其有效的途径,是实现教育者和受教育者和谐共处、积极交往、良性互动、平等对话、相互尊重的最有效的方式方

---

[1] 唐凯麟.伦理学[M].北京:高等教育出版社,2001:201.

法。但宽容是有限度的,不是无限制、无原则的姑息迁就、妥协退让或恣意放纵。必须坚持有限度的宽容原则:一是坚守宽容的公正边界。宽容给人带来自由的空间与和谐的氛围,但没有限度的宽容将毁灭人的自由和幸福。波普曾一针见血地指出:"无限制的容忍必定导致容忍的消失,如果我们把无限制的宽容甚至扩大到不宽容身上,如果我们不准备保卫宽容的社会,使之免遭不容忍者的侵犯,那么,容忍者就会被消灭,容忍亦随之不复存在。"[1]贺来教授认为:"如果毫无限度地滥施宽容,其结果必然是导致对不宽容行为的宽容,导致对毁灭宽容行为的宽容,从而使那些本来企图取消宽容的人获得行动的自由。无节制的宽容,播下的是吞噬宽容的种子,衍生的是毁灭宽容的魔鬼,培植的是取消宽容的邪恶。"[2]思想政治教育人性化坚持宽容原则,是为了更好教育人,帮助人,发展人,而不是不分是非、不辨善恶地去迎合、迁就乃至纵容人的错误、缺点,甚至罪过。失去"边界意识"的宽容就会毁灭社会正义,就会扰乱教育秩序,摧毁教育价值,人们就会突破法律底线和道德约束,为所欲为,肆意妄为,为虎作伥,为非作歹。一个人自由发展就会成了他人自由发展的限制和障碍,而不是马克思认为的那样:"每个人的自由发展是一切人的自由发展的条件。"

世界上任何事物都有自己的"限度",超出一定限度,它便会失去自己,变成他物。坚持宽容原则,必须把握好宽容的限度,明确其边界。这就是突出强调"公正"原则的重要意义。公正就是公平、平等、正直、正义。公平、平等原则要求不管是教育者还是受教育者都具有无差别地得到同样对待的机会和权利。正直、正义就是要坚守底线,坚持原则,尊重规律,关爱生命,不给滥施宽容、暴政、专制与不容异说留有余地和寻找借口的机会。宽容必须以公正作为自己的底线,宽容的边界不能违背公正,一旦放弃了公正,宽容就容易导致唯我独尊、清除异己等行为的滋生,宽容就会助纣为虐,失去其应有的价值和意义。公正是处理社会交往关系的价值法则,是保障宽容教育的前提条件。有了公正这个前提,思想政治教育内容的组织、教育主体间关系的处理就有了基本遵循。

二是增强宽容实施的能力。把握好宽容限度,实施好宽容原则,是一件极其不易的事情,对思想政治工作提出了更高要求。宽容不是对各种差异、

---

[1] 张家军.论教育宽容[J].教育研究与实验,2004(4):28.
[2] 贺来.宽容意识[M].长春:吉林教育出版社,2001:160.

矛盾、对立、过错的纵容放任、听之任之，不是对各种错误思想行为信马由缰、无能为力，而是"主体有能力干涉的情况下，选择容忍和宽恕他者给自己思想和权益带来消极影响的言行"[1]。宽容不是毫无能力下的被迫容忍，也不是力量制衡性的妥协，"它是力量与智慧的体现，是人格的一种主动开放状态，是一种勇于承担责任的积极意识与行动"[2]，是有能力干预情况下的不干预，表现出思想政治教育把握宽容限度和条件的能力。在宽容教育中，帮助受教育者提高了自我认知、纠正过错的能力。教育双方能够清楚认识到哪些能宽容，哪些不能宽容，怎样去宽容。教育者不能把宽容当作可以推卸责任、回避矛盾的挡箭牌，而是要不断练就自己实施宽容的本领和智慧。在宽容教育的方式方法上，有所为，有所不为，切中要害，恰到好处。

信任原则是思想政治教育又一重要原则，《现代汉语词典》对"信任"的解释是"相信而敢于托付"[3]。在中国古代汉语中，"信"字包含了诚实、信用、相信、信任、信物等意思。"任"也有抱着、担子、担负、担当、抱负、担任、责任、任务、听任等含义。伦理学中的信任描述的是人与人之间的一种道德关系。朱贻庭教授认为：信任是指"社会成员对彼此诚实、合作行为的期待。表明主体（个体和集体）对他人或社会团体的可靠、忠实、诚意和正直具有坚定的信念，相信他人或集体的行为和承诺，对此没有怀疑"[4]。信任是教育者和受教育者良好关系的建立、思想政治教育有效组织与发展的必要条件。信任原则在思想政治教育人性化中有着重要作用。

第一，有利于建立良好的人际交往关系，提高教育的有效性。教育者和受教育者两者之间的交往互动、关系亲疏等状况直接影响教育活动的开展和教育的成效。信任是人与人之间心灵沟通的桥梁，它有利于人们进行积极的情感表达、情绪体验。教育者给予受教育者的信任，能够给他们带来满足感、获得感、安全感。双方建立起良好关系，信息的传递、交互会更加充分、顺畅、有效，人与人交流、沟通障碍得以降低，人际交往、人际关系得以简化，教育者传授的内容能更好地为教育对象所接受。相反，如果教育者紧盯受教育者的缺点和不足，处处表现出轻视、冷漠、怀疑、猜忌、嫌弃、不信任的态度，彼此间

---

[1] 高政. 宽容的概念分析与教育启示[J]. 清华大学教育研究，2014，35(4)：41.

[2] 贺来. 宽容意识[M]. 长春：吉林教育出版社，2001：165.

[3] 中国社会科学院语言研究所词典编辑室. 现代汉语词典[M]. 修订本. 北京：商务印书馆，1996：1404.

[4] 朱贻庭. 伦理学大辞典[M]. 修订本. 上海：上海辞书出版社，2011：46.

就会产生消极情绪和抵触心理。这种紧张的人际关系,很难使得教育者能够走近对方、尊重对方、激励对方,从而造成教育的低效甚至无效。德国著名社会学家席美尔认为:"离开了人们之间的一般性信任,社会自身将变成一盘散沙,因为几乎很少有什么关系不是建立在对他人正确的认知上。"[1]这充分说明信任对于良好人际关系建立的重要性。

第二,有利于发挥人的聪明才智,提高人的创造性。思想政治教育坚持信任原则,就是对人充分尊重和认可,少一些约束和制约,反对嫉贤妒能,相信受教育者自我发展、创新发展的可能和能力,相信人民群众在历史活动中的主体地位、主体作用。党的群众路线就是建立在信任基础上的对长期革命、建设、改革经验的总结。人都会有优点和长处,也会有缺点和短处。如果教育者能够给予受教育者充分的信任,受教育者就会充分发挥其聪明才智,激发其创新意识和创新潜能。

第三,有利于培育人的自尊心,促进人健康成长。人皆有人格、尊严,人都有希望得到尊重和信任的需要。尊重和信任受教育者,就是尊重他们的自尊心,平等待人,反对居高临下,盛气凌人。如果因为人的过错、缺点、不足,动辄加以训斥、讽刺、警告,极易造成自尊受伤、个性受抑、人格受辱,造成受教育者谨小慎微、诚惶诚恐,不敢越雷池一步,产生防御心理和逆反心理,不利于人的健康成长。习近平曾明确要求:"好老师对学生的教育和引导是充满爱心和信任","用信任树立学生的自尊,让每一个学生都健康成长,让每一个学生都享受成功的喜悦"[2]。信任是一种接纳,一种肯定,一种鼓励与表扬。让受教育者在信任的文化氛围中获得自信心和发展动力。习近平多次表述,"中国共产党始终高度重视青年、关怀青年、信任青年,对青年一代寄予殷切期望"[3]。只有信任青年,才能赢得青年,赢得人才。信任让人获得更多历练的空间和避错的机会,更好总结经验、教训,更快地成长和发展。

为了更好地坚持信任原则,发挥信任在思想政治教育人性化中的作用,必须深刻了解和把握运用信任原则的基本要求。

第一,要有真诚之心,展现自我的本真性。真诚是人与人交往得以延续和发展的基本保证,是人与人相互理解、对话、接纳、信任的基本条件。信任

---

[1] 席美尔.货币哲学[M].朱桂琴,译.北京:光明日报出版社,2009:156.

[2] 习近平.做党和人民满意的好老师:同北京师范大学师生代表座谈时的讲话[N].人民日报,2014-09-10(2).

[3] 习近平.习近平谈治国理政[M].北京:外文出版社,2014:49-50.

必须是发自内心的真诚之心和真实意愿,不是口头和表面的信任、内心和行动的不信任。反对虚情假意、口是心非、弄虚作假、掩饰伪装。信任"主要关注行动者的个人品质,认为行为者的诚实、不欺、守信等美德是赢得他人信任的关键因素"[1]。教育者诚挚的情感和率真的本性能够让受教育者感受到关怀、赏识、宽容,产生积极的情感体验,即使忠言逆耳,也能暖人心扉,促进彼此间的理解和信任。思想政治教育者要能在受教育者面前塑造一个真诚、真心、真实的自我,真诚表达自我情感,真实表达自我想法,真心关爱受教育者,不以自己的情感、性情、好恶为转移,不以受教育者的思想、出身为标准。教育者要在真诚基础上赢得尊重,在真实基础上赢得信任,使受教育者能主动地将教育内容内化为自己的思想品德,外化为自己的行动指南。

第二,要有责任之心,增强担当意识。在信任关系的构建中,强烈的责任心品质是关键影响因素。教育者责任心越强,投入越多,和受教育者的交往越频繁,就越能受到尊重和信任。正如彼得·什托姆普卡所言:"责任性增强可信性的原因在于它改变了被信任者利益的计算,它增加了成为可信任的人额外的动机,即避免责难和惩罚。"[2]诚然,正如宽容原则一样,信任不是放任自流、纵容妄为,不是搞团伙间利益集团的信任,否则就是对信任原则的扭曲和践踏。如果只有信任,而没有严格的要求和必要的监督、惩罚,容易造成无原则的迁就和放任,就会酿成严重的后果。增强信任中的责任心,就是要充分认识到人的思想转化、精神升华、道德境界提升是一个复杂过程,不可能一蹴而就,这要求教育者必须有足够的耐心、细心、恒心,为培养担当民族复兴大任的时代新人尽心尽责。

第三,要有仁爱之心,不断提升自身综合素质。人的真诚之心、责人之心,都离不开仁爱之心,离不开对人的关爱和对教育事业的热爱。要有仁爱之心,要取信于人,就必须不断提高自身综合素质。综合素质是一个人知识、能力的辩证统一。首先,一个人的真才实学、真知灼见是取信于人的基本因素,无论是教育者对受教育者的信任,还是受教育者对教育者的信任,都是如此。要想得到他人的信任,必须靠自己渊博的学识和高尚的人格,让人能从你身上获取真理的力量和人格的力量。教育者要对思想政治教育内容的知识结构、理论特质、实践操作、教育方法做到深谙于心,运用自如。受教育者

---

[1] 喻芒清,张丹丹.信任研究的心理层面探析[J].学校党建与思想教育(上半月),2008(6):23.
[2] 什托姆普卡.信任:一种社会学理论[M].程胜利,译.北京:中华书局,2005:117.

对教育者的信任就是建立在教育者能够满足其获取知识、信息的需要基础之上的,而且教育者提供的知识、信息要与受教育者的期待和需要有一定程度上的契合。其次,教育主体的综合能力是取信于人的重要因素。知识不等于能力,有了知识还需要有将知识转化为解决问题的能力。信息汲取甄别能力、人际交往交流能力、教育教学能力、创新创业能力、竞争合作能力、心理调节适应能力,无论对教育者,还是受教育者,都是重要的能力因素。只有具备了较强的综合能力,才能更好地化解矛盾,解决问题,受到人民的信赖。最后,思想道德素质是取信于人的首要因素。思想道德素质是良好关系建立的首要条件和重要保障。"大凡心胸狭窄、口蜜腹剑、溜须拍马、挑拨离间、造谣生事、结仇记恨、落井下石、损人利己的人难以获得他人信任。而胸怀坦荡、是非分明、真诚正直的人更容易为他人所信任。就教师群体而言,那些为学生所信任的教师首先是有着良好道德的教师,他们大都言而有信、坦荡无私、公平公正。"[1]当今社会出现的诸如假冒伪劣、坑蒙拐骗、敲诈碰瓷,以及食品医疗、环境污染等问题,诚信缺失、道德失范是其重要成因。它破坏了社会信用体系,降低了人们之间的信任度。对此,解决问题的重要途径就是重塑诚信价值观,加强思想政治教育,提高人们思想道德素质。"作为思想政治教育者,要想取得受教育者的信任,他本身应该提高自身的各方面素养,包括政治素养、思想素养、道德素养、知识素养、心理素养、能力素养等。"[2]

宽容是一种美德,信任是一种力量。一个不懂宽容的人,只为自己利益着想,很难和对方建立信任关系,只有宽容才能建立真正的信任关系。信任是宽容的基本要求,没有对他人的信任,宽容极易虚化。宽容和信任都是交往的基本需要,是人际关系建立的基础。思想政治教育人性化必须坚持宽容与信任相一致的原则,实现教育者与受教育者在良好的人际互动中相互扶持、相互关爱、相互感染、相互促进、共同提高。

第二节 思想政治教育人性化的方法

思想政治教育有效性、时效性的提高和亲和力、针对性的增强,离不开教育教学方法的科学有效。科学有效的方法要因事而化,因时而进,因势而新。

---

[1] 曹正善,熊川武.教育信任:减负提质的智慧[M].上海:华东师范大学出版社,2009:29.

[2] 范碧鸿.思想政治教育信任理论初探[J].学术论坛,2010,33(3):189.

思想政治教育人性化方法应从人的生活、精神、情感、实践、主体、心理等六个维度着力,贯彻落实现实关怀法、理论教育法、情理交融法、问题导向法、自我教育法和心理咨询法等教育方法。

一、现实关怀法：思想政治教育人性化的生活向度

现实关怀是思想政治教育人性化的价值维度和逻辑必然。关怀就是把人和事物常放在心上,对其重视和爱护。价值取向上具有仁爱、向善的道德品行,体现人的一种责任担当精神和情感关注意识。当然,关怀不是坐而论道、徒托空言,而是要立足实践,关注现实,实现人的思维方式——现实性思维方式——的根本转变,把"人"从强调高度"同一性"的形而上学的抽象思维里拉回到现实世界中,促进对人的生存状况、生命关爱的主体觉醒和自我意识。现实性既是人的一种思维方式,又是一种具有普遍性的方法论原则。思想政治教育人性化方法首先要体现在对人的现实关怀上。所谓现实关怀法,就是关注人的现实的生存境遇、感性生活和世俗幸福,在凸显人的生命存在的现实性、具体性和多样性中,肯定人的存在的主体地位、人格尊严和生命意义,从而提高人们思想认识和道德品质的一种方法。进一步说,教育方法体现对人的物质生活关怀、精神生活关怀和自然生态关怀。

1. 物质生活关怀

人的现实性存在是思想政治教育的出发点,也是思想政治教育人性化方法选择和运用的依据。人的存在的现实性一个重要表现就是人的物质需要。追溯中国共产党思想政治教育形成和发展时期,它之所以如此深入人心,赢得群众拥护,就在于能以群众的现实性为出发点,关注人的现实需要,关爱人的生活。现阶段,我国仍处于社会主义初级阶段,社会的主要矛盾已经转化为人民日益增长的美好生活需要和不平衡不充分的发展之间的矛盾。习近平同志指出:"我们的人民热爱生活,期盼有更好的教育、更稳定的工作、更满意的收入、更可靠的社会保障、更高水平的医疗卫生服务、更舒适的居住条件、更优美的环境。"[1]2019年底,面对来势汹汹的新型冠状病毒肺炎疫情,无数个家庭和个人生命安全、身体健康面临巨大威胁,党和政府果断采取措施,集中国家、社会各方面资源,做到病人应收尽收,应治尽治。而且病人无需承担医疗费用。据报载,"对于确诊和疑似新型冠状病毒感染的肺炎患者

---

[1] 习近平.习近平谈治国理政：第一卷[M].北京：外文出版社,2014：4.

发生的医疗费用,在基本医保、大病保险、医疗求助等规定支付外,个人负担部分由医院记账,由财政给予补助,实施综合保障。也就是说,个人无需承担医疗费用的"[1]。不少人的治疗费高达几万元,乃至几十万元,都由国家承担,兑现了让人民享有更可靠的社会保障、更高水平的医疗服务的庄严承诺。人民群众切身感受到党给予的温暖和社会主义制度的优越性,坚定了中国特色社会主义道路自信和制度自信。

物质生活需要是人民群众生存发展的基本需要,关乎人的生存底线和生命尊严,特别是贫困人群和弱势群体更应成为人们关心的重点对象。为了将关怀群众工作落到实处,山西省委书记袁纯清将武乡县砖壁村作为自己驻村联系点,走访农户,察看环境,帮助群众出点子、找思路,大力发展适合当地的杏、核桃、葡萄等种植业、农家乐旅游业等产业,帮助农民脱贫致富。他说:"省里出台干部驻村政策,就是要求干部沉下去,通过亲力亲为,与农民一道,帮助找出一条调整结构,加快发展,收入翻番的路子来。"[2]关心群众就要保障其各项基本权利的实现,尽可能地从制度和法规上满足其物质需要和合理的利益诉求。如果长期处于不利地位的弱势群体利益得不到切实有效保护,公平正义之光辉不能恩泽全民,他们就会产生各种思想问题,就会出现对社会、政府的不满情绪。思想政治工作的低效,一个重要原因就是一些基层干部官僚主义、形式主义严重,缺少对人民群众的现实关怀,没有真正把人民群众的生活问题放在心上,记在心头。强调和突出现实关怀,特别是物质生活关怀,既体现思想政治教育人性化的现实性,又反映其方法上的生活性和人本性。不能把传统思想政治教育方法的继承与发展和新的历史条件下的方法创新和变革对立起来。现实关怀法是在关心人的生计中解决人的思想问题的有效方法,体现教育方法的人文关怀的生活向度。

2. 精神生活关怀

精神是指人的意识、思维活动和一般的心理状态。"人无精神则不立,国无精神则不强。精神是一个民族赖以长久生存的灵魂。"[3]思想政治教育关怀人的精神生活,提升人的精神生活质量,必须在方法上要求坚持价值观教育与幸福教育相结合、文化教育与性情教育相结合。

---

[1] 北京市医疗保障局.新冠肺炎治疗 个人无需承担费用[N].北京晚报,2020-02-21(6).

[2] 王存理.山西省委书记袁纯清三进驻村联系点考察[N].山西日报,2011-11-23.

[3] 习近平.习近平谈治国理政:第二卷[M].北京:外文出版社,2017:47.

第一,价值观教育与幸福教育相结合。美好精神生活源于崇高的价值观,人的价值选择直接影响人的精神生活追求。价值观教育是思想政治教育人性化的重要方法,就是帮助人们树立科学的价值观,正确处理好价值主客体之间的价值关系,在纷呈复杂的价值观乱象中,通过价值澄明,提升精神境界,追求幸福人生。现实生活中,物欲主义价值观正侵入一些人的精神生活,使得人的物质生活富裕了,但精神却变得愈发贫乏。思想政治教育的精神关怀必须将价值观,特别是社会主义核心价值观作为教育的一项重要内容,以引领受教育者价值观建设,让灵魂接受洗礼,重新找回失去的精神家园;将理想信仰作为教育的核心内容,丰盈受教育者的精神生活内涵,克服因精神生活迷失而导致的对生命意义的漠视与戕害,避免因生活过度物化而导致的对人的幸福生活的错误认知或畸形发展。有了崇高的理想和坚定的信仰,"就能不忘初心、不变其志、不改其道、不悔其节"[1]。

人的幸福离不开精神生活的供给和滋养,如果饱受价值混乱的折磨和痛苦,即使徜徉在幸福的海洋里也找不到幸福的感觉,即使生活在"蜜罐"里也感受不到幸福的甜蜜。要真正获得幸福,就必须处理好物质幸福和精神幸福、个人幸福和社会幸福、创造幸福和享受幸福间的关系,实现两者的辩证统一。一是坚持物质幸福和精神幸福的统一。"实现幸福离不开一定的物质条件,物质需要的满足、物质生活的富足是幸福的重要方面。"但是"人的幸福并不能仅仅局限于物质方面,精神需要的满足、精神生活的充实是幸福的重要方面"[2]。思想政治教育要引导人们充分认识到人之生命所具有的自然生命和精神生命的双重属性,物质幸福是基础,但绝不能陷入物质主义泥潭,精神幸福才是更高层次、更为持久的幸福,教育就是要培养有良好的德行、坚定的信仰、健全的人格的幸福之人。二是坚持个人幸福和社会幸福的统一。社会是由个人组成的,离开个人幸福也就无所谓社会幸福,但个人离不开社会,如果坚持极端的个人主义幸福取向,那么就会导致拜金主义、享乐主义等错误幸福观的滋生和蔓延。要引导和教育受教育者树立社会幸福意识,乐于奉献,学会分享,甘于牺牲,以强烈的国家自豪感增强爱国之心、报国之志,将"小我"奋斗投身于"大我"幸福之中,为民族振兴、人民幸福贡献力量。实现

---

[1] 颜晓峰.人民日益增长的美好精神生活需要对思想政治教育提出的新课题[J].思想教育研究,2018(3):13.

[2] 本书编写组.思想道德修养与法律基础:2015年修订版[M].7版.北京:高等教育出版社,2015:172.

社会幸福最大化,也为个人幸福提供坚实基础和有力保障。三是坚持创造幸福和享受幸福的统一。思想政治教育引领人的正确价值观、幸福观,培育劳动最光荣、劳动是获得幸福的唯一源泉的思想意识。每个人都有享受已有的或自己创造的物质产品和精神产品的权利,但合理的享受幸福不是坐享其成、不劳而获,不能把奢靡当享受、浪费当消费。要正确处理好物质、利益、金钱、精神、道德、奋斗与幸福的关系。一个甘为奋斗者一定是一个意志坚强的人,一个把艰难的奋斗过程当作享受的过程的人,是一个精神最为富足的人。习近平同志指出:"奋斗本身就是一种幸福,只有奋斗的人生才称得上幸福的人生。""奋斗者是精神最为富足的人,也是最懂得幸福、最享受幸福的人。"[1]幸福的创造过程往往伴随着巨大的痛苦、失败、挫折,但成功之后能够收获精神的愉悦、心灵的慰藉,赢得社会的敬仰。思想政治教育要开展形式多样、内容丰富的劳动教育与实践,并将其作为必修课程抓实、抓紧。让受教育者在劳动实践中体验劳动创造幸福,牢固树立劳动价值观,敬重劳动精神、劳模精神、工匠精神。劳动教育实践和创新教育实践让人的奋斗、奉献、创新的劳动精神时刻绽放着人生幸福光芒。

第二,文化教育与性情教育相结合。文化是一个民族的灵魂,代表着一个民族独特的精神标识。思想政治教育关爱人的精神生活,"满足人民日益增长的精神文化需要,必须抓好文化建设,增加社会的精神文化财富"[2]。中华优秀传统文化、中国革命文化、社会主义先进文化,是中国人民精神生活的根基和灵魂。加强思想政治教育文化教育,要落实好中华优秀传统文化的基本内涵,讲清楚中华优秀传统文化的历史渊源,做到思想政治教育和优秀传统文化有机结合,从中华优秀传统文化道德精髓中获得精神生活的丰厚滋养和强大动力;要大力加强诞生于革命战争年代的革命文化、红色文化的教育和宣传,突出"革命"的精神内核和价值取向,彰显勇敢、奋斗、创造、热烈、牺牲等精神所赋予人的生命意义,以适应新时代具有许多新的历史特点的伟大斗争;要大力加强社会主义先进文化教育,不断满足人民美好精神生活和文化生活需要,发挥社会主义先进文化对人民精神的引领作用,以及对人民心灵的陶冶作用。加强网络文化建设,引导受教育者辩证认识互联网中个人自由和开放的价值观对人思想行为的影响,营造遵守规则、诚实守信、文明交

---

[1] 习近平.在2018年春节团拜会上的讲话[N].人民日报,2018-02-15(2).
[2] 习近平.习近平谈治国理政:第二卷[M].北京:外文出版社,2017:315.

往的社会氛围。加强网络消费文化建设,反对盲目消费、浪费性消费等腐朽思想观念。加强网络语言文化建设,杜绝网络语言暴力和精神污染,弘扬充满正能量的网络流行语,使网络成为朗朗的精神家园。

人的性情关乎人的精神面貌和精神生活。思想政治教育关怀人的精神生活,加强性情教育,就是要在健康文化熏陶下,开启受教育者美好性情,开发个体美好心灵和健康心理,使人的性情的"自然本性"和"文化德性"有机统一,交融共在。同时,克服心理焦虑、心情急躁、心绪纷乱、心态浮躁、心灵空虚、心胸狭窄、心思恍惚等问题,实现对人的理解、宽容、接纳、尊重、关怀,以及对人的价值追寻和诗意生存的追求。要将文化教育与性情教育两者结合起来,以更为深入和有效的方式影响受教育者的精神生活和精神世界,以健康的文化化育人,以良好性情陶冶人,以率真的心性宽容人,使教育充溢着至情至性的生命美学,使人获得精神愉悦和力量。

3. 自然生态关怀

人生存发展离不开自然界。马克思主义认为人直接是自然存在物,自然界是人的"无机的身体"。人的现实存在首先要求自然必须成为人的生命表现的对象,"人只有凭借现实的、感性的对象才能表现自己的生命"[1]。这表明人与自然是生命共同体,破坏自然生态,违背自然规律就会给人类带来灾难性后果。"不以伟大的自然规律为依据的人类计划,只会带来灾难。"[2]加强生态文明教育,就是关怀人类生命自身,也是思想政治教育教学与时俱进的应有之义。教育方法要突出生态关怀的理论教育、生态关怀的情境体验、生态关怀的实践锻炼以及生态关怀的课堂渗透。

第一,生态关怀理论教育。生态关怀是我国改革开放后由于突出强调经济发展,忽略生态平衡、环境保护而造成生态系统失衡、生存环境恶化才给予高度重视。生态关怀教育首先是生态关怀的理论教育,达到生态关怀的思想自觉和理论自觉。一是加强马克思生态文明观的理论学习和宣传教育,深刻理解马克思主义所蕴含的丰富的生态关怀思想。坚持马克思主义唯物主义自然观,反对资本主义为了追求生产、追逐利润而导致的资本和生态的天然对立。二是深入学习和深刻领会习近平同志"生态关怀"的重要论述。中国

---

[1] 中共中央马克思恩格斯列宁斯大林著作编译局. 马克思恩格斯全集: 第三卷[M]. 2版. 北京: 人民出版社, 2002: 325.

[2] 中共中央马克思恩格斯列宁斯大林著作编译局. 马克思恩格斯全集: 第三十一卷[M]. 北京: 人民出版社, 1972: 251.

共党的十九大报告首次将生态文明建设定义为"千年大计",并且"美丽"二字第一次出现在社会主义现代化建设目标里。这表明了生态文明建设在社会主义现代化强国建设中的地位和作用,"要坚持和贯彻新发展理念,正确处理经济发展和生态环境保护的关系,像保护眼睛一样保护生态环境,像对待生命一样对待生态环境,坚决摒弃损害甚至破坏生态环境的发展模式"[1]。坚持绿色发展理念,推进生态文明建设,全力建设美丽中国。三是加强中华优秀传统文化中"生态关怀"的知识学习和宣传教育。教育人们要因地制宜、因时制宜,敬畏自然、尊重自然。儒家的"天人合一"、道家的"道法自然"、佛教的"众生平等"以及"民胞物与"等思想观念都彰显了"生态关怀"的文化意蕴与"仁民爱物"的博爱情怀。思想政治教育工作要加强生态关怀理论教育,树立正确的生态责任观、生态价值观、生态道德观和生态消费观。

第二,生态关怀情境体验。自然生态情境的创设既可以在室内,也可以在室外,既可以在课堂,也可以在大自然,既可以是实物场景模拟,也可以是现代技术条件下的多媒体展示。思想政治教育按照一定的教育目的和计划,创设一定的生态情境,让受教育者身临其境,直接感知观察对象,获取情感体验,形成热爱自然、热爱生命的内在情怀,实现融思想教育、生活教育、生态教育、体验教育于一体的综合教育。思想政治教育工作者要积极组织受教育者到大自然中体验生活,开展诸如生态旅游、生态考察、野外生存体验等活动,到湿地公园、生态工业园、绿色蔬菜基地参观、考察,让其置身于大自然,徜徉于田间草地,穿梭于山间丛林,感受祖国地形、植被、水文等自然条件所赋予人的生命生存的基本保障,以及山水林田湖草所结成的生命共同体,切身体验人与人、人与自然、人与自身的关系。同样,这也能让受教育者深刻体验到因资源滥用、环境污染、生态退化给人类带来的灾难,激发受教育者将生态关怀变成发自内心的自觉行动。

第三,生态关怀实践锻炼。提高生态关怀意识,需要充分发挥思想政治教育实践育人功能。积极开展生态志愿服务实践活动,例如,到城市、村镇的社区、街道开展环境保护知识宣传、捡拾垃圾、清理街道、回收废品。认真组织生态关怀调查研究活动,到工矿企业、江河水域、山林草地开展生产生活环境、水文水质、自然保护等方面的调查研究。积极投身生态关怀社会实践活动,以北京林业大学、北京农学院、井冈山大学、东南大学等高校为代表多年

---

[1] 习近平.习近平谈治国理政:第二卷[M].北京:外文出版社,2017:395.

开展了"校园农耕"实践活动,让同学们亲身参加堆肥、选种、育苗、耕作、除虫等生产活动,感受自然生态系统良性循环、环境保护、健康的生产生活方式、绿色生态对人类生存的重要作用,让受教育者从中受到敬畏生命的体验性教育。

第四,生态关怀课程渗透教育。就是要求将生态关怀教育渗透在思想政治教育课程和相关课程教育中,同时对各门课程中蕴藏的生态关怀理论进行提炼和升华。就高校思想政治理论课而言,"马克思主义基本原理概论"课程蕴含着丰富的生态哲学与生态伦理、人的本质与属性、人与自然关系等重要论述;"毛泽东思想和中国特色社会主义理论体系概论"课程阐明为了避免生态恶化、环境污染、资源浪费,必须树立"绿水青山就是金山银山"的绿色发展理念,实现经济社会发展由过去"又快又好"到优化经济结构、降低消耗的"又好又快"的发展理念的转变;"中国近现代史纲要"课程蕴含了革命、建设、改革不同历史时期生态文明教育资源与生态破坏历史的教训;"思想道德与法治"课程富含中国传统文化中生态保护思想,以及生态道德观、生态法治观、环保权利与义务等生态教育资源。另外,像生物学、地理学、化学、环境科学等学科课程都直接或间接含有丰富的生态关怀教育内容。将生态关怀教育融合到各门课程教学过程有利于提高受教育者生态文明素养和生态环保意识。当然,课程教学中,教师的知识结构、学科融合能力会直接影响课程渗透法运用的效果。为此,教育工作者要不断改善自己的知识结构,亲身参与实践,提高自然科学与社会科学的融合度,把生态文明教育渗透到所授课程的教学内容之中,激发受教育者生态关怀兴趣,增强其环境保护行为自觉性。

二、理论教育法:思想政治教育人性化的精神向度

理论教育法即灌输教育法,是教育者有目的、有计划地向受教育者讲授马克思主义、毛泽东思想、邓小平理论、"三个代表"重要思想、科学发展观和习近平新时代中国特色社会主义思想,或经由受教育者的系统学习,逐步树立科学的世界观、人生观、价值观,提高其思想政治素质的一种教育方法。该方法突出强调以理服人和真理力量,是思想政治教育最常用、最基本、最主要的方法。

人不仅具有自然属性、社会属性,还具有精神属性,是自然属性、社会属性和精神属性的统一。人不仅是自然性存在、社会性存在,更是精神性存在,人必须在理性指导下方显人性光辉。人的伟大在于思想、精神,思想、精神的

伟大在于超越——超越自然世界和生命本质。人的这种超越自然世界的存在和超越生命本质表明人是有意识的精神性存在,人在自己的实践活动中创造出属人的精神世界、文化世界和意义世界。缺失了精神性的人就不会和动物有什么区别。人们通常说,人活在精神世界里,更多的就是指人们不会沉湎于自己的欲望,而是强调自己的人格品质、自我价值、创新超越和做人尊严。人的尊严往往体现在人的文化水准、道德理想、思想境界中。如果一个人没有了精神信仰、价值追求、自由渴望,就容易削弱意志,丧失斗志,失去做人的尊严和人格,就仅是维持生命生存的存在物而已,失去的人的意义和价值。

人是精神性存在。如何提升人的精神境界,净化人的灵魂,不断提高人的思想道德素质,是思想政治教育的根本目的。加强理论学习与教育是实现这一目的的重要方法。毛泽东同志十分重视人的思想、精神的巨大作用,以及理论学习、教育对人的思想行为的影响。他指出:"理论是重要的,它的重要性充分地表现在列宁说过的一句话:'没有革命的理论,就没有革命的行动。'"[1]习近平同志更是将理论学习上升到关系党执政兴国、民族兴盛危亡的战略高度,给予高度重视。他指出:"领导干部学习不学习不仅仅是自己的事情,本领大小也不仅仅是自己的事情,而是关乎党和国家事业发展的大事情。这也就是古人所说的'学者非必为仕,而仕者必为学'。只有加强学习,才能增强工作的科学性、预见性、主动性,才能使领导和决策体现时代性、把握规律性、富于创造性,避免陷入少知而迷、不知而盲、无知而乱的困境,才能克服本领不足、本领恐慌、本领落后的问题。"[2]人们提高理论素养、提升精神境界,都离不开理论学习和理论教育。理论教育方法多种多样,主要表现在以下几个方面。

1. 理论讲授法

"就是通过口头语言向受教育者传授理论知识,解释政治和伦理概念,论证哲学和科学社会主义原理和道德原则,阐述思想发展变化规律的教育方法。"[3]讲授法的运用,首先,必须注意讲授的理论内容的科学性、真理性和时代性。坚持用马克思主义、毛泽东思想、邓小平理论、"三个代表"重要思

---

[1] 毛泽东.毛泽东选集:第一卷[M].2版.北京:人民出版社,1991:292.
[2] 习近平.习近平谈治国理政:第一卷[M].北京:外文出版社,2014:404.
[3] 教育部社会科学研究与思想政治教育工作司.思想政治教育方法论[M].北京:高等教育出版社,1999:122.

想、科学发展观、习近平新时代中国特色社会主义思想武装全党全国人民,及时准确讲解党的路线、方针、政策、制度,把理论说透彻,把道理说清楚,做到以理服人。其次,理论讲授既要全面、系统,又要结合时代要求和教育对象特点,抓住重点、难点、热点和疑点,找到理论与实践的结合点,这要求教育者要有较高的理论水平和丰富的实践历练,不能"以其昏昏,使人昭昭"。再次,理论讲授要区别对象。不同的教育对象的理论水平、知识结构不同,认知水平、接受能力也存在差别,要做到有的放矢,以提高教育的亲和力和实效性。最后,讲授方式方法要灵活多样,尊重受教育者的主体地位,激发他们的参与意识,防止注入式的单向灌输和照本宣科。要善于启发思维,理论讲解、讲述后,可以组织一定对话、讨论,发挥受教育者的积极性和创造性。

2. 理论学习法

理论学习法是人们通过有组织、有目的、有计划的集体学习或个人学习来掌握马克思主义基本理论、基本原理和党的路线、方针、政策的方法,是一种自我教育、自我灌输的方法。读书学习是习近平同志大力倡导、反复阐述的一个重要问题。他指出:"广大党员干部要养成多读书、读好书的习惯,使读书成为改造思想、加强修养的重要途径,成为净化灵魂、培养高尚情操的有效手段。要真正把读书当成一种生活态度、一种工作责任、一种精神追求、一种境界要求,使一切有益的知识、一切廉洁的文化入脑入心,沉淀在我们的血液里,融会到我们的从政行为中。"[1]思想政治学习内容很多,马克思主义经典著作、党史国史和中华优秀传统文化是重要的学习内容。习近平同志指出:"首先要认真学习马克思主义理论,这是我们做好一切工作的看家本领。"[2]而且他特别强调要原原本本学习和研读马克思主义的经典著作。2011年5月,习近平在中央党校开学典礼上强调,"马克思主义经典著作蕴含和集中体现着马克思主义基本原理,是马克思主义理论的本源和基础","马克思主义经典著作包含着经典作家所汲取的人类探索真理的丰富思想成果"[3]。在经典著作研读中掌握理论指导实践的方法论意义,坚定正确政治方向,提高战略思维能力、综合决策能力和驾驭全局能力。党史、国史是重要学习内容。他多次讲到"历史是最好的教科书","中国革命历史是最好的营

---

[1] 习近平.之江新语[M].杭州:浙江人民出版社,2007:175.
[2] 习近平.习近平谈治国理政:第一卷[M].北京:外文出版社,2014:404.
[3] 李章俊.认真学习马克思主义经典著作 不断推进中国特色社会主义事业[N].人民日报,2011-05-14(1).

养剂"。"要在对历史的深入思考中做好现实工作、更好走向未来,不断交出坚持和发展中国特色社会主义的合格答卷。"习近平还在2011年9月1日的中央党校开学典礼上对历史的学习做了专门讲话,指出,"学习和总结历史,借鉴和运用历史经验,是我们党一贯重视并倡导的做好领导工作一个重要的思想和方法","要学习中国历史,了解和懂得自古以来中国人民创造的灿烂历史文化,从中汲取有益于加强修养、做好工作的智慧和营养"〔1〕。理论学习还要十分重视对中国优秀传统文化的继承与发展。思想政治教育理论学习要汲取中华优秀传统文化的思想精髓和道德精髓,借鉴古代思想教育有益成果。"抛弃传统、丢掉根本,就等于割断了自己的精神命脉。博大精深的中华优秀传统文化是我们在世界文化激荡中站稳脚跟的根基。中华文化源远流长,积淀着中华民族最深层的精神追求,代表着中华民族独特的精神标识,为中华民族生生不息、发展壮大提供了丰厚滋养。"〔2〕因此,要高度重视优秀传统文化的学习。

思想政治教育要积极组织开展读书学习活动。指导读书范围,开列读书目录,组织读书竞赛,开展读书交流,举办读书学习演讲会、专题辩论会,激发人们读书学习的热情和兴趣。阅读报刊,特别是党报党刊,是学习党的基本理论、路线、方针、政策,提高理论素养的重要途径。通过报刊学习,及时了解国内外形势政策,准确掌握治国理政的基本方略,在学懂弄通、学深悟透、融会贯通的基础上,统一思想,明确方向,凝聚共识,集中智慧。要用科学的理论指导实践活动,有效解决实际问题,在解决问题的过程中加深对理论的理解,同时在实践中丰富发展理论。

3. 理论宣传法

理论宣传法是运用大众传播媒介和舆论工具向人们灌输科学理论和先进思想的方法,是一种普通灌输方法。随着科技的进步和信息技术的发展,广播、电视、微博、微信、视频、音频、录音、录像等都已广泛成为人们理论宣传传播的工具。新时代,要不断创新宣传报道的形式,善于用好新媒体,利用微信公众号、中共中央宣传部建立的"学习强国"网络学习平台等途径,做好理论宣传工作,教育群众,宣传群众,讲好中国故事,传播好党的声音。高度重视和正确运用思想政治教育中的理论宣传方法,必须做到:

---

〔1〕 习近平.领导干部要读点历史:习近平在中央党校2011年秋季学期开学典礼上的讲话[N].学习日报,2011-09-05(1).

〔2〕 习近平. 习近平谈治国理政:第一卷[M].北京:外文出版社,2014:164.

第一,坚持党性和人民性的统一。坚持党性就是坚持正确政治方向,站稳政治立场,坚持宣传党的路线、方针、政策,坚持宣传党中央重大决策部署,坚定宣传中央关于形势的重大研判,坚决同党中央保持一致,坚决维护党中央权威。坚持人民性,就是要把实现好、维护好、发展好最广大人民的根本利益作为工作的出发点和落脚点。坚持以人为本,切实解决好"为了谁、依靠谁、我是谁"这个根本问题。把服务群众同理论宣传群众、教育引导群众结合起来,把满足需求同提高素养结合起来,为创造人民美好生活提供不竭的思想动力和精神激励。

第二,坚持中心工作和意识形态工作的统一。马克思主义唯物史观认为,物质决定意识,社会存在决定社会意识,经济基础决定上层建筑。我们始终要坚持以经济建设为中心,但同时必须坚持做好意识形态工作。"经济建设是党的中心工作,意识形态工作是党的一项极端重要的工作,党的十一届三中全会以来,我们党始终坚持以经济建设为中心,集中精力把经济建设搞上去、把人民生活搞上去。"[1]又好又快地发展经济,提高生产力发展水平,是建设社会主义现代化强国的前提条件和基础保障。思想政治理论宣传教育要能为经济建设提供正确方向、精神动力、舆论引导和环境影响,只有经济发展了,才能为民生幸福、人文关怀提供强大的物质基础,体现理论宣传的人本意蕴。同时,意识形态工作在社会主义现代化建设中有着极端重要性。能否做好意识形态工作,事关党的前途和命运,事关国家长治久安,事关民族凝聚力和向心力。理论宣传就是巩固马克思主义在意识形态领域的指导地位,巩固全党全国人民团结奋斗的共同思想基础,认真履行围绕中心、服务大局的基本职责。

第三,坚持物质文明建设和精神文明建设的统一。习近平同志指出:"只有物质文明建设和精神文明建设都搞好,国家物质力量和精神力量都增强,全国各族人民物质生活和精神生活都改善,中国式现代化才能顺利向前推进。"[2]我们要大力加强社会主义精神文明建设,补足理想信念这精神之"钙"。培育和践行社会主义核心价值观,加强中华民族伟大复兴中国梦教育,不断提高人们思想道德素质和科学文化素质,实现物质文明和精神文明同步发展。

---

〔1〕习近平. 习近平谈治国理政:第一卷[M].北京:外文出版社,2014:153.
〔2〕习近平. 习近平谈治国理政:第一卷[M].北京:外文出版社,2014:153.

第四，坚持正面宣传和舆论监督的统一。在2016年2月19日召开的党的新闻舆论工作座谈会上，习近平同志指出："团结稳定鼓劲、正面宣传为主，是党的新闻舆论工作必须遵循的基本方针。"[1]要积极做好正面宣传，不断增强吸引力和感染力。越是扩大开放，深化改革，攻坚克难，就越要发挥正面宣传的鼓舞斗志、增强信心、凝聚民心的作用，就越要巩固壮大主流思想舆论的引领作用，弘扬主旋律，传播正能量，激发全社会团结奋斗的强大力量。把培育和弘扬社会主义核心价值观作为凝魂聚气、强基固本的基础工程抓紧抓实。多宣传报道人民群众中涌现出来的先进典型和感人事迹，丰富人民精神世界，增强人民精神力量，满足人民精神需求。"正面宣传要用心用情做，让群众爱听爱看，不能搞假大空式的宣传，不能停留在不断重复喊空洞政治口号的套话上，不能用一个模式服务不同类型的受众，那样的宣传只会适得其反。"[2]诚然，正面宣传为主，不是说不能讲负面，更不是掩盖矛盾，遮蔽问题。坚持正面宣传和舆论监督的统一，"要直面工作中存在的问题，直面社会的丑恶现象，激浊扬清、针砭时弊"[3]。通过对负面事实的报道、分析，从理论上阐述问题发生的根源和问题的解决之道，达到正面宣传的目的，分清是非、贵耳重目、为党为民。对阴暗面的揭露和批判，对群众善意的批评和监督的诚恳接受，不仅不会影响党群关系，相反更能赢得群众拥护，更能凸显理论说服群众的力量。

三、情理交融法：思想政治教育人性化的情感向度

1. 情理交融法的含义及其作用

情理交融法就是教育者既要宣传理论、讲清道理、启迪理性，又要动之以情、以情感人、寓理于情，进而提高人的思想认识、政治觉悟和道德品质的一种方法。在强调以人民为中心的现代化建设中，人们越来越注重情趣爱好、情感体验与情绪表达。现代思想政治教育在理论教育时，要尊重受教育者的情感需要，做到情理交融。情理交融的基本依据是人性的特征和人的思想品德形成和发展的规律。人性是理性与非理性的统一。理性是人类特有的区别于动物的一种基本特征，这决定了思想政治教育的必要性和可能性，人必须接受教化，过理性生活、道德生活。人也有非理性特性，人的情感、欲望、意

---

[1] 习近平.习近平谈治国理政：第二卷[M].北京：外文出版社，2017：333.
[2] 习近平.论党的宣传思想工作[M].北京：中央文献出版社，2020：187.
[3] 习近平.习近平谈治国理政：第二卷[M].北京：外文出版社，2017：333.

志、信念在人的生活、实践、认识中起着巨大作用。人的情感必须得到尊重和理解。人的思想品德形成发展过程就是人的认知与情感、信念这些理性因素与非理性因素相互作用、平衡发展的过程。中国共产党历来十分重视情理交融的教育理论与教育方法在思想政治教育中的运用。胡锦涛同志在2003年12月召开的全国宣传思想工作会议上指出:"思想政治工作说到底是做人的工作,必须坚持以人为本。既要坚持教育人、引导人、鼓舞人、鞭策人,又要做到尊重人、理解人、关心人、帮助人。"[1]"教育人、引导人、鼓舞人、鞭策人"就是要晓之以理,以理服人,靠真理的力量说服人。"尊重人、理解人、关心人、帮助人",就是要动之以情,以情感人,靠人格的力量感染人,体现了思想政治教育情理交融方法。2019年3月18日,习近平同志在主持召开的学校思想政治理论课教师座谈会上指出:"思政课教师,要给学生心灵埋下真善美的种子,引导学生扣好人生第一粒扣子。第一,政治要强,让有信仰的人讲信仰,善于从政治上看问题,在大是大非面前保持政治清醒。第二,情怀要深,保持家国情怀,心里装着国家和民族。"[2]做到"政治要强",必须要有较高的理论素养,政治上坚定源于理论上的清醒。只有如此,教育才能做到以理服人。"情怀要深",必须在灵魂深处根植爱国、爱民情怀,只有如此,教育才能做到以情感人。宣传思想文化战线要"说真话、写实情,言之有物、言之有理、言之有情,杜绝脱离实际、内容空洞的文章和'应景'文章"[3]。这同样是在强调思想政治教育中情理交融的工作方法和工作原则。

2. 情理交融法的基本要求

要坚持思想政治教育以理服人、以情感人,必须做到以下几个方面。

第一,要完整领会理论内容。任何一门科学理论,都有其基本范畴、科学内涵、内在逻辑、产生背景,教育工作者必须全面完整准确地领会和掌握思想政治教育理论和习近平新时代中国特色社会主义思想,只有这样,才能更好地教育人民、宣传群众。如果采取一知半解、断章取义、只言片语,甚至是歪曲篡改的方式进行读书学习和宣传教育,不仅不能形成正确的思想认识和科学的世界观,还会导致思想理论上混乱。

第二,要掌握实情。思想政治教育要言之有物,以情感人,把解决思想问

---

[1] 胡锦涛.在全国宣传思想工作会议上的讲话[N].人民日报,2003-12-08(1).
[2] 习近平.习近平谈话治国理政:第三卷[M].北京:外文出版社,2020:330.
[3] 中宣部发出文件要求贯彻十八大精神切实改进文风[N].光明日报,2012-12-27(1).

题与解决实际问题结合起来,就必须深入实际,掌握实情。做到走基层,转文风,改作风。通过走访慰问、细心观察、个别谈心,真正了解教育对象所思、所想、所需,了解他们实际生活境遇和生活困难,与他们心交心、心连心、心贴心。只有在真正掌握真实情况的基础上,才能寻找到做思想工作的突破口和切入点。这需要不畏艰苦,沉下身子,深入基层,联系群众。习近平在谈自己的体会时说:"我在正定时经常骑着自行车下乡,从滹沱河北岸到滹沱河以南的公社去,每次骑到滹沱河沙滩就得扛着自行车走。虽然辛苦一点,但确实摸清了情况,同基层干部和老百姓拉近了距离、增进了感情。"[1]

第三,要融入真情。思想政治教育工作者不仅要把自己所从事的工作当作一份职业,更要把它当作挚爱的事业来对待。只有这样,你才会在实际工作中全身心地投入自己真切的情感,才会把自己的工作对象当作知心朋友来对待。思想政治教育是"良心事业",教育者照本宣科、高谈阔论、夸夸其谈、哗众取宠并不是一件很难的事情,而要把真情送到群众的心坎上,把服务做到对象的需要上,就不是一件很容易的事情。习近平告诫广大党员:"始终在党爱党、在党为党,心系人民、情系人民,忠诚一辈子,奉献一辈子。"[2]他进一步强调:"要近距离接触干部,观察干部对重大问题的思考,看其见识见解;观察干部对群众的感情,看其品质情怀;观察干部对待名利的态度,看其境界格局。"[3]这里,习近平将对人民群众的真挚情感作为干部的一个基本条件,给予高度重视,强调工作的真情、热情的重要作用。

第四,要倾注热情。思想政治教育是一项永恒的事业。从事这一工作的人要倾注持久的热情、激情、感情。人的思想品德形成发展、人的思想转化是一个长期的、复杂的过程,而且因为人的情感复杂多变,人的思想还会经常出现反复。这就决定了思想政治教育是一个艰苦而细致的工作,没有高度的热情很难做到持之以恒。特别是思想政治教育工作有时被人曲解、误解时,更需要教育者不气馁、不懈怠、不动摇,始终保持一颗火热的心,以真情感动人,以热情融化人,以激情激发人,以消除教育者与受教育者之间可能存在的情感上的隔阂、情绪上的对立。

思想政治教育以情感人的方法必须建立在以理服人的方法基础上,既不

---

[1] 习近平.做焦裕禄式的县委书记[M].北京:中央文献出版社,2015:7-8.
[2] 习近平.在党爱党在党为党 忠诚一辈子 奉献一辈子:习近平总书记给国测一大队老队员老党员的回信[J].党史纵横,2015(8):1.
[3] 习近平.习近平谈治国理政:第一卷[M].北京:外文出版社,2014:418-419.

能停留在"以情动人"上,也不能刻板于"晓之以理"。"理"是思想政治教育的核心,没有"理"的支撑,"情"就容易变成盲目的激情、个人间的私情。失去理性的人无异于一般动物。以情感人,讲感情、热情、激情,绝不意味着可以姑息受教育者不健康的哥们义气、庸俗习气和凌人霸气;否则,情越深,理越悖。思想政治教育者必须理直气壮地晓之以理、以理服人,靠自己的真理力量赢得别人的尊重和信任。情感的作用经常表现为时间性和情境性,而真理的力量总表现为稳定性和持久性。因此,必须做到既要以情感人,又要以理服人,情理交融。这才是思想政治教育人性化科学、合理的方法。

3. 情理交融法的主要方式

情理交融方式方法多种多样,主要有说理教育法、情感熏陶法和情境感染法。

(1) 说理教育法

所谓说理教育法是指思想政治教育者通过阐释理论、摆明事实、讲清道理,以理服人,以提高受教育者思想觉悟和道德品质的一种方法,这是一种依靠客观事实的现实性力量、科学理论的真理性力量和教育者现身说法的人格力量,做好思想政治教育的工作方法。说理教育法无论是在中国共产党思想政治教育史上,还是在新时代思想政治教育实践中,都是广泛使用的重要方法,具有重要作用。

第一,说理教育法有利于思想政治教育发扬民主,避免压服。说理教育法形成于中国共产党革命战争年代用来处理军民关系、官兵关系、党群关系而采用的一种行之有效的方法,它遵循民主的原则,不以势凌人、以权压人,通过耐心说理、循循善诱,以理服人,而不是采用强制的指令、命令的方法。"企图用行政命令的方法,用强制的方法解决思想问题,是非问题,不但没有效力,而且是有害的。"[1]用强制和压服的方法,容易造成受教育者口服心不服、言行不一致,甚至在重要关口出现情绪对立、行为反动的情况发生。说理教育法是在尊重受教育者现有思想水平的基础上,通过讲道理、说事理、重情理,促进其理性思考能力的提高,逐步提高其思想认识。用对话、讨论的方式,允许人们发表自己看法,说出自己心里真实想法。坚持民主的方法,做到平等待人。毛泽东同志在《关于正确处理人民内部的矛盾》中指出:"凡属于

---

[1] 中共中央文献研究室.毛泽东文集:第七卷 一九五六年一月~一九五八年十二月[M].北京:人民出版社,1999:208.

思想性质的问题,凡属于人民内部的争论问题,只能用民主的方法去解决,只能用讨论的方法、批评的方法、说服教育的方法去解决,而不能用强制的、压服的方法去解决。"[1]这种方法有利于尊重人、团结人、提升人。

第二,说理教育法有利于尊重受教育者尊严。说理教育法是我党初期创立革命军队的过程中,用以区别旧军队管理中打骂士兵、枪毙逃兵等强迫、压服的方法而提出的体现对人的尊重的一种教育方法。人皆有自己的人格、尊严,人都是理性动物,"理"是构建尊严的基础。简单粗暴、家长制式的作风,不仅不利于说服人、争取人,而且容易激化矛盾,造成对立。人的身份、地位可能存在差别,但人格、尊严是平等的,一味的"咒骂""拳头"解决不了人民内部矛盾和群众思想问题。毛泽东同志指出:"解决人民内部矛盾,不能用咒骂,也不能用拳头,更不能用刀枪,只能用讨论的方法,说理的方法,批评和自我批评的方法,一句话,只能用民主的方法,让群众讲话的方法。"[2]说理教育是维护人的尊严必要方式,必须提高说理教育的能力,以达到维护尊严需要。

第三,说理教育法有利于彰显人性理性的光辉。人是理性存在,这是说理教育法存在和运用的基础。以概念、判断、推理等形式表现出来的人的理性是人们经过分析、综合、抽象认识事物的本质和规律的思维活动。人的一切实践活动都离不开理性的指导,没有人的理性,人的一切活动都无从谈起。正因为人具有理性,才能够产生思想、观念、理想、信念的精神需要和对真理的追求,"宁为真白丁,不做假秀才",体现的就是对真理的崇尚与追求;正因为人具有理性,才可以通过理性层面,对受教育者进行理论、道理、真理的说服、引导、教育工作,做到"以理服人"。人在受到"理"的说服过程中,同时又受到"理"的服务。即"理"之于社会和人的发展有较高的价值意义,它尊重人的现实需要,体现对人的尊严的尊重,突出教育向受教育者的现实生活的回归,"建构一种基于人性而非等级秩序的尊严观,过一种以人性而不是以身份、地位为标尺衡量尊严的生活"[3],从而彰显出人性理性的光辉。

---

〔1〕 中共中央文献研究室.毛泽东文集:第七卷 一九五六年一月～一九五八年十二月[M].北京:人民出版社,1999:209.

〔2〕 中共中央文献研究室.毛泽东文集:第八卷 一九五九年二月～一九七五年七月[M].北京:人民出版社,1999:291.

〔3〕 闫旭蕾.谈生存尊严与"说理"教育[J].鲁东大学学报(哲学社会科学版),2011(4)88.

要贯彻说理教育法,须深刻领会说理教育法的基本要求:

第一,说理教育法必须做到教育内容"有理",紧紧依靠科学理论的真理性力量。理论本身的科学、正确,才是为人所信服、所接受的前提条件。说理教育之"理",不仅包括马克思主义理论、马克思主义中国化最新成果之"理",而且包括自然科学、社会科学之"理";不仅包括帮助人们形成正确世界观、方法论的大道理,而且包括处理现实生活问题的小道理,体现了教育的现实性、内容的真理性、对象的针对性,说得人口服心服。"共产党人不靠吓人吃饭,而是靠马克思列宁主义的真理吃饭,靠实事求是吃饭,靠科学吃饭。"[1]思想政治教育宣传的理论、道理是经过实践检验的科学的、正确的,而不是空洞的、似是而非的理论、道理,具有观照现实世界的感召力、解释力和说服力,具有说服人的价值力量和真理力量,对人的思想行为具有指导作用。

第二,说理教育法必须做到教育过程"合理",紧紧依靠客观事实的现实性力量。人的良好思想品德形成需要经历实践—认识—实践的循环往复的过程,科学说理要遵循由浅及深、由简单到复杂、由具体到抽象的基本认识规律。我们不指望一次的说理就能获得一劳永逸的教育成效。每个受教育者的接受能力、思想基础不同,需要积极开展对教育对象的调查研究,对于他们暂时不能理解,或不完全理解的内容,进行逐步深入、反复耐心的说理、说服,承认人的思想觉悟提高有个过程。毛泽东同志曾告诫我们:"我们的同志一定要懂得,思想改造的工作是长期的、耐心的、细致的工作,不能企图上几次课,开几次会,就把人家在几十年生活中间形成的思想意识改造过来。要人家服,只能说服,不能压服。压服的结果总是压而不服。以力服人是不行的。"[2]说理教育法坚持"摆事实,讲道理"——事理统一的形式,开展教育和批评活动,必须掌握好事实的客观性和"现实的个人"的现实性两个维度。说理教育法虽然也可以像理论教育法那样,进行广泛性、群众性、集中性的理论和道理的宣传与讲授,但更多的时候,它是针对特定群体或个人开展一人一事一时的教育活动。所讲事实必须紧贴现实,紧贴生活,紧贴对象,必须抓住为受教育者最切身、最迫切、最易感动的事实,将大道理转化成与具体的、感性的、现实的人贴得更近的小道理,把理说到症结上,说到心坎上,让人感到可亲、可学,彰显事实教育的现实性力量。

---

[1] 毛泽东.毛泽东选集:第三卷[M].北京:人民出版社,1991:835-836.
[2] 中共中央文献研究室.毛泽东文集:第七卷 一九五六年一月~一九五八年十二月[M].北京:人民出版社,1999:279.

第三,说理教育法必须做到教育者"懂理",紧紧依靠教育者的人格的力量。教育者"懂理",就是要求其既拥有深厚的知识储备和较高的理论素养,增强理论自信,说出马克思主义的理论魅力,又要懂得做人、做事、做学问的道理,让自身行动成为所讲道理最有力的解释。如果教育者自身理论水平不高,知识结构不合理,所讲内容则难以获得受教育者的认同和接受。如果教育者做人不能取信于人,言行不端正,就难以让人明白事理,照理行事。正所谓"其身正,不令而行;其身不正,虽令不从""无德硬讲理,理也会黯然失色"。思想政治教育工作者必须具有高尚的道德情操,以身作则,言传身教,说理最高境界在于"不说理"。这是说受教育者在教育者高尚人格魅力的影响下,将教育的理论和道理变成了自己自觉行动的指南,把无言的"身教"变成比说理教育更持久、更有效的教育,彰显出思想政治教育工作者高尚人格的力量。

第四,说理教育法必须讲求说理技巧,充分发挥语言艺术的力量。说理是一门技术,要注重发挥语言的艺术感染力。一是语言简洁又不空洞,寓理于事。善于将抽象的理论语言转化成常识化、通俗化、生活化的语言。通过人们明白、理解的鲜活事实说明应该遵守的基本规范、道德准则,避免空洞抽象的说教。二是语言生动有趣又不乏真诚。善用比喻,借助民间语言、名人名言、寓言典故丰富语言表达形式。同时要用真诚之言打动他人真诚之心。说理教育不是喋喋不休的训斥,而是要站在受教育者的立场去关心、爱护他们。三是语言要渗透丰富情感要素。说理教育不是简单的理论阐释,而是在情感要素参与下的情理交融,既要敢于同模糊认识和错误思想倾向进行正面交锋,做到理直气壮,又要做到理情益彰。富有情感的委婉语言和僵硬的训斥语言会表现出鲜明不同的语言艺术感染力。说理教育要借助情感的作用,增强理论的生动性和感染力。

(2) 情感熏陶法

情感熏陶法是教育者在教育教学过程中,寓教育于情感中,在强调认知因素的同时,充分发挥情感因素的积极作用,通过语言渲染、情境感染和行为影响,激发受教育者的情绪认知和情感共鸣,从而陶冶性情,启迪思想,提高品质的一种方法。这是一种更加注重人性化的人本教育方法,强调在尊重受教育者情感的基础上,突出交流与沟通在教育过程中的作用。新时代思想政治教育方式方法上倡导启发式、参与式、对话式、探究式等形式的教育教学。这些方式方法的运用都离不开人的情感的渗透与熏陶,只有在情感上亲近和认同,才会有对教育内容的接受和践行。要掌握运用好情感熏陶法,必须强调以下几个方面的要求。

第一,教育者饱含对教育事业的真挚情感。教育者既要有饱满的教育热情、丰富的教态表情,还要有对受教育者的诚挚的情感。只有情感世界丰富的人,才能更好激发内在情感因子,挖掘文本内容蕴含的情感要素,善于运用语气、声调、手势、姿态等手段激起人们情感的心声。如果教育者不苟言笑、深沉内向、居高临下、盛气凌人,就难以通过情感熏陶、情感渗透的方式,来实现情感共鸣。

第二,教育者与受教育者之间真诚沟通与平等交往。真诚是架起彼此情感沟通交流的桥梁,在获得彼此信任的基础上打开人的心扉,拨动人的心弦,更有针对性地开展教育工作。教育中的平等交往突出表现在情感上的平等和对受教育者的尊重。思想政治教育中的心理咨询法、交往对话法都强调双方地位、人格的平等,以及对对方情感需求的尊重。平等交往是平等基础上的交流互动,而不是居高临下的管理和说教,要做到以情动情、以情生情、以情育情。正如马克思所说:"只能用爱来交换爱,只能用信任来交换信任。"[1]教育者要用自己的真心换来他人的真情,尊重教育对象的自由权、平等权和民主权,真正做到关心人、爱护人、理解人,不断增强彼此的情感交流,达到教育上春风化雨的效果。

第三,教育者积极探索情感熏陶实施的着力点和切入口。情感熏陶不是无感而发、空喊口号,更不是情绪发泄,而是要用积极情感去感染人、感化人、引导人。以生活为着力点,以问题为切入口,能更好发挥情感熏陶法在教育中的积极作用。人们只有在真实生活中才能真实体验真挚情感,才能切身感受生活关爱。思想政治教育关爱人、服务人,需要情感熏陶,更需要生活关心。生活实践赋予人生存意义,同时生成人的丰富多样的情感需要。开展生活化思想政治教育,要尊重人的情感需要,充分体现教育的人性关爱。以问题为切入口,就是要树立问题意识,坚持问题导向,在解决实际问题中和群众建立起深厚情感。不仅在思想上、政治上关心群众,而且在生活上、心理上关爱群众,这样群众首先就会在情感上接受你、认同你,教育就会收到良好效果。领袖人物、榜样人物、先进事迹示范也是进行情感熏陶的重要形式。思想政治教育利用他们高尚的情操、丰富的情感、伟大的人格去感染、熏陶受教

---

[1] 中共中央马克思恩格斯列宁斯大林著作编译局.马克思恩格斯文集:第一卷[M].北京:人民出版社,2009:247.

育者,更有说服力、感染力,起到耳濡目染、潜移默化的作用。

（3）情境感染法

所谓情境感染法是指教育者基于一定思想政治教育目的,为了优化教育双方心理精神氛围,通过创设为受教育者所感知把握的具体现实的情境或模拟历史积淀的情境,激发、感化、优化、调控受教育者的认知、情感、需要、意志、行为,以培养、训练受教育者的思想品德和行为习惯的方法。"李吉林认为情境是'人性化的环境……体现了教育环境全面的、和谐的统一,具有一种亲和性、审美性和体验性。"[1]情境教育使受教育者在历史或现实的具体教育场景或教育环境中亲身体验感悟,接受教育,它在思想政治教育人性化中有着重要作用。

第一,有利于增强受教育者在思想政治教育情境中的体验性。传统思想政治教育注重教育环境的建设,但缺乏对环境中的情境的创设和应用。环境突出整体性、主导性、宏观性。在教育者主导作用下,受教育者个体的参与、体验被忽视。情境强调微观性、参与性和主体性。教育情境为教育主体双方提供身临其境的体验平台、平等对话的微观环境,使受教育者将课堂上或书本上学到思想理论、道德规范在具体情境中践行、外化、升华。思想政治教育理论知识不是可以死记硬背就能理解的"呆滞知识"。正如情境理论认为的那样,知识是情境性的,它不是以一种打包的方式由教育者输送给受教育者的"呆滞知识",而是必须通过具体情境实践和体验来理解、学习而获得的知识。因此,情境感染法有利于受教育者在具体的情境体验、感染中学习、践行思想理论知识,将思想道德规范内化为受教育者的思想认知,进而将道德认知外化为思想道德行为,在情境的体验中生发出对生命的深情感悟和对生活的珍惜热爱。

第二,有利于提高思想政治教育的人本性。情境的创设是由人来完成的,并且是为了人,体现的是对人的尊重和对人性的关爱。情境感染法就是要通过特定而微观的情境载体的创设,保障教育者和受教育者在主体间性的教育情境中,进行平等的对话、交流,培育主体面对真实生活情境的情感体验能力和价值判断能力。情境必须遵循既符合思想政治教育规律,又符合人的思想品德形成规律来开发、运用,做到情境感染人、情境激励人、情境服务人,

---

[1] 董杰.思想政治教育情境的概念界定与内涵分析[J].学校党建与思想教育,2009(35):17.

使思想政治教育情境的开发和利用成为满足人的需要、尊重人的情感、体现人的存在和生命意义、促进人的发展的一条有效的方法和途径,体现出情境发展人的人本价值取向。

第三,有利于增强思想政治教育的生活性。情境的设置,不是可以远离浓郁生活世界的主观臆造,而是渗透着与生活、生产、职业、工作、学习相关的各种内容、要素,并随生活世界与时俱进,不断发展。情境感染法以生活的方式渗透思想政治教育目标、内容。在日常生活情境中,解决教育对象生活问题、生活困难,同时解决生活态度、思想认识问题;在具体生活实践情境中,促成问题意识,增强责任意识,激发创新意识。防止长期以来思想政治教育远离人们日常生活世界寻求条条框框式的教条而导致人的惰性、无为和僵化,从而造成理想只是说在嘴上、挂在墙上、写在纸上的现象。

坚持情境感染法,要深刻领会运用情境感染法的基本要求:一是把握好各种具体的情境感染法的开发和利用,提高教育的针对性和实效性。人的生活内容、形式十分丰富,这决定了情境的形式多种多样。教育工作者面临课堂教育、生活教育、心理教育、人文教育等具体情况,如何针对受教育者的实际需要、实际情况合理、有效地开发、创设教学情境、日常生活情境、心理关怀情境、人文感化情境,这就需要教育者发挥自己的主导作用,精心设计,全力谋划,真正发挥情境感染法的感化、育人的价值。二是有机地整合思想政治教育情境资源。社会生活中的政治环境、经济环境、文化环境、社会环境、生态环境往往都存在着渗透思想政治教育的诸多情境资源。教育者要将隐性情境资源与显性情境资源,校内情境资源与校外情境资源,传统情境资源、现代情境资源与未来预见情境资源,虚拟情境资源与真实情境资源,静态情境资源与动态情境资源进行有机的整合、科学的搭配,使其相互联系、相互作用、相互影响,促进思想政治教育情境资源功能的优化、组合,提高思想政治教育实效性,促进受教育者全面健康发展[1]。三是选择、创设真实的道德体验情境,引导人的思想品德形成与发展。情境的设置必须来源于真实生活,要做到能使教育双方积极参与、互动,就是真实的"在场"。长期以来,教育者的主导和控制造成受教育者的离场——受教育者无所思、无所为。"思想政

---

[1] 邵文英.论思想政治教育情境资源的有机整合[J].河北师范大学学报(哲学社会科学版),2011,34(6):26-30.

治教育情境的开发和利用正是要将这个离场的'人'还置于一个'在场的人'"[1],使教育对象通过亲身的情境体验,接受教育和引导,欣赏自己的成就与进步,纠正自己的错误和缺点。说理教育法、情感熏陶法、情境感染法构成情理交融方法的重要方式。需要强调的是,这三种主要方式不是彼此分离、各自独立的教育方法方式,而是在教育过程中相互联系、相互渗透,有机统一于情理交融方法的运用实践中。

四、问题导向法:思想政治教育人性化的实践向度

1. 问题导向法的含义和作用

所谓问题导向法是指教育者根据教育目的和教学内容要求,以问题的发现提出为出发点,问题的探究分析为过程,问题的回应解决为落脚点,突出教育者的主导作用、受教育者的主体地位和问题的中心环节,在实践中提高受教育者理论联系实际的能力,真正将理论知识内化于心、外化于行的一种教育方法。

问题是我们各项工作的着力点。问题导向是马克思主义的鲜明特点和固有品质,是重要的思想方法和工作方法。只有抓住了问题症结,才能抓住事物的根本。不同的时代有不同的特点和问题。"每个时代总有属于它自己的问题,只要科学地认识、准确地把握、正确地解决这些问题,就能够把我们的社会不断推向前进。"[2]新时代思想政治教育必须紧扣时代问题,才能切实提高教育的针对性和实效性。问题导向法在思想政治教育中有着十分重要的作用。

第一,坚持问题导向有利于促进人们主体意识转化,调动人的积极性和创造性。问题导向法不是传统教育中教育者单向灌输式的独白,而是突出教育者和受教育者在教育过程中以问题为基本环节的共同参与式、互动式、探究式、对话式的教育方法。问题导向法肯定受教育者的主体地位和主体作用,不是让受教育者在没有问题、没有疑惑、没有思考中接受教育,而是在立足社会现实分析问题、面对思想实际解决问题中使受教育者提高认识,接受教育,体现出教育中以人为本的思想。"能不能把课讲好,把道理讲清、讲深、讲透,讲到学生心坎里去,让学生信服,改革教学方法显得尤为重要。改革教

---

〔1〕 董杰.思想政治教育情境的概念界定与内涵分析[J].学校党建与思想教育,2009(35):19.

〔2〕 习近平.之江新语[M].杭州:浙江人民出版社,2007:235.

学方法,最主要的是坚持以育人为本,以学生为主体。"[1]问题导向法有利于激发受教育者积极思考、主动学习的兴趣。

第二,问题导向法有利于思想政治教育从实际出发,具体问题具体分析。问题是它表现自己精神状态的最实际的呼声,体现其鲜明的时代性和矛盾性。"问题就是事物的矛盾,哪里有没有解决的矛盾,哪里就有问题。"[2]思想政治教育通过问题来抓矛盾、抓重点、抓难点,可以更好地有针对性地开展工作。每个受教育者的思想问题和现实问题都可能存在差异,这需要从实际出发,把思想政治教育教学转化为对社会现实问题的关注,转化为对受教育者生活实际问题的深刻关切,抓住关键问题,着力推动解决,在问题的回应与解决中,做出令人信服的教育。无视对现实问题的强力回应,理论与现实脱节,课堂教育与社会现实疏离,教育目的就难以实现。因此,问题导向的教学方法是推动思想政治教育改革、丰富思想政治教育方法的有益探索,也是思想政治教育实践教育的重大方向。

第三,问题导向法有利于受教育者在实践锻炼中实现理论与实践的结合,知与行的统一。问题起源于实践,又成为实践的起点,问题是沟通理论与实践的中介。只有亲身参与实践,深入社会生活,才能发现真问题、实问题,才能形成强烈的问题意识。思想政治教育既要加强基本理论知识的宣传教育,又要通过教学实践、社会实践活动将理论和实践结合起来。问题导向法就是突出强调受教育者参与实践,发现问题,并且极力找到无论是重大社会现实问题,还是自身思想认识问题的发生根源,形成自己的正确认识,并在实践中知行合一,养成高尚的道德品质和良好的行为习惯。思想政治教育坚持问题导向,设置问题议题,将之贯穿实践环节,突出以人为本,注重从理论学习向实践创新转化,受教育者在实践中锻炼自我、发现自我、成就自我、增强本领、提高素养。

第四,坚持问题导向法有利于思想政治教育理论创新和创新人才培养。问题导向的教育方法不是简单地理解为提出问题、分析问题、解决问题的方法,而是在其基础上推动理论创新、实践创新和创新型人才培养的方法。坚持问题导向才会激发创新思维和创新动力,"坚持问题导向是马克思主义的

---

[1] 袁贵仁.努力把高校思想政治理论课建设成为学生真心喜爱终身受益毕生难忘的优秀课程:教育部部长袁贵仁与高校思想政治理论课骨干教师研修班全体学员座谈时的讲话[J].思想理论教育导刊,2010(6):6.

[2] 毛泽东.毛泽东选集:第四卷[M].2版.北京:人民出版社,1991:839.

鲜明特点。问题是创新的起点,也是创新的动力源。只有聆听时代的声音,回应时代的呼唤,认真研究解决重大而紧迫的问题,才能真正把握住历史脉络,找到发展规律,推动理论创新"[1]。问题、矛盾无处不在,无时不有,而且随着时间的推移和矛盾、问题的解决,又会产生新的矛盾和问题。坚持问题导向的思想政治教育不断地在解决问题、化解矛盾的过程中推动理论和实践创新发展。坚持问题导向不仅有利于理论与实践的创新发展,而且有利于创新人才的培养。尊重和理解人的主体性存在的问题导向法有助于人在探究问题的实践中,唤醒生命活力,激发创新动力,培养创新能力。缺少问题意识的人,容易抱残守缺,墨守成规,缺乏主见和创新。

2. 问题导向法运用的基本要求

问题导向法的运用对教育者的教育教学技能、围绕教育内容对问题的凝练、教育教学过程的科学组织、教育教学效果评价都提出了较高要求。

第一,问题导向法要肯定教育者的主导作用。教育者的主导作用,一是表现在教育者要有丰厚的知识储备,不仅深耕专业领域,而且广泛涉猎其他领域。面对人的开放性思维所提出的各类问题,教育者要能够从容应答,并做到正确的引导、指导。二是教育者要有较强的课程开发能力、教学设计能力和专业实践能力,问题设计要符合课程教学大纲、专业教育目的的要求。提出的问题要是反映时代重大理论问题和社会现实问题的真问题、实问题,而不是局限于表象、假象的虚问题、浅问题、假问题。问题要具有较高的探究价值。问题导入要体现层次性,根据对象的不同问题导入划分层次,区别对待,深入浅出,由易到难。三是教育者要全程参与问题导向的教育教学。问题导向不是想什么说什么,有什么问什么,更不是变"填鸭式"教育为"放鸭式"教育。教育者要全程参与,科学组织,精准指导,并对结果予以合理评定、反思,且多以正面评价、表扬鼓励为主。

第二,问题导向法要突出问题意识的培养。要运用好以问题为导向的教育方法和工作方法,首先是要有强烈的问题意识。从哲学层面上说,问题意识是客观存在的问题的主观映象,是人脑对客观存在的问题的反映过程。如果我们没有用来反映和思考的问题,或者对待问题采取掩盖和回避的态度,那么问题导向法就成了无源之水、无本之木。"具有强烈问题意识的人,则会'于无疑处有疑',意识到寻常现象的非常之处,然后提出高质量的问题,对问

---

[1] 习近平. 在哲学社会科学工作座谈会上的讲话[N]. 人民日报,2016-05-19(2).

题抓住不放,并想方设法去解决问题,从而导致认识的新领域和新视角,做出创造性的成果。"[1]具有强烈问题意识的教育者才会时刻关注、及时回应受教育者遇到的理论难点、社会热点、思想疑点问题,才会不为书本上条条框框所羁绊,寻找各种"问题"和思想政治教育内容的最佳切入点,对症下药,有针对性地开展工作。

第三,问题导向法要重视教材体系向教学体系的转化。教材一般都体现出逻辑体系严密、内容全面精准、理论深邃严谨等特性,能够高度概括和精准表达党的理论创新成果。如果教育者拘泥于教材,只是简单将教材机械地搬运到课堂上,那么教育就难以引起受教育者的兴趣。如果坚持教材本位,那么教育就难免陷入单纯灌输的窠臼,问题导向法既无可能,也无必要。问题导向法是实现教材体系向教学体系转化的关键环节。从教材体系向教学体系转化绝不是改变教育目标和教学内容,而是为了提高教育效果,对教育教学方式方法的改进和提高。要坚持教材本位向受教育者本位转变,教育者主体地位向教育者和受教育者主体间性转变,激发受教育者在教育中的主体作用。教育者以问题的导入,引入教育内容,让受教育者参与其中。问题导向法既不是简单的问答法,也不同于高标准的创新探究法,而是教育者在深入研究、查阅文献、充分论证的基础上将教材中的具体理论问题转化为可以通过问题导向的教学问题。教育内容被设计成若干问题板块,按照教育目标的要求,采用启发式教育,着力实现教材体系向教学体系、教材语言向教学语言的转化,将教材的严谨性、系统性和教学的生动性、针对性结合起来。

第四,问题导向法要坚持理论学习和实践锻炼相结合。问题导向法具有鲜明的实践性特征。教育者要能充分调动和整合课内、课外或校内、校外的有助于实践活动开展的教育教学资源,根据教育内容要求,设计理论学习和社会实践相结合的实践教学环节,不断丰富课堂讨论、辩论等教学实践形式和社会调查、调研等社会实践形式。在生动的实践中把马克思主义中国化最新成果和现实问题结合起来,把社会现实中的热点问题和思想政治教育实践教学结合起来,直击受教育者的心灵之问。同时,在实践中要关心受教育者的思想动态,以便更好地及时解决问题,增进共识。

第五,问题导向法要注重教育成效考核评价的改革和创新。在以教育者为中心、以教材为中心、以课堂为中心的传统教育模式中,教育教学评价强调

---

[1] 罗志荣.问题、问题意识与问题导向[J].企业文明,2014(11):44.

的是知识点的记忆程度和考试分数的高低。教育者无需关注受教育者的学习过程,受教育者也无需关心教育者的教育教学过程,因为分数是评价的唯一标准。为此,必须加强教育教学的考核评价的改革和完善。科学的考核评价是问题导向式教育方法的重要组成部分,它直接影响课程教育的组织实施,必须坚持理论提高与价值引领相结合、知识学习与能力提高相结合、结果考核与过程考核相结合。坚决杜绝内容背出来了,分数上去了,结果是道德行为、认知水平下来了的现象。加强受教育者在教育过程中参与程度的考核,将解决问题能力程度、思想认识提高程度、理论和实践结合程度作为考核的重要条件,进而评价教育教学方法运用的实际效果。

五、自我教育法:思想政治教育人性化的主体向度

1. 自我教育法的含义及意义

自我教育法"主要是受教育者按照思想政治教育目的和要求,通过自我学习、自我修养、自我反省、自我总结、自我批评、自我改造等方式,主动接受先进思想,提高自己的思想觉悟和道德品质以及纠正自己的错误思想和行为的方法"[1]。自我教育法是人的主体意识发展的要求和内外因辩证关系原理的运用。人处于不断生成、发展、社会化的过程中,在这个过程中,人随着年龄、阅历的增长,主体性的不断增强,自觉意识到自我的主体地位、主体能力和主体价值,强调自我独立性、创造性、能动性以及自我的权利、尊严、需要,表明人的主体意识不断发展。"中央教科所的史根东认为,'主体意识包括以下几个方面:自强奋斗意识;自力学习意识;自主发展意识;自我创造意识;自我修养意识;自我管理意识;自我评价意识;自我完善意识这八个方面。"[2]随着主体意识的发展与成熟,作为受教育者的主体有能力对真、善、美与假、丑、恶做出客观评价,能够独立发表自己的见解和主张,具有自我教育意识、自我教育能力。思想政治教育对受教育者思想品德塑造活动最终还必须通过受教育者自身的思想矛盾运动即自我教育才能起变化,起作用。外因必须通过内应才起作用。一切教育都是教育与自我教育的有机统一,否则就会导致灌输论和强制论。自我教育体现一种人本位精神。

自我教育法在思想政治教育人性化中有着重要意义。一是有利于建立

---

[1] 张耀灿,陈万柏.思想政治教育学原理[M].北京:高等教育出版社,2001:182.

[2] 金志云,张月红.自我教育:方法与模式的探讨[J].西江大学学报,2000,21(3):107.

教育双方主体间性关系。受教育者作为主体与教育者主体进行平等对话、交流互动。如果教育者缺乏对受教育者的自我教育必要性、重要性的认识以及对自我教育法的运用,容易造成唯我独尊、一言堂、满堂灌现象,导致形成双方不平等的关系。如果能正确使用自我教育法,并进行积极引导,尊重受教育者的主体地位,形成良好的双方关系,则能调动教育者实施教育和受教育者接受教育两方面的积极性。二是充分体现对受教育者的信任与尊重。长期以来,存在教育者对受教育者什么都可以信任,唯独在思想政治教育领域缺乏信任与尊重的现象。不相信他们在思想政治上自我学习、自我认识、自我改造、自我反省,即自我教育的能力,甚至认为自我教育会导致思想放松警惕、自由主义泛滥。贯彻、执行自我教育法,有利于既信任、尊重、关爱受教育者,又教育、引导受教育者。三是有利于增强受教育者自我教育能力,提高思想政治教育有效性。新的历史时期,随着人们工作岗位变动频繁、生活范围扩大、自我独立性增强,教育者面对的教育对象不如传统社会里那样相对稳定、易控。如何使受教育者在独处的情况下保持"慎独""自律""自省""自警""自重",是每个教育工作者需要认真思考和解决的问题。解决的一个有效办法就是通过自我教育法,提高自我教育的能力,增强受教育者自我学习、自我批评、自我改造的能力,提高对各种错误思潮、错误价值观的鉴别能力和批判能力,增强政治敏锐性和免疫力,自觉抵制外界不良影响,实现"教是为了不教"的目的。

2. 自我教育的主要方式

(1) 自我学习。这是个体自我教育的重要方式。任何人的思想政治素质、道德品质不是凭空产生的,必须在长期的学习和实践中不断进行修养,才能实现。要做到自我学习,必须提高学习自觉性,虚心向书本学习、向群众学习、向榜样人物学习、向优良文化传统学习。向书本学习,提高自己的理论水平和理论指导实践的能力;向群众学习,坚持群众路线、群众方法;向榜样人物学习,通过比照榜样人物的先进思想、高尚品德,更好地进行自我剖析、自我反省、自我检讨、自我监督;向优良文化传统学习,以史为鉴,教育自我,提高认识。

(2) 集体活动。人是活动性存在,在活动中、在他我关系中才会表现自我。因此,自我教育,除了个体的自我教育外,还存在群体的自我教育。群体的自我教育就是指某一个集体内部成员通过各种有意义的集体活动,如讨论会、座谈会、辩论会、民主生活会、评比会等,进行互相帮助、互相教育、互相感染而达到教育目的活动。人的生活不是可以离群索居的绝对个体的自我生活,人总是生活在群体之中。人的自我教育也在群体之中进行。思想政治教育工作者要从服务于人的全面发展的目标出发,发挥好自己的主导作用,积极组织好各种形式的集体、群体活动,让受教育者在集体活动中既看到在他人身上表现出来的自己所具有的优良品质,又看到自己需要从他人身上学习、借鉴的好品质、好经验,用集体、群体的力量互相感染、互相激励,实现群体的自我教育。

(3) 社会实践。社会实践是自我教育的有效方法、正确途径和重要阵地。人们在社会实践中,会面临各种困难、矛盾、问题,迫使人们独立思考、自我学习、自我管理、自我纠错,克服被动适应和依赖心理。受教育者在社会实践后会对实践活动的结果、成果进行自我分析、自我总结、自我鉴定,这个分析、总结、鉴定的过程就是自我教育的过程。

3. 自我教育法运用的基本要求

自我教育法是思想政治教育行之有效的方法,但在具体执行过程中还必须掌握好它的一些基本条件和要求。

第一,要充分发挥好教育者的主导作用。自我教育不是放任自流式的"自发教育",是要按照思想政治教育目标和要求,不断提高思想道德素质的自主教育,教育者要发挥好主导作用,保护好受教育者自我教育的自觉性和积极性,自觉地运用好群众性的自我教育方法,促进人们开展积极的思想教育活动。人的思想观念不会主观自生,人的自我意识没有加工材料,就谈不上自我认识、自我评价、自我反省。这些加工材料哪里来,这是教育者要做的工作。人们从教育者那里获得正确的政治思想、价值观念、道德规范,以及人文关怀,才会有自我教育内容和自我修养的积极性。"苏联教育家霍姆林斯基指出:'自我教育是从这里开始的:让一个人去关心另一个人,力求看到自己身上的好的东西在另一个人身上表现出来。'"[1]这既强调了教育的关心、关爱作用,又突出了教育者引领、示范的主导作用。

第二,要营造自我教育的良好环境。好的环境可以使人变好,不好的环境可以使人变坏。环境可以直接影响受教育者的思想行为倾向和自我教育的效果,良好的环境往往蕴含思想政治教育的内容和方法。要创造良好的环

---

[1] 教育部社会科学研究与思想政治工作司.思想政治教育方法论[M].北京:高等教育出版社,1999:145.

境,大力加强家风和家庭环境、校园文化环境、社会文明环境、生态文明环境等环境建设,积极组织家务劳动、义务劳动、勤工助学活动、志愿者服务活动以及生态环保活动等各种实践活动,激发受教育者在实践活动中自我教育动机,引导受教育者在实践活动中通过自我剖析、自我批评来加强自我改造,通过自我控制、自我约束来提高自我管理能力,并在实践中不断地反思、反省,检视自己的思想行为,培养自我教育的综合能力。

第三,要坚持个体自我教育与群体自我教育有机结合。"既要发挥集体互帮互教对个体的巨大作用,又要发挥个体自我教育对群体自我教育的积极影响,使之形成良好的'双向作用',创造优良集体。"[1]人的思想、观念的形成与发展受主体内因的影响,内因是变化的根据。自我教育伴随着自我意识的发展而发展,通过自身的思想矛盾运动,克服错误的思想认识,树立正确的思想观念。但是,个体自我教育离不开环境的作用和集体、社会的影响。人是个体性存在与社会性存在的统一,其本质是社会关系的总和。处在社会关系中的人在群体自我教育中,可能同时扮演着教育者和受教育者的角色,在教育别人的同时,自身也在接受教育。彼此互相帮助、互相鼓励、互相教育。个体自我教育以群体自我教育为基础,群体自我教育能否得以顺利进行也依赖于个体自我教育的效果。所以,要有效地把个体自我教育和群体自我教育有机结合起来,创造优良集体,从而使自我教育获得健康发展,取得良好效果。

六、心理咨询法:思想政治教育人性化的人文向度

1. 心理咨询法的含义及作用

所谓心理咨询法,是指教育者或心理咨询者借助心理学的专门知识和技能,解决受教育者出现的心理困惑、心理障碍和心理疾病等问题,以调整其心理认知和心理情感,提高其心理素质和心理承受能力,促进其心理健康和心理和谐的方法。中国特色社会主义已经进入新时代,新时代的思想政治教育赢得新机遇的同时,也面临诸多挑战。需要加强教育的人文关怀和心理疏导。人的思想问题和心理问题总是交织在一起,相互作用、相互影响。心理健康教育是思想政治教育的重要内容,心理咨询法已成为思想政治教育方法的有效形式,它在思想政治教育中具有重要作用。

---

[1] 张耀灿,等.思想政治教育学原理[M].北京:高等教育出版社,2001:183.

第一,有利于丰富、改善思想政治教育方法,营造思想政治教育良好的心理环境。传统思想政治教育方法也重视个别谈心、疏通引导等方法方式,但更多的还是强调宏观层面上理论教育、榜样示范、形象教育等形式的说教,强调思想行为上的教育引导。心理咨询方法注重从人的心理微观机制上循循善诱、潜能开发和人格完善。咨询者(教育者)和咨询对象(来访者、受教育者)双方表现出高度的专注和聆听,对话不是一方对另一方的依赖或控制,彼此间保持真诚、热情、尊重、信赖、共情和积极关注,形成良好的沟通、交流的心理环境。咨询者不急于作出评价性的结论,不粗暴地将自己的价值观念强加于他人,咨询对象在心理不设防的环境中讲真话,说实情,从而使咨询者掌握来访者心理问题发生的根源及其价值取向,在来访者的价值体系中寻找帮助他的咨询方法,提高咨询的话语的针对性。

第二,有利于尊重咨询对象的主体地位,建立教育主体间良好的人际关系。心理咨询始终贯彻尊重原则、平等原则和主体性原则,咨询者首先是一个陪同咨询对象走过心灵痛苦期的陪伴者,而不是一个单纯强调理论说教、思想灌输的教育者。交往过程中,双方都是平等的主体性存在,教育者尊重教育对象的理性表达,也理解其非理性发泄,承认其作为理性和非理性的统一的人性存在。教育者暂时放下自己的价值参照标准,专注对方心理倾诉,感受对方情绪体验,消除对方逆反心理和抵触情绪,组织双方有效的信息交流和情感沟通。遵从咨询对象不同思想状况、不同心理特点、不同内心需要,有的放矢,因人施策。在真诚、尊重、共情的基础上,建立相互接纳、彼此信任的良好人际关系。诚然,只有坚持主体性原则,才能关注主体,发挥主体的自觉能动性作用;才能发挥心理健康教育在个人生活质量提高、家庭幸福生活形成、社会和谐发展中的促进作用;才能促使良好人际关系的形成和巩固。

第三,有利于提高咨询对象心理素质和心理承受能力,促进其心理健康发展。心理咨询是一个舶来品,最早诞生于西方,主要代表学派有精神分析学派、行为主义学派和人本主义学派等。强调人性观对于心理健康教育的作用和意义。任何一种心理咨询理论都有其人性观假设,人性观构成了心理咨询的理论和技术的基础。精神分析学派主张性恶论,强调人的非理性因素、潜能意识动机、生物本能对人的心理的影响,主张心理咨询通过帮助咨询对象分析、解构以前的经验,实现强迫性神经症和人格障碍的治疗,牵引个性动力,清除情感障碍。行为主义学派认为,人的善恶不是先天就有的,而是环境和教育的结果,注重后天成长环境和社会文化对人的影响,强调心理咨询方法在行为纠正上的作用。人本主义学派主张性善论,肯定人的理性、善良、尊严和价值对于人存在的意义,主张人的安全环境建设和信任关系建立,要求保持咨询中的积极倾听和准确共情,由此改善人的心理环境,提高人的心理素质。

诚然,这些学派的理论主张有其不足和缺陷,但也有其合理因素,它们肯定了心理健康对于人生存发展的价值。对此,我们要批判借鉴,要能够倾听咨询对象内心的呼声,彼此分享经验、思想、情感,在真挚的情感交流中让对方感受到被理解、被接纳、被关爱,产生满足感、愉悦感。咨询对象不再将个人的心理障碍、心理疾病看作难以启齿的事情,刻意隐藏起来,而是敢于大胆吐露心声,以获取帮助和改善,释放心理重负。咨询者不再将心理问题和思想品德问题混为一谈,随贴标签,把心理发展过程中表现出来的情感失调、认知失真、行为失态、心态失常、个性缺陷看作道德品质问题,而是积极关注他们的心理发展状态和变化过程,关心他们的生活状况。思想政治教育通过心理咨询的方法,让受教育者宣泄自己内心积郁的苦闷和矛盾,减轻心理负荷,释放心理压力,并及时采取正确的措施,做好深入、细致、耐心的说服、疏导工作,真心实意去帮助受教育者分析问题、解决问题,在问题的解决中达到教育的目的,促进心理健康发展。

2. 心理咨询的主要形式

(1) 个别心理咨询。个别心理咨询对象是个体,而不是团体,体现咨询的个别化、个性化。现代社会生活造成人的心理问题的原因是复杂多样的。诸如贫困心理问题、情感心理问题、就业心理问题、学习心理问题等,不一而足。个别心理咨询了解咨询对象的具体情况,如年龄、学历、职业、民族、政治面貌,更易掌握咨询对象具体心理问题发生的原因和问题的症结所在,从而使咨询者在充分掌握材料的基础上提出咨询方案,确定解决问题的途径和方法。由于个别心理咨询只有双方当事人,容易做到对咨询对象的保密和尊重。咨询者专心致志地倾听,咨询对象毫无顾忌地倾诉,真正感觉到自己的存在和受重视,感受到温情和关爱,放下心理的掩饰和防卫,吐露内心的苦楚和不满,放松心情,接受劝导,增强自信,进而达到咨询目的。

(2) 团体心理咨询。"团体心理咨询是在团体情景下进行的一种心理咨询形式,它是通过团体内人际关系交互作用,促使个体在交往中通过观察、学习、体验,认识自我、探讨自我、接纳自我,调整改善与他人关系,学习新的态度与行为方式,以发展良好的适应的助人过程。"[1]团体咨询具有感染力强、影响广、效率高等特点。它与个别心理咨询一样,强调对咨询对象的关心、关注、关爱。每个参与者都在具体的示范、模仿、训练中被接纳、被关注,在训练中,尝试建立与他人的良好人际关系,并将这种训练结果迁移到日常生活中。团体心理咨询关注每个人的积极参与,提高他们的积极性和主动性,增强他们的主体地位、主体意识、集体意识,促进个体社会化发展。

团体心理咨询可以提高咨询对象的心理素质和心理适应能力,它不仅关注教育对象目前存在的心理困惑和心理障碍,还关心心理发展和心理健康成长。注重发展性的团体心理咨询,让他们在团体心理咨询中增加环境适应训练和心理承受能力锻炼,并对咨询对象未来可能出现的心理障碍问题进行早期的发现和预防,强化问题意识、忧患意识,提高咨询对象的心理素质和心理健康水平。

3. 心理咨询法实施的基本要求

心理咨询是一项耐心、细致的工作,做好心理咨询工作要充分认识和准确把握它的基本要求。

第一,咨询者自身要有较高的心理素质、较强的心理咨询能力和扎实的心理学以及相关学科知识。从事思想政治教育心理健康教育,不仅要掌握思想政治教育学基本理论,还要掌握普通心理学、社会心理学、发展心理学、心理测验学、咨询心理学以及与心理学相关的职业道德与法律常识等理论知识。在拥有深厚理论知识基础上,还要掌握熟练的心理咨询技能。指导咨询对象如何寻求克服困难的办法和出路;劝导咨询对象从认知、情感上看待心理问题发生的根源,辩证看待事物,取得心理平衡;开导咨询对象走出牛角尖,认识到负面情绪、消极心理对人的生活、生命、健康的不利影响;诱导咨询对象大胆表露,勇于陈述观点,以便于咨询者更好地对症下药,使咨询者能用自己的经历、观点、情绪、经验去感化影响咨询对象,为咨询对象提供参考和借鉴,帮助其澄清错误的心理认知。

第二,要做到热心接待、真心交往、耐心倾听、倾心关注,做到和咨询对象朋友式交谈。凡是咨询对象,大多承认自己心理存在需要咨询的某些问题,带着信任的心理,主动而非被动地寻求咨询者的帮助。对于满怀希望的来访

---

[1] 刘春燕. 发展性团体心理咨询改善大学生应对方式及其相关因素的实验研究[J]. 心理发展与教育,2003(4):75.

者而言，其第一印象就是能否获得热心的接待。如果遭遇咨询者冷淡、漠视的态度，其就会顿感遭到自尊心和情感的伤害。因此，热情、细心的接待成了心理咨询法实施的首要环节。同时，还要能做到耐心倾听对方的心灵倾诉，倾心关注咨询对象的情绪变化和愿望需求。更为重要的是，在咨询交往过程中，能够营造出真诚、友爱的人际关系。其实，在形成人的心理障碍的环境因素中，最主要的还是人际关系。人际关系性质的界定，直接影响到人际关系的融洽程度和工作方法的选择与运用。所以，把咨询对象当作朋友，还是陌路人，甚或过招的对手，将决定心理健康教育的有效性和方法选择的恰当与否。作为有着健全人格的咨询者要始终将咨询对象当作朋友，给予真诚的接纳和友爱，让其感受到友情和温暖。

第三，要遵循主体性原则、疏导原则、信任原则、保密原则，体现心理咨询方法的人文关怀。主体性原则就是在心理咨询过程中，充分尊重咨询对象的主体地位，激发其潜能，发挥其在咨询活动中的主体作用。尊重咨询对象的观点、意见，使其尽抒己见、畅所欲言。咨询者依主体实际状况的不同，采取不同的心理咨询技术和心理健康教育方法，做到"有的放矢""对症下药"。疏导原则就是针对咨询对象心理和思想上存在的各种问题进行疏通和引导，以达到消除心理障碍、促进心理健康的目的。疏导是心理咨询和思想政治教育都应遵循的原则，它既是原则，也是一种方法。受西方心理咨询理论中价值中立、个体本位等思想影响，思想政治教育和心理健康教育有一定程度的阻隔。其实人的思想的发展变化要受到心理的影响、制约，而心理活动的方向又要受思想观念的支配。我们要认清思想政治教育和心理咨询两者间的关系。坚持心理咨询中的平等原则、尊重原则，在处理咨询对象的负面情绪和模糊思想认识时，虽然不能直接给予否定、批判、训斥，但并不代表可以放弃教育原则，而是要讲究方法和策略，帮助咨询对象逐渐认清事实，澄清价值体系中的矛盾，并作出合理的价值判断，逐步把错误认识和扭曲的人格引导到正确的轨道上，使以心理问题为切入口的心理疏导服务于党的思想政治教育要求。信任原则就是要尊重咨询对象的人格、尊严，既不居高临下、唯我独尊，又不曲意怜悯，而是给予更多关怀、鼓励和信任，彼此间建立起朋友般的关系。唯有如此，咨询对象才会推心置腹地吐露心声，暴露实情，从而在没有心理设防和心理障碍的情形下潜移默化地接受其施加的教育内容。因此，信任原则是心理咨询取得良好声誉和效果的重要原则。保密原则就是尊重咨询对象的保密权，不得在未经同意的情况下透露咨询对象的任何信息，它是心理咨询的首要原则。保密性被视为心理咨询工作的生命线。咨询对象基于对咨询者的信任,抛开一切顾虑,鼓足勇气,吐露内心深处的隐私、秘密,以期得到帮助、解救。如果咨询对象在毫无保留地倾诉了自己的心声后发现,自己的私密内容和个人资料被咨询者有意或无意地泄露出去,那将给他造成极大伤害。因此,保密是心理咨询从业人员的职业道德,也是心理咨询工作取得来访者信任、赢得良好声誉的重要保证。必须始终坚持保密原则,强化保密意识。然而,现实工作中,保密性要求有时会与思想政治教育中正面宣传、思想引领等教育理念存在相冲突、相矛盾的地方。这就考验着思想政治教育心理健康教育者的智慧和能力。其实,思想政治教育者和心理咨询者两个角色并非处于对立或冲突状态,处理得好,既保护了他人隐私,促进他人心理健康发展,又能提升人的思想认识和精神境界,展示心理咨询方法的育人魅力。

参考文献

一、马克思主义著作

[1] 中共中央马克思恩格斯列宁斯大林著作编译局. 马克思恩格斯全集:第一卷[M]. 北京:人民出版社,1995.

[2] 中共中央马克思恩格斯列宁斯大林著作编译局. 马克思恩格斯全集:第二卷[M]. 北京:人民出版社,1979.

[3] 中共中央马克思恩格斯列宁斯大林著作编译局. 马克思恩格斯全集:第三卷[M]. 北京:人民出版社,1965.

[4] 中共中央马克思恩格斯列宁斯大林著作编译局. 马克思恩格斯全集:第四卷[M]. 北京:人民出版社,1995.

[5] 中共中央马克思恩格斯列宁斯大林著作编译局. 马克思恩格斯全集:第二十卷[M]. 北京:人民出版社,1971.

[6] 中共中央马克思恩格斯列宁斯大林著作编译局. 马克思恩格斯全集:第二十三卷[M]. 北京:人民出版社,1972.

[7] 中共中央马克思恩格斯列宁斯大林著作编译局. 马克思恩格斯全集:第三十卷[M]. 北京:人民出版社,1995.

[8] 中共中央马克思恩格斯列宁斯大林著作编译局. 马克思恩格斯全集:第三十一卷[M]. 北京:人民出版社,1975.

[9] 中共中央马克思恩格斯列宁斯大林著作编译局. 马克思恩格斯全集:第四十卷[M]. 北京:人民出版社,1982.

[10] 中共中央马克思恩格斯列宁斯大林著作编译局. 马克思恩格斯全集:第四十二卷[M]. 北京:人民出版社,1979.

[11] 中共中央马克思恩格斯列宁斯大林著作编译局. 马克思恩格斯全集:第四十六卷 上卷[M]. 北京:人民出版社,1979.

[12] 中共中央马克思恩格斯列宁斯大林著作编译局. 马克思恩格斯全集:第四十九卷[M]. 北京:人民出版社,1982.

[13] 中共中央马克思恩格斯列宁斯大林著作编译局. 马克思恩格斯选集:第一卷[M]. 北京:人民出版社,2012.

[14] 中共中央马克思恩格斯列宁斯大林著作编译局. 马克思恩格斯选集:第二卷[M]. 北京:人民出版社,1972.

[15] 中共中央马克思恩格斯列宁斯大林著作编译局. 马克思恩格斯选集:第三卷[M]. 2版. 北京:人民出版社,1995.

[16] 中共中央马克思恩格斯列宁斯大林著作编译局. 马克思恩格斯选集:第四卷[M]. 2版.北京:人民出版社,1995.

[17] 中共中央马克思恩格斯列宁斯大林著作编译局. 马克思恩格斯文集:第一卷[M]. 北京:人民出版社,2009.

[18] 中共中央马克思恩格斯列宁斯大林著作编译局. 马克思恩格斯文集:第二卷[M]. 北京:人民出版社,2009.

[19] 中共中央马克思恩格斯列宁斯大林著作编译局. 马克思恩格斯文集:第八卷[M]. 北京:人民出版社,2009.

[20] 中共中央马克思恩格斯列宁斯大林著作编译局. 列宁全集:第六卷[M]. 北京:人民出版社,1986.

[21] 中共中央马克思恩格斯列宁斯大林著作编译局. 列宁全集:第二十五卷[M]. 2版. 北京:人民出版社,1988.

[22] 毛泽东. 毛泽东选集:第一卷[M]. 2版. 北京:人民出版社,1991.

[23] 毛泽东. 毛泽东选集:第二卷[M].北京:人民出版社,1966.

[24] 毛泽东. 毛泽东选集:第三卷[M]. 2版. 北京:人民出版社,1991.

[25] 毛泽东. 毛泽东选集:第四卷[M]. 2版. 北京:人民出版社,1991.

[26] 毛泽东. 毛泽东选集:第五卷[M]. 北京:人民出版社,1977.

[27] 中共中央文献研究室. 毛泽东文集:第七卷 一九五六年一月~一九五八年十二月[M]. 北京:人民出版社,1999.

[28] 中共中央文献研究室. 毛泽东文集:第八卷 一九五九年二月~一九七五年七月[M]. 北京:人民出版社,1999.

[29] 邓小平. 邓小平文选:第二卷[M]. 北京:人民出版社,1994.

[30] 邓小平. 邓小平文选:第三卷[M]. 北京:人民出版社,1993.

[31] 江泽民. 江泽民文选:第三卷[M]. 北京:人民出版社,2006.

[32] 习近平. 习近平谈治国理政:第一卷[M]. 北京:外文出版社,2014.

[33] 习近平. 习近平谈治国理政:第二卷[M]. 北京:外文出版社,2017.

[34] 习近平. 习近平谈治国理政:第三卷[M]. 北京:外文出版社,2020.

[35] 习近平. 习近平谈治国理政:第四卷[M]. 北京:外文出版社,2022.

[36] 习近平. 干在实处 走在前列:推进浙江新发展的思考与实践[M]. 北京:中共中央党校出版社,2006.

[37] 习近平. 之江新语[M]. 杭州:浙江人民出版社,2007.

[38] 习近平. 做焦裕禄式的县委书记[M]. 北京:中央文献出版社,2015.

二、其他著作

[1] 陈志尚. 人学理论与历史:人学原理卷[M]. 北京:北京出版社,2004.

[2] 张耀灿,陈万柏. 思想政治教育学原理[M]. 北京:高等教育出版社,2001.

[3] 张耀灿,郑永廷,吴潜涛,等. 现代思想政治教育学[M]. 2版. 北京:人民出版社,2006.

[4] 张耀灿,等. 思想政治教育学前沿[M]. 北京:人民出版社,2006.

[5] 张祥浩. 中国哲学史[M]. 南京:江苏人民出版社,2006.

[6] 肖前. 马克思主义哲学原理:下册[M]. 北京:中国人民大学出版社,1994.

[7] 韩庆祥,亢安毅. 马克思开辟的道路:人的全面发展研究[M]. 北京:人民出版社,2005.

[8] 郑永廷,胡树祥,刘廷亚,等. 思想政治教育方法论[M]. 北京:高等教育出版社,1999.

[9] 李亚彬. 道德哲学之维:孟子荀子人性论比较研究[M]. 北京:人民出版社,2007.

[10] 周辅成. 西方伦理学名著选辑:上卷[M]. 北京:商务印书馆,1964.

[11] 张焕庭. 西方资产阶级教育论著选[M]. 北京:人民教育出版社,1964.

[12] 休谟. 人性论:下册[M]. 关文运,译. 北京:商务印书馆,1980.

[13] 康德. 道德形而上学探本[M]. 唐钺重,译. 北京:商务印书馆,1957.

[14] 费尔巴哈. 费尔巴哈哲学著作选集:上卷[M]. 荣震华,李金山,等译. 北京:商务印书馆,1984.

[15] 王列,杨雪冬. 全球化与世界[M]. 北京:中央编译出版社,1998.

[16] 杨雪冬. 全球化:西方理论前沿[M]. 北京:社会科学文献出版社,2002.

[17] 杨雪冬,等. 风险社会与秩序重建[M]. 北京:社会科学文献出版社,2006.

[18] 兰久富. 社会转型时期的价值观念[M]. 北京:北京师范大学出版社,1999.

[19] 童星,张海波,等. 中国转型期的社会风险及识别:理论探讨与经验研究[M]. 南京:南京大学出版社,2007.

[20] 马斯洛. 人类价值新论[M]. 胡万福,谢小庆,王丽,等译. 石家庄:河北人民出

版社，1988.

[21] 贝克. 风险社会[M]. 何博闻,译. 南京：译林出版社，2004.

[22] 贝克,吉登斯,拉什. 自反性现代化：现代社会秩序中的政治、传统与美学[M]. 赵文书,译. 北京：商务印书馆，2001.

[23] 吉登斯. 社会的构成：结构化理论大纲[M]. 李康,李猛,译. 北京：生活·读书·新知三联书店，1998.

[24] 刘挺. 经济全球化与社会风险[M]. 北京：社会科学文献出版社，2007.

[25] 刘岩. 风险社会理论新探[M]. 北京：中国社会科学出版社，2008.

[26] 兰德曼. 哲学人类学[M]. 彭富春,译. 北京：中国工人出版社，1988.

[27] 海德格尔. 存在与时间[M]. 陈嘉映,王庆节,译. 北京：生活·读书·新知三联书店，1987.

[28] 万光侠,等. 思想政治教育的人学基础[M]. 北京：人民出版社，2006.

[29] 雷骥. 现代思想政治教育的人性基础研究[M]. 北京：人民出版社，2008.

[30] 许启贤. 中国共产党思想政治教育史[M]. 2版. 北京：中国人民大学出版社，2004.

[31] 汪晖. 汪晖自选集[M]. 桂林：广西师范大学出版社，1997.

[32] 衣俊卿. 现代性焦虑与文化批判[M]. 哈尔滨：黑龙江大学出版社，2007.

[33] 康德. 历史理性批判文集[M]. 何兆武,译. 北京：商务印书馆，1990.

[34] 卡斯特. 网络星河：对互联网、商业和社会的反思[M]. 郑波,武炜,译. 北京：社会科学文献出版社，2007.

[35] 刘德福,汪澄清. 中国大势：新千年始初二位智者关于世界历史发展进程暨中国未来发展的十二日谈话录[M]. 济南：山东人民出版社，2004.

[36] 张凤阳. 现代性的谱系[M]. 南京：南京大学出版社，2004.

[37] 孙志文. 现代人的焦虑和希望[M]. 陈永禹,译. 北京：生活·读书·新知三联书店，1994.

[38] 李伯聪. 高科技时代的符号世界[M]. 天津：天津科学技术出版社，2000.

[39] 诺思. 经济史中的结构与变迁[M]. 陈郁,罗平华,等译. 上海：生活·读书·新知三联书店上海分店，1991.

[40] 张掌然. 问题的哲学研究[M]. 北京：人民出版社，2005.

[41] 密尔. 论自由[M]. 许宝骙,译. 北京：商务印书馆，1959.

[42] 布鲁巴克. 教育问题史[M]. 单中惠,王强,译. 济南：山东教育出版社，2012.

[43] 哈贝马斯. 交往与社会进化[M]. 张博树,译. 重庆：重庆出版社，1989.

[44] 柏拉图. 理想国[M]. 郭斌和,张竹明,译. 北京：商务印书馆，1986.

[45] 汝信,陆学艺,李培林. 2002年：中国社会形势分析与预测[M]. 北京：社会科学文献出版社，2002.

[46] 卢卡奇. 历史与阶级意识：马克思主义辩证法研究[M]. 张西平,译. 重庆：重庆出版社,1989.

[47] 鲁洁. 道德教育的当代论域[M]. 北京：人民出版社,2005.

[48] 斯密. 道德情操论[M]. 蒋自强,钦北愚,朱钟棣,等译. 北京：商务印书馆,1997.

[49] 卡西尔. 人论[M]. 甘阳,译. 上海：上海译文出版社,1985.

[50] 李秀林. 辩证唯物主义和历史唯物主义原理[M]. 4版. 北京：中国人民大学出版社,1995.

[51] C.恩伯,M.恩伯. 文化的变异[M]. 杜彬彬,译. 沈阳：辽宁人民出版社,1998.

[52] 顾明远. 国际教育新理念[M]. 2版. 海口：海南出版社,2003.

[53] 斯宾诺莎. 伦理学[M]. 贺麟,译. 2版. 北京：商务印书馆,1983.

[54] 雅斯贝尔斯. 什么是教育[M]. 邹进,译. 北京：生活·读书·新知三联书店,1991.

[55] 燕良轼. 解读后现代主义教育思想[M]. 广州：广东教育出版社,2008.

[56] 伽达默尔. 伽达默尔集[M]. 邓安庆,等译. 上海：上海远东出版社,2003.

[57] 张锡金. 人生哲语：信仰说[M]. 合肥：安徽人民出版社,1992.

[58] 彭聃龄. 普通心理学[M]. 4版. 北京：北京师范大学出版社,2012.

[59] 王瑞荪. 比较思想政治教育学[M]. 北京：高等教育出版社,2001.

[60] 贺来. 宽容意识[M]. 长春：吉林教育出版社,2001.

[61] 唐凯麟. 伦理学[M]. 北京：高等教育出版社,2001.

[62] 席美尔. 货币哲学[M]. 朱桂琴,译. 北京：光明日报出版社,2009.

[63] 什托姆普卡. 信任：一种社会学理论[M]. 程胜利,译. 北京：中华书局,2005.

[64] 曹正善,熊川武. 教育信任：减负提质的智慧[M]. 上海：华东师范大学出版社,2009.

[65] 赫舍尔. 人是谁[M]. 贵阳：贵州人民出版社,1995.

[66] 黄晖. 论衡校释[M]. 北京：中华书局,1990.

三、论文

[1] 习近平. 思政课是落实立德树人根本任务的关键课程[J]. 求是,2020(17)：4-16.

[2] 习近平. 做好新形势下干部教育培训工作[J]. 理论探索,2010(6)：5-7.

[3] 习近平. 努力克服不良文风 积极倡导优良文风[J]. 求是,2010(10)：3-7.

[4] 张耀灿,曹清燕. 思想政治教育目的的人学思考[J]. 广西教育学院学报,2008(2)：1-7.

[5] 沈壮海. 关注思想政治教育的文化性[J]. 思想理论教育,2008(3)：4-6.

[6] 张文英. 董仲舒的"性三品说"与君主的教化责任[J]. 理论月刊, 2009(4): 66-68.

[7] 郭凤志. 人性: 社会塑造与主体选择的统一[J]. 东北师大学报(哲学社会科学版), 2001(6): 47-51.

[8] 鲁洁. 实然与应然两重性: 教育学的一种人性假设[J]. 华东师范大学学报(教育科学版), 1998, 16(4): 1-8.

[9] 马捷莎. 浅议人的本质的稳定性与人性的可变性[J]. 现代哲学, 1997(2): 37-40.

[10] 陈翠芳. "科技的人性化"辨义[J]. 伦理学研究, 2007(3): 76-79.

[11] 李友谊, 于秀艳. 关于人性化的哲学思考[J]. 船山学刊, 2006(2): 169-171.

[12] 任学忠. 人学研究必须创新: 第三届全国人学学术研讨会综述[J]. 哲学动态, 2001(2): 14-16.

[13] 黄建洪. 人的政治性与政治的社会性: 政治利益关系视野下的劳动人本政治观[J]. 理论月刊, 2005(7): 53-55.

[14] 汪信砚. 全球化与反全球化: 关于如何走出当代全球化困境问题的思考[J]. 北京大学学报(哲学社会科学版), 2010, 47(4): 27-35.

[15] 刘丽. 文化全球化与中国传统文化的自我定位[J]. 中共成都市委党校学报, 2009(4): 80-83.

[16] 白玉民, 王子平. 关于思维方式若干问题的思考[J]. 河北师范大学学报(哲学社会科学版), 2008, 31(4): 5-12.

[17] 郑杭生. 改革开放三十年: 社会发展理论和社会转型理论[J]. 中国社会科学, 2009(2): 10-19, 204.

[18] 项久雨. 需要: 思想政治教育价值生成的人性基础[J]. 西安石油学院学报(社会科学版), 2003, 12(2): 50-53.

[19] 井永杰. 马克思交往理论对主体性思想政治教育的启示[J]. 青海师范大学学报(哲学社会科学版), 2010, 32(6): 11-13.

[20] 石艳. 风险社会与自反现代化: 现代社会的新特征: 贝克风险社会理论阐释[J]. 理论界, 2008(4): 182-184.

[21] 肖瑛. 风险社会与中国[J]. 探索与争鸣, 2012(4): 46-51.

[22] 杨秋凤, 曹清燕. 生命之维: 思想政治教育视界的拓展[J]. 教育学术月刊, 2008(9): 35-37.

[23] 虞云耀. 论社会主义和谐社会的基本特征[J]. 党建研究, 2005(4): 22-26.

[24] 韩迎春, 喻生华. 论和谐社会视阈中思想政治教育的基本特征[J]. 黑龙江社会科学, 2009(5): 17-19.

[25] 何煦. 论生态文明的人学价值[J]. 湖北社会科学, 2009(4): 104-106.

[26] 王雨辰. 论生态学马克思主义的生态价值观[J]. 北京大学学报(哲学社会科学版), 2009, 46(5): 27-34.

[27] 李欣广. 人的全面发展与生态文明[J]. 改革与战略, 2010, 26(1): 1-4.

[28] 侯惠勤. 我国意识形态建设的第二次战略性飞跃[J]. 马克思主义研究, 2008(7): 5-11, 17.

[29] 石书臣. 论思想政治教育中意识形态性与非意识形态性的统一[J]. 探索, 2003(3): 81-83.

[30] 高清海. 从人的生成发展看市场经济[J]. 江海学刊, 1995(1): 76-82.

[31] 于桂凤. 从"感性对象"到"感性活动": 人的重新理解[J]. 齐鲁学刊, 2010(6): 66-70.

[32] 李怀君. 论作为人存在方式的"活动"[J]. 广东社会科学, 1990(3): 7-12.

[33] 夏甄陶. 活动的人和人的活动: 一种关于人的实践的唯物主义的观点[J]. 哲学研究, 1966(10): 11-18.

[34] 郝德永. 人的存在方式与教育的乌托邦品质[J]. 高等教育研究, 2004, 25(4): 7-11.

[35] 贺来. 实践活动与人本源性的生存方式[J]. 长白学刊, 2006(1): 45-50.

[36] 王翠英, 王刚. 马克思对传统本体论思维方式的批判与超越[J]. 社会科学论坛, 2006(5): 4-8.

[37] 褚凤英, 李光烨. 论思想政治教育研究模式的转变: 以"现实的人"作为思想政治教育研究的出发点[J]. 思想政治教育研究, 2006(9): 14-16.

[38] 顾乃忠. 关于人的生成发展的几个理论问题[J]. 江海学刊, 1996(5): 91-96.

[39] 万俊人. 普世伦理及其方法问题[J]. 哲学研究, 1998(10): 43-50.

[40] 扈海鹂. 网络文化: 人的社会性解释的新起点与新挑战[J]. 江海学刊, 2002(3): 104-108, 206-207.

[41] 姜万军, 金赛男. 风险, 创新激励政策中被忽视的关键要素[J]. 统计研究, 2010, 27(9): 43-47.

[42] 贝克, 王武龙. 从工业社会到风险社会: 上篇 关于人类生存、社会结构和生态启蒙等问题的思考[J]. 马克思主义与现实, 2003(3): 26-45.

[43] 姜爱林. 中国信息化的涵(含)义与一般特征[J]. 经济纵横, 2003(4): 2-4.

[44] 葛秋萍, 殷正坤. 信息时代数字化生存的思考[J]. 科技进步与对策, 2001, 18(5): 127-129.

[45] 孙伟平. 论信息时代人的新异化[J]. 哲学研究, 2010(7): 113-119, 129.

[46] 李智, 陈爱梅. 论信息化生存的两重性及其出路[J]. 自然辩证法研究, 2000, 16(12): 25-29.

[47] 许晓平. 马克思哲学本体论的思维向度[J]. 学术交流, 2005(5): 9-12.

[48] 刘建军. 论思想政治教育的个人价值[J]. 教学与研究,2001(8):48-52.

[49] 顾骧. 人性觉醒 人格独立:记晚年周扬[J]. 湖南城市学院学报,2004,25(6):34-36.

[50] 张一兵. 物役性:马克思哲学新视域中的科学性批判话语[J]. 社会科学战线,1996(3):97-102.

[51] 宇业力,顾友仁. 思想政治教育中的两种基本理论及其时代走向[J]. 教育科学,2010,26(3):87-91.

[52] 龙翔,陈凡. 现代技术对人性的消解及人性化技术的重构[J]. 自然辩证法研究,2007,23(7):69-73.

[53] 徐世甫. 虚拟生存的哲学反思[J]. 南京社会科学,2003(2):25-29.

[54] 张国启. 论思想政治教育生活化的发展向度[J]. 思想理论教育,2009(7):28-31.

[55] 韩大伟. "路径"含义的词汇化模式[J]. 东北师大学报(哲学社会科学版),2007(3):155-159.

[56] 熊建生. 论思想政治教育内容结构的优化[J]. 学校党建与思想教育(上半月),2008(11):11-15.

[57] 姚本先. 论学生问题意识的培养[J]. 教育研究,1995,16(10):40-43.

[58] 李思民. 问题意识的理论阐释[J]. 哈尔滨学院学报(社会科学),2002,23(1):75-80.

[59] 谭希培,刘小容. 论马克思主义学说的问题意识[J]. 湖南师范大学社会科学学报,2009,38(4):26-31.

[60] 刘大椿. 问题意识与超越情怀[J]. 中国人民大学学报,2004,18(4):18-25.

[61] 张茹粉. 思维方式的价值诉求[J]. 湖北社会科学,2011(3):106-108.

[62] 方延明. 媒介传播的社会责任与"问题意识"[J]. 南京社会科学,2010(7):105-111.

[63] 蔡元培. 教育独立议[J]. 新教育,1922(3):1.

[64] 袁刚,陈雪嵩,杨先哲. "问题与主义"之争九十年回顾与思考[J]. 学术探索,2009(3):85-92.

[65] 张晓林. 理论始于问题[J]. 中州学刊,2009(1):4-6.

[66] 陈锡喜. 强化理论思维能力培养是提高思想政治理论课实效性的重要环节[J]. 思想理论教育,2009(5):4-10.

[67] 成德宁. 论城市偏向与农村贫困[J]. 武汉大学学报(哲学社会科学版),2005,58(2):255-260.

[68] 田野. 对我国城市贫困人群问题的思考[J]. 理论导刊,2007(2):24-26.

[69] 张彩霞,张世芳. 我国居民贫富差距现状、问题、成因及对策分析[J]. 统计与管

理,2012(1):82-84.

[70] 佘双好. 心理健康教育何以成为思想政治教育的研究领域[J]. 马克思主义研究,2007(3):89-93,98.

[71] 莫雷. 学校心理辅导技术专题之一角色扮演技术在心理辅导中的应用:上[J]. 人民教育,2000(9):41-42.

[72] 陈英乾. 我国城镇失业问题及扩大就业的政策研究[J]. 山西财经大学学报(高等教育版),2005,8(1):71-75.

[73] 张三元. 以人为本:以人的尊严为本:基于马克思主义人学的视角[J]. 思想理论教育,2012(9):23-28.

[74] 赵建华. 高校学生就业道德素养弱化成因分析及对策探索[J]. 教育研究,2011,32(3):65-68.

[75] 杨菊华,何炤华. 社会转型过程中家庭的变迁与延续[J]. 人口研究,2014,38(2):36-51.

[76] 唐灿. 中国城乡社会家庭结构与功能的变迁[J]. 浙江学刊,2005(2):202-209.

[77] 衣俊卿,孙占奎. 交往与异化:关于现代交往的负面研究[J]. 哲学研究,1994(5):15-21.

[78] 周军,郑日昌,刘嘉. 因特网使用与心理健康[J]. 中国心理卫生杂志,2002,16(10):685-687.

[79] 刘铁芳. 生命情感与教育关怀[J]. 高等师范教育研究,2000,12(6):26-30,57.

[80] 佘双好. 我国古代家庭教育优良传统和方法探析:从家训看我国古代家庭教育传统和方法[J]. 武汉大学学报(社会科学版),2001,54(1):116-122.

[81] 徐志远,龙宇. 现代思想政治教育中情感教育的机制和规律[J]. 思想教育研究,2011(4):12-15.

[82] 史宏波. 简论马克思交往理论与思想政治教育[J]. 理论月刊,2013(10):18-21.

[83] 刘志丹. 有效性要求:哈贝马斯对语言哲学的重大贡献[J]. 外语学刊,2012(3):7-11.

[84] 刘铁芳. 生命的叙述与倾听:试论道德教化的对话性[J]. 华东师范大学学报(教育科学版),2004,22(3):1-6.

[85] 钟启泉. 对话与文本:教学规范的转型[J]. 教育研究,2001,22(3):33-39.

[86] 李翠荣. 人性和谐问题探究[J]. 社会科学家,2010(12):99-100,104.

[87] 黄济鳌. 休谟的政治哲学及其人性基础[J]. 广西大学学报(哲学社会科学版),2004,26(6):12-15.

[88] 冯务中,李义天. 几种人性假设的哲学反思[J]. 社会科学家,2005(3):7-11.
[89] 余玉花,陈洪连. 科学发展观与人的发展目的:兼论思想政治教育的目的[J]. 合肥工业大学学报(社会科学版),2006,20(4):72-77.
[90] 陈新夏. 人性与人的本质及人的发展[J]. 哲学研究,2010(10):11-15,128.
[91] 孙其昂. 思想政治教育的和谐之维[J]. 河海大学学报(哲学社会科学版),2008,10(2):6-8,89.
[92] 王政堂. 思想和谐:党内和谐的灵魂与核心[J]. 理论探索,2007(2):67-69.
[93] 薛晓阳. 一种基于人性假设的教育思考[J]. 阅江学刊,2009,1(4):64-68.
[94] 谢庆. 人性假设理论与思想政治教育个体价值[J]. 重庆文理学院学报(社会科学版),2009,28(6):195-197,210.
[95] 周如俊,苏云升. 优化思想政治教育的社会整合功能[J]. 党政论坛,2006(2):36-37.
[96] 陈安金. 人的自然性和文化性关系辨析[J]. 浙江社会科学,2003(5):134-137.
[97] 刘先进,李经纶. 试论思想政治教育的文化引领功能[J]. 求实,2007(5):86-88.
[98] 朱志刚. 论思想政治教育的文化整合功能[J]. 理论学刊,2007(11):93-95.
[99] 周琪. 思想政治教育文化问题研究的再思考[J]. 学校党建与思想教育,2007(8):26-28.
[100] 魏小兰. 论价值理性与工具理性[J]. 江西行政学院学报,2004,6(2):63-67.
[101] 沈大光. 论人的非理性因素与思想政治教育[J]. 济南大学学报(社会科学版),2007,17(6):37-40.
[102] 俞啸云. 为了开发青少年的个性潜能:国外个性教育综述[J]. 当代青年研究,1992(6):21-24.
[103] 叶湘虹,李建华. 论思想政治教育中的平等与对话[J]. 湖南师范大学社会科学学报,2007,36(1):53-56.
[104] 闵绪国. 论思想政治教育有效沟通应坚持的原则[J]. 思想理论教育导刊,2006(7):49-51.
[105] 何光全. 教育:向生命、生活开放:马丁·布伯对话教育哲学与成人教育实践[J]. 开放教育研究,2006,12(6):46-49.
[106] 徐夫真. 论对话教学的三个基本原则[J]. 当代教育科学,2008(17):34-35.
[107] 孙瑛辉. 人文关怀:思想政治教育发展的重要维度[J]. 东北师大学报(哲学社会科学版),2015(2):160-163.
[108] 杨增崟. 显性教育与隐性教育相统一的实践辩证[J]. 学校党建与思想教育,2019(7):12-13.

[109] 曹金龙.关于新时代思想政治教育显性教育和隐性教育相统一的思考[J].思想理论教育,2019(12):58-63.

[110] 宋德发.讲授的弦外之音:显性讲授中的隐性教育[J].现代大学教育,2020(3):42-46,112-113.

[111] 胡大平.坚持显性教育和隐性教育相统一 全面提升高校立德树人水平[J].思想理论教育导刊,2019(7):79-83,2.

[112] 潘涌.论陶行知的教育诗[J].华中师范大学学报(人文社会科学版),2012,51(2):125-135.

[113] 张家军.论教育宽容[J].教育研究与实验,2004(4):24-28.

[114] 高政.宽容的概念分析与教育启示[J].清华大学教育研究,2014,35(4):40-45.

[115] 喻芒清,张丹丹.信任研究的心理层面探析[J].学校党建与思想教育(上半月),2008(6):22-24.

[116] 范碧鸿.思想政治教育信任理论初探[J].学术论坛,2010,33(3):186-190.

[117] 颜晓峰.人民日益增长的美好精神生活需要对思想政治教育提出的新课题[J].思想教育研究,2018(3):10-13.

[118] 闫旭蕾.谈生存尊严与"说理"教育[J].鲁东大学学报(哲学社会科学版),2011,28(4):87-90.

[119] 董杰.思想政治教育情境的概念界定与内涵分析[J].学校党建与思想教育,2009(35):17-20.

[120] 邵文英.论思想政治教育情境资源的有机整合[J].河北师范大学学报(哲学社会科学版),2011,34(6):26-31.

[121] 袁贵仁.努力把高校思想政治理论课建设成为学生真心喜爱终身受益毕生难忘的优秀课程:教育部部长袁贵仁与高校思想政治理论课骨干教师研修班全体学员座谈时的讲话[J].思想理论教育导刊,2010(6):4-6.

[122] 金志云,张月红.自我教育:方法与模式的探讨[J].西江大学学报,2000,21(3):104-108.

[123] 刘建芳.全面提升基层领导干部意识形态工作水平[J].唯实,2021(3):49-52.

[124] 刘春燕.发展性团体心理咨询改善大学生应对方式及其相关因素的实验研究[J].心理发展与教育,2003,19(4):75-81.

[125] 宇业力.西方思想政治教育的人性视角述论[J].理论导刊,2013(7):93-96.

后　记

"思想政治教育人性化研究"缘起于我专业基础理论知识学习和高校学生教育管理与教学工作实践的积累。课题的选择和研究之初，我深感焦虑，觉得将歧义丛生的人性和话语高端的思想政治教育联系起来研究，一定会面临不小的挑战和困难，但仔细回味，把人作为研究对象的思想政治教育如不能正确地认识人、研究人、把握人的真实面貌、思想实际、内心世界，也就难免会造成教育的空洞、高调、低效。思想政治教育无法回避人的多彩纷呈的生活现实和丰富多彩的人性。在我国社会主要矛盾已经发生转变的今天，思想政治教育更应聚焦人们对美好生活的追求。思想政治教育如何立足新时代历史方位，应对时代变化和挑战；如何正确认识人的正当需要、价值实现、生命情感、心理倾向等现实问题；如何提高教育的实效性和亲和力；正是出于这种问题意识，我一直关注着思想政治教育人性化研究。希冀能通过自己的学习和研究，对思想政治教育人性化工作提供理论支持和实践指导。今天，面对初成的书稿，已由当初的忐忑与不安变成现在的宽慰与不舍。

这是我十分想写就和出版的一本书，一来我本科阶段所学专业是马克思主义理论与思想政治教育，硕士阶段和博士阶段也都从事同样的专业学习和理论研究，有一定理论基础；二来从事学生思想教育管理工作和思政课教学工作三十余载，凝结了自己诸多心得、心血、心思，有着深厚的实践体验。工作所感，学习所思，生活所悟，总有些话想说，有些思想要表达，有些问题想探究，用文字把它们记录下来，通过研究成果把它们凝聚起来，以便自己更好自我总结、自我审视、自我提升。

本书是在我十多年前的博士学位论文基础上修改、补充而成的。在我的学业生涯中,有幸攻读硕士学位和博士学位,都师从导师张祥浩教授。无论学业,还是为人,先生都给予我倾心的指导和不倦的教诲。论文写作过程中始终得到张老师的全心支持、悉心指导和耐心鼓励。导师更是倾注大量心血,逐句审读本书初稿。从导师身上,我感受到教育者所拥有的真理力量、人格力量和思想智慧。姚润皋教授、胡大平教授、江德兴教授、许苏明教授、刘魁教授组成的博士论文答辩委员会对论文进行了全面评析,充分肯定了论文成功之处和创新点,也中肯地指出了论文需要改进的地方。他们深厚广博的学养,使我受益匪浅。我还要特别感谢华东师范大学张云教授。张云教授与我素昧平生,从未谋面。他在评审我的论文时,进行了鞭辟入里的剖解和评论,并对需要加强的地方提出具体改进举措,让我深受鼓舞和感动,感知为学、为人之真谛。感谢石开斌博士、顾友仁博士、邵海军博士在我论文写作中给予的思想启迪和无私帮助。

本书的出版得到东南学术文库出版资金的资助,正因为东南大学出版经费的支持、社会科学处等部门的关心,从而解决了因无法筹集出版经费书稿终未面世等问题。东南学术文库编委会学术大家、资深教授提出的许多宝贵意见,将成为我宝贵的精神财富,并已反映在修改后的书稿中,对此,谨表示由衷的感谢。

特别想说的是,书的出版是我心心念念已久的美好愿望,我要对东南大学出版社深表诚挚的感谢和崇高的敬意。感谢东南大学出版社分社长刘庆楚老师,以及为本书出版给予极大支持和辛勤付出的所有老师。

在本书的写作过程中,笔者吸取和参考了学界同仁相关研究成果,在此,谨向他们致以深深的敬意和最诚挚的谢意。

由于学识有限,学力不逮,本书错谬之处难免,真诚地希望各位专家、学者批评指正。

宇业力

2023 年 11 月 18 日于南京